Ein neuer Blick auf das Leben

# DER VERSPROCHENE

Published by GoodSeed® International

# Der Versprochene

John R. Cross



The German translation of:
**By This Name, by John R. Cross**
Copyright © 2007, 2015 GoodSeed International.

Übersetzer: Georg Hagedorn und Martin Kreutter

ISBN: 978-1-77304-007-3



GoodSeed® International
P.O. Box 3704, Olds, AB, T4H 1P5, Canada
info@goodseed.com

Bei den Bibelzitaten wurden folgende Abkürzungen für die jeweilige Übersetzung gewählt:

NeÜ - NeÜ bibel.heute © 2010 Karl-Heinz Vanheiden, www.derbibelvertrauen.de und Christliche Verlagsgesellschaft, www.cv-dillenburg.de

NGÜ - Bibeltext der Neuen Genfer Übersetzung - Neues Testament und Psalmen Copyright © 2011 Genfer Bibelgesellschaft, Wiedergegeben mit freundlicher Genehmigung. Alle Rechte vorbehalten.

SCHL - Bibeltext der Schlachter Copyright © 2000 Genfer Bibelgesellschaft, Wiedergegeben mit freundlicher Genehmigung. Alle Rechte vorbehalten.

ELB - Revidierte Elberfelder Bibel © 1985/1991/2006 SCM-Verlag GmbH & Co. KG, Witten

NLB - Neues Leben. Die Bibel © 2002 und 2006 SCM-Verlag GmbH & Co. KG, Witten

ZB - Zürcher Bibel (2007), © 2007 Zürcher Bibel/Theologischer Verlag Zürich

LUT - Lutherbibel, revidierter Text 1984, durchgesehene Ausgabe, © 1999 Deutsche Bibelgesellschaft, Stuttgart

BasisBibel - BasisBibel. Das Neue Testament und die Psalmen, © 2012 Deutsche Bibelgesellschaft, Stuttgart. www.basisbibel.de

GNB - Gute Nachricht Bibel, revidierte Fassung, durchgesehene Ausgabe, © 2000 Deutsche Bibelgesellschaft, Stuttgart

Druck: Tchechische Republik / Printed in the Czech Republic

201606-365-2000

# Danksagungen

Wie kann ich den vielen Menschen danken, die sich an diesem Projekt beteiligt haben? Ich denke hierbei an einzelne Person und Gruppen in Indien, Korea, Singapur, Großbritannien, Deutschland, Luxembourg, Australien, den USA und Kanada. Es waren Menschen verschiedenen Alters und aus ganz unterschiedlichem Hintergrund, die aufmerksam dem Unterricht gefolgt sind, auf dem dieses Buch basiert. Nach einem Seminar erhielt ich oft Anmerkungen oder Fragen. Diese Rückmeldungen flossen in den zukünftigen Unterricht ein. Ich bin all diesen Menschen für ihre Anregungen sehr dankbar.

Das vorliegende Buch ist eine angepasste Version von *Der Fremde auf dem Weg nach Emmaus* (ehemals erhältlich unter dem Namen *Bist du der Einzige, der nicht weiß, was geschehen ist?*). Es wurde in starker Anlehnung an dieses Material verfasst. Alle, die an der Entstehung von *Der Fremde* beteiligt waren, sind auch Teil des Proejkts *Der Versprochene*. Dazu gehören: Matthew Almy, Adah Biggs, Don Dolton und Ian Mastin, die Mitarbeiter von GoodSeed und viele, viele andere. Noch einmal vielen Dank. Außerdem möchte ich Mitch Kary, Jim McCulley und Scott McGhee für ihren Anteil bei der Gestaltung des Umschlags danken.

Ebenfalls möchte ich allen Mitarbeitern des Übersetzungsteams für die Zeit und Mühe danken, die sie aufgebracht haben, um die deutsche Übersetzung dieses Buches zu ermöglichen. Besonders erwähnen möchte ich *Georg Hagedorn, Martin Kreutter, Johannes Maryniok, Ella Penner, Christin Schmidt* und *Lia Techand*. Zu guter Letzt möchte ich meiner Frau danken, die mir seit mehr als drei Jahrzehnten treu zur Seite steht. Als vollwertiges Mitglied des Teams war sie unermüdlich im Einsatz. Ihre Unterstützung und ihr Verständnis kannte keine Grenzen.


Deshalb widme ich das vorliegende Buch meiner Frau,
Janice E. Cross.

# Inhalt

Alle Bibelabschnitte werden in kursiver Schrift und eingerückt dargestellt. Bei einem Bibelvers mit fett gedruckten Textstellen wurde eine Betonung hinzugefügt. Eckige Klammern innerhalb eines Bibeltextes weisen auf Zusätze hin, die zwecks eines besseren Verständnisses hinzugefügt wurden.

*Der Versprochene* stellt dem Leser neun verschiedene Bibelübersetzungen vor. Die Übersetzungen stehen inhaltlich nicht im Widerspruch zueinander und stehen im Einklang mit den jeweiligen Anmerkungen des Buches.

# Vorwort

Wir sind von den unterschiedlichsten Glaubenskonzepten umgeben. Unabhängig davon, ob man diese als Religionen bezeichnet oder nicht, kann man das, was Menschen glauben, nicht einfach ignorieren. Die Menschheitsgeschichte ist durchzogen von Religionskriegen und Streitigkeiten über Glaubensfragen. Füher wurden diese Konflikte örtlich begrenzt ausgetragen. Doch in einer Welt, die sich durch ihre Vernetzung zu einem globalen Dorf gewandelt hat, werden nun Menschen mit den unterschiedlichsten Glaubenseinstellungen zusammengedrängt. Das Konfliktpotential, das sich daraus ergibt, ist enorm.

Es ist wichtig zu wissen, welche Glaubensüberzeugungen die Menschen um uns herum haben und wie sie dazu kommen. Denn nur so können wir ihnen mit Wertschätzung begegnen, selbst wenn wir ihre Überzeugungen vielleicht niemals teilen werden.

Das vorliegende Buch beschäftigt sich mit der Bibel. Wenn Sie daran interessiert sind, die Kernaussage der Bibel zu verstehen, dann ist dieses Buch etwas für Sie.

Ich habe mich bemüht, im Vermitteln der biblischen Botschaft so objektiv wie möglich zu sein. Doch das ist nicht einfach. Von ihrem Wesen her verlangt die Bibel eine Reaktion auf ihre Aussagen. Trotzdem habe ich versucht, die Bibel verständlich zu erklären und sie für sich selbst sprechen zu lassen. Es liegt an Ihnen, Ihre eigenen Schlüsse hieraus zu ziehen. Was Sie glauben, ist allein Ihre Sache.

Manche mögen mir vorwerfen, dass ich nicht objektiv bin, weil ich die Begebenheiten der Bibel als Tatsache darstelle. Ich bin zu dem Schluss gekommen, dass ich mich auf dieses Risiko einlassen muss, weil die Bibel sich selbst als Tatsache darstellt. Dem nicht zu entsprechen, würde dem Text der Bibel nicht gerecht werden. Die Bibel ist in ihren Aussagen sehr direkt und es war mein fester Entschluss, diese nicht zu verwässern oder zu relativieren.

Lesen Sie also weiter. Es hat einen Grund, dass die Bibel der Bestseller aller Zeiten ist. Es handelt sich um eine faszinierende Geschichte, eine Geschichte, mit der sich jeder persönlich beschäftigen sollte.

**Über die Bibel:**

> *„…Und wer es hört, spreche: Komm! Und wen dürstet, der komme! Wer da will, nehme das Wasser des Lebens umsonst!"*
>
> *Offenbarung 22,17 (ELB)*

# Kapitel 1

1 Ein einzigartiges Buch

2 Lernprinzipien

3 Vierzig Schreiber

4 Eine Ausbildung

5 Jahwe

6 Von Gott eingehaucht

# 1 Ein einzigartiges Buch

Mehr als die Hälfte der Weltbevölkerung gibt vor, sich ganz oder in Teilen nach einem Buch zu richten, das zu den weitverbreitetsten und umstrittensten der Menschheitsgeschichte zählt. Wir nennen es *die Bibel* oder auch *die Heilige Schrift.*

Noch mehr Menschen würden zustimmen, dass die Bibel ein gutes Buch ist, das uns viel Gutes zu sagen hat. Das sind beeindruckende Zahlen. Doch nur sehr wenige dieser Menschen könnten auch nur die grundlegendsten Aussagen der Bibel benennen oder erklären.

Experten stimmen darin überein, dass die Bibel seit Jahrhunderten ein Bestseller ist. Sie ist nicht nur *das am meisten zitierte, veröffentlichte und übersetzte Buch aller Zeiten, sondern auch das einflussreichste.*[1] Doch trotz dieser Auszeichnung ist sie ein weitgehend vernachlässigtes Werk, selbst unter Literaturprofessoren und Studenten. Ein Bestseller, der nur selten gelesen wird? Das ergibt doch keinen Sinn!

Warum sollte man sich überhaupt mit der Bibel beschäftigen? Auf diese Frage gibt es viele Antworten, aber vier davon sind besonders bedeutsam.

1. Erstens spricht die Bibel über den Ursprung von Freude und Leid. Sie gibt unter anderem Rat in Fragen zur Ehe und Kindererziehung sowie zum Verhältnis zwischen Arbeitnehmer und Arbeitgeber. Sie spricht sowohl über den weisen Umgang mit Geld, Begabungen und Zeit wie auch von der Befreiung von Schuld, Angst und Scham. Sie ist eine wahre Goldmine an allgemeinen Lebensweisheiten. Viele ihrer Ratschläge sind eingebettet in Geschichten, die wiederum Ideen für unzählige Bücher und Filme geliefert haben.

2. Zweitens hat die Bibel sehr viel darüber zu sagen, was mit uns nach dem Tod geschieht. Es sind bedeutsame Aussagen, denn laut der Bibel hat unser *jetziges Leben* Auswirkungen auf das *zukünftige Leben.* Wenn man also bis zum Tod wartet, um sich mit diesem Buch auseinanderzusetzen, ist es zu spät.

Es mag nun Leute geben, die an dieser Stelle einwenden: *„Wenn ich tot bin, bin ich tot. Mehr ist da nicht!"* Doch eine solche Einstellung gleicht einem Baby, das im Mutterleib sagt: *„Ich glaube nicht an ein Leben nach der Geburt. Leben gibt es nur im Hier und Jetzt, in diesem dunklen, warmen Mutterleib."*

Es wäre dumm von einem Ungeborenen, so etwas zu behaupten. So gesehen erscheint es durchaus klug, sich mit einem Buch auseinanderzusetzen, das über ein „zukünftiges Leben" spricht, um zu sehen, was es zu diesem Thema zu sagen hat.

3. Drittens enthält die Bibel etwa 27% prophetische Aussagen, wovon sich ein erheblicher Teil bereits präzise erfüllt hat. Diese erfüllten Voraussagen sind so mit dem Rest des Textes verwoben, dass sie dadurch dem gesamten Inhalt Glaubwürdigkeit verleihen. Es ist erstaunlich!

Laut der Bibel wurden uns diese Voraussagen gegeben, um uns in Erstaunen zu versetzen. Damit wir unsere Aufmerksamkeit auf das richten, was sie über *unsichtbare* und *sichtbare* Dinge zu sagen hat. Sie betreffen das Leben, den Tod und das Leben nach dem Tod!

4. Der vierte Grund ist sicherlich nicht unwesentlich, denn die Bibel spricht über einen kosmischen Kampf, der in diesem Universum zwischen Gut und Böse stattfindet. Das Bedeutende daran ist, dass wir uns diesem Kampf nicht entziehen können, da wir an vorderster Front stehen. Obwohl er nicht sichtbar stattfindet, wirkt er sich doch auf alle Lebenslagen aus.

Das kann unter anderem bedeuten, dass auch guten Menschen Schlechtes widerfährt. Wenn dieser Kampf der Realität entspricht, dann ist es umso wichtiger, dass wir unsere Rolle darin kennen.

Schon allein diese 4 Aspekte sollten Grund genug sein, um sich wesentliche Kenntnisse über das Buch anzueignen, das wir *die Bibel* oder *die Heilige Schrift* nennen.

Die Bezeichnung *Bibel* leitet sich aus den griechischen und lateinischen Begriffen für „Buch" ab und hat keine mystische Bedeutung. Das Wort *Bibel* kommt noch nicht einmal in der Bibel selber vor. Stattdessen spricht sie von sich selbst als *Schrift,* was einfach nur „schriftlich abgefasste Dokumente" bedeutet. Dass sowohl die Bibel als auch die Schrift als *heilig* bezeichnet werden, ist hingegen von größerer Bedeutung. Das Wort *heilig* bezieht sich auf „etwas, was abgesondert oder andersartig ist". Es spiegelt ihre Einzigartigkeit wider. Während ich auf den nun folgenden Seiten die Geschichte der Bibel erläutere, werden wir sehen, warum sie als *die Heilige Schrift* bezeichnet wird. Sie ist buchstäblich *ein einzigartiges Buch.*

# 2 Lernprinzipien

Bevor wir uns einen Überblick über die Bibel verschaffen, müssen wir zunächst die Grundregeln festlegen, wie wir dabei vorgehen wollen. Ich gehe an diesem Punkt einfach davon aus, dass Sie mit der Heiligen Schrift nur wenig vertraut sind, ja vielleicht noch gar kein Wissen über die Bibel besitzen. Dann mag es Sie ermutigen, dass die Bibel auf erstaunliche Weise einen Sinn ergeben wird, wenn wir am Ende dieses Buches angekommen sind. Beschäftigen Sie sich sorgfältig mit jedem Kapitel und achten Sie darauf, dass sie alles verstanden haben, bevor Sie weiterlesen.

Ich werde oft direkt aus der Bibel zitieren. Der jeweilige Absatz erscheint dann eingerückt und in Kursivbuchstaben. Am Ende eines Zitats nenne ich die Stelle oder „Anschrift“, die zeigt, wo genau das Zitat in der Bibel zu finden ist. Das sieht dann wie folgt aus:

> *Und alles, was in der Heiligen Schrift steht, wurde früher aufgeschrieben, damit wir daraus lernen. Die Schrift ermutigt uns zum Durchhalten, bis sich unsere Hoffnung erfüllt.*
>
> Römer 15,4 (NeÜ)

### Ein Puzzle

Stellen wir uns zu Anfang die Bibel als ein großes Puzzle vor, dessen Teile lose verstreut vor uns liegen. Wir werden diese Puzzleteile Stück für Stück zusammenbauen. Um sicherzustellen, dass wir dieses biblische Puzzle auch richtig zusammenfügen, wenden wir vier *allgemeine Lernprinzipien* an, die an Schulen und Universitäten täglich zum Einsatz kommen.

#### 1. Das Prioritätsprinzip

Das erste Prinzip besagt, dass man sich bei der Beschäftigung mit einer neuen Thematik *zuerst die wichtigsten Informationen aneignen* sollte. Ein Bauingenieur z.B. muss in seiner Ausbildung zunächst lernen, wie man ein stabiles Fundament legt, tragfähige Wände aufstellt und ein sicheres Dach konstruiert. Mit Fragen, wie etwa dem Aussehen der Fassade, beschäftigt er sich erst später.

Die Bibel deckt eine unglaubliche Vielzahl von Themengebieten ab, die jedoch nicht alle den gleichen Stellenwert besitzen. Im vorliegenden Buch wollen wir uns auf das allerwichtigste Thema der Bibel konzentrieren. Wenn wir dessen Inhalt verstehen, wird die Bibel einen tiefgreifenden, aber dennoch leicht verständlichen Sinn ergeben.

**2. Das Erzählprinzip**

Das zweite Prinzip ist in sich logisch. Wenn man eine Geschichte liest, beginnt man nicht mit Kapitel 10, liest dann Kapitel 6, anschließend Kapitel 2 und endet mit Kapitel 9. Wenn wir den Sinn einer Geschichte erfassen wollen, müssen wir *am Anfang beginnen und uns dann Schritt für Schritt bis zum Ende durcharbeiten.* Dies mag offensichtlich sein. Trotzdem lesen viele die Bibel nur bruchstückhaft und bleiben dadurch verwirrt zurück.

Ein Großteil der Bibel ist in Erzählform geschrieben. Deshalb halten wir uns einfach an die natürliche, zeitlich vorgegebene Abfolge. Gleichzeitig wenden wir das Prioritätsprinzip an, indem wir uns der Reihe nach mit den wichtigsten Begebenheiten befassen, so, wie man Kleidungsstücke an einer Wäscheleine aufreiht. Ein solcher Überblick ist keineswegs umfassend. Daher sollten wir uns über Lücken im Handlungsablauf nicht wundern.

Diese Lücken können später leicht gefüllt werden, sobald man das grobe Gesamtbild vor Augen hat. Auch wenn dieser Überblick nicht jede Begebenheit in der Bibel miteinbeziehen kann, fügt er sich doch zu einer fortlaufenden Erzählung zusammen.

**3. Das mathematische Prinzip**

Das dritte Prinzip greift den eben genannten Verlauf auf und fügt eine weitere Dimension hinzu. Beim Lernen gilt: *Starte mit dem Einfachen und komme dann zum Komplexeren.* Kinder in der ersten Klasse lernen z.B. noch keine Algebra. Zunächst geht es für sie um grundlegende Arithmetik: *1 Apfel + 1 Apfel ergibt 2 Äpfel.* Danach wird es dann immer anspruchsvoller bis hin zu Formeln wie $E=MC^2$. Würden Kinder bereits in der ersten Klasse Algebra lernen, wäre das für sie sehr verwirrend.

Genauso ist es mit der Bibel. Wenn wir die Grundlagen überspringen, führt dies zu einem lückenhaften Verständnis mit ungewöhnlichen Ideen und endet in einer verworrenen Botschaft. Um das zu vermeiden, bauen wir beim Gang durch die Geschichte der Bibel immer auf zuvor angeeignetes Wissen auf.

**4. Das Klarheitsprinzip**

Das vierte Prinzip widmet sich zwei Bereichen. Der erste Bereich hat mit der *Bedeutung* bestimmter Worte zu tun. Über die Jahrhunderte hinweg kann sich die Bedeutung eines Wortes ändern. Doch die Bibel setzt die Bedeutung eines Wortes unveränderlich fest. Sie erzählt eine Geschichte, um ein Wort zu definieren. Durch diese Geschichte lernen wir die genaue Bedeutung des Wortes kennen. Diese Definition kann nicht nachträglich geändert werden. In diesem Zusammenhang rät uns das Klarheitsprinzip, *der Bibel die Definition der Bedeutung ihrer eigenen Worte zu überlassen.*

Der zweite Bereich betrifft die Beschäftigung mit Themenfeldern. Wir erlernen z.B. Naturwissenschaften in der Regel mit Hilfe von Fachgebieten, wie etwa Physik, Chemie oder Biologie, ohne diese zu vermischen. Wenn ein Studienanfänger in der gleichen Unterrichtsstunde das Sonnensystem und die Struktur einer Zelle vermittelt bekäme, wäre das irreführend. Wenn der Lernstoff neu oder unvertraut ist, rät das Klarheitsprinzip dem Lehrer dazu, jeweils *immer nur ein Thema zu behandeln*. Genau dies wollen wir hier auch tun.

Wenn wir diese vier Prinzipien anwenden, verstehen wir die Botschaft der Bibel deutlich. Die Puzzleteile fügen sich richtig zusammen.

# 3 Vierzig Schreiber

Wo kommt die Bibel eigentlich her und wie wurde sie uns übermittelt?

Die Bibel wurde von etwa 40 verschiedenen Männern geschrieben, die aus ganz unterschiedlichen Gesellschaftsschichten stammten. Unter ihnen waren z.B. Könige, militärische Führer, Staatsleute, Bauern, Philosophen, Hirten, Dichter, Fischer, ein Premierminister, ein Arzt und ein Zollbeamter. Sie schrieben auf drei verschiedenen Kontinenten (Asien, Afrika und Europa) und an ganz unterschiedlichen Orten, wie etwa in einem Palast, einem Kerker, der Wüste oder in Städten. Die Bibel wurde in drei verschiedenen Sprachen verfasst: Hebräisch, Aramäisch und Griechisch. Zwei dieser Sprachen entstammen dem orientalischen Kulturkreis, eine dem westlichen. Insgesamt wurden über einen Zeitraum von 1500 Jahren hinweg die 66 Bücher aufgeschrieben, aus denen sich die Bibel zusammensetzt.

*Obwohl die meisten dieser 40 Schreiber sich niemals begegnet sind und die Bibel hunderte von umstrittenen Themen beinhaltet, schrieben sie von Anfang bis Ende in gegenseitiger Harmonie und Kontinuität.*

Das ist wirklich bemerkenswert! Denken wir einmal einen Augenblick über Folgendes nach. Angenommen wir würden heute 10 Schriftsteller zusammenrufen, die zur gleichen Generation gehören, denselben kulturellen Hintergrund haben, im gleichen Fachbereich schreiben und die gleiche Sprache sprechen. Angenommen sie bekämen alle das gleiche umstrittene Thema, dürften sich aber nicht absprechen. Wie groß wäre wohl die Wahrscheinlichkeit einer Übereinstimmung? Sie wäre äußerst unwahrscheinlich. Doch genau das geschah im Fall der Bibel. Eingebunden waren aber nicht 10 Männer, die sich nur mit einem Thema befassten, sondern 40, die über viele umstrittene Themen schrieben. Das ist eine dieser bemerkenswerten Tatsachen, die die Bibel einzigartig beziehungsweise heilig machen.

## Ein Ursprung

Wie war so etwas überhaupt möglich? Einfach gesagt, keiner der Schreiber nahm für sich in Anspruch, der Urheber dessen zu sein, was in der Bibel geschrieben steht. Vielmehr verwiesen sie alle auf den gleichen Ursprung für die von ihnen aufgeschriebenen Gedanken. Dieser Ursprung sprach wie mit einer Stimme zu ihnen allen.

*Um herauszufinden, wer dieser Urheber ist, wollen wir uns direkt mit dem Text der Bibel beschäftigen. Wir beginnen dabei mit dem Mann, der die ersten 5 Bücher aufschrieb.* Sein Name war Mose. Wir steigen bei den Ereignissen ein, die im Zusammenhang mit seiner Geburt stehen. Sie liegen ca. 3500 Jahre zurück und wurden von Mose nachträglich aufgezeichnet.

## Ein Mann namens Mose

Mose gehörte zu einer Gruppe von Sklaven, die als *Israeliten* oder *Hebräer* bezeichnet wurden und seit über 350 Jahren in Ägypten waren. Sie zählten etwa 2,5 Millionen Menschen. Der ägyptische König oder *Pharao* war über ihre stark ansteigende Zahl besorgt. Die Erzählung beginnt mit einer Rede des Pharaos:

> *„Das Volk der Israeliten ist zahlreicher und stärker als wir. Wir müssen geschickt gegen sie vorgehen, damit sie nicht noch stärker werden! Sonst laufen sie in einem Krieg womöglich zu unseren Feinden über und kämpfen gegen uns und ziehen dann aus dem Land weg."*

*Deshalb setzten die Ägypter Aufseher ein, um die Israeliten mit Zwangsarbeit unter Druck zu setzen.... Aber je mehr sie die Israeliten unterdrückten, umso stärker vermehrten sich diese. Sie breiteten sich derartig aus, dass die Ägypter das Grauen vor den Israeliten packte. Darum gingen sie hart gegen sie vor und zwangen sie zu Sklavendiensten.* 2.Mose 1,9-13 (NeÜ)

Weil aber die Zahl der Sklaven trotz der Zwangsarbeit nicht kleiner wurde, änderte der Pharao seinen Plan und versuchte sie durch Tötung aller neugeborenen Jungen zu kontrollieren.

*Dann ließ der König von Ägypten die Hebammen für die Hebräer... zu sich rufen und befahl ihnen: „Wenn ihr den hebräischen Frauen bei der Entbindung helft und seht, dass ein Junge zur Welt kommt, dann tötet ihn sofort! Mädchen dürft ihr am Leben lassen."*

*Da ließ der Pharao einen Befehl an sein ganzes Volk ergehen: „Werft jeden Jungen, der den Hebräern geboren wird, in den Nil! Nur die Mädchen dürfen am Leben bleiben."*

2.Mose 1,15-16+22 (NeÜ)

Die Anweisungen des Pharaos waren furchtbar, aber selbst unter schwierigsten Bedingungen geht das Leben weiter. Die Schrift berichtet, dass ein junger hebräischer Mann sich eine Frau nahm und sie...

*...wurde schwanger und brachte einen Sohn zur Welt.*

2.Mose 2,2 (NeÜ)

Der Befehl des Pharaos war eindeutig. Der neugeborene Junge musste in den Nil geworfen werden. Aber die Mutter hielt...

*...ihn drei Monate lang versteckt. Länger konnte sie ihn nicht verbergen. Deshalb nahm sie ein Kästchen aus Papyrusrohr, dichtete es mit Erdharz und Pech ab und legte das Kind hinein. Dann setzte sie es im Schilf am Nilufer aus.*

*Seine Schwester blieb in der Nähe stehen, um zu sehen, was mit ihm geschehen würde.*

> *Da kam die Tochter des Pharao an den Nil, um zu baden. Ihre Dienerinnen gingen am Ufer hin und her. Auf einmal sah sie das Kästchen mitten im Schilf und schickte eine Dienerin hin, um es zu holen. Als sie es öffnete, fand sie einen weinenden Jungen darin. Mitleidig rief sie: „Das ist ja eins von den Kindern der Hebräer!"* 2.Mose 2,2-6 (NeÜ)

Es ist gut möglich, dass die Tochter des Pharao sich ein Kind wünschte, aber unfruchtbar war. Als das Kästchen mit dem Neugeborenen vorbei trieb, schien es die offensichtliche Lösung ihres Problems zu sein. Die Schwester von Mose beobachtete das Geschehen. Als die Tochter des Pharao das Kästchen geöffnet hatte, kam sie aus ihrem Versteck und sprach die Prinzessin an.

> *„Soll ich eine hebräische Frau holen, die das Kind für dich stillen kann?"* 2.Mose 2,7 (NeÜ)

Die Schwester von Mose bot an, eine Sklavin zu suchen, die sich um das Kind kümmern könnte.

> *„Ja, hole sie!", sagte die Tochter des Pharao. Da holte das Mädchen die Mutter des Kindes.*
>
> *„Nimm dieses Kind und stille es für mich! Ich werde dich dafür bezahlen." Da nahm die Frau das Kind zu sich und stillte es.* 2.Mose 2,8-9 (NeÜ)

Die Mutter von Mose wurde dafür bezahlt, sich um ihr eigenes Kind zu kümmern.

> *Als der Junge größer geworden war, übergab sie ihn der Tochter des Pharao, die ihn als ihren Sohn annahm. Sie nannte ihn Mose…* 2.Mose 2,9-10 (NeÜ)

So kam es, dass Mose im Palast des Pharao aufwuchs.

## 4 Eine Ausbildung

Wir lesen in der Bibel:

> *Mose wurde in allem Wissen der Ägypter unterrichtet…* Apostelgeschichte 7,22 (NLB)

Bereits ein kurzer Spaziergang durch die Ruinen des alten Ägyptens genügt, um deutlich zu machen, welch breites Wissen Mose vermittelt bekam. Angefangen bei der Architektur bis hin zur Astronomie.

Die alle Aspekte des Lebens umfassende Religion der Ägypter floss dabei sicherlich in seine Ausbildung mit ein.

**Kein heiliges Buch**

Obwohl die alten Ägypter sehr strukturierte Glaubensvorstellungen hatten, ist es schwierig, ein einheitliches Thema ihrer Religion zu benennen. Sie verehrten kein heiliges Buch oder bestimmte Schriften. Es gab keine festgelegten Lehren, nach denen beurteilt wurde, was richtig oder falsch war. Die verschiedenen Städte verehrten oft unterschiedliche Gottheiten. Doch selbst diese änderten sich von Zeit zu Zeit.

**Ein Gott oder viele Götter**

Es ist bis heute umstritten, ob die Ägypter überhaupt ein oberstes Wesen verehrten, welches sich in vielen verschiedenen Gottheiten zeigte, oder einfach nur viele verschiedene Götter anbeteten.[2] Eventuell trifft beides zu. Ohne Zweifel hatten die Ägypter ein sehr offenes Weltbild, indem sie neue Gottheiten übernahmen und sie den alten Göttern hinzufügten. Sie vermischten die Eigenschaften der einzelnen Gottheiten miteinander und sahen unterschiedliche Überlieferungen gleichermaßen als verbindlich an, auch wenn diese einander widersprachen.[3] Historiker stimmen darin überein, dass sie eine unglaubliche Vielzahl von Göttern verehrten. So war Mose zweifelsohne mit allen Hauptgottheiten bestens vertraut und wahrscheinlich auch mit vielen der untergeordneten Götter.

**Der Sonnengott**

Die alten Ägypter verehrten den Sonnengott *Re* als oberste Gottheit. Sie waren der Auffassung, Re habe zuerst sich selbst erschaffen und danach schuf er alle anderen Götter, Menschen und Tiere. Re wurde manchmal als der „Vater der Götter" oder „Gott der Götter" bezeichnet. Er wurde als Falke mit einem menschlichen Körper und einer goldenen Scheibe (die Sonne) auf dem Kopf dargestellt.

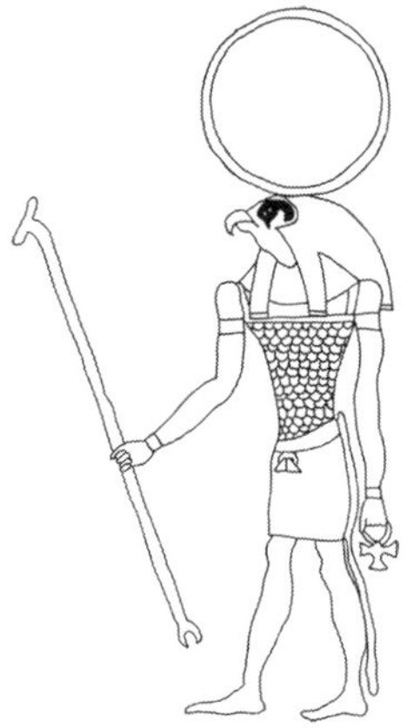

**Sehr religiös**

Obwohl die Ägypter ihre Götter achteten, konnten sie ihnen gegenüber auch sehr fordernd auftreten. Doch die Götter wurden niemals missachtet. Die Religion beherrschte jeden Bereich des Lebens vom Gebrauch eines Talismans über Magie und geheime Beschwörungsformeln bis hin zum öffentlichen Feiern von religiösen Festtagen. Selbst die Architektur war durch die Götter beeinflusst.

**Vorzeigereligion**

Vor 4000 Jahren war die ägyptische Lebensphilosophie hoch angesehen. Ihre Glaubensvorstellungen galten als die „Vorzeigereligion" schlechthin.

In dieser altägyptischen Gedankenwelt erhielt Mose seine hochgeschätzte Ausbildung. Aber Mose besaß auch das Wissen eines Hebräers. Seine leibliche Mutter hatte sich in seiner Kindheit um ihn gekümmert und ihn sicherlich in ihrem eigenen Glauben unterwiesen.[4] Diese beiden Glaubensvorstellungen widersprachen sich zwar, aber das störte die Ägypter nicht, da sie dem Gott der Hebräer keinerlei Beachtung schenkten. Ein Gott der Sklaven musste sicher sehr schwach sein. Selbst seinen Namen schien niemand zu kennen!

# 5 Jahwe

Trotz seiner umfangreichen ägyptischen Erziehung hatte Mose nicht vergessen, woher er stammte.

> *Als Mose erwachsen war, ging er einmal zu seinem Volk hinaus und schaute ihnen bei ihren Lastarbeiten zu. Da wurde er Zeuge, wie ein ägyptischer Mann einen von seinen hebräischen Stammesbrüdern misshandelte. Mose schaute sich nach allen Seiten um, und als er sah, dass niemand in der Nähe war, erschlug er den Ägypter und verscharrte ihn im Sand.*
>
> *Als der Pharao davon hörte, wollte er Mose töten lassen. Mose aber entkam ihm und hielt sich im Land Midian auf.*
>
> *2.Mose 2,11-12+15 (NeÜ)*

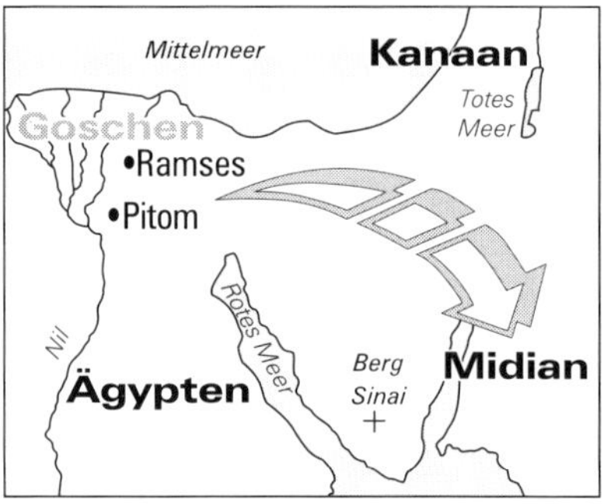


Auf seiner Flucht tauchte Mose komplett unter. Er heiratete eine Midianiterin, wurde Schafhirte und lernte, Verantwortung für eine Herde zu übernehmen.

> *Mose hütete die Schafe Jethros, seines Schwiegervaters… Und er trieb die Schafe über die Wüste hinaus…*
>
> *2.Mose 3,1 (SCHL)*

An diesem bestimmten Tag nahm er etwas sehr Ungewöhnliches wahr. Ein Busch hatte irgendwie Feuer gefangen. Doch als Mose hinsah, bemerkte er, dass das Holz nicht von den Flammen verzehrt wurde. Das Ganze war äußerst merkwürdig!

*„Warum verbrennt der Dornbusch nicht?", dachte Mose. „Das muss ich mir aus der Nähe ansehen!"* 2.Mose 3,3 (NeÜ)

Als Mose auf den Dornbusch zuging, sprach ihn aus dem Feuer heraus eine Stimme an:

*„Mose! Mose!"* 2.Mose 3,4 (NeÜ)

Wir können uns das Entsetzen bei Mose sicherlich vorstellen. Wer sprach da zu ihm mitten aus dem brennenden Dornbusch? War dies irgendeine Gottheit?

*„Hier bin ich!" antwortete Mose.* 2.Mose 3,4 (NLB)

*„Komm nicht näher!", sagte Gott. „Zieh deine Sandalen aus, denn der Ort, auf dem du stehst, ist heiliges Land."* 2.Mose 3,4-5 (NeÜ)

Mose muss völlig verwirrt gewesen sein! Warum sollte dieser Ort heilig (=herausragend, einzigartig) sein? Wenn diese Stimme wirklich einem Gott gehörte, wer war es dann wohl? Doch noch bevor Mose irgendetwas sagen konnte, sprach die geheimnisvolle Stimme erneut:

*„Ich bin der Gott, den dein Vater verehrt hat, ich bin der Gott Abrahams, Isaaks und Jakobs."* 2.Mose 3,6 (GNB)

### Gott

Das hier für *Gott* benutzte Wort ist ein allgemeiner Begriff, der als: „Starker", „mächtiger Anführer" oder „Gottheit" übersetzt werden kann und sich somit auf jede Gottheit beziehen kann. Aber dieser Gott gab sich Mose ausdrücklich als der Gott seines Vaters zu erkennen. Dann nannte er drei Namen: Abraham, Isaak und Jakob. Diese Vorfahren waren bereits lange verstorben. Es waren die Gründerväter des Volkes der Israeliten, das jetzt als Sklavenvolk in Ägypten lebte. Hier sprach eindeutig die Stimme der Gottheit des israelitischen Sklavenvolkes aus dem brennenden Dornbusch und nicht die Stimme Res oder irgendeines anderen ägyptischen Gottes.

Mose hatte von seiner Mutter Geschichten über einen Gott gehört, der mit Abraham, Isaak und Jakob gesprochen haben soll, aber das war lange her. So mancher Israelit hatte sich schon gefragt, ob diese Geschichten stimmen konnten. Abgesehen davon, hätte uns ein ägyptischer Gelehrter erklärt, dass die Götter niemals herabkommen, um mit einem einfachen Menschen zu sprechen. Sie waren immer weit entfernt und schwiegen, oder aber sie redeten durch einen Tempelpriester. Doch hier sprach der Gott der Sklaven aus einem brennenden Dornbusch direkt zu Mose, so wie ein Mensch mit einem anderen redet. Ein wirklich einzigartiger Gott! In der Bibel heißt es:

> *Da verhüllte Mose sein Gesicht, denn er fürchtete sich, Gott anzusehen.* 2.Mose 3,6 (NeÜ)

Gott redete noch einmal:

> *„Ich habe sehr wohl gesehen, wie mein Volk Israel in Ägypten misshandelt wird, und habe sein Schreien wegen der Antreiber gehört. Ja, ich kenne seine Schmerzen. Nun bin ich gekommen, um es aus der Gewalt der Ägypter zu befreien. Ich will es aus Ägypten herausführen in ein gutes und geräumiges Land....*
>
> *Und nun geh! Ich will dich zum Pharao senden. Du sollst mein Volk, die Israeliten, aus Ägypten herausführen!"*
> 2.Mose 3,7-8+10 (NeÜ)

Mose war entsetzt! Seit 40 Jahren war er ein Flüchtling. Seine Rückkehr nach Ägypten mochte vielleicht noch geduldet werden. Aber es war mehr als fraglich, ob der Pharao sein Auftreten begrüßen würde. Wie könnte er jemals vor den mächtigsten Mann der Welt treten und die Freilassung aller seiner Sklaven fordern? Und würde das Volk der Israeliten ihn als ihren Wortführer anerkennen?

> *Mose aber sagte zu Gott: „Wenn ich zu den Israeliten komme und ihnen sage: ‚Der Gott eurer Vorfahren hat mich zu euch gesandt', und sie sagen zu mir: **‚Was ist sein Name?'**, was soll ich ihnen dann sagen?"* 2.Mose 3,13 (ZB)

**Macht?**

Wir wissen nicht genau, warum Mose nach dem Eigennamen Gottes fragte. Aber möglicherweise hatte das mit der ägyptischen Auffassung zu tun, dass die Macht eines Gottes oder seine Stärke in seinem Namen verborgen liegt. Nach dieser Vorstellung besaß jede Gottheit ein unterschiedliches Maß an Macht, die durch ihren geheimen Namen geschützt wurde. Wenn man den Namen des Gottes kannte, so hatte man dadurch Zugriff auf dessen Stärke und Fähigkeiten.

So war es Mose in Bezug auf die ägyptischen Götter beigebracht worden. Vielleicht fragte er sich, ob dies auch für den Gott der hebräischen Sklaven galt. Möglicherweise dachte Mose, wenn er den Namen des hebräischen Gottes herausfand, könnte er dem mächtigen Pharao besser entgegentreten. Aber die Sache hatte einen Haken. Mose wusste, die Ägypter glaubten nicht daran, dass jemals einer ihrer Götter seinen Eigennamen preisgeben würde. Doch vielleicht war dieser Gott der Sklaven irgendwie anders. Letztendlich wissen wir nicht, warum Mose nach einem Namen fragte, doch die Antwort war eindeutig.

> *Da sagte Gott zu Mose: „**Ich bin der, der ist** und immer sein wird. Sag den Israeliten: Der **‚Ich-bin'** hat mich zu euch geschickt."*
>
> *Weiter sagte Gott zu Mose: „Sag den Israeliten: ‚**Jahwe,** der Gott eurer Vorfahren, der Gott Abrahams, Isaaks und Jakobs, hat mich zu euch geschickt.' Das ist mein Name für immer…"*
>
> 2.Mose 3,14-15 (NeÜ)

## Der Name

In der Ursprungssprache dieses Textes sind der Ausdruck *Ich bin* und der Eigenname JAHWE[5] im Grunde gleichbedeutend. Beide meinen: „Ich bin derjenige, der ist" oder „Ich bin der Aus-sich-selbst-Existierende."

Dieser Gott nahm allein schon durch seinen Namen für sich in Anspruch, durch seine eigene Macht zu leben. Im Gegensatz zum Menschen, der eine schier endlose Liste von Dingen benötigt, um zu überleben. Dazu gehören: Nahrung, Wasser, Luft, Schlaf, Licht, Schutz. Dieser Gott dagegen behauptete, gar nichts zu benötigen. Offensichtlich traf dies so sehr zu, dass es ein fester Bestandteil seines Namens war. Er war der „Aus-sich-selbst-Existierende, der Ich bin – JAHWE". Kein ägyptischer Gott nahm dies für sich in Anspruch. Dieser Gott der Sklaven war wirklich einzigartig!

## Jahwe

Die Israeliten hatten damals eine solche Ehrfurcht vor JAHWE, dass sie in den folgenden Jahrhunderten seinen Namen nicht mehr aussprechen wollten. Wenn die Heilige Schrift laut vorgelesen wurde, sagte man an den Stellen, wo das Wort *JAHWE* stand, einfach nur „Herr" oder „der Name". Jeder verstand, dass damit eigentlich JAHWE gemeint war. Auch heute noch steht an der Bibelstelle, wo Gott Mose antwortet, bei den meisten Bibelübersetzungen stellvertretend das Wort *Herr* für JAHWE.

> *Gott sprach zu Mose: „So sollst du zum Volk Israel sagen: **‚Der HERR'**, der Gott eurer Väter, der Gott Abrahams, der Gott Isaaks und der Gott Jakobs, hat mich zu euch gesandt.' Das ist mein Name auf ewig…"* 2.Mose 3,15 (SCHL)

In den meisten deutschen Bibelübersetzungen wird das Wort JAHWE durch das Wort *HERR* ersetzt.

Wenn wir also das Wort *Herr* mit allen Buchstaben großgeschrieben sehen, steht es dort stellvertretend für JAHWE, dem Eigennamen dieses einzigartigen Gottes. Um uns diese Verbindung in Erinnerung zu rufen, werde ich diesen Gott manchmal als JAHWE, den Herrn, bezeichnen.

Einige Gelehrte sind der Meinung, dass Mose der erste Mensch war, der Gottes Eigennamen kannte. Er sollte allen erzählen, dass er JAHWE heißt. Es war ein Name, der auf den Lippen aller Menschen sein sollte. Und im Gegensatz zu den ägyptischen Göttern stand Gott, der Herr, nicht in der Gefahr, dass jemand seine Macht stehlen könnte.

> *Doch dir, o HERR, ist niemand gleich! Groß bist du und groß ist dein Name an Macht!* Jeremia 10,6 (SCHL)

**Zusammenfassung**

1. Die allgemeine Bezeichnung *Gott* bedeutet „Starker, mächtiger Anführer, Gottheit". In der Bibel werden darüber hinaus noch viele andere Gottheiten erwähnt.
2. JAHWE wird oft als der *heilige* Gott bezeichnet, was bedeutet, dass er „herausragend, anders und einzigartig" ist.
3. Auch viele Jahrhunderte nach Mose wurde als Zeichen der Ehrerbietung der Eigenname JAHWE nicht laut ausgesprochen. Selbst wenn man ihn schrieb, wurde er durch das Wort *Herr* ersetzt und dadurch gekennzeichnet, dass alle Buchstaben groß geschrieben wurden.
4. Der Ausdruck „Ich bin" und der Name JAHWE sind gleichbedeutend. Beide meinen: „Ich bin der Aus-sich-selbst-Existierende."

## Die Macht eines Namens

Die folgende Geschichte stammt nicht aus der Bibel, sondern aus der ägyptischen Mythologie.

Sie veranschaulicht die Denkweise, die zu Lebzeiten von Mose vorherrschend war.

Diese Geschichte, in der es um „Macht" geht, erzählt von dem ägyptischen Sonnengott Re und seiner Enkelin Isis. Sie war ebenfalls eine Göttin und strebte danach, über Himmel und Erde zu herrschen. Da sie neidisch war auf seine ungeheure Macht, fragte Isis Re nach seinem geheimen Namen. Doch natürlich gab Re diesen nicht preis. Isis gab sich jedoch nicht geschlagen und schuf insgeheim eine giftige Schlange. Diese legte sie Re in den Weg. Als Re seine tägliche Reise durch den Himmel antrat, „trat" er auf die Schlange und wurde von ihr gebissen. Er schrie vor Schmerzen und andere Gottheiten boten ihre Hilfe an. Keiner jedoch konnte sein Leid lindern.

Schließlich trat Isis vor Re und bot diesem an, ihn zu heilen, wenn er ihr seinen Namen sagte. Natürlich war Re nicht bereit dazu.

Er geriet ins Stocken, dann nannte er ihr verschiedene falsche Namen. Doch Isis blieb unbeeindruckt, denn sie wusste, dass Re sie verwirren wollte. Sie wartete und wartete. Schließlich gab Re unter großen Qualen Isis seinen geheimen Namen preis und wurde geheilt.

Die Geschichte erzählt, dass Isis dadurch zu einer mächtigen Göttin wurde, die Re gleichgestellt war. Isis erhielt den Titel „Königin des Himmels" und wurde später von den Griechen, Römern und vielen anderen Völkern als die *Mutter der Götter* angenommen.

Ein wichtiger Unterschied zwischen Re und JAHWE liegt darin, dass JAHWE, der Herr, überhaupt nicht versuchte, seinen Namen zu verbergen. Stattdessen wies er Mose an, ihn der ganzen Welt kundzutun. Genau das tat Mose, als er die ersten 5 Bücher der *Bibel* niederschrieb.

# 6 Von Gott eingehaucht

Die Unterredung am brennenden Dornbusch zwischen Mose und JAHWE, dem Herrn, war nur die erste von vielen Begegnungen, die noch folgen sollten. Mose war der erste der 40 Männer, die die 66 Bücher aufschrieben, welche heute die Bibel bilden. Mit Ausnahme eines Mannes waren sie alle Israeliten.[6] Der gemeinsame Urheber der Schriften und die Stimme, die zu ihnen sprach, war bei allen 40 Männer JAHWE, der Herr. Er gab der Heiligen Schrift ihre einzigartige Harmonie und Kontinuität.

## Von Gott eingehaucht

Der Herr diktierte Mose die Heilige Schrift nicht wie ein Geschäftsführer seiner Sekretärin. Vielmehr wurde der Prozess mit der Atmung verglichen.

> *Alle Schrift ist von Gott eingehaucht…*[7] 2.Timotheus 3,16 (umschrieben)

Die gesamte Vorstellung, dass der Herr die Schrift eingehaucht hat, ist ein Studium für sich selbst. So wie jemand ausatmet und der Atem dabei aus seinem tiefsten Inneren kommt, kann auch letztendlich alle Schrift als von JAHWE, dem Herrn, selbst erzeugt angesehen werden. Gott und seine Worte sind untrennbar, was einer der Gründe ist, dass die Bibel häufig als *Gottes Wort* bezeichnet wird.

> *Auf ewig, o Herr, steht dein Wort fest…* Psalm 119,89 (SCHL)

## Schutz vor Fälschung

In den folgenden Kapiteln werden wir noch sehen, wie der Herr sein Wort an diese 40 Schreiber so weitergab, dass es vor Fälschungen geschützt blieb. Dadurch können wir selbst beurteilen, ob Schwindler in der Lage gewesen wären, sich die Bibel selbst auszudenken. Für den Moment ist es wichtig zu verstehen, dass alle 40 Männer unter der gleichen göttlichen Anleitung standen.

## Äußerst genau

Das Wort des Herrn wurde zuerst auf sogenannten Schriftrollen aufgezeichnet. Diese wurden üblicherweise aus Tierhäuten, *Pergament* genannt, gefertigt oder aus *Papyrus,* einer Art Papier, welches aus den Fasern der Stängel einer Schilfpflanze hergestellt wurde. Die Originalschriften werden als *Autographen* bezeichnet.

Da die Autographen nur eine begrenzte Lebensdauer hatten, wurden von diesen Schriftrollen Abschriften erstellt. Natürlich musste dies von Hand geschehen. Das Bewusstsein der Schreiber, hier das direkte Wort des Herrn vor sich zu haben, führte zu einer bemerkenswerten Vorgehensweise bei ihrer Arbeit. Beim Abschreiben des hebräischen Textes

*„...benutzten sie jeden erdenklichen Schutz, egal wie mühsam oder aufwendig er auch gewesen sein mochte, um eine exakte Überlieferung des Textes sicherzustellen. Die Anzahl der Buchstaben eines Buches wurden gezählt und der mittlere Buchstabe musste dann angegeben werden. Ebenso wurde mit den Wörtern verfahren. Auch hier wurde dann das mittlere Wort des Buches festgehalten.“*[8]

Diese Vorgehensweise wurde sowohl bei der Kopie als auch bei der Originalschrift angewandt, um zu gewährleisten, dass beide völlig übereinstimmten.

Diese Schriftgelehrten arbeiteten bei ihren Abschriften so präzise, dass die Schriftrollen vom Toten Meer (100 v.Chr. geschrieben), verglichen mit 1000 Jahre jüngeren Manuskripten (900 n.Chr.), keine nennenswerten Unterschiede im Text aufweisen. Obwohl diese über die Jahrhunderte hinweg durch Kopieren und erneutes Kopieren entstanden sind.[9]

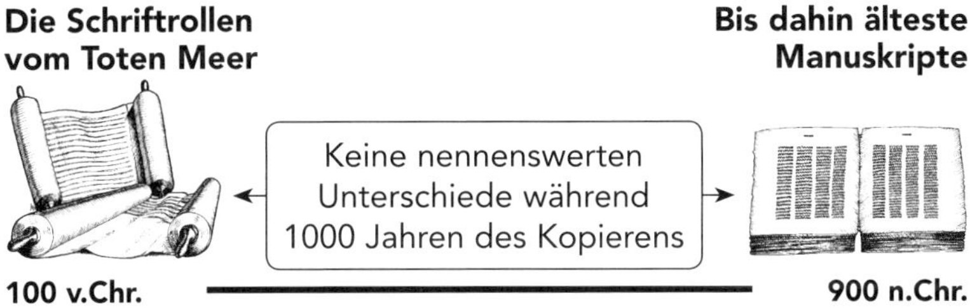


Josephus, ein Nachfahre der hebräischen Sklaven und Historiker aus dem ersten Jahrhundert n.Chr., fasste dies für sein Volk zusammen, als er schrieb: *„Die Tatsachen aber erweisen, wie wir mit unseren eigenen Schriften umgehen: Denn obwohl schon eine so lange Zeit vergangen ist, hat es keiner gewagt, etwas hinzuzufügen oder von ihnen wegzunehmen oder umzustellen; vielmehr ist es allen Juden von Kindesbeinen an eingepflanzt, diese als Gottes Satzungen anzuerkennen und an ihnen festzuhalten und für sie, wenn es nötig sein sollte, mit Freuden zu sterben.“*[10]

Diese Menschen waren völlig davon überzeugt, dass sie mit einer Veränderung des Textes Jahwe selbst angreifen würden. Wir haben allen Grund zu der Gewissheit, dass das, was wir heute in den Händen halten, sehr genau dem entspricht, was die 40 Männer aufgeschrieben haben.

## Übersetzungen

Sowohl die Autographen wie auch die Abschriften wurden ursprünglich auf Hebräisch, Aramäisch oder Griechisch abgefasst. Da die meisten von uns diese Sprachen nicht beherrschen, wurde die Heilige Schrift in andere Sprachen übersetzt. Die jeweiligen Übersetzungen greifen dabei auf sehr alte Abschriften zurück. Es wurde wiederholt behauptet, die Bibel sei nachträglich geändert worden, damit es so aussehe, als hätten sich ihre Voraussagen auch erfüllt. Doch mit der Entdeckung der Schriftrollen vom Toten Meer ergab sich die Möglichkeit, weit zurück in die Vergangenheit des biblischen Textes zu schauen. Interessanterweise stimmen vertrauenswürdige Experten darin überein, dass keinerlei Veränderungen des Textes stattgefunden haben. Die ersten Schreiber hielten fest, was der Herr ihnen dazu zu sagen hatte:

> *Das Gras verdorrt, die Blume verwelkt, aber das Wort unseres Gottes bleibt für immer in Kraft.* Jesaja 40,8 (NeÜ)

> *Solange Himmel und Erde nicht vergehen, wird auch kein einziger Buchstabe und nicht ein einziges Strichlein vom Gesetz [den 5 Büchern Mose] vergehen; alles muss sich erfüllen.* Matthäus 5,18 (NGÜ)

## 40 Jahre

Wann genau Mose all das aufschrieb, was JAHWE, der Herr, ihn angewiesen hatte, können wir nicht sagen. Aber wir wissen, dass dies während der letzten 40 Jahre seines Lebens geschah. Wir werden uns im weiteren Verlauf einige seiner Erfahrungen aus dieser Zeit anschauen. Dabei sollten wir daran denken, dass die Bibel für sich in Anspruch nimmt, das Wort des Herrn zu sein. Uns wird gesagt, dass wir durch die Beschäftigung mit der Bibel JAHWE selbst kennenlernen können. Der Herr sagt:

> *Wenn ihr mich sucht, werdet ihr mich finden…, wenn ihr von ganzem Herzen nach mir fragt.* Jeremia 29,13 (NeÜ)

## Orientierungshilfen

Wenn wir uns im Folgenden durch die 66 Bücher der Bibel bewegen, ist es hilfreich zu wissen, dass jedes Buch in Kapitel unterteilt ist und jedes Kapitel in Verse. Viele Bibelausgaben verfügen außerdem über geschichtliche Einleitungen, Fußnoten, Querverweise, Landkarten und ein Stichwortregister. All dies kann durchaus nützlich sein, aber wir sollten nicht vergessen, dass besagte „Ergänzungen" nicht Bestandteil der Heiligen Schrift waren, die den 40 Schreibern eingegeben wurde. Vielmehr wurden sie später von Menschen, zur Erläuterung des Inhalts der Bibel, hinzugefügt.

Es ist auch hilfreich zu wissen, dass sich die Heilige Schrift in zwei Hauptabschnitte aufteilt: das Alte und das Neue Testament. Historisch gesehen wurde das Alte Testament in drei Kategorien unterteilt:

1. Das Gesetz Mose: Dieser Abschnitt wird manchmal als *die Thora, die 5 Bücher Mose* oder *das Gesetz* bezeichnet.
2. Die Schriften: Sie werden als *die Psalmen* bezeichnet.
3. Die Propheten

In der Bibel wird manchmal der Ausdruck *das Gesetz und die Propheten* gebraucht, um auf das gesamte Alte Testament zu verweisen. Dieser Teil macht etwa zwei Drittel der Heiligen Schrift aus. Das verbleibende Drittel bezeichnet man als das Neue Testament.

# Kapitel 2

1 Am Anfang

2 Eine Person

3 Engel und Sterne

# 1 Am Anfang

Als Mose die ersten 5 Bücher der Bibel schrieb, muss es ihm vorgekommen sein, als wäre er wieder in der Schule. Ganz sicher hat er während dieser Zeit viel gelernt. Die Israeliten damals wussten nur sehr wenig über ihren Gott, weshalb ihnen ein Großteil des Gehörten neu war.

## Vier Worte

Das 1. Buch Mose wird auch *Genesis* genannt, was so viel wie „Anfänge" bedeutet. Es beginnt mit vier tiefgreifenden Worten:

> *Am Anfang schuf Gott…* 1.Mose 1,1 (LUT)

Die Bibel beginnt nicht mit einer einleitenden Begründung für die Existenz JAHWES, sondern der Herr ist einfach da. Er ist immer schon da gewesen!

Das war sowohl für die Ägypter wie auch die Israeliten eine verblüffende Aussage. Dem ägyptischen Verständnis nach hatte auch Re einen Anfang. Sie vertraten die Auffassung, Re habe sich irgendwann selbst erschaffen.[1] Doch JAHWE sagte über sich, dass er schon immer da war. Er existierte fortwährend, noch vor den Pflanzen, Tieren, Menschen, ja sogar vor der Erde und dem Weltall. Mose schrieb:

> *…von [der vergangenen] Ewigkeit zu [der zukünftigen] Ewigkeit bist du Gott.* Psalm 90,2 (SCHL)

Die Götter der alten Ägypter wurden geboren und alterten mit der Zeit. Doch die Bibel lehrt uns, dass der Herr nicht nur von Ewigkeit her existiert, sondern auch ewig leben wird.

Wir Menschen sind in unserem Wesen durch unsere Körper begrenzt und existieren nur kurze Zeit hier auf der Erde. Dementsprechend scheint uns die Vorstellung von etwas Ewigem, einem Wesen, das für immer existiert, nur sehr schwer verständlich. Wie gut, dass es Veranschaulichungen gibt, die uns hier weiterhelfen. So können wir zum Beispiel die Ewigkeit mit dem Weltall vergleichen.

Die meisten von uns haben eine Vorstellung von unserem Sonnensystem mit der Sonne im Mittelpunkt und den Planeten, die sie umkreisen. Die Weiten des Sonnensystems können wir dabei nur erahnen, obwohl dank moderner Raumsonden selbst die größten Entfernungen in scheinbar greifbare Nähe gerückt sind.

**Eine Minute besteht aus 60 Sekunden.** In Lichtgeschwindigkeit reisend, **legten wir dabei in jeder Sekunde 300.000 km zurück.**

Welche Entfernung würden wir bei dieser Geschwindigkeit wohl in einer Minute bewältigen, in einer Stunde, einem Tag oder in einem ganzen Jahr? Mit Lichtgeschwindigkeit würde es 4,3 Jahre dauern, um den nächstgelegenen Stern zu erreichen. In jeder einzelnen Sekunde dieser 4,3 Jahre würden wir 300.000 km zurücklegen – eine Gesamtstrecke von **40.682.300.000.000 km!**

Unser nächster Stern, die Sonne, befindet sich am Rande der Milchstraße. Unser gesamtes Sonnensystem mit seinen umkreisenden Planeten würde in dieses Kästchen passen.

## Die Milchstraße[2]

Das Sternenband, das man am nächtlichen Himmel beobachten kann, ist Teil einer gigantischen Sternenfamilie, die Milchstraße genannt wird. Mit Lichtgeschwindigkeit bräuchte man 100.000 Jahre, um sie zu durchqueren. Das Universum wird auf 100 Milliarden Galaxien geschätzt, von denen wiederum viele aus Milliarden von Sternen bestehen. Galaxien erscheinen in Clustern und Superclustern. Es gibt ungefähr zwanzig Galaxien in unserem Cluster und tausende von Galaxien in unserem Supercluster.

## Hätten Sie gerne einen Stern nach Ihnen benannt?[3]

Gemäß der derzeitigen Weltbevölkerung von etwa 7,2 Milliarden Menschen, könnten allein nach einer Person 16 *Galaxien* benannt werden. Das heißt, ihren Namen würden *Milliarden* von Sternen tragen!

Doch wir wollen noch einen Schritt weiter gehen und versuchen, das Universum auszumessen. Stellen wir uns vor, wir würden in ein Raumschiff steigen und mit Lichtgeschwindigkeit reisen, dann könnten wir die Erde in nur einer Sekunde 7 Mal umrunden! Wenn wir uns dann aber mit der gleichen Geschwindigkeit von der Erde weg ins All hinaus bewegten, würden wir den Mond in zwei Sekunden passieren, den Mars in vier Minuten und Pluto in fünf Stunden. Vor uns liegt dann unsere Galaxie: die Milchstraße.

Die Vorstellung von Ewigkeit ist in der Tat schwer zu begreifen. Aber dasselbe gilt auch für die Weite unseres Universums. Beides übersteigt unseren Verstand. Dennoch ist beides real. Und was die Ewigkeit von Gott, dem Herrn, anbetrifft, äußert sich die Bibel sehr deutlich dazu. Sie sagt, dass er ewig ist. Seine „immerwährende Existenz" gehört so untrennbar zu seinem Wesen, dass sie sich in seinem Namen widerspiegelt.

> *...der Name des Herrn, des ewigen Gottes...* 1.Mose 21,33 (ELB)

# 2 Eine Person

Ich unterhielt mich einmal mit einem jungen Ehepaar über die Bibel, als mich der Mann plötzlich unterbrach und verdutzt sagte: „Sie sprechen so über Gott, als wäre er eine Person."

„Ja, das stimmt.", bestätigte ich. Dann fragte ich ihn, warum ihn das so verwundere.

„Nun ja", entgegnete er, „so habe ich Gott bis jetzt noch nie gesehen. Wahrscheinlich bin ich einfach immer davon ausgegangen, dass Gott irgendeine Art von Kraft sei."

Ich versicherte ihm, dass die Bibel Jahwe, den Herrn, als lebendiges Wesen mit Charakterzügen und Persönlichkeit darstellt und nicht als universelle Macht oder göttliche Vernunft.

## Ein Gott Jahwe, aber viele Namen

In der Bibel wird uns die Persönlichkeit Gottes unter anderem durch seinen Namen offenbart. Es stimmt, dass Gott nur einen Eigennamen hat. Dazu kommen aber noch weitere Namen oder Titel, die alle etwas über sein Wesen aussagen. Zum Beispiel wird Jahwe oft als *der Höchste* bezeichnet.

> *Damit sie erkennen, dass Du, dessen Name Herr [Jahwe] ist, allein der Höchste bist über die ganze Erde!* Psalm 83,19 (SCHL)

Die Stellung des HERRN als uneingeschränkter Herrscher wird durch die Bezeichnungen *der Höchste* zum Ausdruck gebracht. So wie die Herrscher früherer Weltreiche ihr Imperium vorbehaltlos regierten, ist auch JAHWE der uneingeschränkte König über das gesamte Universum.

Wir wissen, dass die alten Ägypter an Re als die oberste Gottheit glaubten, durch den angeblich alle anderen Götter geschaffen wurden. *Aber wer war dann der HERR, JAHWE? Vielleicht der oberste Gott innerhalb einer Familie von Göttern? Gab es weitere Gottheiten, die ihm untergeordnet waren? Oder war der Name JAHWE nur eine andere Bezeichnung für den Gott Re?*

Es ist wichtig, dass wir uns darüber im Klaren sind, dass JAHWE keine andere Bezeichnung für Re oder sonst irgendeine Gottheit ist. In der Bibel werden viele Gottheiten genannt. Sie sind aber keineswegs Teil einer Götterfamilie mit dem HERRN an der Spitze. Im weiteren Verlauf dieses Buches werden wir sehen, wie diese verschiedenen Gottheiten in das Gesamtbild der Bibel passen, aber im Augenblick genügt es zu wissen:

> *…in Wirklichkeit ist Jahwe Gott. Er ist der lebendige Gott, der ewige König.* — Jeremia 10,10 (NeÜ)

Die Vorstellung von JAHWE, dem HERRN, als König ruft bei manchen ein Bild von einem alten Mann hervor, der auf einem goldenen Thron sitzt und irgendwo über den Wolken schwebt. Auch wenn die Bibel den HERRN nirgends als alten Mann darstellt, nimmt sie doch Bezug auf seinen Thron. Der befindet sich nicht verborgen zwischen den Wolken, sondern an einem vollkommenen Ort, der als *Himmel* bezeichnet wird.

> *…Der Thron des HERRN ist im Himmel…* — Psalm 11,4 (SCHL)

Die Bibel sagt uns, dass der HERR vom Himmel aus regiert. Unser Wissen über diesen Ort ist gering. Doch bereits das Wenige, das uns berichtet wird, ist wunderbar. Wir werden später noch eingehender über den Himmel sprechen.

### Geist

In der Bibel wird der HERR mit männlichen Fürworten wie *er* und *ihm* charakterisiert. Dies bedeutet nicht, dass er geschlechtliche Eigenschaften wie wir Menschen besitzt. JAHWE ist nicht wie Re oder andere ägyptische Gottheiten. Er hat weder Frau noch Kinder. Die Bibel besagt:

> *Gott ist Geist…* — Johannes 4,24 (NeÜ)

Früher wurden Gottheiten von denen, die sie anbeteten, in teils menschlicher und teils tierischer Gestalt dargestellt. Solche Darstellungen gab es von JAHWE nie. Er besitzt keinen Körper aus Fleisch und Blut und kann daher weder gesehen noch dargestellt werden. Gott ist Geist.

Denken wir an den Tod eines geliebten Menschen. Vielleicht haben wir noch die Gelegenheit, ihn ein letztes Mal zu sehen, bevor der Sarg geschlossen wird. Er mag noch so aussehen, wie wir ihn kannten. Aber sein Geist hat ihn verlassen, das Leben ist nicht mehr in ihm. Rein optisch können wir Menschen nur die Behausung voneinander sehen, d.h. unseren Körper. Was wir aber nicht sehen können, ist die eigentliche Person, deren Geist diesen Körper bewohnt. Genauso ist es mit JAHWE, der nicht gesehen werden kann, er ist Geist. Dennoch besitzt er alle Eigenschaften, die eine Person auszeichnen, wie Charakter und Persönlichkeit.

**Zusammenfassung**

Obwohl wir mit unseren Betrachtungen gerade erst begonnen haben, konnten wir doch schon einiges über JAHWE, den HERRN, herausfinden.

> Er ist ein ewiges Wesen und keine unpersönliche Kraft.
> Er ist Geist, ohne physischen Körper oder körperliche Funktionen.
> Er ist *der Höchste,* der uneingeschränkte Herrscher über alles.

Und so war es – „am Anfang".

# 3 Engel und Sterne

Schauen wir uns einmal an, was Mose in Bezug auf diesen Anfang geschrieben hat:

> *Am Anfang* ***schuf*** *Gott…* *1.Mose 1,1 (LUT)*

Der Bericht zum Schöpfungsakt des HERRN am Anfang ist über mehrere Teile der Bibel verstreut.

Die darin enthaltenen Informationen beschränken sich darauf, einige grundlegende Fragen in diesem Zusammenhang zu beantworten. Die Bibel wurde jedoch nicht geschrieben, um die fortwährende Neugier des Menschen zu stillen. Sie belässt es vielmehr bei grundlegenden Informationen zu einigen Ereignissen. Weitere Auskünfte erteilt sie nicht. Unter anderem kommt dies auch bei der Thematik der Geistwesen zum Tragen.

## Namen

Die Bibel kennt für Geistwesen viele unterschiedliche Namen. Wir nennen sie oft Engel. Die Heilige Schrift gebraucht aber viele weitere Begriffe, um sie zu beschreiben: Cherubim, Seraphim, Engel, Erzengel, Morgensterne – und die Liste könnte noch fortgesetzt werden. In ihrer Gesamtheit werden sie als Myriaden, Heere oder Sterne* bezeichnet. Diese Geistwesen sind keine abstrakten, unpersönlichen Kräfte, wie sie in bestimmten Filmen dargestellt werden. Es sind vielmehr *Personen* oder *Geschöpfe*, die in der Lage sind, zu denken und zu fühlen.

* Nicht zu verwechseln mit den Sternen am Himmel.

> *…das Heer des Himmels betet dich an, [Jahwe].* Nehemia 9,6 (NeÜ)

Es ist gut möglich, dass alle Engel persönliche Namen haben. Trotzdem werden nur einige wenige erwähnt, wie etwa Gabriel und Michael.

## Unsichtbar, unzählbar

So wie der Herr, haben auch die Engel keinen Körper aus Fleisch und Blut wie wir Menschen. Obwohl wir sie nicht sehen können, müssen sie wohl überall sein. Wenn es darum geht, die Engel zu beschreiben, die den Thron Gottes umgeben, ist von einer unfassbar großen Zahl die Rede.

> *Und ich sah, und ich hörte eine Stimme von vielen Engeln rings um den Thron… und ihre Zahl war zehntausend mal zehntausend und tausend mal tausend.* Offenbarung 5,11 (SCHL)

Das führt uns zu folgender Frage: „Haben die Engel ihren Wohnort im Himmel, dort, wo auch der Thron Gottes zu finden ist?" Man kann natürlich darüber diskutieren ob Engel überhaupt eine Art Zuhause benötigen. Gemessen an der Gesamtaussage der Bibel dazu, scheint es so zu sein, dass Engel vorrangig im Himmel leben. Dies schließt auch ihre Bewegungsfreiheit im gesamten Universum mit ein.

Die Bibel hält eindeutig fest, dass Engel als Geistwesen weder in Tempeln oder Häusern noch auf Felsen, Bäumen oder in Flüssen wohnen.

## Diener

Daraus ergib sich die begründete Frage: *„Wenn die Bibel über viele verschiedene Gottheiten spricht, sind dann die Engel etwa Götter?"* Die klare Antwort lautet: Nein. Sie sind vielmehr Geistwesen, von Jahwe, dem Herrn, geschaffen, um ihm zu dienen und seinen Willen zu tun. Entsprechend werden sie auch „Diener der himmlischen Welt" genannt.

> *…die Engel sind alle nur Diener… Wesen der himmlischen Welt…*
> Hebräer 1,14 (NeÜ)

Das Wort *Engel* leitet sich aus einem griechischen Begriff für „Bote" oder „Diener" ab. Als vom HERRN geschaffene Wesen gehörten sie zu ihm und taten, was JAHWE ihnen auftrug.

### Schöpfer-Eigentümer

Die Vorstellung, dass der *Schöpfer* einer Sache auch der *Eigentümer* dieser Sache ist, hat in unserer industrialisierten Gesellschaft an Bedeutung verloren. Ich erinnere mich daran, wie ich durch ein Stammesdorf in Papua-Neuguinea ging. Jedes Mal, wenn ich fragte: „Wem gehört dieses Paddel? Wem gehört dieses Kanu?", erhielt ich eine Antwort, die auf den Eigentümer verwies. Als ich mich erkundigte, woher sie wussten, wer der Eigentümer war, sahen sie mich erstaunt an: „Der Eigentümer ist doch der, der es gemacht hat!" Es bestand eine starke Verbindung zwischen Schöpfer und Eigentümer.

Da der HERR die Engel geschaffen hatte, war es auch nicht unangemessen, sie als sein Eigentum zu erachten. Und weil sie ihm gehörten, sollten sie auch als seine Diener und Botschafter seinen Willen tun. Allerdings hatte dies nichts mit einer altertümlichen Form von Knechtschaft oder Zwangsarbeit zu tun. Die Engel hätten gar keinen besseren Schöpfer-Eigentümer haben können.

### Außerordentliche Intelligenz und Kraft

Um seine Anweisungen ausführen zu können, rüstete der HERR die Engel mit großer Intelligenz und Kraft aus. Sie wurden als vollkommene Geschöpfe geschaffen und trugen nichts Böses in sich. Allerdings waren sie keine Roboter, sondern ausgestattet mit einem freien Willen und der Fähigkeit zur Entscheidung.[4] Dies zu wissen ist für uns sehr wichtig, da es im Folgenden noch große Bedeutung haben wird.

Die Bibel spricht oft darüber, dass die Engel den HERRN loben, wenn sie ihre Aufgaben verrichten. Das Wort *loben* bedeutet, „die Vorzüge einer Person zu nennen und ihr Bewunderung entgegenzubringen".

> *Lobt den HERRN, ihr seine Engel, ihr mächtigen Wesen, die ihr seine Befehle ausführt und auf seine Worte hört. Lobt den HERRN, ihr Engelscharen, die ihr ihm dient und seinen Willen tut!*
> Psalm 103,20-21 (NLB)

Aber Lob verliert seine Bedeutung, wenn es nicht freiwillig gegeben wird. Ich möchte dies anhand einer anderen menschlichen Ausdrucksform veranschaulichen: der Anteilnahme.

Ich habe einige Zeit in einem Land gelebt, wo man bei Beerdigungen üblicherweise bezahlte Trauergäste kommen ließ, die laut heulten und weinten. Es war ein herzzerreißender Anblick, all diese Trauer zu sehen. Aber diese Gefühlsregung konnte von einem Augenblick auf den nächsten abgestellt werden, besonders dann, wenn man zu wenig gezahlt hatte. Die Anteilnahme, die sie zeigten, sah zwar echt aus, war aber nicht aufrichtig und damit bedeutungslos.

Wären die Engel wie Roboter darauf programmiert gewesen, den HERRN zu loben, hätte dies genauso wenig Bedeutung gehabt, wie bei den bezahlten Trauergästen. Doch da sie mit einem freien Willen geschaffen waren, war jeder Ausdruck der Freude, Liebe und Wertschätzung echt. Das Lob JAHWES und seine Anbetung sind in der Bibel oft miteinander verknüpft.

> *Du hast ihnen allen das Leben geschenkt und die himmlischen Heerscharen beten dich an.* Nehemia 9,6 (NLB)

## Anbetung

Das Wort *Anbetung* beinhaltet die Idee, jemandem tiefe Liebe und Bewunderung zu zeigen, weil man diese Person der Wertschätzung für *würdig* hält. Es ist eine Form des Lobs. In unserem Fall beten die Engel Gott an.

Da der HERR der uneingeschränkte König ist, gehört ihm richtigerweise alle Wertschätzung. Wenn ich dagegen die Taten eines Freundes rühme, könnte jemand durchaus in Frage stellen, ob ihm wirklich so viel Lob zusteht. Doch die Bibel äußert sich klar zum Lob Gottes. Ihm gebührt aller Ruhm. Die Engel richten ihr Lob also völlig zu Recht an JAHWE, indem sie ihn anbeten und zwar nur ihn allein.

> *Würdig bist du, unser Herr und Gott, dir gebührt Ehre und Ruhm und alle Macht, denn du hast alle Dinge erschaffen. Du hast es gewollt, und die Schöpfung entstand.*
> Offenbarung 4,11 (NeÜ)

## Ähnlich, aber anders

Trotz der Gemeinsamkeiten, die es zwischen uns Menschen und den Engeln gibt, bleiben wir weit hinter ihrer Macht und Intelligenz zurück. Die Bibel teilt uns mit, dass JAHWE, der HERR, den Menschen…

> *…ein wenig geringer gemacht [hat] als die Engel…*
> Psalm 8,6 (SCHL)

Trotz aller Ähnlichkeiten unterscheiden sich Engel von den Menschen. Sie sind unsterblich.[5] Weder heiraten sie, noch vermehren sie sich.[6] Obwohl sie normalerweise nicht zu sehen sind, werden sie bei der Erfüllung bestimmter Aufgaben für uns Menschen sichtbar. Wenn sie mit Menschen reden, ist ihre Sprache für den jeweiligen Zuhörer verständlich.

Da sich Engel manchmal unter die Menschen mischen und mit ihnen reden, berichtet die Bibel von Fällen, bei denen diese Geistwesen mit Gott oder irgendwelchen Gottheiten verwechselt wurden. Doch wie wir gesehen haben, sind sie von JAHWE, dem HERRN, geschaffen und unterscheiden sich von ihm. Sie sind weder Gottheiten noch ein Teil von Gott, dem HERRN. So wie das Paddel eines Kanus nicht der Kategorie des „Erbauers" zugeordnet wird, passen die Geistwesen auch nicht in die Kategorie „Gott". Sie sind grundlegend verschieden. Der eine ist der *Schöpfer,* die anderen sind die *Geschöpfe.*

| Rolle | Kategorie | Eigenname(n) |
|---|---|---|
| Schöpfer | Gott | JAHWE |
| Geschöpf | Geistwesen (Engel) | Gabriel, Michael |

**Der gesalbte Cherub**

Das mächtigste, intelligenteste und schönste Geistwesen, das JAHWE, der HERR, je geschaffen hatte, war ein ganz bestimmter Cherub. Einige Bibelübersetzungen geben seinen Namen direkt aus dem Lateinischen als *Luzifer* wieder. Der ursprüngliche, hebräische Name jedoch bedeutet „Funkelnder" oder „Morgenstern".

> *Ach wie bist du vom Himmel gefallen, funkelnder Morgenstern…*
> *Jesaja 14,12 (NeÜ)*

Der Funkelnde wurde als ein *gesalbter Cherub* bezeichnet. Die Bedeutung des Wortes *salben* geht auf ein altes Ritual zurück, bei dem man Öl über einer Person oder Sache ausgoss, um sie für eine besondere Aufgabe abzusondern. Eine Salbung wurde als feierliche und ehrwürdige Handlung angesehen.

> *„Du warst ein gesalbter, schützender Cherub… Du warst vollkommen in deinen Wegen vom Tag deiner Erschaffung an…"*
> *Hesekiel 28,14-15 (SCHL)*

Aufgrund der Aufgabe, die ihm zugewiesen war, befand sich der Funkelnde ständig in der Gegenwart des HERRN. Im weiteren Verlauf der Geschichte werden wir noch mehr über diesen gesalbten Cherub erfahren.

**Die Engel schauen zu**

Mit der Erschaffung der Geistwesen begann das schöpferische Handeln des HERRN. Während nun die Heere der Engel als

Augenzeugen dabei waren und sich freuten, nahm *der Höchste* das nächste große Werk in Angriff: Die Erschaffung des gesamten Weltalls.

> *Wo warst du, als ich die Erde gründete? Sag an, wenn du es weißt! Wer hat ihre Maße bestimmt? Weißt du es? Wer hat die Messschnur über sie gespannt? Wo sind ihre Pfeiler eingesenkt? Wer hat ihren Eckstein gelegt, als alle Morgensterne [oder Geistwesen] jubelten und alle… [Engel] jauchzten?*
>
> *Hiob 38,4-7 (NeÜ)*

# Kapitel 3

1 Indem er einfach nur sprach

2 Drei Eigenschaften

3 Gesetz und Ordnung

4 Vollkommen und fürsorglich

5 Das Abbild Gottes

6 Unendlich groß und dennoch nah

# 1 Indem er einfach nur sprach

Die ersten zwölf Kapitel des 1. Buches Mose enthalten wichtige Informationen, um die Heilige Schrift als Ganzes verstehen zu können. Wenn die Bibel eine Aufbauanleitung für das bereits erwähnte Puzzle wäre, müsste über diesen Kapiteln der Hinweis stehen: „Bitte sorgfältig lesen!“

Wir können es wörtlich nehmen, wenn davon die Rede ist, dass der HERR Mose angewiesen hat, über die „Anfänge“ zu schreiben. Gott ließ Mose bereits die Ereignisse des allerersten Tages aufzeichnen, an dem die Erde existierte.

## Erster Tag

> *Im Anfang schuf Gott Himmel und Erde.... Da sprach Gott: „Es werde Licht!“ Und das Licht entstand. Gott sah es an: Es war gut.... Das Licht nannte er „Tag“ und die Finsternis „Nacht“. Es wurde Abend und wieder Morgen – ein Tag.*
>
> *1.Mose 1,1+3-5 (NeÜ)*

Beachten wir die Art und Weise, in der Gott schöpferisch tätig wurde. Der Text besagt, dass der HERR das Licht ins Dasein *sprach*. Er benutzte weder seine Hände noch irgendwelche Werkzeuge, um zu erschaffen. Vielmehr lesen wir in der Bibel, dass...

> *...die Welt [und das Weltall] auf Gottes Befehl hin entstand...*
>
> *Hebräer 11,3 (NLB)*

Diese großartige Person, dieses einzigartige Wesen – JAHWE – schuf das für uns Sichtbare wie auch Unsichtbare, indem er einfach nur sprach!

Bemerkenswerterweise schuf er alles aus dem Nichts. Wir Menschen sind auf Material angewiesen, das bereits existiert, um etwas erschaffen zu können.

Für Gemälde benötigen wir Farben und Leinwand. Mit Ziegeln, Mörtel und Holz bauen wir Häuser. Doch für seine Schöpfung genügte dem HERRN sein Wort. Er sprach, und das war's!

> *„Es werde Licht...“* *1.Mose 1,3 (NeÜ)*

...und das Licht war da! Und der erste Tag war vollendet.

## Zweiter Tag

Am Ende des ersten Tages war die geschaffene Erde vollkommen mit Wasser bedeckt. Dann, am zweiten Tag...

> *...sprach Gott: „Im Wasser soll eine Wölbung entstehen, eine Trennung zwischen den Wassermassen!“ ...Die Wölbung nannte Gott „Himmel“. Es wurde Abend und wieder Morgen - zweiter Tag.* *1.Mose 1,6-8 (NeÜ)*

Das Gewölbe[1] war wahrscheinlich gleichbedeutend mit dem, was wir heute als Atmosphäre bezeichnen. Die Atmosphäre der Erde, wie auch das Wasser, sind nur zwei von vielen Komponenten, die das Leben auf diesem Planeten überhaupt erst ermöglichen.

Der zweite Tag liefert uns den Hinweis darauf, dass der Zustand der damaligen Erde nicht dem der heutigen Erde entsprach. So wie es aussieht, war die Atmosphäre anders aufgebaut und die Durchschnittstemperaturen lagen höher. Welche Umstände wiederum zu den gegenwärtigen Umweltbedingungen geführt haben könnten, dazu erfahren wir später etwas.

### Dritter Tag

Am Anfang des dritten Tages bildete das Wasser unterhalb des Gewölbes noch einen riesigen Ozean, ohne dass trockenes Land sichtbar war.

> *Und Gott sprach: „Die Wasser unter dem Himmel sollen sich an einem Ort sammeln, damit trockener Boden zum Vorschein kommt." Und so geschah es.... Und Gott sah, dass es gut war. Dann sprach er: „Auf der Erde soll Gras wachsen und sie soll Pflanzen hervorbringen, die Samen tragen, und Bäume voller unterschiedlichster Früchte, in denen ihr Same ist."...Und Gott sah, dass es gut war. Es wurde Abend und Morgen: der dritte Tag.* 1.Mose 1,9-13 (NLB)

Der dritte Tag kann in zwei Abschnitte unterteilt werden. Zuerst erscheint das trockene Land. Offensichtlich senkte sich der Meeresgrund ab und bildete damit große Auffangbecken für das Wasser. Gleichzeitig stiegen Landmassen aus den Tiefen des Wassers auf. Als Zweites folgte die Erschaffung des pflanzlichen Lebens in Form von Pflanzen und Bäumen, die bereits Früchte und Samen trugen. Die Bibel spricht davon, dass Gottes Schöpfung bereits ausgereift und voll funktionsfähig war.

Ich kann mich daran erinnern, wie ich einmal mit Kindern darüber gesprochen habe. Sie sollten in 5 Minuten so viele verschiedene Samen wie möglich sammeln. Am Ende hatten sie ein breites Sortiment zusammen: Samen mit Widerhaken; Samen, die gemacht wurden, um vom Wind verteilt zu werden; solche, die bei Wärmeeinwirkung aufplatzen; einige von der Größe eines Staubkorns und wiederum viel größere. Ich erklärte, wie jeder der winzigen Samen ein riesiges Lexikon von Anweisungen enthält, die festlegen, wie er sich zu einer Pflanze entwickelt. Dies betrifft die Form und Farbe der Blätter, die Größe des Stamms und den Zeitpunkt und die Schnelligkeit des Wachstums. Dazu gehören auch die Anweisungen, wie neue Samen entwickelt werden können. Wenn wir uns das vor Augen halten, wird deutlich, wie atemberaubend der gesamte Prozess ist. Kein Mensch hat es auch nur annähernd geschafft, dies nachzuahmen. Dafür lehrt uns die Bibel, dass JAHWE, der HERR, ausgewachsene Pflanzen und Bäume inklusive aller genetischer Informationen schuf, indem er sie einfach ins Leben rief. Verblüffend!

*Groß sind die Werke des HERRN, erforscht von allen, die sie lieben.* Psalm 111,2 (SCHL)

Die Schöpfung vollbrachte er im Alleingang. Es war keine andere Gottheit beteiligt.

*Dies spricht der HERR, der den Himmel geschaffen hat, der Gott ist, der die Erde geformt und gemacht hat. Er hat sie gegründet. Nicht als Wüste geschaffen hat er sie, sondern zum Bewohnen. „Ich bin der HERR", spricht er, „einen anderen gibt es nicht."* Jesaja 45,18 (NLB)

Nur der HERR war imstande, das für uns Sichtbare wie auch Unsichtbare zu erschaffen.

## 2 Drei Eigenschaften

Man muss kein Genie sein, um zu erkennen, dass jemand, der ein solch atemberaubendes Universum erschaffen konnte, außerordentlich mächtig sein muss. Die Bibel geht sogar darüber hinaus. Sie sagt, dass der HERR *allmächtig* ist.

*Groß ist der Herr, gewaltig seine Kraft…* Psalm 147,5 (NeÜ)

JAHWE ist nicht nur allmächtig, er ist auch *allwissend.* Die Komplexität dessen, was er erschaffen hat, offenbart uns etwas davon. Die Bibel teilt uns mit, dass…

*…sein Verstand unermesslich ist.* Psalm 147,5 (SCHL)

Halten wir uns einmal die unermessliche Weite der gesamten Schöpfung vor Augen. Dies legt den Schluss nahe, dass der Schöpfer problemlos die entferntesten Orte erreichen kann. So ist es ihm möglich, den Dingen die er geschaffen hat, überall einen Platz zuzuweisen. Die Bibel führt uns hier über unsere Wahrnehmung hinaus. Denn sie sagt, dass JAHWE, der HERR, an *jedem Ort zur gleichen Zeit gegenwärtig ist.*

*Bin ich denn nur Gott in der Nähe, spricht der HERR, und nicht auch Gott in der Ferne? Oder kann sich jemand so heimlich verbergen, dass ich ihn nicht sehe? spricht der HERR. Erfülle ich nicht den Himmel und die Erde? spricht der HERR.* Jeremia 23,23-24 (SCHL)

Allein Jahwe besitzt diesen Dreiklang von Eigenschaften: Er ist *allwissend, allmächtig* und *an jedem Ort gleichzeitig anwesend.* Nur durch das perfekte Zusammenspiel dieser 3 Eigenschaften konnte er den komplexen Lebensraum erschaffen, der uns umgibt.

> *Durch seine Kraft hat er die Erde gemacht, durch seine Weisheit die Welt errichtet, durch seine Klugheit die Himmel ausgespannt.* *Jeremia 51,15 (NeÜ)*

In der Bibel finden wir keine andere Gottheit mit solchen Eigenschaften. Selbst die Engel können trotz ihrer Macht und Intelligenz keine dieser Fähigkeiten aufweisen. Und wie sieht es mit uns Menschen aus? Wir kommen nicht ansatzweise in die Nähe eines solchen Potentials.

Gemeinsame menschliche Anstrengungen sind gefragt, um selbst den einfachsten Gegenstand zu schaffen. Angenommen wir wollten einen einfachen klappbaren Metallstuhl bauen – von jener Sorte, wie man ihn manchmal in Tagungsräumen findet.

Zunächst einmal brauchen wir Metall. *Aber wo finden wir das richtige Metall?*

In Gestein. *Aber woher wissen wir, welches das gesuchte Metall enthält?*

Wir benötigen einen Geologen, der weiß, wo man eisenerzhaltiges Gestein findet.

*Nehmen wir an, das richtige Gestein wäre gefunden. Wie würde dann der nächste Schritt aussehen?*

Wir bräuchten einen Experten im Umgang mit Dynamit und der dafür nötigen Bergbauausrüstung. Dazu gehören dann auch Bergleute, die in der Lage sind, das Erz gefahrlos zu fördern.

*Ein Haufen Eisenerz allein reicht aber noch nicht, um einen Stuhl zu bauen. Es muss eingeschmolzen werden. Doch wie bekommen wir ein Feuer, das heiß genug ist, um Eisenerz zu schmelzen?*

Wir sind also auf Leute angewiesen, die sich mit der Stahlgewinnung und Vergütung auskennen. *Wir haben nun diese Leute gefunden, doch was dann?*

Sie haben gerade einen Stahlbarren für uns gegossen. Immerhin schon eine Sitzgelegenheit – natürlich erst, wenn er abgekühlt ist! Doch für einen richtigen Stuhl brauchen wir jemanden, der in der Lage ist, diesen Stahlklotz zu einem dünnen Blech auszuwalzen. Dann müssen wir das Blech biegen und verschweißen.

*Schweißen?* Hier wird es Zeit für jemanden, der sich mit der Gewinnung von Elektrizität auskennt.

Wir sehen also: Das Bauen eines Stuhles ist eine komplizierte Angelegenheit. Dabei sind wir noch gar nicht auf die Plastikteile des Stuhls eingegangen.

*Plastik?* Moment mal! Bringt uns das nicht zu Erdölprodukten? Kurze Überlegung, für eine Erdölbohrung brauchen wir… was?!

Und dabei wollten wir einfach nur einen Metallstuhl bauen. Doch bereits für die einfachste Kreation sind wir auf das vereinte Wissen und die Fähigkeiten Hunderter von Menschen angewiesen. Niemand weiß alles.

Niemand, weder Mensch noch Gottheit, Engel oder Geist kann sich auch nur im Entferntesten mit JAHWE, dem Schöpfergott, messen. Er allein ist allwissend, und mit der Macht ausgestattet, etwas aus dem Nichts zu erschaffen. Dazu kommt, dass er an jedem Ort zur gleichen Zeit gegenwärtig ist. So kann er allem, was er geschaffen hat, überall seinen Platz zuweisen. Dieser Gott überragt alles.

> *Ach, mein Herr, Jahwe, du hast Himmel und Erde durch deine gewaltige Macht und deine große Kraft geschaffen. Dir ist nichts unmöglich.* Jeremia 32,17 (NeÜ)

**Eine Person**

Nicht alle Eigenschaften des HERRN sind im gleichen Maß verständlich. Aus irgendeinem Grund fällt es uns leichter, uns einen „allmächtigen" und „allwissenden" Gott vorzustellen, als einen, der an *jedem Ort zur gleichen Zeit gegenwärtig ist.* Aber die Bibel weist uns immer wieder darauf hin, dass Gott der Schöpfer überall gleichzeitig anwesend ist.

Im 10. Jahrhundert v.Chr. schrieb ein Anführer der Israeliten unter der Führung Gottes folgende Worte:

> *Wohin kann ich gehen, um dir zu entkommen, wohin fliehen, dass du mich nicht siehst?*
>
> *Steige ich zum Himmel hinauf, so bist du da, lege ich mich zu den Toten, da bist du auch. Nehme ich die Flügel des Morgenrots und lasse mich nieder am Ende des Meeres, auch dort wirst du mich führen, und deine Hand wird mich fassen. Sage ich: „Die Finsternis soll nach mir schnappen, das Licht um mich werde Nacht!" Auch Finsternis ist nicht finster vor dir, die Nacht leuchtet bei dir wie der Tag, die Finsternis wie das Licht.* Psalm 139,7-12 (NeÜ)

Die Tatsache, dass der HERR *zur gleichen Zeit überall ist,* müssen wir losgelöst von der Idee des *Pantheismus* betrachten.

Vielleicht ist ihnen schon einmal die Vorstellung begegnet, dass das gesamte Universum ein Teil Gottes oder sogar Gott selbst sei. Oder es war von der kosmischen Seele, der Intelligenz oder dem Bewusstsein des Universums die Rede, mit der ein Mensch eins werden könne. Dazu gehört auch, dass Gott als unpersönliche Kraft beschrieben wird, die alles umfasst und überall zu finden ist. Diese Denkweise bezeichnet man als *Pantheismus.* Trotz ihrer Popularität, stimmt die Vorstellung von Gott, die sie vermittelt, nicht mit der Bibel überein.

Mose wird wohl einige Aspekte der pantheistischen Denkweise gekannt haben. Die alten Ägypter glaubten, dass die Grenzen zwischen Gott, Mensch, Landtier, Vogel, Insekt, Holz und Wasser verwischt waren. Viele ihrer Götter hatten einen menschlichen Körper, aber Köpfe von Tieren, wie etwa Vögeln oder Insekten. Sie waren überzeugt, dass Gegenstände sprechen konnten und schrieben ihnen damit eine gewisse „Göttlichkeit" zu. Ihrer Auffassung nach besaß alles eine bestimmte Lebenskraft. Wenn also das Getreide geerntet und zu Mehl gemahlen wurde, zerschnitt der Bauer damit den Körper des Getreidegottes und zertrampelte ihn durch das Dreschen.

### Unterscheidung zwischen Schöpfer und Geschöpf

Im Gegensatz dazu lehrt die Bibel, dass der HERR eine *Person* oder ein *Wesen* ist, das sich von seiner Schöpfung unterscheidet. Genauso wenig wie ein Stammesmann Teil seines Kanus oder Paddels ist, so ist auch Gott, der HERR, nicht Teil seiner Schöpfung. Entsprechend hat auch die Beschädigung oder Zerstörung eines Paddels keine Auswirkung auf den Stammesmann. Es ist kein Teil von ihm.

Dementsprechend lehrt uns die Bibel, dass weder das Universum ein Teil Gottes ist, noch der HERR ein Teil seiner eigenen Schöpfung. JAHWE ist als Schöpfer des Universums überall, aber er ist *nicht in* allem oder *ein Teil von* allem. Er steht über der Schöpfung und herrscht über sie. Die Bibel unterscheidet sehr deutlich zwischen dem Schöpfer und seiner Schöpfung und diese Unterscheidung wird nie verwischt.

| Die Bibel lehrt | Pantheismus lehrt |
|---|---|
| JAHWE ist eine Person oder ein Wesen | Gott ist unpersönlich, kein Wesen |
| JAHWE ist nicht Teil seiner Schöpfung | Die gesamte Natur ist Gott oder besitzt Göttlichkeit |
| JAHWE ist überall, er ist Herrscher | Gott ist allumfassend, er existiert als eine Art Kraft |

# 3 Gesetz und Ordnung

So wie es aussieht, hatte jedes Volk seine eigene Vorstellung über die Ursprünge. Mose wusste sicher, dass die Ägypter vier verschiedene Geschichten über den Anfang der Erde besaßen, die sich jedoch alle widersprachen. Ein nicht ungewöhnliches Wirrwarr. Doch jetzt schien der HERR zu sagen: „Da niemand von euch am Anfang dabei war, sage ich euch, wie die Welt entstand und beende damit jede Spekulation. Folgendermaßen hat es sich abgespielt."

> *Durch das **Wort** des HERRN wurden die Himmel erschaffen, das Heer der Sterne durch den Hauch seines **Mundes**.... Alle Welt zeige Ehrfurcht vor dem HERRN, alle Bewohner der Erde sollen ihm mit großer Achtung begegnen. Denn **er sprach nur ein Wort** – und es geschah; **er gab einen Befehl** – und es kam zustande.* *Psalm 33,6+8-9 (NGÜ)*

Wenn wir einmal darüber nachdenken, ist dies eigentlich nichts anderes als die Art von Kraft, wie wir sie von einem allmächtigen Gott erwarten.

## Vierter Tag

Am ersten Schöpfungstag zog der HERR den Vorhang der Dunkelheit zurück und sprach das Licht ins Dasein. Am vierten Tag schuf Gott die Lichtspender.[2] Mose schrieb:

> *Und Gott sprach: „Am Himmel sollen Lichter entstehen, um den Tag von der Nacht zu unterscheiden. Sie sollen Zeichen sein, anhand derer die Jahreszeiten, die Tage und die Jahre bestimmt werden. Diese Lichter am Himmel sollen auf die Erde scheinen." Und so geschah es.*
>
> *Gott schuf zwei große Lichter: das größere Licht für den Tag und das kleinere für die Nacht. Und Gott schuf auch die Sterne.*
>
> *Und Gott sah, dass es gut war. Und es wurde Abend und Morgen: der vierte Tag.* *1.Mose 1,14-16+18-19 (NLB)*

Wir haben bereits gesehen, dass die alten Ägypter den Sonnengott *Re* anbeteten. Sie verehrten auch Thot, den Mondgott.* Damals fehlte den Menschen das Wissen, dass Sonne und Mond nur Himmelskörper aus Gas oder Gestein waren. Nichts weiter als leblose, *geschaffene* Objekte, die sich eindeutig vom Schöpfer unterscheiden.

* Obwohl Thot der Mondgott war, wurde er mit einem menschlichen Körper und dem Kopf eines Vogels, des Ibisses, dargestellt.

Doch von nun an konnten sie wissen, dass Sonne und Mond keine Götter waren. Indem sie sich nämlich allein auf das verließen, was der HERR durch Mose aufschreiben ließ. Der HERR sagte zu Mose:

> *Und wenn ihr zum Himmel aufblickt und die Sonne, den Mond und die Sterne seht,… dann lasst euch ja nicht verleiten, sie anzubeten.* 5.Mose 4,19 (NeÜ)

Sonne und Mond sollten nicht wie Personen verehrt und geachtet werden. Sie haben weder Verstand noch Gefühle. Als lebloses Gestein oder Gas gehören sie zur gleichen Kategorie wie Flüsse oder Berge.

Der HERR dagegen ist ein lebendiges Wesen. Er unterscheidet sich damit ganz grundsätzlich von der Sonne oder dem Mond. Der *Schöpfer* sollte nicht fälschlicherweise als Teil seiner eigenen *Schöpfung* angesehen werden.

> *Ich bin der HERR, der alles vollbringt — ich habe die Himmel ausgespannt,…* Jesaja 44,24 (SCHL)

**Ein Gott der Ordnung**

Die Bibel teilt uns mit, dass der HERR die Sonne und den Mond nicht nur zwecks Licht und Wärme schuf. Sondern wie riesige Himmelsuhren bestimmen sie auch die Tage, Jahreszeiten und Jahre.

> *Er hat den Mond gemacht zur Bestimmung der Zeiten, die Sonne, die ihren Untergang weiss.* Psalm 104,19 (ZB)

Die Menschen damals wussten, dass das Universum mit erstaunlicher Präzision funktionierte. Es war nicht schwer für sie zu erkennen, dass der HERR ein Gott der Ordnung war. Seine Regeln oder Gesetze sorgten für eine reibungslose Funktion des Universums.[3]

Heute studieren wir diese Naturgesetze anhand von verschiedenen Wissenschaften wie Astronomie, Biologie, Physik und Chemie. Für uns sind diese Naturgesetze so selbstverständlich, dass wir keinen Gedanken daran verschwenden, wie die Welt wohl ohne sie aussehen würde. Aber stellen wir uns vor, die Gesetze der Schwerkraft würden nur ein paar Minuten aussetzen. Es würden Chaos und Zerstörung herrschen. Die Gesetze der Schwerkraft, wie auch alle anderen Naturgesetze, existieren aus gutem Grund. Sie sorgen für Sicherheit und geregelte Abläufe.

> *Er steht über allem und alles besteht durch ihn.*
> Kolosser 1,17 (NeÜ)

Rein instinktiv begegnen wir den Naturgesetzen mit großem Respekt. Wir laufen zum Beispiel sehr vorsichtig am Rande eines steilen Abhangs entlang. Wir sind uns darüber im Klaren, dass ein Verstoß gegen das Gesetz der Schwerkraft zu ernsten Konsequenzen führt. *Denn wo es ein Gesetz gibt, hat dieses immer auch Folgen.* Gesetze definieren unnachgiebig die Grenzen innerhalb derer etwas funktioniert. Solange wir sie nicht übertreten, sind wir sicher. Sobald wir sie missachten, schaden wir uns selbst.

> *Dir gehört der Tag und auch die Nacht, dem Mond und der Sonne hast du ihren Platz zugewiesen. Du selbst hast alle Grenzen der Erde bestimmt…* Psalm 74,16-17 (NGÜ)

Das Wesen des HERRN kommt in der Struktur und Ordnung dieser Gesetze zum Ausdruck. Der HERR ist ein Gott der Ordnung, ein Gott, der Regeln hat und keinen Launen folgt. Man kann sich auf seine Beständigkeit und Treue verlassen.

### Fünfter Tag

Am fünften Tag schuf Gott eine unglaubliche Vielfalt an Meereslebewesen und Vögeln.

> *Dann sprach Gott: „Im Wasser soll es von Lebewesen aller Art wimmeln und am Himmel sollen Vögel fliegen!"* 1.Mose 1,20 (NeÜ)

Die schöpferischen Fähigkeiten des HERRN offenbarten sich unter anderem in der Vielfalt der Lebewesen. Wie es schon bei den Pflanzen der Fall war, schuf Gott auch jetzt bereits ausgewachsene, vollentwickelte Tiere. Jedes Tier trug eine genetische Bibliothek in sich, in der Wachstum und Fortpflanzung festgelegt waren.

> *Und Gott schuf die großen Meerestiere und alle lebenden Wesen, die sich regen, von denen das Wasser wimmelt, nach ihrer Art, dazu allerlei Vögel mit Flügeln nach ihrer Art. Und Gott sah, dass es gut war.… Und es wurde Abend, und es wurde Morgen: der fünfte Tag.* 1.Mose 1,21.23 (SCHL)

### Vollkommen, makellos, heilig

Beim Aufschreiben wird Mose aufgefallen sein, dass JAHWE jeden Schöpfungstag mit den gleichen Worten beendete:

> *…Und Gott sah, dass es gut war.* 1.Mose 1,25 (SCHL)

Dies war möglich, weil der HERR in seinem ganzen Sein vollkommen ist. Er ist gut.

> *Dieser Gott — sein Weg ist vollkommen!* Psalm 18,31 (SCHL)

Es war Mose sicher bekannt, dass die Götter im alten Ägypten in ihrem Denken, Fühlen und Handeln menschlich waren. Sie hatten

Frauen und Kinder, Verbündete und Feinde. Ihr Lebenswandel war wechselhaft: Sie verschworen sich gegeneinander, betrogen, kämpften um die Macht und töteten einander. Letztendlich ging es darum, andere Gottheiten durch Manipulation und Zauberei zu beherrschen.

Doch JAHWE war anders. Sein Charakter ist makellos – vollkommen. Ein Begriff, der verwendet wird, um diese Art von Vollkommenheit zu beschreiben, ist das Wort *gerecht*. Es bedeutet „aufrichtig, ehrlich, ehrenhaft".

> *Pracht und Majestät ist sein Wirken, und seine Gerechtigkeit bleibt für immer.* *Psalm 111,3 (NeÜ)*

Die Unverdorbenheit des HERRN (seine Gerechtigkeit) ist ein einzigartiges Merkmal seines Wesens.

> *...Der heilige Gott zeigt sich heilig im gerechten Gericht.*
> *Jesaja 5,16 (NeÜ)*

Wie schon erwähnt, bedeutet das Wort *heilig* so viel wie „einzigartig, herausragend, abgesondert". Man könnte also den gerade genannten Vers auch so lesen:

> *...der einzigartige Gott zeigt seine Einzigartigkeit durch Aufrichtigkeit, Ehrlichkeit und Ehrenhaftigkeit.*
> *Jesaja 5,16 frei umgeschrieben*

Bei unserem Gang durch die Tage der Schöpfung haben wir gesehen, dass JAHWE absolut einzigartig und heilig ist. Zu seiner Heiligkeit kommt noch sein gerechter Charakter dazu. Die beiden Worte *heilig* und *gerecht* sind fast gleichbedeutend. Beide sprechen von der moralischen Vollkommenheit des HERRN.

Die vollkommene Gerechtigkeit des Schöpfers kann nicht genug betont werden. Das sollten wir für den weiteren Verlauf des Buches im Hinterkopf behalten. Es ist für das Gesamtbild ein unverzichtbares Puzzleteil. Die Vollkommenheit des HERRN führte zu einer vollkommenen Schöpfung. Wir werden noch sehen, dass sich die Schöpfung geändert hat, aber in ihrem Anfang war sie genau richtig! Gott sagte, „dass es gut war". Es war vollkommen.

## Alt, aber genau

Auch wenn die Bibel kein wissenschaftliches Lehrbuch ist, sind ihre Aussagen über das physische Universum doch zutreffend. Über dieses Thema wurden ganze Bücher geschrieben, deshalb möchte ich mich im Folgenden auf einige interessante Beispiele beschränken:

Vor Jahrhunderten nahm man allgemein an, dass die Erde eine flache Scheibe sei. Diese Annahme hatte ihren Ursprung aber niemals in der Bibel. Sie benutzt einen Begriff, der auf einen kugelförmigen Globus hinweist, wenn es heißt:

*Er ist es, der hoch über dem Erdenrund thront…*

*Jesaja 40,22 (NeÜ)*

Die Gelehrten der Antike stellten sich die Erde auf einem starken Fundament ruhend vor oder getragen von einer mythischen Gottheit. Die Bibel dagegen sagt, der HERR…

*…hängt die Erde auf über dem Nichts.* *Hiob 26,7 (NeÜ)*

Im 2. Jahrhundert katalogisierte Claudius Ptolemäus insgesamt 1.022 Sterne. Diese Zahl wurde bis zur Erfindung des Teleskops durch Galileo im 17. Jahrhundert als verbindlich angesehen. Obwohl mit bloßem Auge nur etwa 5.000 Sterne erkennbar sind, informiert uns die Bibel schon von ihren ersten Seiten an: Die Zahl der Sterne ist…

*…wie… die Sandkörner am Strand.* *1.Mose 22,17 (NeÜ)*

Noch bis vor einem Jahrhundert ging man davon aus, dass der Boden der Ozeane wie eine große Schüssel geformt ist. Die Bibel hingegen spricht davon, dass der Meeresboden sowohl Berge wie auch tiefe Stellen besitzt.

*…hinab zu den Wurzeln der Berge…* *Jona 2,7*

*…die Gründe[4] des Meeres…* *2.Samuel 22,16 (SCHL)*

Mitte des 19. Jahrhunderts fertigte der amerikanische Marineoffizier Matthew Fontaine Maury Karten über Meeres- und Windströmungen an. Dazu war er von Bibelversen inspiriert worden. Sie bezeichneten…

*…die Pfade der Meere…* *Psalm 8,9 (SCHL)*

*Der Wind weht nach Süden, er kreist nach Norden, er dreht und dreht und weht und kommt zum Ausgangspunkt zurück.*

*Prediger 1,6 (NeÜ)*

Ein Denkmal, das zu seinen Ehren errichtet wurde, zeigt ihn mit Seekarten in der einen Hand und einer Bibel in der anderen. Auf dem Sockel ist zu lesen: *„Matthew Fontaine Maury, Pfadfinder der Meere, das Genie, das den Ozeanen und der Atmosphäre als Erster das Geheimnis ihrer Gesetze entriss. Seine Inspiration war die Heilige Schrift: Psalm 8,9; Prediger 1,6."*

# 4 Vollkommen und fürsorglich

**Sechster Tag**

Der sechste Tag markierte den Höhepunkt im Schöpfungswerk Gottes. Der HERR begann den Tag, indem er die Landtiere erschuf.

> *Und Gott sprach: Die Erde bringe lebende Wesen hervor nach ihrer Art: Vieh, Gewürm und Tiere der Erde nach ihrer Art. Und es geschah so.*
>
> *Und Gott machte die Tiere der Erde nach ihrer Art und das Vieh nach seiner Art und alles Gewürm des Erdbodens nach seiner Art. Und Gott sah, dass es gut war.* 1.Mose 1,24-25 (SCHL)

**Arten**

Am dritten, fünften und sechsten Tag wird ausdrücklich erwähnt, dass sich die Pflanzen, Wasserlebewesen, Vögel und Landtiere *„entsprechend ihrer Art"* fortpflanzen sollten. Was bedeutet *„entsprechend ihrer Art"*? Einfach ausgedrückt bedeutet dies, dass Katzen Katzen gebären, Pferde Pferde und Elefanten Elefanten. Wir brauchen uns also keine Sorgen darüber zu machen, dass Palmen wachsen, wenn wir Kartoffeln pflanzen.

Durch Züchtung können sich Lebewesen zu unterschiedlichen Varianten entwickeln, aber sie gehören stets der gleichen Art an. Die ursprünglich von Gott geschaffenen Hunde besaßen bereits die gesamte genetische Information. Dem könnten wir nichts mehr hinzufügen. Die unterschiedlichen Hunderassen erhielten wir nur, indem wir ihre genetische Information gezielt einschränkten. Egal ob das Resultat eine dänische Dogge oder ein Chihuahua ist, eine neue Rasse entsteht immer durch *Verringerung* der genetischen Information. Ganz unabhängig davon bleibt es immer noch ein Hund. Denn er gehört der gleichen *Art* an. Weil die Arten festgelegt sind, braucht sich ein Bauer keine Sorgen zu machen, dass es zu einer Kreuzung zwischen seinem preisgekrönten Pferd und der Milchkuh seines Nachbarn kommen könnte. Warum? Weil der HERR die Naturgesetze geschaffen hat, um eine Ordnung aufrecht zu erhalten. Darauf können wir uns verlassen. Es verleiht dem Leben Sicherheit.

**Fürsorge**

Der HERR begrenzte seine Schöpfung nicht auf einige wenige Arten. Stattdessen haben wir eine atemberaubende Vielfalt. Die Bibel sagt, dass JAHWE…

*…uns alles reichlich [gibt], was wir brauchen, und wir dürfen es genießen.* 1.Timotheus 6,17 (NeÜ)

Ein Gott, der eine Welt erschafft, an der man sich erfreuen kann, ist ein Gott, der sich wirklich sorgt. Fürsorge ist ein Ausdruck von Liebe.

Der HERR hätte auch alle Pflanzen und Tiere blau färben können. Aber stattdessen schuf er alles in einer endlosen Vielfalt von Pigmentierungen und Farben. Er hat aber nicht nur die Farben erfunden, sondern auch Augen erschaffen, die diese Farben wahrnehmen können.

Der Schöpfer hätte alle Nahrung so kreieren können, dass sie bitter schmeckt! Doch stattdessen erschuf JAHWE unendlich viele Aromen. Dazu stattete er uns mit den entsprechenden Geschmacksnerven aus, um selbst die kleinsten Nuancen der ganzen Zubereitungsvielfalt genießen zu können.

Neben vielen anderen Dingen gab er unter anderem den Blumen ihren Duft. Er schenkte uns Menschen die passende Nase, damit wir uns an einer Unmenge von Gerüchen erfreuen können. Es hätte auch alles nach faulen Eiern riechen können, aber das war nicht Gottes Absicht.

*…Die Erde ist voll von der [liebenden] Güte Jahwes.*
Psalm 33,5 (NeÜ)

Liebe ist ein Wesenszug von JAHWE, dem HERRN. Sie ist Bestandteil dessen, was er ist. Es entspricht seiner Natur, zu lieben.

*…die [liebende] Güte Jahwes hat ewig Bestand…*
Psalm 103,17 (NeÜ)

### Ein Zuhause

Ich bin viel gereist und habe unter Kulturen gelebt, in denen von einem Mann erwartet wird, dass er seiner zukünftigen Braut vor der Hochzeit ein Haus baut. Es ist sehr interessant, diesen Vorgang zu beobachten. Gewöhnlich wird die Arbeit mit Bedacht und großer Sorgfalt durchgeführt. Es ist offensichtlich, dass der junge Mann jemand ganz Besonderen im Blick hat. Vergleichbar dazu heißt es in der Bibel:

*Dies spricht der HERR, der den Himmel geschaffen hat, der Gott ist, der die Erde geformt und gemacht hat. Er hat sie gegründet. Nicht als Wüste geschaffen hat er sie, sondern zum Bewohnen.…* Jesaja 45,18 (NLB)

Gottes Fürsorge und Freundlichkeit sorgte für die richtige Vorbereitung, um die Erde für den Menschen bewohnbar zu machen. Dazu zählen die großen wie die kleinen Dinge. Zum Beispiel die einzigartige Atmosphäre, die gewaltigen Ozeane, Himmelsuhren, die die Zeiten festlegen oder auch die vielfältige Pflanzen- und Tierwelt. Nicht zu vergessen die Sicherheit gebenden Naturgesetze bis hin zur gut schmeckenden Nahrung.

> *Der HERR ist gerecht in allem, was er unternimmt. Und er ist gütig in allem, was er tut.* Psalm 145,17 (BasisBibel)

In 6 Tagen bereitete JAHWE, der HERR, die Erde vor… für jemanden, der ein besonderer Freund werden sollte.

# 5 Das Abbild Gottes

### Sechster Tag (Fortsetzung)

> *Dann sprach Gott: „Lasst uns[5] Menschen machen zum Abbild von uns, uns ähnlich. Sie sollen über die Fische im Meer herrschen, über die Vögel am Himmel und über die Landtiere, über die ganze Erde und alles, was auf ihr kriecht!“ Da schuf Gott den Menschen nach seinem Bild, als sein Ebenbild schuf er ihn. Er schuf sie als Mann und Frau.* 1.Mose 1,26-27 (NeÜ)

### Das Abbild Gottes

Der Mensch wurde nach dem Bild Gottes geschaffen. Was bedeutete dies? Die alten Ägypter glaubten, dass der Pharao ein Gott oder zumindest ein Halbgott war. War es möglich, dass der Mensch wirklich zu einem Gott werden konnte?

Zunächst einmal ist es offensichtlich, dass wir kein exaktes Ebenbild des HERRN sind.

> *…denn ich bin Gott und nicht Mensch, als der Heilige bin ich in deiner Mitte…* Hosea 11,9 (SCHL)

Niemand von uns ist allwissend, allmächtig oder zur gleichen Zeit an jedem Ort. Der Mensch ist vielmehr wie ein Spiegel, der das Bild einer Person reflektiert, ohne diese selbst zu sein. In gewisser Weise sieht man in einem Menschen viele Dinge, die Gott ähnlich sind.

Da der *HERR* selbst eine Person ist, schuf er auch uns als eigenständige *Personen.* Als Wesen mit Persönlichkeit und verschiedenen Charaktereigenschaften. Auf diese Weise konnte der HERR zum Menschen in Beziehung treten und ihm seine Freundschaft zeigen.[6]

Gott gab dem Menschen auch Anteil an seinem *ewigen* Wesen. Er gab ihm einen Geist mit einer ewigen Existenz. JAHWE wollte eine immerwährende Freundschaft. Die Bibel bemerkt dazu:

> *…die Ewigkeit hat er den Menschen ins Herz gelegt.*
> *Prediger 3,11 (NeÜ)*

Weil der HERR moralisch vollkommen ist, wurde auch der Mensch vollkommen geschaffen, d.h. unschuldig. Wie wir noch sehen werden, blieb es nicht dabei. Am Anfang jedoch war der Mensch von seinem Wesen her *sündlos.*

Gott als der große Schöpfer stattete auch den Menschen mit schöpferischen Fähigkeiten aus. In gewisser Weise legte der HERR in den Menschen einen Funken seines Intellekts. Aufgrund des *Verstandes,* der ihm gegeben wurde, kann er Dinge sowohl erforschen als auch verstehen. Diese Fähigkeiten Gottes bilden einen wichtigen Bestandteil unserer Persönlichkeit. Als intelligentes und denkendes Wesen kann der Mensch mit Gott in Beziehung treten.

Als ein Gott mit Empfindungen schuf er auch den Menschen mit *Gefühlen.* Der HERR wollte den Menschen nicht darauf begrenzen, Güte nur wahrzunehmen. Er sollte auch fähig sein, von sich aus aufrichtige Wertschätzung zu zeigen. Die Fähigkeit zu fühlen ist ein sehr wichtiger Aspekt des Menschseins. Ohne Gefühle wären unsere Reaktionen anderen Personen gegenüber wie die eines Roboters: kalt und kalkuliert.

Gott schuf den Menschen außerdem mit einem *Willen.* Unsere Fähigkeit eigenständige Entscheidungen zu treffen wird oft als selbstverständlich vorausgesetzt. Doch genau diese Möglichkeit, nämlich auswählen zu können und Vorlieben zu haben, definiert uns als Person. Dem Menschen wurde ein Wille gegeben, damit er sich aus freien Stücken auf den HERRN einlassen konnte. Nicht im Stil einer Maschine, sondern als aufrichtiger Freund.

Alle diese Fähigkeiten spiegeln Gottes Wesen wider, manchmal auch als *Gottes Herrlichkeit* bezeichnet. Als der HERR den Menschen nach seinem Bild schuf, sollte er etwas davon widerspiegeln, wie Gott ist.

> *Du hast ihn ein wenig geringer gemacht als die Engel, aber mit Herrlichkeit und Ehre hast du ihn gekrönt.* *Psalm 8,6 (SCHL)*

Aufgrund der Tatsache, dass der Mensch als Abbild Gottes geschaffen wurde, unterscheiden wir uns damit von allen anderen Lebewesen. Genauso wenig wie der Mensch zur Kategorie „Gott" gehört, passt er auch nicht in die Kategorie „Tier". Beide unterscheiden sich voneinander.

Unterscheidet sich vom …

| Rolle | Kategorie | Name(n) |
|---|---|---|
| Schöpfer | Gott | Jahwe |
| Geschöpf | Geistwesen | Gabriel, Michael, Funkelnder |
| Geschöpf | Menschliche Wesen | Achmed, Peter, Mirka, Claudia etc. |
| Geschöpf | Landtiere, Vögel, Fische, Insekten usw. | Haflinger, Steinadler, Schwertfisch, Pfauenauge usw. |

Nur der Mensch wurde nach dem Bild Gottes geschaffen, die Herrlichkeit Gottes eingeschlossen. Es würden der Mann und die Frau sein, mit denen Gott eine dauerhafte Beziehung eingehen wollte.

Wir könnten uns an dieser Stelle mühelos noch weitere Aspekte des Bildes Gottes anschauen. Doch wir wollen uns nun wieder unserer Geschichte zuwenden.

## Lebensatem

In der Bibel heißt es:

> *Da formte Gott, der Herr, aus der Erde den Menschen und blies ihm den Atem des Lebens in die Nase. So wurde der Mensch lebendig.* 1.Mose 2,7 (NLB)

Beim Ausdruck *Lebensatem* geht es in der Regel um die nichtmaterielle Seite des Menschen, das heißt seinen Geist. Dieser reflektierte eine weitere Facette des Bildes Gottes, weil Jahwe, der Herr, ebenfalls Geist ist. Wie bereits erwähnt, kann man Geistwesen nicht sehen, weil sie keinen Körper haben. Doch im Falle des Menschen schuf Gott, der Herr, ihn nicht nur nach seinem Bild, sondern stellte dem menschlichen Geist zugleich ein körperliches Haus aus Fleisch und Blut zur Verfügung. Ein Haus, das er aus dem Staub des Erdbodens formte. Ein in jeder Hinsicht vollkommener Körper, doch noch fehlte ihm das Leben. Erst als Gott dem Menschen Geist einhauchte, wurde der Körper lebendig. Nur der Herr kann Leben geben; kein Mensch oder Engel besitzt diese Fähigkeit.

## Eine Lebensgefährtin

Der erste und einzige Mann, den Gott schuf, wurde *Adam* genannt, was sinngemäß „Mensch“ bedeutet. Dann erschuf Gott die Frau.

> *Dann sagte Jahwe, Gott: „Es ist nicht gut, dass der Mensch so allein ist. Ich will ihm eine Hilfe machen, die ihm genau entspricht.“* 1.Mose 2,18 (NeÜ)

*Da ließ Gott, der HERR, Adam in einen tiefen Schlaf versinken. Er entnahm ihm eine seiner Rippen und schloss die Stelle wieder mit Fleisch. Dann formte Gott, der HERR, eine Frau aus der Rippe, die er Adam entnommen hatte, und brachte sie zu ihm.*

*Adam und seine Frau waren beide nackt, aber sie schämten sich nicht.* *1.Mose 2,21-22+25 (NLB)*

Diese wenigen Verse haben schon hitzige Debatten hervorgerufen. Manche verstanden die Stelle so, als habe Gott die Frau, da sie aus einem Teil des Mannes stammt, als Mensch zweiter Klasse erschaffen. Doch das stimmt nicht mit den Aussagen der Bibel überein. Der HERR nahm die Frau aus der Seite des Mannes, damit sie seine Gefährtin sei – und nicht aus der Ferse, um sie zu seiner Sklavin zu machen. Gott wollte, dass sie gleichwertige Freunde sind.

Adam gab seiner Frau den Namen *Eva,* was „Lebensspenderin" bedeutet.

## Der vollkommene Garten

*Dann pflanzte Gott, der HERR, einen Garten in Eden, im Osten gelegen. Dort hinein brachte er den Menschen, den er erschaffen hatte.* *1.Mose 2,8 (NLB)*

In der Bibel wird der Garten Eden als das vollkommene Paradies bezeichnet – ein Ort mit üppigem Laubwerk, sprudelndem, klarem Wasser, in dem es von unzähligen Fischen wimmelte. Es gab dort auch eine unglaubliche Vielfalt an Tieren von fantastischer Schönheit! Vermutlich herrschten auch andere Wetterverhältnisse.

Wir haben nur eine geringe Ahnung davon, wie es in Eden wirklich war. Ganz offensichtlich schuf Gott keinen Garten, in dem Adam und Eva ums Überleben kämpfen mussten. Der HERR hatte den Garten mit einer solchen Fülle ausgestattet, dass Adam und Eva alles zur Verfügung stand, was sie je brauchen würden. Es war ein Ausdruck seiner Liebe und Freundschaft.

*Erkennt, dass der HERR Gott ist! Er hat uns erschaffen und wir gehören ihm....* *Psalm 100,3 (NLB)*

# 6 Unendlich groß und dennoch nah

Hält man sich die Ausdehnung des Universums vor Augen, all die miteinander verwobenen Details der Schöpfung und nimmt dazu noch den Aufbau seiner Gesetze, dann lässt einen die Größe des HERRN als „lebendiges Wesen" sprachlos zurück.

## Unerforschlich

Dagegen ist unser Verständnis von JAHWE bestenfalls Stückwerk. Vieles bleibt uns verborgen.

> *Groß ist der HERR und verdient höchstes Lob. Niemand kann seine Größe erforschen.* Psalm 145,3 (BasisBibel)

> *Weißt du es denn nicht? Hast du denn nicht gehört? Der HERR ist ein ewiger Gott, der Schöpfer der ganzen Erde.… Sein Verstand ist unergründlich.* Jesaja 40,28 (NLB)

## Erkennbar

Doch das, was wir über JAHWE wissen, ist atemberaubend. Und obwohl Gott unendlich groß ist, bleibt er uns dennoch nicht fern und verschlossen.

> *Denn so spricht der Herr… Ich habe nicht im Verborgenen geredet, in einem dunklen Winkel der Erde… Ich, der Herr, rede, was recht ist, und verkündige, was richtig ist.*
> Jesaja 45,18-19 (SCHL)

Er teilt sich mit und redet zu uns einfachen Menschen.

> *Denn so spricht der hohe und erhabene Gott, der ewig lebt und dessen Name ‚der Heilige' ist: „Ich wohne in der Höhe, in unnahbarer Heiligkeit, doch bin ich auch den Zerschlagenen nah, deren Geist niedergedrückt ist, und belebe den Geist dieser Gedemütigten neu, richte das Herz der Zerschlagenen auf."*
> Jesaja 57,15 (NeÜ)

Jawohl! Der einzigartige Gott wohnt im Himmel, aber er ist auch bei uns. Er hat uns geschaffen.

> *Der HERR ist allen nahe, die zu ihm rufen, all denen, die aufrichtig zu ihm rufen.* Psalm 145,18 (BasisBibel)

## Schöpfer-Eigentümer

Adam und Eva gehörten Gott wie auch die Engel. Sie alle wurden vom HERRN erschaffen. (Erinnern wir uns an das Beispiel aus dem Stammesdorf? Wer das Paddel gemacht hat, dem gehört es auch.) Wir lesen in der Bibel:

*Sein ist die Erde und was sie erfüllt, die Welt und ihre Bewohner.*
Psalm 24,1 (NeÜ)

*Dein, o Herr, ist die Majestät und die Gewalt und die Herrlichkeit und der Glanz und der Ruhm! Denn alles, was im Himmel und auf Erden ist, das ist dein…*
1.Chronik 29,11 (SCHL)

Und genau wie den Engeln die Aufgabe gegeben wurde, Gott zu dienen, gab Jahwe Adam und Eva und ihren zukünftigen Nachkommen die Verantwortung, für die Erde zu sorgen.

*Und Gott segnete sie: „Seid fruchtbar und vermehrt euch! Füllt die Erde und macht sie euch untertan! Herrscht über die Fische im Meer, über die Vögel am Himmel und über alle Tiere, die auf der Erde leben!"* 1.Mose 1,28 (NeÜ)

*Und Gott der Herr nahm den Menschen und setzte ihn in den Garten Eden, damit er ihn bebaue und bewahre.*
1.Mose 2,15 (SCHL)

## Ein Freund

Die Bibel berichtet uns, dass Gott jedes Bedürfnis von Adam und Eva stillte.

*Gott sagte: „Zur Nahrung gebe ich euch alle samentragenden Pflanzen und alle samenhaltigen Früchte von Bäumen – überall auf der Erde. Allen Landtieren, allen Vögeln und allen Lebewesen, die auf dem Boden kriechen, gebe ich Gras und Blätter zur Nahrung." So geschah es.* 1.Mose 1,29-30 (NeÜ)

Es könnte sein, dass Gott Adam und Eva in Menschengestalt gegenübertrat. Die Bibel berichtet von verschiedenen Begebenheiten, bei denen der Herr menschliche Gestalt annahm, um gesehen zu werden. So schildert sie zum Beispiel, wie Jahwe abends zu Adam und Eva kam, um wie ein Freund mit ihnen Gemeinschaft zu haben.

Ein gemeinsamer Spaziergang mit dem Schöpfer muss eine großartige Erfahrung gewesen sein! Vielleicht erläuterte ihnen Gott detailliert seine Vorgehensweise bei der Schöpfung. Öffnete ihnen den Blick für die Komplexität der Pflanzen, oder er rief Vögel aus den Baumwipfeln herab und zeigte ihnen die ganze Vielfalt der Tierwelt. Eventuell erklärte er ihnen die Naturgesetze, die alles so präzise am Laufen hielten. Niemand hätte ihnen bessere Anweisungen geben können, wie man sich um den Garten kümmert.

Da Adam und Eva weder Böses noch Falsches kannten, waren sie vollkommen. Dies öffnete in ihrem Leben die Tür für Gottes Anwesenheit. Die Bibel teilt uns mit, dass nur vollkommene Menschen in der Gegenwart eines vollkommenen Gottes leben können.[7]

Zu diesem Zeitpunkt bestand eine Brücke der Freundschaft zwischen Gott und Mensch. Die Erde war ein vollkommener Lebensraum und die Schöpfung entsprach dem, wie Gott sie sich vorgestellt hatte.

**Vollendete Schöpfung**

> *Gott sah alles an, was er gemacht hatte: Es war sehr gut. Es wurde Abend und wieder Morgen – [der] sechste Tag.*
> 1.Mose 1,31 (NeÜ)

Die Schöpfung war abgeschlossen. Wir Menschen steigen gern mit großer Begeisterung in eine Sache ein, verlieren dann aber mit der Zeit das Interesse. Gott ist da anders. Was der HERR sich vornimmt, bringt er immer zum Abschluss.

> *Aber der Plan des HERRN gilt für immer. Was er in seinem Herzen beschlossen hat, überdauert Generation um Generation.*
> Psalm 33,11 (BasisBibel)

Manchmal wird behauptet, der Schöpfungsprozess habe nie aufgehört, und die Götter legen immer noch Hand an. Doch in der Bibel lesen wir…

> *Denn in sechs Tagen hat der HERR Himmel und Erde gemacht und das Meer und alles, was darin ist, und er ruhte am siebten Tag…* 2.Mose 20,11 (SCHL)

**Siebter Tag**

Der HERR ruhte am siebten Tag, er hörte auf zu arbeiten. Nicht etwa aus Müdigkeit, sondern weil seine Schöpfung vollendet war. Vielleicht verbrachte er den Tag mit Adam und Eva. Wir wissen es nicht. Zum Vorgang der Schöpfung macht die Bibel dagegen klare Aussagen. Sie war das Werk eines einzigen Gottes. Sein Name ist JAHWE, der HERR.

**Rückblick**

Durch das Lesen im Buch der Anfänge haben wir mehr von diesem einzigartigen Gott erfahren.

Der HERR ist **ein ewiger Geist** – der einzig Heilige Geist.

Der Herr ist eine **Person** oder ein **Wesen,** keine Kraft.

Der Herr ist **allwissend, allmächtig und jederzeit überall** anwesend.

Der Herr ist ein Gott der **Ordnung.** Er hat Gesetze aufgestellt, die er treu aufrechterhält.

Der Herr ist ein **vollkommener** Gott, moralisch unverdorben und gerecht.

Der Herr ist ein **fürsorglicher** Gott, der uns seine Liebe zeigt.

Der Herr ist unendlich **groß,** aber er **teilt sich** auch den Menschen **mit.**

Gottes Wesenseigenschaften bilden einen Teil dessen, was als seine *Herrlichkeit* bezeichnet wird.

Es sind die vielen Eigenschaften Jahwes in ihrer einmaligen Kombination, die ihn zu einem absolut einzigartigen Gott machen. Die Bibel sagt:

*„Niemand ist heilig wie der Herr, ja es ist keiner außer dir…"*
*1.Samuel 2,2 (SCHL)*

---

## Und was ist mit der Evolutionstheorie?

Die Bibel erwähnt keine Evolution. Das vorliegende Buch wurde auch nicht geschrieben, um sich mit diesem Thema auseinanderzusetzen. Gleichwohl hier ein paar Denkanstöße:

Manchmal wird Evolution einfach als Wissenschaft bezeichnet und Schöpfung als Religion. Dies ist aus folgendem Grund so nicht korrekt:

❖ Es gibt keine übereinstimmende Faktenlage, die die Ursprünge erklärt. Seit Charles Darwin seine Theorie 1859 erstmalig veröffentlichte, ist der klassische Darwinismus weitestgehend durch den Neo-Darwinismus und den Punktualismus abgelöst worden. Diese Theorien unterscheiden sich grundlegend voneinander.

Viele Experten weisen darauf hin, dass diese Theorien der bekannten Wissenschaft widersprechen. So stellen sie unter anderem fest:

- **Kosmische Evolution widerspricht den bekannten Gesetzen der Physik.** In unserem Kulturkreis wird zum Beispiel gelehrt, dass sich das Universum von einem ursprünglichen Chaos zu einer stetig zunehmenden

Fortsetzung auf der nächsten Seite

Ordnung hin bewegt. Wir wissen aber, dass das 2. Gesetz der Thermodynamik das genaue Gegenteil besagt: Ein geschlossenes System[8] gerät mit zunehmender Zeit immer mehr in Unordnung.

- **Evolution ist mathematisch unmöglich.** Hierfür gibt es unzählige Beispiele. Besonders der bekannte Astrophysiker und Mathematiker Sir Fred Hoyle, der lange Zeit in Cambridge forschte, wies auf eine interessante Parallele hin. Er verglich die Wahrscheinlichkeit, dass sich selbst die einfachste Zelle nur durch natürliche Prozesse bildete, damit, dass ein Tornado durch einen Schrottplatz fegt und sich dabei zufällig eine Boeing 747 zusammensetzt.[9] Dies ist schlichtweg unmöglich.
- **Evolution ist biologisch unhaltbar.** Zum Beispiel schrieb Darwin, dass die Vielfalt an Hunderassen ein Beleg für Evolution sei. Er konnte nicht wissen, dass die moderne Genetik genau das Gegenteil aufzeigt: Die verschiedenen Hunderassen entstanden dadurch, dass bei der Zucht die Erbinformation reduziert wurde. Es handelt sich also um *De*-evolution anstatt um Evolution.[10]

❖ Leidenschaftliche Verfechter der Evolutionstheorie setzen typischerweise zuerst einmal voraus, dass es keinen Schöpfer gibt. Sie sind der Auffassung, dass Evolution möglich ist, wenn ausreichend Zeit zur Verfügung steht. Solche Gedankengänge beruhen auf dem Glauben an diese Theorie und das hat mehr mit Religion als mit Wissenschaft zu tun.

So ist es auf der anderen Seite genauso wenig korrekt, die Vorstellung einer Schöpfung einfach in die Kategorie „Religion“ abzuschieben. Wieso?

Es gibt eine beträchtliche Gruppe von Wissenschaftlern, die zu dem Schluss gekommen sind, dass unser derart komplexes Universum ohne einen Urheber (wie Gott) oder mehrere Urheber nicht existieren könnte. Mit rein wissenschaftlicher Vorgehensweise legen sie dar, dass unsere Welt selbst im Kleinsten eine nicht reduzierbare Komplexität besitzt.[11] Sie belegen, dass es eine solch universelle Komplexität und Ordnung nur dann geben kann, wenn sie von Grund auf geplant wird. Sie kann sich nicht durch reinen Zufall entwickeln. Komplexität muss einen Urheber haben.

Seit Mitte der 1960er Jahre wurde zu diesem Thema eine Vielzahl von Büchern veröffentlicht (siehe Anhang). Vieles ist so geschrieben, dass es auch für Nicht-Wissenschaftler verständlich ist.

Manche fragen sich, wie Dinosaurier in den Schöpfungsbericht passen. Aus Sicht der Bibel gibt es überhaupt keinen Grund, anzunehmen, dass Gott sie nicht zusammen mit den anderen Tieren schuf. Es gibt Hinweise darauf, dass Dinosaurier zur gleichen Zeit wie der Mensch existierten. Wir werden später noch sehen, was ihr Verschwinden ausgelöst haben mag.

Andere stellen Fragen nach dem Alter der Erde. Auf manche wirkt sie sehr alt. Es stimmt, dass Wissenschaftler unterschiedliche Methoden entwickelt haben, um das Alter des Universums zu schätzen.[12] Doch obwohl sie logisch begründete Berechnungen anstellen, schwankt das Alter je nach verwendeter Methode von einigen tausend Jahren bis hin zu Milliarden von Jahren. Darwin setzte für die biologische Evolution eine Zeit von 400 Millionen Jahren voraus. Heute beginnen Schätzungen üblicherweise mit 4,6 Milliarden Jahren. Wessen Uhr geht hier richtig?

Gibt es eine vernünftige Antwort, die mit dem biblischen Bericht übereinstimmt? Auf der Grundlage der Bibel wissen wir, dass Gott eine ausgereifte Erde schuf. Bereits am Tag seiner Erschaffung konnte Adam durch einen Wald mit gewaltigen Bäumen laufen, über riesige Tiere staunen und die Sterne am Nachthimmel betrachten. Vielleicht dachte er: *„Das ist ja gewaltig! All dies muss es schon sehr lange geben!"* Doch Gott hätte ihm dann gesagt, dass dies alles höchstens 6 Tage alt ist und er das Universum in einem bereits vollständig funktionierenden Zustand schuf. Wissenschaftler versuchen die Vergangenheit anhand von Beobachtungen der Gegenwart zu bestimmen, so wie es auch Adam getan hätte. Doch die Bibel berichtet über die Ursprünge der Erde aus der Sicht eines Augenzeugen: Gott selbst.

Meinte es JAHWE ernst, als er sagte, dass er das Universum erschaffen hat? Wem sollen wir Glauben schenken? Wessen Worte sind vertrauenswürdig?

Vor vielen Jahrhunderten dachte ein König über seinen Platz in der Welt nach:

> *Sooft ich den Himmel ansehe, das Werk deiner Hand, den Mond und die Sterne, die du gemacht hast: Was ist ein Mensch, dass du an ihn denkst, ein Menschenkind, dass du es versorgst? Du hast ihn ein wenig unter die Engel gestellt und krönst ihn mit Ehre und Pracht. Du lässt ihn herrschen über alles, was deine Hände gemacht: über Schafe und Rinder und auch die wilden Tiere im Feld, die Vögel in der Luft, die Fische im Meer und alles, was seine Pfade durchzieht. Jahwe, unser Herrscher, wie gewaltig ist dein Name überall auf der Welt!* Psalm 8,4-10 (NeÜ)

# Kapitel 4

1 Zwei Wege

2 Die Prüfung

3 Die Entscheidung

4 Wo bist du?

5 Tod

6 Die Suche

# 1 Zwei Wege

Man kann sich gut vorstellen, wie Mose tief in Gedanken versunken war, als er die folgenden Worte des ersten Kapitels im 1. Buch Mose aufschrieb:

> *Gott sah alles an, was er gemacht hatte:* ***Es war sehr gut.***
> *1.Mose 1,31 (NeÜ)*

Die fertige Schöpfung trug ganz offensichtlich das Gütesiegel Gottes. In Moses Aufzeichnung wird deutlich, dass der Herr die Welt frei von Schmerzen und Krankheiten, ohne Streit und Tod schuf. Ursprünglich war da eine einzigartige Beziehung zwischen Jahwe und dem Menschen. Eine Gemeinschaft, ja sogar eine Freundschaft. Der Garten Eden bot den vollkommenen Lebensraum. Damals war alles *sehr gut.*

Doch die Ausgangslage hatte sich geändert, und das blieb nicht ohne Auswirkungen. Mose wusste, dass sich dem niemand entziehen konnte. Er hatte sowohl den Überfluss am Hof des Pharaos wie auch die Entbehrungen eines Flüchtlings erlebt. Doch weder Reichtum noch Armut befreien einen Menschen von Schande, Angst, Schuld, Leid und dem Tod. Es war nicht länger alles *sehr gut.* Was war geschehen? Um diese Frage zu beantworten, müssen wir uns noch einmal mit dem Thema *Geistwesen* beschäftigen.

## Bewährung

Offensichtlich mussten am Anfang, nach dem Willen des Herrn, alle Engel zuerst durch eine Zeit der Bewährung durchlaufen. Es ging um die Entscheidung, ob sie ihm als ihrem Schöpfer-Eigentümer folgen würden oder seine Herrschaft ablehnten. Gott wollte keinen automatisierten Gehorsam. Vielmehr wünschte er sich, dass ihm alle Engel aus freien Stücken dienten, weil sie dies eben wollten und nicht, weil sie es mussten.[1] Die Bibel hält fest, dass die Engelwesen danach an ihre Entscheidung gebunden waren, die sie in der Zeit der Bewährung getroffen hatten. Unabhängig davon, ob diese gut oder schlecht war.[2] Wir wissen, dass sich unzählige Engel wie Gabriel oder Michael freudig entschlossen, dem Herrn zu dienen. Doch es gab auch Engel, die eine andere Wahl trafen. Zu diesen zählte Luzifer, der Funkelnde.

## Vollkommen

Doch zurück zu unserer Begebenheit im Garten Eden. Die Bibel gibt uns über den Funkelnden folgende Auskunft:

> *„Du warst im Garten Gottes, in Eden. Dein Gewand war mit Edelsteinen jeder Art geschmückt…“* Hesekiel 28,13 (NeÜ)

Wir erinnern uns, dass der Funkelnde das mächtigste Geistwesen war, das der HERR geschaffen hatte. Er gehörte zu einer Ordnung von Engeln, die *Cherubim* genannt wird. Gott hatte ihm ganz besondere Aufgaben übertragen.

> *„Du warst gesalbt als ein schützender Cherub… du warst auf Gottes heiligem Berg…"* Hesekiel 28,14 (NeÜ)

Der Funkelnde war vollkommen an Schönheit und Weisheit.

> *„Du warst vollkommen… vom Tag deiner Erschaffung an…"*
> Hesekiel 28,15 (SCHL)

> *„Du warst die Vollkommenheit selbst, voller Weisheit und makellos schön."* Hesekiel 28,12 (NeÜ)

**Stolz**

Doch dann traf er seine Wahl. Sie wird mit folgenden Worten beschrieben:

> *Ach wie bist du vom Himmel gefallen, du [Funkelnder]… Du hattest… dir in deinem Herzen vorgenommen: „Ich will zum Himmel emporsteigen und meinen Thron über die Sterne Gottes erhöhen und mich niederlassen auf dem Versammlungsberg im äußersten Norden, ich will emporfahren auf Wolkenhöhen, dem Allerhöchsten mich gleich machen!"*
> Jesaja 14,12 (NeÜ); 13-14 (SCHL)

Der Funkelnde wollte nicht nur die Herrschaft im Himmel übernehmen, sondern war fest entschlossen, sich an die Stelle des Höchsten zu setzen. Sein rebellisches Herz platzte förmlich vor stolzem Ehrgeiz. Gott bezeichnete diese Einstellung des Funkelnden als *Sünde.*

**Falsch**

Einige Leute sehen die Sünde im Bereich von Mord oder Diebstahl. Die Bibel fasst den Begriff aber viel weiter. In ihrer Definition steht die Sünde für alles was „falsch" ist, also das Gegenteil des „Richtigen". Die Bibel verwendet dafür häufig den Begriff *Ungerechtigkeit*. Über den Funkelnden lesen wir Folgendes:

> *„Du bliebst vollkommen vom Tag deiner Erschaffung an, bis man **Unrecht** an Dir fand."* Hesekiel 28,15 (NeÜ)

Später werden wir noch sehen, wie die Bibel ganz konkret richtig und falsch definiert. Für den Augenblick bleibt festzuhalten, dass der Funkelnde die *falsche* Wahl traf. Es war nicht *richtig*. Es war Sünde.

**Verdorben**

Für die Bibel ist die Sünde vergleichbar mit etwas ursprünglich Gutem, das schlecht geworden ist. Sie gebraucht dafür das Wort *verdorben,* was wörtlich übersetzt *„verwest“* oder *„zerstört“* bedeutet. Über den Funkelnden erfahren wir:

> *„Du bist in Sünde gefallen.... Deine Schönheit hat dich überheblich gemacht, aus Eitelkeit hast du deine Weisheit zerstört...“*
> *Hesekiel 28,16-17 (NeÜ)*

Der Funkelnde war „verdorben“, d.h. sündig geworden.

**Verbannt**

Weil Gott vollkommen ist, konnte er die Sünde des Funkelnden nicht einfach übersehen und als unbedeutend hinstellen. Der Herr reagierte auf der Stelle. Er verbannte den Funkelnden aus seiner Stellung im Himmel.

> *„...Du hast gesündigt. Darum habe ich dich von dem Berg Gottes verstoßen und dich, du schützender Cherub..., auf die Erde geworfen.“*
> *Hesekiel 28,16-17 (SCHL)*

Er ging nicht kampflos. Der Funkelnde war immer noch sehr mächtig. Außerdem folgten ihm viele andere Engel. Die Bibel gewährt uns ein paar detaillierte Einblicke in die Geschehnisse. Damit wir die Vorgänge verstehen können, habe ich die Hauptaussagen der Verse miteinander verbunden.

> *Dann kam es zu einer anderen Erscheinung am Himmel: Man sah einen riesigen feuerroten Drachen.... Mit seinem Schwanz fegte er ein Drittel der Sterne vom Himmel und schleuderte sie auf die Erde.*
>
> *Dann brach im Himmel ein Krieg aus: Der Engelfürst Michael kämpfte mit seinen Engeln gegen den Drachen. Der Drache und seine Engel wehrten sich, aber sie konnten nicht standhalten und verloren ihren Platz im Himmel.*
>
> *Der große Drache, die uralte Schlange, die auch Teufel oder Satan genannt wird und die ganze Welt verführt hatte, wurde mit all seinen Engeln auf die Erde hinabgestürzt.*[3]
> *Offenbarung 12,3-4+7-9 (NeÜ)*

**Teufel, Satan, Dämonen**

Der Text weist darauf hin, dass ein Drittel aller Engel die Rebellion des Funkelnden unterstützte. Diese aufständischen Engel wurden später als *Dämonen* oder *böse Geister* bezeichnet. Den Funkelnden nannte man von nun an den *Teufel* oder *Satan*. So wie die Namen des Herrn seine Eigenschaften beschreiben, verraten uns auch die Bezeichnungen für den Funkelnden etwas über sein Wesen. *Satan* bedeutet „Gegner“ oder „Feind“. *Teufel* bedeutet „falscher Ankläger“ oder „Verleumder“.

Dieses mächtige Geistwesen sollte nun die Wurzel von allem Bösen, Gemeinen und Falschen sein. Er würde *Herrscher* oder *Fürst der Dämonen* genannt werden, da er über die Geistwesen herrschte, die ihm nachfolgten. Einige nennen ihn immer noch bei seinem lateinischen Namen: Luzifer.

An dieser Stelle müssen wir uns die Frage stellen: „Bezeichnet die Bibel Satan jemals als einen Gott?" Die Antwort ist: „Ja, so ist es." Er wird manchmal bezeichnet als…

> *…der Gott dieser Weltzeit…* 2.Korinther 4,4 (SCHL)

Bis zu diesem Zeitpunkt handelte es sich um eine vollkommene Schöpfung, in der nicht die Spur einer Sünde zu finden war.

Die Bibel berichtet auch über eine zukünftige Zeit mit…

> *…neuen Himmeln und einer neuen Erde, in denen Gerechtigkeit regiert.* 2.Petrus 3,13 (NeÜ)

Die Zeitspanne, in der Satan als ein Gott anzusehen ist, befindet sich zwischen der vollkommenen Schöpfung in der Vergangenheit und der vollkommenen Welt in der Zukunft. Das bedeutet nicht, dass Luzifer auch nur annähernd so ist wie JAHWE. Der Teufel ist weder allwissend oder allmächtig noch zu jeder Zeit am gleichen Ort. Er ist nicht makellos. Satan liebt nicht; er hasst. Dennoch bezeichnet die Bibel Satan wortgemäß als „Gott" dieser Zeit.

## Der Feuersee

Der Rauswurf des Teufels und seiner Dämonen aus dem Himmel durch den HERRN bildete erst den Auftakt im Gerichtsverfahren gegen diese rebellierenden Geistwesen. Die Bibel sagt klar, dass Gott bereits einen Ort für die endgültige Bestrafung bereit hält, an dem ein…

> *… ewiges Feuer für den Teufel und seine Engel vorbereitet ist!* Matthäus 25,41 (SCHL)

Dieser Ort heißt *Gehenna,* wird aber allgemein als *Hölle* oder *Feuersee* bezeichnet. Der Begriff *Gehenna* leitet sich aus dem Hinnomtal ab, einem tiefen, engen Abgrund, der direkt südlich von Jerusalem liegt. Es war ein verfluchter Ort, der früher mit dem Verehrungskult eines bestimmten Gottes in Verbindung gestanden hatte. In diesem Kult wurden Kinder bei lebendigem

Leib als Opfer verbrannt. Im Laufe der Zeit war dieses Tal zur Müllhalde für die gesamte Stadt geworden. Man brachte die Leichname von Verbrechern, Tierkadaver und jeglichen Unrat dorthin. Die enge Schlucht mit ihrem Gestank, den Flammen und dem aufsteigenden Rauch wurde zu einem sehr passenden Symbol für einen anderen, genauso realen Ort. Gemeint ist der Ort der Strafe, den Gott eigens für Satan geschaffen hatte. JAHWE gebrauchte das Wort *Gehenna* als Bild für eine Müllhalde der Zukunft, man könnte sie *den Abfallbehälter des Universums* nennen. Es ist der Ort, an dem der Teufel und seine Dämonen auf ewig gefangen sein werden.

Oft werden Karikaturen gezeichnet, in denen Satan und seine Dämonen hüfttief im Feuer stehen und hinterhältige Verschwörungen aushecken. Doch laut der Bibel befindet sich Satan noch nicht an diesem Ort. Er wurde zwar aus dem Himmel geworfen, aber noch nicht in die *Gehenna.* Satan wird einmal in der Zukunft für immer an diesem Ort eingesperrt sein. Bis es soweit ist, werden er und seine Dämonen noch an vielen Ereignissen beteiligt sein.

Die Bibel sagt über dieses zukünftige Ereignis:

> *Und der Teufel, der sie verführt hatte, wird in den Feuersee geworfen.... Dort werden sie für immer und ewig Tag und Nacht schreckliche Qualen erleiden.* Offenbarung 20,10 (NeÜ)

### Zwei Wege

Als sich Satan gegen Gott auflehnte, war die Zeit der Bewährung zu Ende. Die Engelwesen hatten ihre Entscheidung getroffen:

1. Entweder gingen sie den Weg, für den sich Engel wie etwa Gabriel und Michael entschieden hatten. D.h. sie dienten Gott weiterhin und blieben seine Boten.
2. Oder sie folgten dem Weg, den der Funkelnde (der Teufel) und seine Dämonen einschlugen, die nun die Feinde von Gott, dem Höchsten, waren.

Es gab nur diese beiden Möglichkeiten.

Obwohl JAHWE Satan und seine Dämonen aus dem Himmel verbannt hatte, behielten sie weiterhin ihre ungeheure Macht und Intelligenz. Es sollte zu einem totalen Krieg kommen, in dem Satan zu schmutzigen Mitteln greifen würde. In dessen Verlauf würde er sich ohne Ausnahme gegen alles Gute wehren, Gottes Pläne eingeschlossen. Und was war das Objekt seiner Begierde? Die Krone der Schöpfung Gottes: der Mensch.

# 2 Die Prüfung

Nachdem Gott die Menschen geschaffen hatte, ließ er sie nicht einfach auf der Erde zurück und verschwand von der Bildfläche. Stattdessen berichtet die Bibel, dass der HERR Adam und Eva im Garten besuchte. Die Selbstverständlichkeit, mit der dies erwähnt wird, legt den Schluss nahe, dass dies regelmäßig geschah. Der Schöpfer war Adam und Eva ein guter Freund und er kümmerte sich um alle ihre Bedürfnisse.

Die Bibel berichtet weiter, dass der HERR auch Adam und Eva auf die Probe stellte, trotz der Freundschaft die er zu ihnen pflegte. Über die Gründe dafür werden wir noch auf den folgenden Seiten sprechen. Doch werfen wir zuerst einen Blick darauf, was diese Prüfung alles beinhaltete.

> *Mitten im Garten stand der Baum des Lebens und der Baum, der Gut und Böse erkennen ließ.* *1.Mose 2,9 (NeÜ)*

Der erste Baum wird nicht näher beschrieben. Der zweite Baum dagegen war mit einer Warnung versehen.

> *Und Gott, der HERR, gebot dem Menschen und sprach: Von jedem Baum des Gartens darfst du essen; aber vom Baum der Erkenntnis des Guten und Bösen, davon darfst du nicht essen; denn an dem Tag, da du davon isst, musst du sterben!*
> *1.Mose 2,16-17 (ELB)*

Adam und Eva kannten das Gute bereits, aber nicht das Böse.

Da sie als sündlose Wesen erschaffen wurden, waren sie in Bezug auf alles Böse oder Falsche rein. Bis jetzt hatten sie ausschließlich Gottes Güte erlebt. Sollten sie aber von der Frucht des einen Baumes essen, so sagt die Bibel, würden sie nicht nur wissen, was Gut, sondern auch, was Böse ist.

Wir haben ja schon gesehen, dass es nicht ohne Auswirkungen bleibt, wenn man Gottes Naturgesetze missachtet, wie z.B. das Gesetz der Schwerkraft. Man kann sagen: *Ein gebrochenes Gesetz bringt Konsequenzen mit sich.* Dieses Prinzip trifft für alle Gesetze Gottes zu. Im vorliegenden Fall gab Gott dem Menschen eine einfache Anweisung: *„Iss nicht von den Früchten dieses einen Baumes."* Genauso deutlich war auch die Konsequenz für das Brechen dieses einen Gebotes: Der Mensch würde sterben. Wir werden zu einem späteren Zeitpunkt das Thema Tod noch genauer beleuchten.

Diese Prüfung stellte für Adam und Eva keine Überforderung dar.

> *Und Gott der Herr ließ* ***allerlei Bäume*** *aus der Erde hervorsprießen, lieblich anzusehen und gut zur Nahrung…*
> *1.Mose 2,9 (SCHL)*

Ganz offensichtlich waren essbare Früchte im Überfluss vorhanden. Das Gebot, diesen einen verbotenen Baum zu meiden, war angesichts dessen leicht zu befolgen.

## Der Betrüger

Doch dann schlich sich Satan in den Garten. Er kündigte sich nicht mit Posaunenschall an, um sich und seine Absichten vorzustellen. Dazu war er viel zu raffiniert. Die Bibel sagt uns, dass Satan der große Betrüger, der Teufel ist. Er ist gar nicht in der Lage, die Wahrheit unverfälscht wiederzugeben.

> *Der Teufel… war von Anfang an ein Mörder und hat die Wahrheit immer gehasst, weil keine Wahrheit in ihm ist. Wenn er lügt, entspricht das seinem ureigenen Wesen. Er ist der Lügner schlechthin und der Vater jeder Lüge.*
> *Johannes 8,44 (NeÜ)*

Das Wort *Lüge* im griechischen Originaltext ist *pseudos* – eine bewusste und absichtliche Falschheit. Es ist das Wort, das dem Begriff „Nachahmung" zugrunde liegt.

Vor einigen Jahren las ich in einer bekannten Zeitschrift einen Bericht über Satan. Er wurde mit rotem Körper, Hörnern auf dem Kopf, einem Pferdefuß und einer Mistgabel in der Hand dargestellt. Die gesamte Darstellung war abscheulich. Laut der Bibel ist dieses Bild extrem irreführend. Die Bibel sagt…

> *…Satan selbst tarnt sich als Engel des Lichts.*
> *2.Korinther 11,14 (NGÜ)*

Satan ist immer noch der Funkelnde. Er tritt in seiner ganzen beeindruckenden Pracht auf und ahmt JAHWE dabei so genau wie möglich nach. Ein weise aussehender älterer Gentleman, gekleidet in feine religiöse Gewänder, wäre eine treffendere Darstellung des Teufels gewesen. Satan und sein dämonisches Gefolge lieben Religion. Sie imitieren die Wahrheit, aber man kann ihnen nicht trauen, denn sie sind in ihrem Innersten Betrüger – Nachahmer – bewusste Lügner. Sie sind Meister der Täuschung. Ständig vermischen sie Wahrheit und Lüge.

Ich habe von Begebenheiten gehört, bei denen Menschen Träume oder Visionen hatten, in denen ein hell strahlender Geist mit ihnen sprach. Laut der Bibel kann das sehr gefährlich werden, denn dieser „Engel des Lichts" könnte der Teufel oder einer seiner Dämonen sein. Etwas später werden wir noch lernen, wie wir zwischen einem guten und einem bösen Engel unterscheiden können.

### Täuschung

Bei seiner Ankunft im Garten machte sich Satan seine gesamte Gerissenheit zunutze. Keine Spur von Pauken und Trompeten. Er kam in der Gestalt einer Schlange, eines Reptils, das oft mit dem Teufel in Verbindung gebracht wird. Die Bibel berichtet von einigen Begebenheiten, in denen böse Geister von Menschen oder Tieren Besitz ergriffen. Sie sprachen durch sie oder veranlassten sie zu abnormalem Verhalten. In diesem Fall sprach Satan durch das Reptil. Er wandte sich an Eva.

> *Die Schlange… fragte die Frau: „**Hat Gott wirklich gesagt,** dass ihr von keinem Baum im Garten essen dürft?"*
>
> *1.Mose 3,1 (NeÜ)*

Die Tatsache, dass die Schlange sprechen konnte, schien Eva nicht zu stören. Zweifellos entdeckte sie jeden Tag etwas Neues, Faszinierendes in Gottes Schöpfung. Vielleicht dachte sie, dies sei einfach nur ein weiteres unbekanntes Geschöpf.

### Zweifel

Die Bibel berichtet, dass sich Satan mit einer Frage über den HERRN an Eva wandte. Er säte in ihr einen Gedanken, der ihr noch nie gekommen war. Nämlich die Idee, dass das Geschöpf seinem Schöpfer misstrauen kann. Die Frage hatte diesen leicht abfälligen Unterton: *„Hat Gott wirklich…? Mal ehrlich – hat Gott das wirklich gesagt?"*

Satan trat mit einer *Das-kann-doch-wohl-nicht-dein-Ernst sein-Haltung* auf. Damit brachte er zum Ausdruck, wie naiv der Mensch wäre, würde er den Herrn beim Wort nehmen. *„Vielleicht will JAHWE euch nur etwas Gutes vorenthalten? Ich meine, man kann ja nie wissen. Am Ende ist Gott doch kein so guter Freund, wie er vorgibt?"*

Er wollte den Eindruck erwecken, dass es mit Gottes Aufrichtigkeit nicht weit her ist. Satan präsentierte sich dagegen als der wahre Freund, der sich für die Interessen des Menschen einsetzt. Der Teufel imitierte die Güte des HERRN und stellte zusätzlich das Verbot Gottes als völlig übertrieben dar. Er vermischte Wahrheit und Lüge. Der HERR hatte *nicht* gesagt, dass sie von keinem der Bäume essen durften. Er hatte nur von einem bestimmten Baum gesprochen.

> *„Natürlich essen wir von den Früchten", entgegnete die Frau, „nur von den Früchten des Baumes in der Mitte des Gartens hat Gott gesagt: ‚Davon dürft ihr nicht essen - sie nicht einmal berühren – sonst müsst ihr sterben.'"*

> *„Sterben?", widersprach die Schlange, „sterben werdet ihr nicht."*
>
> *„Aber Gott weiß genau, dass euch die Augen aufgehen, wenn ihr davon esst. Ihr werdet wissen, was Gut und Böse ist, und **werdet sein wie Gott.**"* 1.Mose 3,2-5 (NeÜ)

**Verleugnung**

Zuerst stellte Satan Gottes Wort in Frage: *„Hat Gott wirklich gesagt…?"* Dann verleugnete er Gottes Wort: *„Ihr werdet nicht sterben."* Und schließlich ersetzte er es durch seine Lüge: *„Ihr werdet wie Gott sein."* Die Bibel sagt, der Teufel verführte Adam und Eva unter dem Vorwand, dass es…

> *…ein begehrenswerter Baum wäre, weil er weise macht…*
> 1.Mose 3,6 (SCHL)

Das hebräische Wort, das mit *Weisheit* übersetzt wird, beinhaltet die Vorstellung, „Einsicht" oder „Erleuchtung" erlangen zu können. Manchmal gebrauchen wir dafür die Begriffe *Selbstverwirklichung* oder *Selbstfindung*. Satan lockte Adam und Eva mit der Vorstellung, dass sie *Erleuchtete* werden könnten.

**Eine Entscheidung**

Adam und Eva standen nun vor einer Entscheidung:

1. **Sie konnten dem Herrn glauben.** Er hatte ihnen deutlich gesagt, dass sie sterben würden, wenn sie von der verbotenen Frucht essen.
2. **Sie konnten dem Teufel glauben.** Satan sagte, sie würden leben, wenn sie von der Frucht essen. Sie würden wie Götter werden – Erleuchtete.

Wessen Worten sollten sie glauben? Wem sollten sie vertrauen? Wer war ihr wahrer Freund?

# 3 Die Entscheidung

Wie wir schon gesehen haben, gab der HERR seinen Engeln in der Zeit der Bewährung die Möglichkeit, ihm aus freien Stücken zu folgen. Auf die gleiche Weise erhielt die Menschheit von Gott die Chance, sich zu bewähren. Der HERR zwang Adam und Eva nicht dazu, seine Freunde zu sein. Die Entscheidung lag bei ihnen.

Wir mögen uns fragen, warum Gott ihnen überhaupt eine Alternative gab. Warum hatte er sie nicht einfach so geschaffen, dass sie den HERRN bedingungslos lieben würden? Wozu eine Bewährungsprobe? Die Bibel lässt diese Fragen offen. Folgendes sollten wir aber in Betracht ziehen:

- ❖ Nehmen wir einmal an, eine junge Frau trifft einen Mann, der die netteste Person auf Erden zu sein scheint. Er begegnet ihr mit echter Liebe. Er lässt sich ganz auf sie ein, indem er alles nur Erdenkliche für sie tut. Er tröstet sie, wenn sie Kummer hat oder lacht mit ihr und sagt ihr, dass er sie liebt. Doch dann findet sie heraus, dass er gar keine andere Wahl hatte – er war darauf programmiert worden, sie zu lieben. Was für eine furchtbare Enttäuschung! Alles scheint damit so künstlich und bedeutungslos. Und das wäre es auch.

  Der HERR wollte keine Roboter, die monoton wiederholen: „Ich liebe Gott!" Es wäre bedeutungslos. Der Mensch wurde vor eine einfache Entscheidung gestellt, die aber einen enormen Unterschied ausmachte. Denn nur ein menschliches Wesen war in der Lage, aufrichtige Freundschaft zu zeigen.

- ❖ Wir kennen sicher alle die Enttäuschung, wenn sich jemand, den wir als „treuen Kameraden" angesehen haben, als reiner „Schönwetterfreund" entpuppt. Man kann nur in guten Zeiten auf ihn bauen. Doch wahre Freundschaft trägt auch in schweren Zeiten.

Gott stellte also seine Beziehung zu Adam und Eva auf die Probe, indem er ihnen eine echte Möglichkeit zur Entscheidung gab. Durch das Erscheinen Satans im Garten bekam diese Entscheidung eine neue Dimension. Gott sagte das Eine und Satan behauptete das Gegenteil. Wer von beiden sprach die Wahrheit? Wem sollten sie glauben? Wer war wirklich ihr Freund?

> *Und die Frau sah, dass von dem Baum gut zu essen wäre, und dass er eine Lust für die Augen und ein begehrenswerter Baum wäre, weil er weise macht [oder Erleuchtung gibt]; und sie nahm von seiner Frucht und aß, und sie gab davon auch ihrem Mann, der bei ihr war und er aß.* 1.Mose 3,6 (SCHL)

Satan hatte gewonnen! Adam und Eva hatten ihm geglaubt! Sie aßen von der verbotenen Frucht, in der Annahme, sie würden zu Göttern werden! Es ist fast so, als könnte man sein triumphierendes Lachen durch den Garten schallen hören. Vielfach kommt der Teufel als der großartige Freund daher, der für Genuss, Vergnügen und Spaß sorgt. Doch das ist nur vorübergehend und sehr oft bedeutungslos. In Wirklichkeit hat Satan nichts zu verschenken. Er hat nicht mehr zu bieten als unvorstellbaren Kummer. Das macht ihn zu einem heimtückischen Spielkameraden und grausamen Gefährten.

Immer wieder hat man der Frau die alleinige Verantwortung für diesen direkten Ungehorsam gegenüber Gott in die Schuhe geschoben. Es sieht aber ganz danach aus, dass ihr Mann während der ganzen Unterhaltung mit Satan bei ihr war. Er hätte seine Frau davon abhalten können, die Frucht zu essen und hätte bestimmt nicht selbst von der Frucht essen müssen. Doch sie aßen beide.

**Ungehorsam**
Die ganze Situation kann mit Kindern verglichen werden, die entgegen der Anweisung ihrer Mutter an einer stark befahrenen Straße spielen. Die Mutter hatte gewarnt: „Bleibt weg von der Straße, damit ihr nicht von einem Laster überfahren werdet!" Aber die Kinder meinen, sie wüssten „besser als Mama", was sicher ist und Spaß macht. Und so spielen sie mitten im Straßenverkehr. Damit zeigen sie, dass sie dem Wissen der Mutter über Sicherheit nicht wirklich vertrauen. Sie missachten ihre liebende Autorität. In gleicher Weise sündigten Adam und Eva, als sie meinten *besser als Gott* zu wissen, was gut für sie ist. Ihre Entscheidung brachte zum Ausdruck: Sie vertrauten ihrem Schöpfer nicht. Sie waren sich nicht sicher, ob JAHWE ihnen wirklich die Wahrheit sagte. Die Worte Satans hörten sich vertrauenswürdiger an. Ihrer Auffassung nach war er der bessere Freund. Mit ihrer Entscheidung stellten sie sich auf die Seite Satans und wendeten sich gegen den HERRN.

> *Sie vertauschten die Wahrheit Gottes mit der Lüge. Sie beteten die Geschöpfe [wie etwa Satan] an und verehrten sie anstelle des Schöpfers…*[4]
> Römer 1,25 (NeÜ)

Doch eine solche Entscheidung blieb nicht ohne Folgen. Wie wir schon gesehen haben, ist Gott ein Gott der Ordnung. Seine Regeln für das Universum dienten der Sicherheit des Menschen. Doch ein Gesetz bringt immer auch Konsequenzen mit sich. Gott gab Adam und Eva nur ein Gebot, das einfach zu befolgen war: *Esst nicht von diesem einen Baum.* Nun hatten sie dieses eine Gesetz gebrochen. Was für Konsequenzen ergaben sich daraus?

## 4 Wo bist du?

Die Entscheidung von Adam und Eva war nicht vorprogrammiert. Es ist wichtig, dass wir uns das vor Augen halten. Das hatte nichts mit ihrer Bestimmung oder einer Art schlechtem Karma zu tun. Nein! Sie hatten sich ganz alleine und aus freien Stücken entschlossen, Satan zu vertrauen! Deshalb aßen sie.

**Furcht, Schuld und Scham**

Sie merkten sofort, dass etwas nicht stimmte. Sehr unangenehme Gefühle der *Furcht, Schuld* und *Scham* machten sich breit, die ihnen fremd waren. Die Bibel bemerkt dazu:

> *Da wurden ihnen beiden die Augen geöffnet, und sie erkannten, dass sie nackt waren…* 1.Mose 3,7 (SCHL)

Sie schauten sich nach einer Lösung für das Problem um.

> *…Deshalb flochten sie Feigenblätter zusammen und machten sich Lendenschurze.* 1.Mose 3,7 (NLB)

Vielleicht glaubten sie, wenn sie ihre äußere Erscheinung in Ordnung brächten, würde Gott nicht bemerken, dass sich in ihrem Inneren etwas verändert hatte. Sie würden das Ganze einfach überspielen und so tun, als wäre alles in Ordnung.

Die Lösung mit den Feigenblättern hatte nur einen Haken: Sie funktionierte nicht. Eine gute äußere Erscheinung reichte nicht aus, um das Innenleben in Ordnung zu bringen. Die Gefühle von Furcht, Schuld und Scham tobten nach wie vor in ihnen. Die Bibel berichtet weiter:

> *…am Abend, als es kühler wurde, hörten sie Gott durch den Garten gehen. Da versteckten sich der Mann und seine Frau vor Gott zwischen den Bäumen.* 1.Mose 3,8 (NeÜ)

Als sie JAHWE kommen hörten, machten sie sich aus dem Staub. Wir können uns vorstellen, dass ihr Herz pochte, ihre Handflächen feucht wurden und ihnen die Spucke weg blieb. Was würde ihr Schöpfer-Eigentümer wohl sagen?

Was würde ein allmächtiger Gott wohl mit zwei ungehorsamen Menschen tun?

> *Da rief Gott der HERR den Menschen und sprach: Wo bist du?*
> 1.Mose 3,9 (SCHL)

Diese Frage muss Adam und Eva sehr erleichtert haben. Anscheinend wusste JAHWE nicht, was geschehen war. Er wusste ja noch nicht einmal, wo sie waren! Mit aufgesetzter Unschuldsmiene steckten sie ihre Köpfe heraus. „Oh, suchst Du etwa nach uns?" Adam antwortete für sie beide:

> *„Ich hörte dich durch den Garten gehen und bekam Angst, weil ich nackt bin. Deshalb habe ich mich versteckt."*
> *1.Mose 3,10 (NeÜ)*

Als er sprach, verplapperte er sich. Ähnlich einem Jungen, der die Schule schwänzt und seine selbstgeschriebene Entschuldigung mit „Meine Mutti" unterschreibt. Adam übersah die Tatsache, dass er nie zuvor Angst empfunden hatte und ihm auch seine Nacktheit nie aufgefallen war. Der HERR antwortete:

> *Wer hat dir gesagt, dass du nackt bist? Hast du etwa von dem Baum gegessen, von dem ich dir geboten habe, du solltest nicht davon essen?* *1.Mose 3,11 (SCHL)*

## Fragen über Fragen!

Warum stellte JAHWE all diese Fragen? Wusste ein allwissender Gott denn nicht, wo Adam und Eva sich versteckten? Und wusste er nicht, warum sie sich nackt fühlten? War der HERR wirklich so begrenzt, dass er die Schuldigen fragen musste, ob sie von der Frucht gegessen hatten? In Wirklichkeit wusste Gott ganz genau, was passiert war. Aber er stellte Fragen, um Adam und Eva zu helfen, sich selbst darüber klar zu werden, was sich wirklich ereignet hatte. Sie hatten ihren Freund verraten!

## Schuldzuweisung

Mit den Fragen, die der HERR Adam und Eva stellte, gab er ihnen die Gelegenheit zur Umkehr und reichte ihnen die Hand zur Versöhnung. Anstatt sie anzunehmen, beschuldigte Adam sowohl Eva als auch Gott.

> *Der Mensch erwiderte: „Die Frau, die* ***du*** *mir zur Seite gestellt hast, gab mir etwas davon; da habe ich gegessen."*
> *1.Mose 3,12 (NeÜ)*

Adam sah sich in der Opferrolle!

> *Da sprach Gott der HERR zu der Frau: Warum hast du das getan? Die Frau antwortete: Die* ***Schlange*** *hat mich verführt; da habe ich gegessen!* *1.Mose 3,13 (SCHL)*

Weder Adam noch Eva sahen die Schuld bei sich selbst!

Die Wirklichkeit sah aber so aus, dass sie niemand gezwungen hatte, dem HERRN gegenüber ungehorsam zu sein. Sie waren Satan aus freien Stücken gefolgt und auf seine Seite gewechselt. Jetzt hatte JAHWE ihnen die Chance geboten, ihre Sünde zuzugeben, aber sie weigerten sich.

### Ein Versprechen

Diese erste Sünde hatte ernste Folgen für den Rest der Menschheit. Wie wir sehen werden, handelten Adam und Eva stellvertretend für die gesamte menschliche Rasse. Obwohl sie die Bewährungsprobe nicht bestanden hatten, ließ Gott sie doch nicht im Stich.

> *Die Gnade des HERRN nimmt kein Ende! Sein Erbarmen hört nie auf.* Klagelieder 3,22 (NLB)

Gott gab in seiner großen Liebe ein Versprechen.

> *Da sprach Gott, der HERR, zu der Schlange: „Weil du das getan hast,… setze ich Feindschaft zwischen dir und der Frau und deinem Nachkommen und ihrem Nachkommen. Er wird dir den Kopf zertreten und du wirst ihn in seine Ferse beißen."*
> 1.Mose 3,14-15 (NLB)

Diese Sätze sollten wir genauer unter die Lupe nehmen. Werfen wir nochmals einen Blick auf das, was Mose geschrieben hat. Das Versprechen kann unter zwei Gesichtspunkten betrachtet werden:

| ***Der Teufel und seine Anhänger*** | ***Die Frau und ihr männlicher Nachkomme*** |
|---:|:---|
| *Da sagte Gott, der HERR, zur **Schlange:*** | |
| *„Weil **du** das getan hast,* | |
| *…stelle ich Feindschaft zwischen **dich*** → | *und die Frau,* |
| *…**deinem Nachwuchs*** → | *und ihrem **[Nachkommen].*** |
| | ***Er** wird…* |
| *…**dir den Kopf** zertreten, und du wirst,* → | ***ihm die Ferse** zerbeißen."* |

Der HERR versprach, dass er die Menschheit eines Tages von Satan befreien würde, und zwar durch einen *Mann,* geboren von einer Frau. Der würde der Schlange eine tödliche Wunde zufügen, indem er ihr den Kopf zertrat. Satan würde diesen Mann zwar auch verletzen, aber nur an der Ferse – eine vorübergehende Verwundung, die verheilen würde.

Dies war das erste von vielen Versprechen, welches sich auf den zukünftigen Nachkommen Evas bezog. Diesen Mann würde man als *den Gesalbten* bezeichnen aufgrund der besonderen Aufgabe, die Gott ihm gab. Der HERR wollte diesem *Auserwählten* die Aufgabe übertragen, die Menschheit von den Konsequenzen der Sünde zu *befreien.* Aus diesem Grund sollte er auch *der versprochene Befreier* genannt werden.

| Der versprochene Befreier sollte… |
|---|
| 1. Der Nachkomme einer Frau sein |
| 2. Ein Mann sein |

Das Versprechen, einen *Befreier* zu schicken, fügt der Liste über das Wesen Gottes einen weiteren Begriff hinzu. Er würde als *derjenige, der rettet* oder *der Retter* bekannt werden. Die Bibel stellt fest, dass nur JAHWE, der HERR, in der Lage ist, die Menschheit zu retten. Keine andere Gottheit ist dazu fähig. Der HERR sagt uns, er ist…

> *…der gerechte Gott und Retter. Außer mir gibt es keinen.*
>
> *Jesaja 45,21 (SCHL)*

**Ein Fluch**

Ähnlich dem Gesetz der Schwerkraft, dessen Missachtung Knochenbrüche zur Folge hat, bleibt auch das Übertreten von Gottes Gesetz nicht ohne Folgen. Es wird immer Auswirkungen haben. Eine Sünde führte zu weiteren Sünden. Sie brachte einen Fluch über die Erde. Die gesamte Erde, alles auf ihr, wurde durch diesen Fluch in Mitleidenschaft gezogen. Die Landtiere, das Meer, die Vogelwelt, ja selbst der Boden waren davon betroffen. Die Schöpfung war nicht mehr vollkommen. Die Bibel sagt, dass als Folge dieses Fluchs…

> *…die gesamte Schöpfung bis heute unter ihrem Zustand seufzt.*
>
> *Römer 8,22 (NeÜ)*

Alles würde entweder verfallen, kaputtgehen oder sich abnutzen. Ungerechtigkeit, Schweiß und Not würden das Leben auf der Erde prägen. In allen Bereichen des Lebens, von der Tierwelt bis hin zum Menschen, sollte ein beständiger Kampf ums Überleben entbrennen. Die Erde war nicht länger ein Ort, an dem alles sehr gut war.

Furcht, Schuld und Scham sollten zu Kennzeichen einer Welt werden, die durch die Sünde verflucht war. Bei meinen Reisen habe ich festgestellt, dass in den östlichen Kulturen Scham eine vorrangige Rolle spielt. Westliche Kulturen beschäftigt die Frage der Schuld, während Stammeskulturen besessen sind von Furcht. Doch in Wirklichkeit haben alle Menschen überall das gleiche Problem, weil jedes dieser Gefühle eine direkte Folge der Sünde ist. Scham gefällt uns nicht, Schuld hassen wir und Furcht verabscheuen wir. Doch am allermeisten graut uns wovor JAHWE, der HERR, die Menschen gewarnt hatte: dem *Tod.*

## 5 Tod

Als Adam und Eva Gottes Warnung in den Wind schlugen, stellten sie damit ganz konkret den HERRN auf die Probe. Würde er sein Wort halten oder nicht? Meinte er das wirklich so, wie er es gesagt hatte? Musste der Mensch tatsächlich sterben? Oder waren Gottes Ankündigungen nur leere Drohungen, vergleichbar mit dem Brüllen eines zahnlosen Tigers? Die Antwort der Bibel lässt keine Zweifel offen:

> *Doch eher werden Himmel und Erde vergehen, als dass vom Gesetz [das Mose aufgeschrieben hatte] auch nur ein Häkchen wegfällt.* Lukas 16,17 (ZB)

Wir sprechen nicht gerne über den Tod. Es ist ein Tabu-Thema. Meine Reisen haben mich zu Volksgruppen in den entlegensten Teilen dieser Erde geführt. Nirgendwo habe ich eine Kultur vorgefunden, die den Tod als positiv ansieht. Ich habe an vielen offenen Gräbern gestanden, einige davon auf Friedhöfen, andere im Urwald, aber bei allen war Trauer der vorherrschende Faktor. Die Trennung, die der Tod mit sich bringt, ist eine Realität, die der menschlichen Psyche wie mit einem Brandeisen eingeprägt ist. Ein geliebter Mensch ist aus unserem Dasein verschwunden und wird nicht mehr zurückkommen. Das Gefühl des Verlustes und der Trennung, das damit einhergeht, bringt uns der biblischen Definition von „Tod" sehr nahe. *In der Bibel bringt der Tod immer auch eine Form von Trennung mit sich.*

Die Bibel spricht davon, dass der Tod eine Folge der Sünde ist. Quasi als eine Art Lohn, Bezahlung oder ein Bußgeld für Fehlverhalten. So wie ein Mensch für seine Arbeit mit Geld bezahlt wird, so ist…

> *…der Lohn, den die Sünde zahlt, …der Tod…* Römer 6,23 (NGÜ)

Die Bibel spricht auf verschiedene Weise über den Tod. Wir wollen uns drei davon anschauen:

**1. Tod einer Freundschaft** (Die Trennung des Menschen von Gott)
Wie wir gelesen haben, hörten Adam und Eva…

> *…Gott durch den Garten gehen. Da versteckten sich der Mann und seine Frau vor Gott zwischen den Bäumen.*
> 1.Mose 3,8 (NeÜ)

Was ging hier vor sich? Man versteckt sich doch nicht vor einem Freund, oder? Das stimmt, doch laut der Bibel bildet Vertrauen die Grundlage für jede Beziehung. Wenn das Vertrauen zerbricht, zerbrechen Geschäftsbeziehungen, Verbindungen lösen sich auf, Freunde trennen sich und Ehen landen vor dem Scheidungsgericht. Wenn wir einer Person misstrauen, bedeutet dies, dass wir ihr keinen Glauben schenken und sie nicht beim Wort nehmen. Als Adam und Eva den Worten Satans glaubten, sagten sie damit im Grunde genommen, JAHWE habe sie belogen. Ihre Freundschaft mit Gott lag in Scherben. Deshalb versteckten sie sich.

GETRENNT

Doch die Konsequenzen reichten noch weiter. Die Kinder von Adam und Eva und wiederum deren Kinder, ja die gesamte Menschheit bis in die heutige Zeit, wurden in diese Welt geboren…

*...weit von Gott entfernt...* *Kolosser 1,21 (NeÜ)*

Aber es gibt noch einen weiteren Aspekt, den wir nicht übersehen dürfen. Ich möchte versuchen, ihn zu veranschaulichen.

Ich habe in meinem Leben etliche Zeit in tropischen Ländern zugebracht. Eine Zeit lang lebten meine Frau und ich in einem Haus, das auf kurzen Pfählen stand. Eines Tages kroch eine sehr große Ratte in diesen engen Zwischenraum und verendete dort. Unglücklicherweise hauchte der Nager sein Leben genau unter unserem kleinen Schlafzimmer aus. Der im heißfeuchten Klima verrottende Kadaver bewirkte einen betäubenden Geruch in unserem Schlafzimmer, der dem Wort *faul* eine neue Bedeutung verlieh. Wir konnten nicht länger in diesem Raum schlafen und mussten uns in einen anderen Teil des Hauses zurückziehen.

Am nächsten Morgen bot sich mein Sohn Andrew an, das Problem zu lösen. Er suchte sich einen sehr langen Stock, um damit weit in den Zwischenraum unter dem Haus zu gelangen. Stück für Stück schob er so die tote Ratte an den Rand des Hauses. Als er sein Ziel fast erreicht hatte, wandte Andrew sich angewidert ab, verzog das Gesicht und rief: „Papa, das Vieh ist voller Maden." Igitt! Andrew nahm eine Plastiktüte, stülpte sie über seine Hand und steckte seinen Arm weit in den Zwischenraum unter dem Haus. Er griff die jämmerliche Kreatur am Schwanz, zog sie ins Freie und hielt den stinkenden Kadaver am ausgestreckten Arm von sich. Damit lief er zum Urwald, der an unser Grundstück grenzte und schleuderte die Ratte mit aller Kraft von sich weg.

Hätte diese Ratte Andrews Gedanken lesen können, als sie in den Urwald geschmissen wurde, würde sie ihn sagen hören: „Weg mit dir von hier!" Und angenommen die Ratte hätte reden können und ihn gefragt: „Für wie lange denn?", wäre Andrews Antwort darauf gewesen: „Für immer!"

Die tote Ratte veranschaulicht auf zweierlei Weise, wie der HERR über Sünde denkt.

❖ So wie die Ratte mich und meine Frau dazu getrieben hatte, in einem anderem Raum zu schlafen und wie Andrew diesen ekelhaften Kadaver von sich wegschleuderte, so haben...

*...eure Vergehen[sündigen Entscheidungen]... die Mauer gebaut, die zwischen euch und eurem Gott steht. Eure Sünden verhüllten sein Gesicht...* *Jesaja 59,2 (NeÜ)*

FREMDER

Erinnern wir uns, dass die Bibel Sünde mit etwas vergleicht, das schlecht geworden oder verfault ist? Sünde ist für den HERRN das, was für uns eine verfaulte Ratte ist. So wie es für uns nicht normal ist, in der Nähe dieses übel riechenden Kadavers zu schlafen, so ist es auch für einen heiligen Gott unnatürlich, Sünde in seiner Gegenwart zu dulden. Seine…

> *…Augen sind so rein, dass sie das Böse nicht ansehen können…*
> Habakuk 1,13 (SCHL)

Weil die Sünde das Leben jedes Menschen verdorben hat, zog Gott sich von uns zurück. Das ist eine Konsequenz der Sünde.

❖ Das bringt uns zu dem zweiten Aspekt, den die tote Ratte veranschaulicht. Wie lange meint der Herr wohl, sollten wir von ihm getrennt sein? Die Antwort liegt auf der Hand. Für immer! Die Auswirkungen der Sünde dauern ewig an, sie sind grenzenlos. So wenig wir nächste Woche oder irgendwann mit der verwesenden Ratte leben wollen, wird auch Gott niemals Sünde in seiner Gegenwart zulassen.

Es war also die Sünde, die diese erste Freundschaft zerstörte. Nun stand eine Barriere, eine Kluft zwischen Gott und dem Menschen. Der Mensch war durch seine…

> *…Sünden und Verfehlungen tot…* Epheser 2,1 (NeÜ)

TOT

## 2. Tod eines Körpers

(Die Trennung des menschlichen Geistes von seinem Körper)

Als Folge der Sünde würde der Mensch von nun an nicht nur unter Schmerzen in diese Welt geboren werden. Er würde sie, aufgrund dieses Fluches, am Ende auch wieder unter den Qualen des Todes verlassen. Gott sagte Adam:

> *„Mit Schweiß wirst du dein Brot verdienen, bis du zurückkehrst zur Erde, von der du genommen bist. Denn Staub bist du, und zu Staub wirst du werden.“* 1.Mose 3,19 (NeÜ)

Der körperliche Tod ist für uns nicht schwer zu begreifen. Doch wir müssen uns hier, in Bezug auf Adam und Eva, noch über etwas anderes klar werden.

Wenn wir einen Ast von einem Baum absägen, vertrocknen deswegen seine Blätter nicht sofort und sehen abgestorben aus. Als Gott Adam sagte: *„Wenn du davon isst, musst du sterben“*, war damit nicht gemeint, dass Adam augenblicklich tot umfallen würde, sobald er die Frucht aß. Vielmehr meinte er damit, dass Adam von der Quelle des Lebens abgetrennt würde. Sein Körper würde dann mit der Zeit wie ein Ast verdorren und schließlich aufhören zu funktionieren. Der Körper würde sterben…

> *…und wieder zu Staub werden.* Psalm 104,29 (NeÜ)

Wir alle haben wahrscheinlich schon einmal die Aussage gehört: „Wenn man tot ist, dann ist es vorbei." Damit soll gesagt werden, dass mit dem Tod des Körpers auch der Geist des Menschen aufhört zu existieren. Doch das entspricht nicht dem, was die Bibel lehrt. Es stimmt zwar, dass…

> *…der Körper ohne Geist tot ist…* Jakobus 2,26 (NeÜ)

…aber die Bibel spricht eindeutig davon, dass der menschliche Geist, einmal ins Leben gerufen, ewig existiert, auch ohne den Körper. An keiner Stelle lehrt die Bibel die Vernichtung oder *Auslöschung* der Seele.

Genauso wenig gibt die Bibel der Vorstellung Raum, dass eine Person mit dem Tod wieder eins mit der Natur wird *(Assimilierung).* Vielmehr lehrt die Bibel, dass der menschliche Geist nach dem Tod weiter existiert. Zwar ohne Körper, jedoch weiterhin als denkendes, fühlendes Wesen.

Obwohl *Auslöschung* und *Assimilierung* traditionelle und geläufige Vorstellungen sind, kommen sie in der Bibel nicht vor. Das Gleiche gilt auch für die *Reinkarnation,* dies ist die Vorstellung, dass nach dem Tod der Geist des Verstorbenen in anderer Gestalt auf die Erde zurückkehrt, um ein weiteres Leben zu führen. Weder Mose noch einer der 40 anderen Schreiber der Bibel erwähnen einen so genannten „Kreislauf des Lebens", der aus, Geburt, Tod, Wiedergeburt und erneutem Tod des menschlichen Geistes besteht. Reinkarnation wird in der Bibel nicht gelehrt, sondern das exakte Gegenteil. Nämlich, dass jede Person nur ein Leben besitzt.

> *Sterben müssen alle Menschen; aber sie sterben nur einmal, und darauf folgt das Gericht.* Hebräer 9,27 (NGÜ)
>
> *Wie sich eine Wolke auflöst und verschwindet, so kommt niemand, der ins Totenreich hinuntergefahren ist, wieder herauf. Er hat sein Haus für immer verlassen, an seinem Wohnort kennt man ihn nicht mehr.* Hiob 7,9-10 (NLB)

An diesem Punkt scheint es logisch, zu fragen: *„Wenn es stimmt, dass jeder Mensch nur ein Leben hat und sein Geist nach dem Tod weiter existiert, wohin gelangt dieser Geist dann nach dem Sterben des Körpers? Was sagt die Bibel hierzu?"* Diese wichtigen Fragen werden in den folgenden Kapiteln noch angesprochen. Doch im Augenblick wollen wir uns anschauen, in welchem Zusammenhang die Bibel den Begriff *Tod* noch verwendet.

### 3. Tod einer zukünftigen Freude – Der zweite Tod

(Die ewige Trennung des menschlichen Geistes von Gott)

Manche sagen: „Wenn dich jemand fragt, wohin der Mensch nach dem Tod geht, dann antworte darauf einfach mit Schweigen." Das klingt zwar tiefsinnig, umgeht aber das Problem. Im Gegensatz dazu geht die Bibel dieses Thema sehr direkt an.

In der Bibel erfahren wir, dass auf den Menschen, nach seinem Tod, ein wunderbares Zuhause wartet. Vorbereitet von Gott. Ein unbeschreiblicher Ort namens Himmel. Von JAHWE geschaffen, damit der Mensch sich ewig daran freuen kann. Es wird fantastisch sein, an so einem Ort zu leben, befreit von Sünde, Leiden und Tod.

EWIGE STRAFE

Allerdings gibt es nicht nur das ewige Leben, sondern auch den ewigen Tod. Er wird auch *der zweite Tod* genannt, wahrscheinlich, weil er auf den körperlichen Tod folgt. Dieser zweite Tod betrifft die Menschen, die nicht im Himmel sein werden. Die Bibel spricht vom Feuersee als dem Platz, der ihnen zugewiesen ist. Ein schrecklicher Ort, den Gott speziell zur Bestrafung Satans und seiner Dämonen geschaffen hat.

> *Der Feuersee ist der zweite Tod.* Offenbarung 20,14 (NeÜ)

Als der Mensch Gott die Freundschaft gekündigt hat, schloss er sich denen an, die gegen ihren Schöpfer rebellierten. Er stellte sich auf die Seite Satans, dem…

> *…Gott dieser Welt…* 2.Korinther 4,4 (NeÜ)

> *…dem Herrscher dieser Welt…* Johannes 12,31 (NeÜ)

Die Bibel sagt:

FEIND

> *Wer also ein Freund der Welt sein will, macht sich damit zum Feind Gottes.* Jakobus 4,4 (BasisBibel)

Alle Feinde Gottes, seien es Menschen oder Geistwesen, werden verstoßen…

> *…in das ewige Feuer, das für den Teufel und seine Engel vorbereitet ist!* Matthäus 25,41 (GNB)

Die Bibel spricht davon, *lebendig in den Feuersee geworfen zu werden, der mit Schwefel brennt,*[a] *dort werden sie Tag und Nacht Qualen erleiden – für immer und ewig.*[b] Es wird ein Ort der *Not und des Kummers*[c] sein. Die Schrift spricht von *Würmern*[d] (wörtl.: Maden), von äußerster Finsternis,[e] von Menschen, die *weinen,* in ihrer Qual *mit den*

[a] Offenbarung 19,20 (SCHL) Auch wenn der physische Körper stirbt, lebt der Geist trotzdem weiter.
[b] Offenbarung 20,10 (NGÜ)
[c] Psalm 116,3 (BasisBibel)
[d] Markus 9,48 (SCHL)
[e] Matthäus 8,12; 22,13; 25,30 (SCHL)
[f] Lukas 16,24 (NeÜ)

*Zähnen knirschen* und *von Durst geplagt*[f] werden. Sie spricht von Menschen, die an das jetzige Leben zurückdenken und niemandem das gleiche Schicksal wünschen. Dieser oft als *Hölle* bezeichneter Ort ist gekennzeichnet durch einsames Leiden und hat nichts gemein mit einer ausschweifenden Party unter Freunden.

> *„…Aber die Feiglinge, die Treulosen und die, die sich mit abscheulichen Dingen abgeben, die sexuell unmoralisch leben, und alle, die okkulte Praktiken ausüben, die Mörder, die Götzendiener und alle Lügner – sie erwartet der See, der mit brennendem Schwefel gefüllt ist, das heißt: der zweite Tod."*
>
> *Offenbarung 21,8 (NeÜ)*

Wir werden später noch sehen, anhand welcher Kriterien entschieden wird, ob ein Mensch die Ewigkeit im Himmel oder in der Hölle verbringt.

### Ein entstelltes Bild

Als Adam und Eva sündigten, entstellten sie das Bild Gottes, nach dem sie geschaffen worden waren und nahmen ihm seinen göttlichen Glanz. Einzelne Facetten des Bildes sind zwar immer noch zu erkennen, doch die Herrlichkeit ist nur noch eingetrübt vorhanden. Einer tödlichen Krankheit gleich wirkt sich dieser zerstörerische Effekt auf jeden Aspekt des menschlichen Wesens aus.

Folgendes Beispiel dazu: Bei einem Freund von mir wurde vor einiger Zeit Krebs festgestellt. Zunächst konnte niemand von uns eine Veränderung feststellen. Doch wir wussten, dass er diese Krankheit hatte. Und dann zeigte sich langsam der Krebs mit seinen Symptomen. Die Sprache meines Freundes wurde undeutlich und seine Haut nahm eine gelbliche Farbe an. Er verlor an Kraft. Wir alle wussten, es würde nur noch eine Frage der Zeit sein, bis der Krebs ihm das Leben nahm. Vergleichbar dazu kann man sagen: Jeder Mensch trägt ein todbringendes Leiden in sich, das die Bibel als *sündige Natur* oder *Natur Adams* bezeichnet. Diese krebsartige Sündenkrankheit wird eines Tages allen das Leben kosten.

Ähnlich einem Apfel, der außen zwar schön glänzt, innen aber verfault ist, so können auch Menschen ihren sündigen Zustand oft gut verbergen. Doch von Zeit zu Zeit kommen die Symptome der Verdorbenheit zum Vorschein. In jeder falschen Tat zeigt sich die sündige Natur des Menschen.

### Ein aufrichtiger Gott

Einigen mag das Thema Sünde und Tod makaber erscheinen. Doch wir sollten es als Ermahnung annehmen, dass Gott unangenehme

Themen nicht schönredet. Wie man es von einem wahren Freund erwartet, sagt er uns, was wir wissen müssen. Entgegengesetzt zur Aufrichtigkeit des HERRN sagt uns die Bibel vom Teufel:

> *Der Gott dieser Welt [der Teufel] hat sie mit Blindheit geschlagen, sodass ihr Verständnis verfinstert ist…* 2.Korinther 4,4 (NGÜ)

Satan verbreitet Lügen. Er verblendet den Verstand der Menschen mit Halbwahrheiten und lullt sie mit Schwindeleien ein. Seine Vorgehensweise ist dabei genauso raffiniert wie bei Adam und Eva. Satan ist kein Freund. Stattdessen warnt uns die Bibel:

> *Euer Feind, der Teufel, streift wie ein brüllender Löwe umher und sucht jemanden, den er verschlingen kann.* 1.Petrus 5,8 (BasisBibel)

Das ist alles sehr entmutigend, aber lesen wir weiter. Es kündigen sich gute Neuigkeiten an.

# 6 Die Suche

An diesem Punkt der Geschichte sollten wir uns nochmals vor Augen halten, dass Gott den Menschen nach seinem Bild geschaffen hat. Damit trägt dieser den tiefen Wunsch in sich, Gott zu erkennen, ihn zu lieben und von ihm geliebt zu werden. So sah die Realität der Schöpfung aus – es war der Normalzustand in einer perfekten Welt.

Doch dann wurde diese Beziehung auseinandergerissen, denn Adam und Eva vertrauten lieber den Worten Satans als denen des HERRN. Das stellte die ganze Welt auf den Kopf – sie verlor ihre Unschuld – und war fortan geprägt von Angst, Schuld, Scham, Leid und Tod.

Adam und Eva dachten, es würde ausreichen, wenn sie ihre Sünde bedecken. Dann wäre alles wieder wie vorher. Aber die Feigenblätter erfüllten ihren Zweck nicht. Die Kluft blieb bestehen.

Die Menschheit blieb mit einer enormen Leere zurück – einer Sehnsucht, die nur schwer in Worte zu fassen ist. Diesen Mangel konnte nur ein liebender Gott stillen. Im Laufe der Geschichte werden wir sehen, dass es in der Natur des Menschen liegt, sich Wege auszudenken, die ihn zurück zu Gott bringen. Zurück in eine perfekte Welt. Doch es gibt ein Problem. Die Menschen kennen den Weg nicht, der sie zurückbringt und wollen sehr oft nichts mit Gottes Weg zu tun haben. Die Menschheit ist verloren.

**Die Natur Gottes**

Wir werden noch sehen, dass es im Gegensatz zum Menschen Gottes Natur entspricht…

> *„…zu suchen und zu retten, was verloren ist."*
> *Lukas 19,10 (NGÜ)*

Als sich Adam und Eva im Garten versteckten, war Gott es, der sie suchte. Sie hatten sich zwar auf die Seite Satans geschlagen, doch Gott hatte sich nicht geändert. Seine ungeteilte Liebe galt nach wie vor dem Menschen. Im weiteren Verlauf werden wir sehen, was JAHWE unternahm, um die Menschheit zu retten.

**Die Natur des Menschen**

Die Ereignisse von Eden führten dazu, dass nun das Leben sämtlicher Nachkommen Adams von Sünde und Tod bestimmt war. Weitergegeben, über die Generationen hinweg, durch die Väter. Entsprechend den Regeln der Fortpflanzung – Äpfel reproduzieren Äpfel, Katzen weitere Katzen und sündige Menschen bringen sündige Menschen hervor.[5]

> *Darum, gleichwie durch einen Menschen die Sünde in die Welt gekommen ist und durch die Sünde der Tod, und so der Tod zu allen Menschen hingelangt ist, weil sie alle gesündigt haben…* *Römer 5,12 (SCHL)*

Es fällt uns schwer, das zu akzeptieren. Die vorherrschende Meinung ist die, dass Kinder als vollkommene kleine Wesen auf die Welt kommen, frei von jeder Sünde. Doch was sagt die Bibel dazu? Werden wir wirklich mit einer sündlosen Natur geboren?

Nicht laut König David, einem der 40 Propheten, der erhebliche Teile der Heilige Schrift aufgeschrieben hat.

> *Ja, in Schuld hinein wurde ich geboren. Die Sünde bestimmt mein Leben, seit meine Mutter mich empfangen hat.* Psalm 51,7 (BasisBibel)

Nicht laut Hiob, dessen Buch Teil der Bibel ist:

> *Könnte ein Reiner vom Unreinen kommen? Nicht einer!* Hiob 14,4 (NeÜ)

Nicht gemäß unseren eigenen Lebenserfahrungen:

> *Woher kommen die Auseinandersetzungen unter euch, woher die Streitigkeiten? Kommen sie nicht daher, dass in euch selbst ein Kampf tobt?* Jakobus 4,1 (NGÜ)

Wir müssen uns selbst einige schwierige Fragen stellen: Mussten uns unsere Eltern beibringen, wie man lügt, ungehorsam, egoistisch oder streitsüchtig ist? Nein, wir tun solche Dinge ganz natürlich, wir sind Sünder von Natur aus. Die Bibel beschreibt diese Natur, indem sie folgende Worte für die Sünde gebraucht:

Adam wurde mit seiner ganzen Natur zu einem Sünder – Adam würde sterben.

Alle Nachkommen Adams würden diese Sündennatur besitzen – alle würden sterben.

1. **Ungerechtigkeit:** Gedanken und Taten, die das Gegenteil dessen verkörpern, was richtig ist, nämlich unrecht.
2. **Verdorbenheit, Fäulnis:** Wenn die Güte des Herzens durch den verderbenden Einfluss der Sünde verloren gegangen ist. So z.B. wenn Arroganz und Egoismus an die Stelle von Demut rücken.
3. **Ungehorsam, Rebellion:** Das Missachten von Anweisungen, weil man meint, es „besser-als-Gott“ zu wissen.
4. **Krankheit:** Ein todbringender Zustand des Geistes. Eine krebsartige sündige Natur, die zum ewigen Tod führt. Sündige Verhaltensweisen sind Merkmale des inneren Zustands.

Letztendlich lies die Sünde den Menschen ohne Hoffnung zurück. Es war eine ausweglose Situation. Doch Gott war noch nicht am Ende. Er hatte einen Plan.

## Was sagt die Genetik?

*„Sie lässt uns erkennen, dass alle Menschen, trotz ihrer unterschiedlichen äußeren Erscheinung, Teil einer einzigen Einheit sind, die einen gemeinsamen, neueren, räumlichen Ursprung hat. Es gibt eine biologische Bruderschaft, die viel tiefgreifender ist, als wir je vermutet hätten."* Dies schrieb Stephen Jay Gould, ein Paläontologe aus Harvard und Verfasser eines Titelberichtes in einer Ausgabe der *Newsweek* von 1988 mit dem Titel „Die Suche nach Adam und Eva".[6]

Diesem Artikel zufolge haben Wissenschaftler *„...mit dem Fachgebiet Molekularbiologie... eine internationale Auswahl von Genen untersucht und dabei einen DNS-Pfad entdeckt, der sie zu einer Frau führte, von der wir alle abstammen". „Es gab nicht einmal kennzeichnende Unterschiede zwischen den einzelnen Rassen."*

In der Bibel lesen wir:

> *Adam gab seiner Frau den Namen Eva, Leben, denn sie sollte die Mutter aller lebenden Menschen werden.*
> *1.Mose 3,20 (NeÜ)*

1995 veröffentlichte das *Time Magazine* einen kurzen Artikel, der auf wissenschaftliche Beweise verwies, dass *„...es einen Stammvater Adam gegeben haben muss, dessen genetisches Erbmaterial heute auf den Chromosomen eines jeden Menschen der Erde wiedergefunden werden kann".*[7]

Die Bibel sagt:

> *Aus einem einzigen Menschen hat er alle Völker hervorgehen lassen.* *Apostelgeschichte 17,26 (NGÜ)*

Diese Untersuchungen der menschlichen DNS lassen darauf schließen, dass wir alle von einem Mann und einer Frau abstammen. Manche Wissenschaftler stimmen dem zu, andere nicht. Doch selbst diejenigen, die zustimmen, stellen heraus, dass es sich dabei nicht unbedingt um die biblischen Adam und Eva handeln muss. Ganz unabhängig davon ist es bemerkenswert, dass diese Befunde mit der Bibel übereinstimmen. Diese und weitere Entdeckungen der modernen Molekularbiologie bestätigen, was die Bibel seit tausendenden von Jahren aufgezeigt hat: Wir sind alle eng miteinander verwandt.

# Kapitel 5

1 Ein Widerspruch

2 Zwei Opfergaben

3 Das Buch des Lebens

4 Das große Schiff

5 Die Katastrophe

6 Verwirrung

# 1 Ein Widerspruch

In den ersten Kapiteln haben wir bereits etwas vom Wesen Jahwes kennengelernt. Im weiteren Verlauf werden wir dieses Wissen noch erweitern. Doch für den Moment sollten wir zuerst einmal einige Teile des biblischen Puzzles zusammensetzen.

Es ist hilfreich, wenn wir uns dabei die von Jahwe festgesetzten Naturgesetze vor Augen halten, mit denen er das Universum lenkt. In diesem Stil hat er auch geistliche Gesetze festgelegt, um die Beziehung zwischen Gott und dem Menschen zu regeln. Die genaue Kenntnis dieser Gesetze öffnet uns den Blick für den Sinn des Lebens und des Todes. So wie uns das Grundwissen in Chemie und Physik dazu verhilft, die Welt um uns herum besser zu verstehen. Zu Beginn wollen wir unseren Blick auf die Situation des Menschen richten.

### Die Situation des Menschen

Aufgrund der Entscheidung von Adam und Eva, Gott nicht zu gehorchen, stand die Menschheit nun vor einem Dilemma: einem Problem mit zwei Facetten, wie die beiden Seiten einer Medaille.

- ❖ Wir haben etwas, das wir nicht wollen: eine *Sündenstrafe.* Und…
- ❖ …wir brauchen etwas, das wir nicht haben: *Vollkommenheit.*

Schauen wir uns dies genauer an.

**1. Wir haben eine Sündenstrafe.** Wir alle wissen aus der Welt des Sports, dass ein Spieler bei einem Regelverstoß bestraft wird. Aber was ist eine Sündenstrafe und wie wird sie abgeleistet?

Um diese Frage zu beantworten, nimmt die Bibel Bezug auf die damals üblichen Regeln im *Gerichts-* und *Finanzwesen.* In beiden Bereichen gab es das Prinzip eines *„Schuldbriefes".*

SCHULDNER

**Ein Vergleich aus dem Gerichtswesen:** Wenn ein Fehlverhalten als *Schuld* an der Gesellschaft angesehen wird, muss diese Schuld mit einer angemessenen Strafe bezahlt werden.

Der Ursprung dieser Denkweise findet sich im alten Rom, wo ein Gesetzesbrecher erst vor Gericht gestellt werden konnte, wenn mit einem „Schuldbrief" formell Anklage gegen ihn erhoben wurde. Der Schuldbrief legte genau dar, was ihm zur Last gelegt wurde. Wurde der Angeklagte für schuldig befunden, vermerkte der Richter das Urteil (z.B. „Gefängnis – 5 Jahre!") auf dem Schuldbrief. Dieser Brief, der sowohl *das Vergehen wie auch die geforderte Bezahlung* darlegte, wurde an die Tür der Gefängniszelle genagelt. Dort blieb er, bis die Strafe *abbezahlt* war und wurde dann den Behörden vorgelegt. Diese schrieben entweder „getilgt" oder „vollkommen bezahlt" über die Anklageschrift und der Gefangene wurde freigelassen.

In gleicher Weise lehrt die Bibel, dass jeder Mensch mit einer schriftlichen Anklage konfrontiert ist. Es liegt ein „Schuldbrief" vor, auf dem seine Sünden, große wie kleine, aufgeschrieben sind. Der Mensch findet sich sozusagen in einem Gerichtssaal wieder. Dort wird er eines Vergehens gegen den heiligen Gott für schuldig befunden. Der Richter verliest das Urteil, entsprechend…

*…dem Gesetz der Sünde und des Todes…* *Römer 8,2 (SCHL)*

…ist die zu bezahlende Strafe der Tod.

*Sterben muss derjenige, der die Sünde begeht.* *Hesekiel 18,20 (NLB)*

Gott hatte Adam und Eva vor diesem Gesetz gewarnt, als er ihnen sagte, dass sie sterben würden, wenn sie sein Wort nicht befolgten.

SCHULDNER

**Ein Vergleich aus dem Finanzwesen:** Vor ein paar Jahrhunderten war es im Mittleren Osten üblich, Menschen, die sich verschuldeten, einen formellen Schuldschein oder „Schuldbrief" auszustellen. In ihm wurden die Bedingungen für die Rückzahlung der Schuld festgehalten.

Vergleichbar dazu lehrt die Bibel, dass unsere Sünde eine Schuld auf dem moralischen Konto hervorruft. Sie fordert einen Preis, der bezahlt werden muss. Den fälligen „Schuldbrief" dazu bekommt der Mensch sozusagen von einem Darlehensberater präsentiert. Dieser Schuldbrief besagt:

*…der Lohn [oder die Bezahlung] der Sünde ist der Tod…*
*Römer 6,23 (SCHL)*

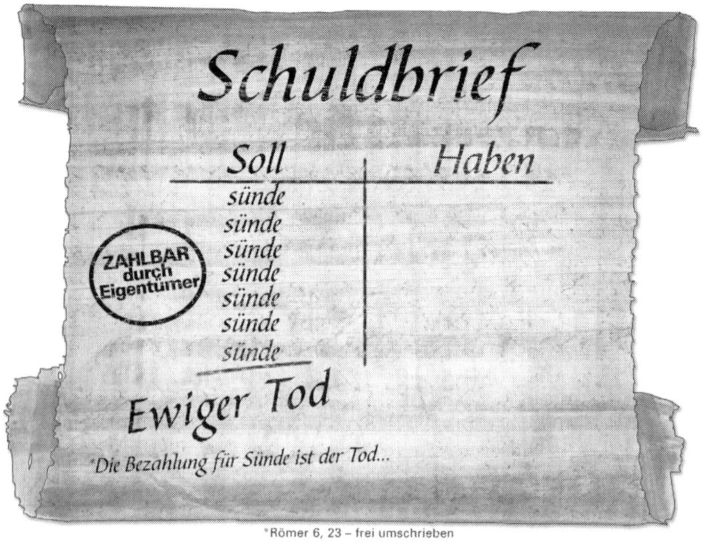


*Römer 6, 23 – frei umschrieben

GETRENNT

Ob man es nun als Sündenstrafe oder Sündenschuld ansieht, die Konsequenz der Sünde bleibt die Gleiche: Es ist der Tod in seiner kompromisslosen, dreifachen Bedeutung.

TOT

Es stellt sich die Frage: Ist der Mensch überhaupt in der Lage, diese Schuld zu bezahlen? Die Antwort ist eindeutig: *„Ja!"* Allerdings dauert der zweite Tod ewig. So gesehen ist die Bezahlung der Schuld nie abgeschlossen. Auf dem Schuldbrief, der an die Tür zur Hölle genagelt ist, steht als Urteil: „ewiger Tod". Der sündige Mensch bleibt für immer eingesperrt. Die Bezahlung ist endlos.

EWIGE STRAFE

Das sind sehr schlechte Nachrichten. Die Menschheit befindet sich in einem furchtbaren Dilemma.

Aber das ist nur die eine Seite des Problems. Wir müssen auch noch die andere Seite der Medaille bedenken. Selbst wenn unsere Sündenschuld „ausgelöscht" oder „vollkommen bezahlt" würde, bliebe uns ein Leben mit Gott im Himmel immer noch verwehrt. Denn dafür benötigen wir etwas, das wir nicht besitzen.

**2. Wir benötigen Vollkommenheit.** Das Leben mit einem vollkommenen Gott in einem vollkommenen Himmel ist nur vollkommenen Menschen möglich. Dafür benötigen wir das, was Adam und Eva im Garten verloren haben. D.h. wir müssen wieder in das makellose Bild Gottes umgestaltet werden. Die Bibel macht deutlich:

> *...wer nicht heilig ist, wird den HERRN nicht sehen....*
>
> *Hebräer 12,14 (NLB)*

Die hier angesprochene Güte oder Gerechtigkeit muss der vollkommenen Gerechtigkeit des HERRN entsprechen. Da niemand auch nur annähernd diese Vollkommenheit erreicht, haben wir ein Problem.

## Zusammenfassung

Als Folge der Sünde Adams wird die Menschheit mit „zwei Seiten der gleichen Medaille" konfrontiert: *Wie können wir unsere Sündenstrafe loswerden? Und wie können wir eine Gerechtigkeit erlangen, die Gottes Gerechtigkeit entspricht, damit wir in seiner Gegenwart bestehen können?*

Nachdem wir nun das Dilemma des Menschen klar herausgestellt haben, wollen wir unser Augenmerk auf JAHWE richten. Wie beeinflusst ihn das menschliche Dilemma?

**Gottes Situation**

Um die Situation Gottes zu begreifen, müssen wir zwei Eigenschaften verstehen, die zu Gottes Wesenszügen gehören.

**1. JAHWE ist vollkommen gerecht:** Wir lieben Gerechtigkeit. Es stört uns, wenn ein Tyrann schwächere Menschen ausnutzt. Schon als Kinder wussten wir, dass es nicht fair war, wenn jemand mit Gemeinheiten „davonkam". Doch selbst wenn unser Gerechtigkeitsempfinden verwässert wird, beeinflusst dies Gottes Sicht der Dinge nicht.

> *Denn Jahwe ist gerecht und liebt Gerechtigkeit.*
> Psalm 11,7 (NeÜ)

Da JAHWE ohne Sünde ist, geht er aufrichtig und fair mit seinen Geschöpfen um.

> *Er ist ein Fels, sein Tun ist vollkommen. Alles, was er macht, ist richtig und gerecht. Er ist ein treuer Gott, der kein Unrecht tut; gerecht und zuverlässig ist er!* 5.Mose 32,4 (NLB)

Der HERR ist ein perfekter Richter, weil er jeden gleich behandelt.

> *Denn der Herr, euer Gott, Er ist der Gott der Götter und der Herr der Herren, der große, mächtige und furchtgebietende Gott, der die Person nicht ansieht und kein Bestechungsgeschenk annimmt.* 5.Mose 10,17 (SCHL)

Ob reich oder arm, vor dem Gesetz des HERRN sind alle gleich und werden entsprechend fair behandelt. Hier auf der Erde mag ein Mensch sein Verbrechen verbergen oder leugnen, den Richter bestechen oder wird einfach nicht erwischt. Nicht so bei Gott. Bei ihm kommt kein Gesetzesübertreter mit seiner Sünde davon.

> *Gott wird über alle unsere Taten Gericht halten – seien sie gut oder böse – selbst über die Taten, die im Verborgenen liegen.*
> Prediger 12,14 (NLB)

Ehrlichkeit und Fairness gehören zu den Grundzügen von Gottes vollkommenem Wesen.

> *Dein Thron ist gegründet auf Recht und Gerechtigkeit…*
> Psalm 89,15 (GNB)

Als Adam und Eva sündigten, konnte Gott nicht einfach sagen: „Halb so schlimm, vergessen wir's", „Wir tun einfach so, als wäre es nicht geschehen" oder „Es war ja nur eine kleine Sünde". Nein! Das hätte seinem vollkommenen Wesen widersprochen. Dem HERRN blieb nichts anderes übrig, als gegen die Sünde des Menschen anzugehen. Wie ernst Gott die Sünde nimmt, zeigt sich an der

GETRENNT

TOT

EWIGE STRAFE

von ihm verhängten Strafe, dem Tod in seiner dreifachen Bedeutung. Das sind in der Tat keine guten Nachrichten. Doch glücklicherweise hat ein anderer Wesenszug Gottes genauso viel Gewicht.

**2. Jahwe ist vollkommen liebend:** Gott ist nicht nur gerecht, auch die Liebe ist in der Tiefe seines Wesens verankert. Wir haben gesehen, wie in der Erschaffung der Welt die Liebe des Herrn sichtbar wurde. Sie zeigt sich in der Fürsorge gegenüber seiner Schöpfung. Die Bibel sagt:

> *Gott gibt uns alles reichlich, was wir brauchen, und wir dürfen es genießen.* 1.Timotheus 6,17 (NeÜ)

Es waren Adam und Eva, die die Freundschaft zu Gott zerbrachen. Er hatte sich nicht geändert. Jahwe liebte sie noch immer. Doch was er nicht liebte, war ihre Sünde.

> *Dankt dem Gott, der über allen Göttern steht! Ja, für immer bleibt seine Güte bestehen. Dankt dem Herrn, der über allen Herren steht! Ja, für immer bleibt seine Güte bestehen.* Psalm 136,2-3 (BasisBibel)

## Ein Widerspruch

Die Menschheit steckt förmlich in der Klemme: *Sünde ist gleichbedeutend mit Tod.* Dies wiederum bringt das gerechte und liebende Wesen Gottes in Widerspruch zueinander. Um vollkommen *gerecht* zu sein, muss Gott seine Regeln ohne Ausnahme anwenden. D.h. wir müssen alle unsere Sündenschuld bezahlen: Wir müssen sterben. Da Gott aber *liebend* ist, möchte er uns nicht strafen. Er möchte uns für immer als seine Freunde bei sich haben.

Beide Wesenszüge Gottes wiegen gleich schwer. Gott ist genauso liebend, wie er gerecht ist. Da Jahwe immer im Einklang mit seinen vollkommenen Charakterzügen handelt, kommen stets beide Eigenschaften gleichermaßen zur Geltung. Dadurch stellt sich die Frage: *„Wie kann der Herr die Gerechtigkeit aufrechterhalten und trotzdem seine Liebe zeigen?"*

## Sünde wird niemals übergangen

Die Bibel ist in dem Punkt ganz klar: Gott wird jede Sünde strafen. Manchmal hier auf der Erde, aber mit Sicherheit nach dem körperlichen Tod. Es gibt kein Entkommen. In der Bibel heißt es dazu:

> *Denn wir müssen zwar gewiss sterben und sind wie das Wasser, das sich auf die Erde ergießt und das man nicht wieder auffangen kann.* 2.Samuel 14,14a (SCHL)

Aber der Vers endet hier nicht. Als liebender Gott…

> *…sinnt [er] darauf, dass der Verstoßene nicht von ihm verstoßen bleibe!* 2.Samuel 14,14b (SCHL)

Gott lässt zwar zu, dass unser Körper stirbt, eröffnet aber gleichzeitig einen Weg für unseren Geist, um dem Feuersee zu entrinnen. Er macht's möglich, dass wir wieder als seine Freunde in seiner Gegenwart leben können.

> *Denn… der Herr erbarmt sich… nach seiner großen Güte.*
> *Klagelieder 3,31-32 (NeÜ)*

Wie also kann JAHWE die Sünde richten und uns gleichzeitig retten? Wie straft Gott die Sünde, ohne uns dabei zu strafen? Die Antworten auf diese Fragen werden uns im weiteren Verlauf der Geschichte gegeben werden.

## Stolz

Noch ein Letztes bevor wir fortfahren. Die Bibel sagt, dass es der Stolz war, der Satan zu seiner Rebellion bewegte. Wir bewerten Stolz oft positiv, doch die Bibel sagt uns, dass er uns davon abhält, Gott um Hilfe zu bitten. In unserem Stolz wollen wir uns nicht demütigen und eingestehen, dass wir den HERRN brauchen. Die Bibel warnt uns:

> *Gott stellt sich den Stolzen entgegen, den Demütigen aber schenkt er Gnade.* *1.Petrus 5,5 (NLB)*

Anstatt von unserem Stolz beherrscht zu werden und der Sorge, was andere über uns denken, sagt uns der HERR:

> *„Der Weise soll nicht auf seine Weisheit stolz sein, der Mächtige nicht auf seine Macht und der Reiche nicht auf das, was er besitzt. Wer sich rühmen will, soll sich nur wegen dieser einzigen Sache rühmen: dass er mich kennt und begreift, dass ich der HERR bin! Ich handle liebevoll und sorge für Recht und Gerechtigkeit auf der Erde, denn das gefällt mir. Ich, der HERR, habe gesprochen.…"* *Jeremia 9,22-23 (NLB)*

Ich komme aus einem Land, in dem Eishockey eine der beliebtesten Sportarten ist. Bei einem Regelverstoß wird der Spieler bestraft und muss sich für eine bestimmte Zeit in eine kleine abgeschottete Kabine am Spielfeldrand setzen, die als *Strafbank* bezeichnet wird.

Auch wir Menschen haben gegen Gottes Regeln verstoßen. Das bringt uns auf die Strafbank der Hölle. Jedoch nicht nur für eine festgesetzte Zeit, sondern für immer. Wenn wir einmal innehalten und darüber nachdenken, wird uns klar, was für eine entsetzliche Zukunft dies ist. Doch trotz allem gibt es eine gute Nachricht!

# 2 Zwei Opfergaben

Wir wollen nun zu den Ereignissen im 1. Buch Mose zurückkehren.

Mose schreibt, dass sich Adam und Eva, nachdem sie die Frucht gegessen hatten, als Erstes mit Feigenblättern bekleideten. Den Worten Adams dem HERRN gegenüber ist zu entnehmen, dass er sich trotz dieser Bekleidung nackt und bloßgestellt fühlte. Dafür gibt es einen Grund. Die Bibel sagt:

> *Denn Gott urteilt nicht wie die Menschen. Der Mensch sieht nur das* ***Äußere****, Jahwe aber sieht das* ***Herz****.*
>
> *1.Samuel 16,7 (NeÜ)*

Adam und Eva hatten versucht, ihre äußere Erscheinung mit Hilfe von Feigenblättern wieder in Ordnung zu bringen. Doch der HERR blickte in ihr *Herz* und sah sie so, wie sie wirklich waren: ungehorsam und trügerisch, ja sündig.

### Eine Bedeckung

Gott diskutierte erst gar nicht mit Adam und Eva über ihre Bedeckung. Er lehnte ihre Bekleidung aus Feigenblättern von vornherein ab.

> *Und Gott, der HERR, machte Adam und seiner Frau Kleidung aus Tierfellen und zog sie ihnen an.* *1.Mose 3,21 (NLB)*

Warum tat Gott das? Die Bibel gibt uns an dieser Stelle keine detaillierte Antwort. Aber wenn wir Gottes Wort in seiner Gesamtheit anschauen, können wir erkennen, dass dies der erste Hinweis auf ein Konzept ist, das wir als *Sühne* bezeichnen.

Das Wort *Sühne* beinhaltet viele Aspekte, aber im Wesentlichsten ist es die Vorstellung von einer „Bedeckung“. So etwas wie die „rechte Bekleidung“ für das Herz. In der Bibel ist der sündige Mensch bildhaft in *schmutzige Lumpen* gekleidet. Ein Gerechter dagegen trägt *makellose Gewänder.* Natürlich ist hier nicht von wirklicher Bekleidung die Rede. Es sind Bilder, die uns beim Verstehen der biblischen Wahrheiten helfen sollen. In der Bibel finden sich nur zwei Bedeckungen des Herzens.

| Schmutzige Lumpen | Makellose Gewänder |
|---|---|
| Stellen den Menschen bekleidet in seiner eigenen Sünde dar | Stellen den Menschen bekleidet in Gottes Gerechtigkeit dar |
| Keine Sühne-Bedeckung | Hat Sühne |
| Alles, was der Mensch besitzt | Von Gott zur Verfügung gestellt |

Gott lehnte die Feigenblätter von Adam und Eva ab, weil hier sündige Menschen versuchten, aus eigener Anstrengung heraus, gut genug für Gott zu sein. Diese Bemühungen gehören in die Kategorie der „schmutzigen Lumpen". Erst als JAHWE ihnen *seine Bedeckung* gab, waren sie wieder in seiner Gegenwart willkommen.

| Die Bedeckung mit Feigenblättern | Die Bedeckung mit Tierfellen |
|---|---|
| Das Werk des sündigen Menschen, um von Gott angenommen zu werden | Gottes Werk, um einen Weg der Annahme zu schaffen |
| Von Gott abgelehnt | Von Gott angenommen |

## Barmherzigkeit

> *Und Jahwe Gott sprach: „Nun ist der Mensch wie einer von uns geworden. Er erkennt Gut und Böse. Auf keinen Fall darf er jetzt auch noch vom Baum des Lebens essen, um ewig zu leben." Deshalb verbannte… Gott ihn aus… Eden…*
>
> *1.Mose 3,22-23 (NeÜ)*

Dies war ein Akt der Barmherzigkeit. Gott wollte nicht, dass der Mensch für immer als Sünder weiterleben musste. Wie würde die Erde aussehen, wenn alle bösen Menschen aus allen Jahrhunderten heute noch leben würden? Indem Gott den Menschen aus dem Garten Eden verbannte, ließ er zu, dass die Konsequenz der Sünde ihren letzten Tribut fordern konnte: den körperlichen Tod. Aber Gott schaute bereits über das Grab hinaus. Er dachte an seinen Plan, den Menschen vom zweiten Tod zu befreien.

Mose schrieb:

> *Adam schlief mit seiner Frau Eva und sie wurde schwanger. Und sie brachte Kain zur Welt und sagte: „Mit der Hilfe des HERRN habe ich einen Mann geboren." Später brachte sie einen zweiten Sohn zur Welt und nannte ihn Abel.* *1.Mose 4,1-2 (NLB)*

## Kain und Abel

Sowohl Kain als auch Abel wurden außerhalb des Gartens geboren. Da sie aus der Verbindung von Adam und Eva hervorgingen, standen sie vor dem gleichen Sündenproblem wie schon Adam: Sie waren von Gott getrennt. Genau wie ihre Eltern mussten auch sie sich entscheiden, wem sie vertrauen wollten: dem HERRN oder jemand anderem.

> *Abel wurde ein Schafhirte, Kain ein Landwirt. Nach geraumer Zeit brachte Kain vom Ertrag seines Feldes Jahwe ein Opfer. Auch Abel brachte ihm ein Opfer, das beste von den erstgeborenen Lämmern seiner Herde.* *1.Mose 4,2-4 (NeÜ)*

## Zwei Opfergaben

Diese beiden Opfer sind sehr bedeutsam. Das eine bestand aus einem Tier, das andere aus Gemüse. Kain und Abel brachten diese Gaben nicht etwa, weil Gott hungrig war, sondern aufgrund der ausdrücklichen Anweisung, die JAHWE ihnen gegeben hatte. Der Text macht an dieser Stelle nur eine Andeutung, es wird aber später ausführlich erwähnt. Für den Moment genügt die folgende Aussage:

> *Jahwe sah freundlich auf Abel und sein Opfer, aber auf Kain und seine Opfergabe… nicht.* 1.Mose 4,4-5 (NeÜ)

Warum war das so?

## Abel

Die Bibel weist darauf hin, dass Abel dem HERRN vertraute. Bei einer Freundschaft sollte man auch nichts anderes erwarten.

> *Durch den Glauben brachte Abel Gott ein besseres Opfer dar als Kain. Gott nahm Abels Opfer an, um zu zeigen, dass er in seinen Augen gerecht gesprochen war.* Hebräer 11,4 (NLB)

Es gab eine Gemeinsamkeit zwischen Abels Opfer und der Kleidung aus Tierfellen, die Gott für Adam und Eva angefertigt hatte. Es geht dabei um das Prinzip der *Sühne.* Also den Weg, auf dem ein heiliger Gott dem sündigen Menschen *makellose Gewänder* überreicht, damit dieser wieder in Gottes Gegenwart willkommen ist.

Abels Glauben an ihn erfreute Gott. Weil Abel JAHWE vertraute, nahm ihn der HERR so an, wie man einen Freund annimmt.

## Kain

Das Opfer, das Kain erbrachte, fiel in die Kategorie der Feigenblätter. Seine Anstrengungen hatten den Effekt der „schmutzigen Lumpen". Wie schon seine Eltern war er sich nicht sicher, ob er Gott wirklich vertrauen konnte oder nicht. Aber Kain kannte jemanden, zu dem er volles Vertrauen hatte: sich selbst!

Kain setzte sein Vertrauen in Kain. Damit beförderte er sich auf eine Stufe mit Gott.

Ganz so, als würde er genauso viel wissen wie JAHWE. Wir erfahren in der Bibel, dass der HERR Kains Einstellung missbilligte und seinem Opfer ablehnend gegenüberstand. Als Folge davon…

> *…stieg der Zorn in Kain hoch und er blickte finster zu Boden.*
>
> *1.Mose 4,5 (GNB)*

Kain war aufgebracht: *Erkannte Gott nicht, was er Großes geleistet hatte? In seinem Opfer steckte eine Menge harte Arbeit! Abel konnte sich im Schatten räkeln, während er seinen grasenden Tieren beim Wachsen zusah. Ackerbau dagegen war schweißtreibende Arbeit in der Sonne! Wie konnte Gott sein Opfer ablehnen, als wenn es nichts wäre? Das war demütigend. Kain war beschämt worden.*

Nun, wir wissen nicht, was Kain dachte. Doch eins wissen wir: JAHWE hatte nie von ihm verlangt, schwer zu arbeiten, um angenommen zu sein. Der HERR wollte lediglich, dass Kain ihm so vertraute, wie man einem Freund vertraut. Doch Kain übersah das Wesentliche.

> *„Warum bist du so zornig?“, fragte der HERR ihn. „Warum blickst du so grimmig zu Boden? Ist es nicht so: Wenn du Gutes im Sinn hast, kannst du frei umherschauen. Wenn du jedoch Böses planst, lauert die Sünde dir auf. Sie will dich zu Fall bringen. Du aber sollst über sie herrschen!“*
>
> *1.Mose 4,6-7 (NLB)*

Gott versuchte Kain behutsam klar zu machen, auf welche Probleme er sich zubewegte. Verbunden mit dem Hinweis, dass der Weg, den Abel gewählt hatte, auch seine Chance war, um von Gott angenommen zu werden. Kain hatte nun die Wahl:

1. Er könnte sich selbst demütigen, einfach dem HERRN vertrauen und das gleiche Opfer wie Abel bringen. Oder…
2. Er könnte sein Vertrauen weiter auf sich selbst setzen – nach eigener Logik.

Kain traf eine Entscheidung. Er setzte sich über JAHWE hinweg.

### Behutsame Fragen

> *Später schlug Kain seinem Bruder Abel vor: „Komm, wir gehen aufs Feld hinaus.“ Als sie dort waren, fiel Kain über seinen Bruder her und schlug ihn tot.*
>
> *Da fragte der HERR Kain: „Wo ist dein Bruder Abel?“*
>
> *1.Mose 4,8-9 (NLB)*

Wie bereits Adam und Eva gab der HERR nun auch Kain die Gelegenheit, seine Sünde zu bekennen, als er ihn befragte. Kain jedoch log. Er entgegnete:

*„Ich weiß nicht. Bin ich etwa sein Aufpasser?“* 1.Mose 4,9 (NeÜ)

Genau wie Adam und Eva wollte auch Kain nicht die Verantwortung für sein Verhalten übernehmen.

*„Was hast du da getan!“, erwiderte Gott, „Hörst du nicht das Blut deines Bruders aus dem Ackerboden zu mir schreien?*
1.Mose 4,10 (NeÜ)

Gott konfrontierte Kain: „Du hast deinen Bruder ermordet!“ Es wird nirgends berichtet, dass Kain seine Tat bereute. Der HERR hätte ihn vernichten können, aber in seiner Barmherzigkeit schickte er ihn in eine andere Gegend. Die Menschheit hatte einen schockierenden Start.

### Set

*Adam und Eva bekamen noch einen Sohn. Eva nannte ihn Set, denn sie sagte: „Gott hat mir noch einen Sohn geschenkt als Ersatz für Abel, der von Kain getötet wurde.“ Auch Set bekam später einen Sohn, den er Enosch nannte. Zu jener Zeit begannen die Menschen den HERRN anzubeten.*
1.Mose 4,25-26 (NLB)

Obwohl Set mit einer sündigen Natur geboren wurde, vertraute er Gott, genau wie Abel. Durch Set und seine Nachkommen wollte Gott den Retter schicken. Gott hielt sein Versprechen.

### Tod

Es ist an der Zeit, Adam hinter uns zu lassen. Die Bibel sagt uns, dass er eine große Nachkommenschaft hatte und sehr alt wurde.

*Nach der Geburt von Set lebte Adam noch 800 Jahre und bekam weitere Söhne und Töchter.* 1.Mose 5,4 (NLB)

Wissenschaftler kommen vermehrt zu der Überzeugung, dass das Alter genetisch festgelegt ist. Ursprünglich könnte diese genetische Grenze für eine längere Lebenszeit festgesetzt worden sein. Wir werden später noch sehen, wie es zur Veränderung gekommen sein könnte. Doch wie auch immer, Gottes Wort erfüllte sich schließlich auch für Adam. Mose fasste es mit den folgenden Worten zusammen:

TOT

*Und die ganze Lebenszeit Adams betrug 930 Jahre, und er starb.*
1.Mose 5,5 (SCHL)

### Zusammenfassung

In dieser Begebenheit erkennen wir zwei Wege, auf denen der Mensch Gott begegnen möchte:

| Der Weg Kains | Der Weg Abels |
| --- | --- |
| Opferte Gemüse aus seinem Garten | Opferte ein Tier aus seiner Herde |
| Verließ sich auf seine eigenen Vorstellungen | Glaubte, dass Gott wusste, was am besten war |
| Wurde von Gott abgelehnt | Wurde von Gott angenommen |

Wir haben gesehen, dass Kain die gleiche Sünde beging wie Adam und Eva. Er vertraute jemand anderem als dem HERRN. Weder Kain noch seine Eltern waren in der Lage, die Kluft in der zerbrochenen Freundschaft zu überbrücken.

Vielmehr führte das Vertrauen von Kain in sich und seine Ideen zu Zorn, Lügen und Mord. Die Bibel warnt uns:

> *Wir sollen nicht wie Kain sein, der dem Bösen angehörte… Weil die Taten Kains böse waren, die seines Bruders aber gerecht.*
> *1.Johannes 3,12 (NLB)*

## Was geschah mit Abel, als er starb?

Der biblische Bericht enthält keine Informationen über den Aufenthaltsort von Abels Geist nach dessen Tod.

Verschiedene andere Bibelstellen berichten aber, dass diejenigen, die Gott vertrauten, an einen Ort gelangten, der als Paradies bezeichnet wird. Ein Ort, den Gott für die Menschen bereithält, die an ihn glauben. Einige Gelehrte gehen davon aus, dass zu diesem Zeitpunkt der Menschheitsgeschichte der Himmel und das Paradies zwei verschiedene Orte darstellten. Viele jedoch sind auch der Überzeugung, dass sie inzwischen an einem Ort zusammengeführt wurden.

Die Bibel erzählt uns nicht viel über den Himmel. Vielleicht, weil wir ihn mit der begrenzten Kapazität unseres sterblichen Verstandes nicht erfassen können.

Fortsetzung auf der nächsten Seite

Einer der 40 Schreiber der Bibel, dem ein Blick in diesen Ort gewährt wurde, fand keine Worte, um ihn zu beschreiben. Er nutzte die bildliche Sprache, um seine Eindrücke zu schildern. Die Bibel berichtet, dass der Himmel ein realer Ort mit echten Personen ist. Er wird wie der Garten Eden sein – nur unvergleichlich besser.

Die sündige Natur des Menschen, seine beschmutzten Lumpen, wird es nicht mehr geben.

> *Aber etwas Unreines wird nicht… hineinkommen: Niemand, der Abscheuliches tut oder lügt. Hinein kommt nur, wer im Buch des Lebens steht…* Offenbarung 21,27 (BasisBibel)

Der Mensch wird mit einer Gerechtigkeit *bekleidet* sein, die vor Gott vollkommen bestehen kann. Der Gedanke daran, JAHWE, den HERRN, zu sehen, bringt einen der biblischen Autoren zu folgender Aussage:

> *Ich aber darf dein Angesicht schauen, weil mir Gerechtigkeit zuteilgeworden ist. Wenn ich aus dem Schlaf aufwache, will ich mich sattsehen an deinem Anblick.* Psalm 17,15 (BasisBibel)

Die einzigartige Beziehung zwischen Gott und Mensch wird wiederhergestellt sein.

> *Unter ihnen wird er wohnen und sie werden alle sein Volk sein. Gott selbst wird als ihr Gott bei ihnen sein.* Offenbarung 21,3 (NeÜ)

Das gesamte Leben wird vollkommen sein.

> *Und er [Gott] wird jede Träne abwischen von ihren Augen. Es wird keinen Tod und keine Trauer mehr geben, kein Klagegeschrei und keinen Schmerz. Denn was früher war, ist vergangen.… Der auf dem Thron saß, sagte: „Sieh doch: Ich mache alles neu!"* Offenbarung 21,4-5 (BasisBibel)

Es wird weder Beerdigungen geben noch zerbrochene Beziehungen, keine Gräber oder herzzerreißende Abschiede. Es wird keine Krankenhäuser und keine Obdachlosigkeit, keine entstellten Körper oder Gebrechen mehr geben.

Stattdessen wird der Himmel ein Ort immerwährender Freude und Erfüllung sein.

> *Du wirst mir… die Freude deiner Gegenwart schenken. Aus deiner Hand kommt mir ewiges Glück.* Psalm 16,11 (NLB)

Unser Körper wird nicht mehr an Zeit und Raum gebunden sein. Es scheint, als könnten wir uns dann uneingeschränkt bewegen.

Fortsetzung auf der nächsten Seite

Augenscheinlich können wir auch Menschen erkennen, die wir hier auf der Erde gekannt oder von denen wir gehört haben. Wir werden denkende, fühlende, rationale Wesen sein, mit einem Körper, der für das Leben im Paradies geschaffen wurde.

Zumindest ein Teil des Himmels wird von einer großen Stadt eingenommen sein. Man schätzt, dass 20 Milliarden Menschen großzügig darin untergebracht werden können, wenn nur 25% der Stadt genutzt werden. Die Bibel spricht von dieser Stadt als dem *neuen Jerusalem.*

> *Dann… zeigte er mir die heilige Stadt Jerusalem.… Gottes Herrlichkeit erfüllte sie, und sie leuchtete wie ein überaus kostbarer Edelstein, sie funkelte wie ein Diamant. Die Stadt war von einer sehr hohen Mauer umgeben und hatte zwölf Tore… Sie wurden von zwölf Engeln bewacht.*
> Offenbarung 21,10-12 (NeÜ)

> *Ihre Tore werden den ganzen Tag offen stehen, ja noch mehr: Weil es dort keine Nacht gibt, werden sie immer offen sein.* Offenbarung 21,25 (NeÜ)

> *Die Hauptstraße war aus reinem Gold, durchsichtig wie Kristallglas.* Offenbarung 21,21 (NeÜ)

> *Dann zeigte mir der Engel einen Fluss mit dem Wasser des Lebens. Der Fluss war klar wie Kristall. Er entspringt aus dem Thron Gottes…* Offenbarung 22,1 (BasisBibel)

Das wird eine Stadt sein, wie es sie noch nie gegeben hat: Keine Verschmutzung, kein Rost noch Zerfall, kein Diebstahl oder Verbrechen und keine Furcht. Sie ist in jeder Hinsicht vollkommen. Dort werden die Bürger des Himmels für immer leben.

> *Und es wird dort keine Nacht mehr geben, und sie bedürfen nicht eines Leuchters, noch des Lichtes der Sonne, denn Gott, der Herr, erleuchtet sie; und sie werden herrschen von Ewigkeit zu Ewigkeit.* Offenbarung 22,5 (SCHL)

Folgender Vers wäre ein passender Abschluss für diesen Abschnitt. Er bezieht sich zwar nicht ausschließlich auf den Himmel, aber er vermittelt uns einen Eindruck von dem, was JAHWE für uns bereithält.

> *Was kein Auge je gesehen und kein Ohr jemals gehört, was keinem Menschen je in den Sinn kam, das hält Gott für die bereit, die ihn lieben.* 1.Korinther 2,9 (NeÜ)

# 3 Das Buch des Lebens

Der Himmel ist ein atemberaubender Ort, aber nicht jeder wird nach dem Tod dort leben. In der Bibel steht, dass ein Gericht abgehalten wird: Eine Gerichtsverhandlung, die offenbart, wer in den Himmel gelangt und wer nicht. Ganz allgemein gesehen findet man eine solche Vorstellung nicht nur in der Bibel.

## Die alten Ägypter

So glaubten zum Beispiel die alten Ägypter, dass ein Verstorbener nach seinem Tod in einem Gerichtssaal 42 Gottheiten vorgeführt wird. Ihnen gegenüber musste der Tote sich verantworten. Dabei war es sehr wichtig, dass diese Götter auf angemessene Weise angesprochen wurden. Um die genaue Vorgehensweise nicht zu vergessen, ließen sich reiche Ägypter von Schreibern ein entsprechendes Dokument anfertigen. Es beinhaltete unter anderem:

1. Den im Text eingebundenen Namen des jeweiligen Ägypters.
2. Bilder von dem, was ihn im nächsten Leben erwarten würde.
3. Magische Gebetsformeln, um die Götter im Jenseits zu beeinflussen.

Wenn ein Ägypter starb, legte seine Familie dieses Handbuch mit in seinen Sarg. Dieser als *Totenbuch* bekannter Papyrus konnte je nach Anforderung sehr kurz oder auch lang sein.[1]

Eine Seite aus dem *Totenbuch,* angefertigt für Hunefer, einem ägyptischen Beamten.

Für einen Ägypter war es sehr wichtig, dass sein Name im *Totenbuch* stand. Nur ein Narr ging unvorbereitet ins Jenseits. Andere alte Religionen haben ähnliche Überlieferungen.

Doch was sagt die Bibel?

## Ein großer weißer Thron

Die Bibel berichtet von einem letzten Gericht, das noch aussteht. Es wird am Ende unseres von der Sünde beladenen Zeitalters abgehalten. Im Anschluss daran wird das Universum wieder in seiner Vollkommenheit hergestellt werden.

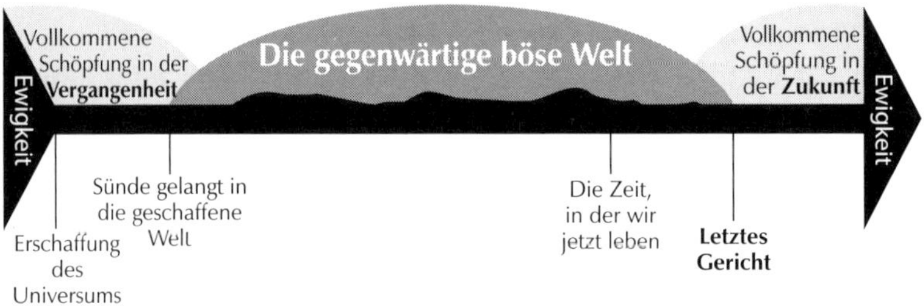


Viele der 40 Schreiber der Bibel schrieben über dieses zukünftige letzte Gericht. Einer sagte:

> *Nun sah ich einen großen weißen Thron, und ich sah den, der auf dem Thron saß.* *Offenbarung 20,11 (NGÜ)*

Im Gegensatz zu den im ägyptischen *Totenbuch* dargestellten 42 Richtern wird es dort, laut der Bibel, nur einen Thron und einen Richter geben. Das wird JAHWE, der HERR, sein. Beschwörungsformeln sind hier völlig fehl am Platz, denn JAHWE kann nicht manipuliert werden. Er ist vollkommen gerecht.

> *Ich sah die Toten, die großen und die kleinen, vor Gottes Thron stehen. Und es wurden Bücher aufgeschlagen, darunter auch das* ***Buch des Lebens.*** *Und die Toten wurden nach dem gerichtet, was in den Büchern über sie geschrieben stand, nach dem, was sie getan hatten.* *Offenbarung 20,12 (NLB)*

Jeder, ob arm oder reich, wird bei diesem letzten Gericht nicht nur anwesend sein, sondern auch über sein vergangenes Leben Rechenschaft ablegen müssen. Die einzige Ausnahme werden die bilden, deren Namen im *Buch des Lebens* geschrieben stehen. Laut der Bibel wird dies das einzige sein, was zählt. Das *Totenbuch* spielt keine Rolle.

> *Wenn also jemand nicht im* ***Buch des Lebens*** *eingetragen war, wurde er in den Feuersee geworfen.* *Offenbarung 20,15 (NeÜ)*

### Zwei Orte

Die Bibel sagt, dass es nur zwei Orte gibt, an denen der Geist eines Menschen nach dem Tod wohnen kann.

EWIGES LEBEN

1. Diejenigen, die mit *Gerechtigkeit bekleidet* sind, werden mit JAHWE im Himmel leben.

> *Aber etwas Unreines wird dort niemals Einlass finden. Wer Dinge tut, die Gott verabscheut, und sich in seinem Handeln von der Lüge leiten lässt, darf nicht hineingehen. Zutritt haben nur die, die im* ***Lebensbuch des Lammes*** *eingetragen sind.*
> *Offenbarung 21,27 (NGÜ)*

2. Menschen, die noch mit den *schmutzigen Lumpen der Sünde* bekleidet sind, werden sich mit Satan in der Hölle wiederfinden. Wie wir schon gesehen haben, ist Gehenna die grässliche „Müllhalde", wohin alles Schlechte auf ewig verbannt wird.

EWIGE STRAFE

Diejenigen, deren Namen nicht im *Buch des Lebens* zu finden sind, werden im letzten Gericht, bei der Ankündigung ihres zweiten Todes, ähnliche Worte wie die folgenden hören:

> *„Geht weg von mir, ihr seid verflucht! Geht in das ewige Feuer, das für den Teufel und seine Engel vorbereitet ist!"*
> Matthäus 25,41 (NGÜ)

> *Der Feuersee ist der zweite Tod.* Offenbarung 20,14 (NGÜ)

Augenscheinlich möchte kein vernünftiger Mensch dort leben. Doch für die, die nicht mit dem HERRN im Himmel leben wollen, ist der Feuersee die einzige Alternative. Eine Grauzone gibt es nicht. Die beiden großen Fragen lauten also: „Wie kann man sicherstellen, dass sein Name im *Buch des Lebens* steht? Wie können wir *mit Gerechtigkeit bekleidet* werden?"

Die Antwort darauf werden wir im weiteren Verlauf kennenlernen. Es kommen also noch gute Nachrichten, doch wir sollten nichts überspringen. Vielmehr ist es wichtig, Stück für Stück zu lernen, worum es geht. Auf diese Weise erfahren wir, warum das *Buch des Lebens* als das *Lebensbuch des Lammes* bezeichnet wird.

# 4 Das große Schiff

Adam wurde 930 Jahre alt. Die Menschen konnten also fast ein Jahrtausend lang, sozusagen aus erster Hand direkt vom ersten Menschenpaar, etwas über Gott und seine Wege erfahren. Die Bibel sagt, Gott hat…

> *…sie nicht ohne Zeugnis von sich gelassen…* Apostelgeschichte 14,17 (NeÜ)

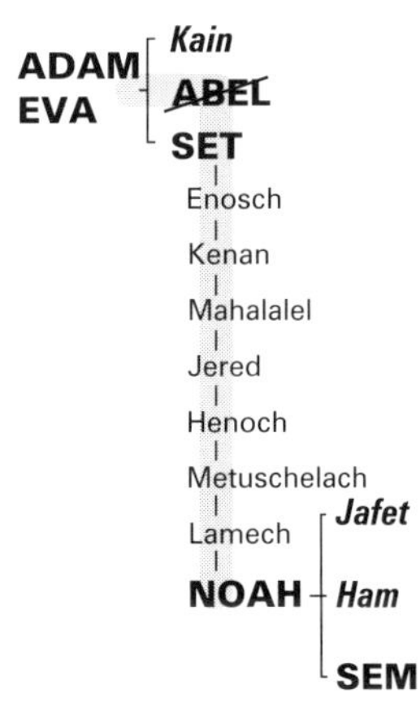


Selbst nach vielen Jahrhunderten hatte der HERR seine Zusage, den versprochenen Befreier zu schicken, nicht vergessen. Er würde die Menschheit vor der Strafe der Sünde und aus der Macht Satans retten. Obwohl die Weltbevölkerung rasant gewachsen war, stieg die Zahl derer, die Gott vertrauten, nicht im gleichen Maß. Mose berichtet, dass sich bis auf sehr wenige alle vom HERRN abwandten.

## Gewalt

Die Menschheit hatte aber nicht nur dem HERRN den Rücken gekehrt, sondern folgte Satan in ungezügelter Leidenschaft. Mose beschrieb diese Zeit folgendermaßen:

> *Der Herr sah, dass die Menschen auf der Erde völlig verdorben waren. Alles, was aus ihrem Herzen kam, ihr ganzes Denken und Planen, war durch und durch böse.*
>
> *…Die Erde war voll von Unrecht und Gewalt. Wohin Gott auch sah: überall nichts als Verdorbenheit. Denn die Menschen waren alle vom rechten Weg abgekommen.*
>
> *1.Mose 6,5+11-12 (GNB)*

Der Zustand der Welt war korrupt oder verdorben. Ein tödlicher Lebensraum. In der Bibel lesen wir, dass die damalige Gesellschaft völlig darauf fixiert war, für sich selbst zu leben.[2] Was Gott sagte, zählte nicht mehr. Die Menschen verachteten Gottes Plan und hatten eine Lebensphilosophie entwickelt, in der man nicht mehr nach Gott fragte. Sie waren nicht daran interessiert, JAHWES Herrlichkeit widerzuspiegeln und versuchten erst gar nicht, die entstandene Kluft zu überbrücken.

Einer der 40 biblischen Schreiber beschrieb mit den folgenden Worten den tödlichen Strudel der Sünde:

> *Trotz allem, was sie von Gott wussten, ehrten sie ihn nicht als Gott und brachten ihm keinerlei Dank. Stattdessen verloren sich ihre Gedanken ins Nichts, und in ihren uneinsichtigen Herzen wurde es finster. Sie hielten sich für Weise und wurden zu Narren. Die Herrlichkeit des unvergänglichen Gottes vertauschten sie mit Bildern von sterblichen Menschen, mit Abbildern von Vögeln, vierfüßigen und kriechenden Tieren.*

*Darum hat Gott sie den Begierden ihrer Herzen ausgeliefert; er hat sie ihrer Unsittlichkeit preisgegeben, sodass sie ihre eigenen Körper schändeten. Sie vertauschten die Wahrheit Gottes mit der Lüge. Sie beteten die Geschöpfe an und verehrten sie anstelle des Schöpfers, der doch für immer und ewig zu preisen ist. Amen!*

*Darum hat Gott sie entehrenden Leidenschaften ausgeliefert. Ihre Frauen vertauschten den natürlichen Geschlechtsverkehr mit dem widernatürlichen, und ihre Männer machten es genauso. Sie gaben den natürlichen Verkehr mit den Frauen auf und wurden von wildem Verlangen zueinander gepackt. Männer trieben es schamlos mit Männern. So empfingen sie den gebührenden Lohn für ihre Verirrung an sich selbst.*

*Und weil sie es nicht für gut hielten, Gott anzuerkennen, lieferte Gott sie einem verworfenen Denken aus, sodass sie tun, was man nicht tun darf. Jede Art von Unrecht, Bosheit, Habsucht und Gemeinheit ist bei ihnen zu finden. Sie sind voller Neid, Mord, Streit, List und Tücke. Sie reden gehässig über andere und verleumden sie. Sie hassen Gott, sind gewalttätig, hochmütig und prahlerisch. Im Bösen sind sie sehr erfinderisch, und ihre Eltern verachten sie. Sie sind unbelehrbar, unzuverlässig, gefühllos und kennen kein Erbarmen. Obwohl sie wissen, dass jeder, der so handelt, nach Gottes Gesetz den Tod verdient, tun sie es nicht nur selbst, sondern finden es auch noch gut, wenn andere es ebenso machen.*[3]

*Römer 1,21-32 (NeÜ)*

An dieser Weggabelung der Menschheitsgeschichte entschied sich der Mensch für den scheinbar leichteren Weg. Er bestand darin, dem Vorbild Satans zu folgen, anstatt sich darum zu bemühen, das Bild Gottes widerzuspiegeln. Doch wir haben schon gesehen, Sünde bleibt nicht folgenlos. Das wird sie nie sein. Genau wie ein Verstoß gegen das Gesetz der Schwerkraft zu Prellungen oder Knochenbrüche führt, so hat es auch Konsequenzen, wenn man Gottes Wort missachtet. In Übereinstimmung mit seinem Wesen konnte Gott Sünde nicht einfach billigen.

*„Ich werde den Menschen, den ich geschaffen habe, vom Erdboden wegwischen…“* *1.Mose 6,7 (NeÜ)*

Der Mensch mag mit seiner Lebensphilosophie Gott ausgeschlossen haben, dennoch wurde er von Gott für sein Verhalten zur Verantwortung gezogen.

**Noah**

Ein Mann jedoch unterschied sich von den anderen. Die Bibel sagt:

> *Noah aber hatte Gnade gefunden in den Augen des HERRN.… Noah war ein gerechter Mann und vollkommen unter seinen Zeitgenossen; Noah lebte mit Gott.* 1.Mose 6,8-9 (ZB)

Obwohl auch Noah ein Sünder war, glaubte er daran, dass auf Gott Verlass ist. Als Folge davon wurde sein Name in das *Buch des Lebens* geschrieben.

> *Da sagte Gott zu Noah: „Ich habe beschlossen, Mensch und Tier zu vernichten, denn durch sie ist die Erde von Gewalttat erfüllt."* 1.Mose 6,13 (NeÜ)

> *„Ich werde die Erde mit einer Flut überschwemmen, um alles Lebendige auf ihr zu vernichten. Alles, was auf der Erde lebt, soll sterben!"* 1.Mose 6,17 (NLB)

**Der Ausweg**

Gott war im Begriff, die Sünde zu richten. Doch mit jedem Gericht eröffnet JAHWE auch einen Ausweg. Gott sagte Noah:

> *„Baue dir eine Arche, einen Kasten aus Tannenholz! Teile ihn in mehrere Räume ein und dichte ihn innen und außen mit Asphalt ab!"* 1.Mose 6,14 (NeÜ)

*Arche* ist ein anderer Begriff für „Kasten". Hier bekam Noah von Gott die Anweisung zum Bau eines großen Holzkastens einem Schiff gleich. In diesem sollte er sich aufhalten, während die Welt durch eine Flut vernichtet würde. Der HERR sagte:

> *„Du sollst mit deiner Frau, deinen Söhnen und ihren Frauen in die Arche gehen.*
>
> *Und von allen Tieren sollst du je ein Männchen und ein Weibchen in die Arche bringen, damit sie zusammen mit dir am Leben bleiben."* 1.Mose 6,18-19 (NeÜ)

Noah stand nun vor der Wahl:

1. Er könnte wie Adam und Eva *Gottes Wort in Frage stellen* und stattdessen darauf vertrauen, dass Satan oder irgendeine andere Gottheit ihm zuverlässigere Informationen gibt. Er könnte es wie Kain machen und das Schiff einfach nach seinen eigenen Vorstellungen bauen. Vielleicht wären ja zwei oder drei Schiffe noch besser – oder aber…

2. Noah könnte einfach *dem Herrn glauben*, wie man einem Freund glaubt und die Arche nach seinen Anweisungen bauen.

Die Bibel teilt uns mit, dass Noah sich dafür entschied, Jahwe und seinem Wort zu vertrauen. Er traf die richtige Entscheidung.

> *Noah machte alles genauso, wie Gott es ihm befohlen hatte.*
> *1.Mose 6,22 (NeÜ)*

**Die Arche**

Die Arche, die Noah baute, war ein großes Schiff, ähnlich den heutigen hochseetauglichen Frachtern. Es wurde aus Holz gefertigt und mit einem Anstrich aus Asphalt versehen, einer in vergangenen Jahrhunderten üblichen Abdichtungsmethode.[4] Das Schiff hatte mehrere Decks, ein eingebautes Belüftungssystem und nur eine einzige Tür. Die Arche blieb das größte je gebaute Schiff, bis 1844 die *Great Britain* mit fast genau den gleichen Abmessungen fertiggestellt wurde. Bis heute werden die Baumaße der Arche als ideal für ein langes, robustes Schiff angesehen. Sie wurde nicht mit Blick auf Geschwindigkeit gebaut, sondern mit dem Ziel, Leben zu bewahren.

Noah überwachte in all den Jahren nicht nur die Bauarbeiten, sondern warnte gleichzeitig alle Umstehenden vor dem kommenden Gericht.[5] Doch abgesehen von seiner Familie wollte niemand seinen Worten Glauben schenken.

> *Dann sagte Jahwe zu Noah: „Komm du mit deiner ganzen Familie in die Arche, denn du bist der einzige Gerechte in dieser Generation."* *1.Mose 7,1 (NeÜ)*
>
> *Noah machte alles genauso, wie Gott es ihm befohlen hatte.*
> *1.Mose 7,5 (NeÜ)*

An eben diesem Tag gingen Noah, die Söhne Noahs Sem, Ham und Jafet, die Frau Noahs und mit ihnen die drei Frauen seiner Söhne in die Arche.

> *Mit ihnen im Schiff waren Tiere aller Art - zahme und wilde, große und kleine - dazu alle Arten von Vögeln und Kriechtieren. Je zwei und zwei waren sie zu Noah in das Schiff gekommen, ein Männchen und ein Weibchen, so wie Gott es befohlen hatte.*
> *1.Mose 7,13 (ZB); 1. Mose7,14 -16 (NLB)*

Zusätzlich zu der Anweisung, je ein Pärchen von jeder Tierart mitzunehmen, sagte Gott noch:

> *„Nimm dir von allen reinen Tieren je sieben Männchen und Weibchen mit…"* *1.Mose 7,2 (NeÜ)*

„Reine" Tiere wurden üblicherweise für Opfer gebraucht.

**Nur eine Tür**

Es dauerte 7 Tage, die Arche zu beladen. Selbst wenn man heute ausgestorbene Tierarten hinzurechnet, hatte die Arche mehr als genug Platz für alle. Insgesamt waren schätzungsweise nur 60% des Schiffes belegt.[6] Der restliche Raum wurde wahrscheinlich für Futtervorräte genutzt. Wenn man von den großen Tieren nur die Jungtiere nahm, brachte dies weitere Platzersparnis. Vielleicht verharrten einige Tiere auch im Winterschlaf, was den Nahrungsverbrauch insgesamt senkte. Natürlich konnte der HERR sie auf jede erdenkliche Weise versorgen. Nachdem das Beladen abgeschlossen war,…

> *…schloss der Herr die Tür hinter ihnen zu.* 1.Mose 7,16 (NLB)

Dann brach das Gericht herein und das Wasser stieg unaufhaltsam. Selbst das stärkste Hämmern gegen die Arche konnte Noah nicht mehr dazu bewegen, die Einstiegsluke zu öffnen. Auch brauchten Noah und seine Familie sich nicht zu fürchten, dass die Tür in der tosenden Flut aufgerissen würde. Sie waren vollkommen geschützt, weil der HERR selbst die Tür geschlossen hatte: die einzige Tür. Er hatte die Gläubigen eingeschlossen, die Rebellierenden jedoch ausgeschlossen.

Die Bibel sagt, dass JAHWE sehr geduldig ist! Er hatte den Menschen jahrelang Zeit gegeben, sich von ihrer Sünde abzuwenden und seiner Liebe anzuvertrauen. Doch nun war die Zeit abgelaufen. Das Gericht traf ein, genau wie Gott es gesagt hatte. Menschen drohen manchmal und unternehmen dann doch nichts. Doch der HERR steht immer zu seinem Wort.

---

## Der Stärkere hat Recht?

In all den Jahren, in denen die Arche gebaut wurde, blieben Noah und seine Familie einsame Mahner. Alle hielten sie für Narren.

Das zeigt uns, dass die Mehrheit nicht immer automatisch recht hat. Manche sind der Auffassung, wenn eine Religion viele Anhänger hat, müsse sie wahr sein. Doch Moment, erinnern wir uns an die Zeit von Mose. Die ägyptische Religion war damals hoch angesehen. Fast jeder war davon überzeugt, dass sie korrekt ist. Aber heute folgt dieser alten Religion niemand mehr. Nur weil viele Menschen an eine Sache glauben, steigert das nicht ihren Wahrheitsgehalt. Vielmehr warnt uns die Bibel:

> *Denn das weite Tor und der breite Weg führen ins Verderben, und viele sind dorthin unterwegs. Wie eng ist das Tor und wie schmal der Weg, der ins Leben führt, und nur wenige sind es, die ihn finden!* Matthäus 7,13-14 (NeÜ)

---

# 5 Die Katastrophe

Aus der Bibel wissen wir, dass es besondere Begleitumstände braucht, damit der HERR in die herrschenden Ordnungen und Naturgesetze des Universums eingreift. Dies wird dann als *Wunder* bezeichnet. Wenn von Wundern die Rede ist, sollten wir sorgsam hinschauen. Laut der Bibel gehören sie zu den Mitteln, mit denen Gott versucht, unsere Aufmerksamkeit zu erlangen.

> *Im 600. Lebensjahr Noahs, am 17. Tag des zweiten Monats, wurden die Schleusen des Himmels geöffnet, und alle Quellen der großen Tiefe brachen auf. Es regnete in Strömen 40 Tage lang, Tag und Nacht.* 1.Mose 7,11-12 (NeÜ)

Das hebräische Wort, mit dem Mose dieses Ereignis beschreibt, bezeichnet eine „katastrophale Überflutung". In der Bibel kommt dieser hebräische Begriff ausschließlich im Zusammenhang mit der Sintflut vor. Keine andere Überschwemmung hat je dieses Ausmaß erreicht. Was genau geschah also damals? Woher kam all das Wasser und wohin ist es verschwunden?

## Die Quellen und Schleusen

Die Bibel berichtet, dass zuerst die Erde aufbrach und gewaltige unterirdische Wassermassen freigab. Es heißt:

> *…alle Quellen der großen Tiefe brachen auf.* 1.Mose 7,11 (NeÜ)

Es gibt Theorien, nach denen das Wasser unter extremem Druck in den Himmel katapultiert wurde. Von dort kam es dann, zusammen mit dem Wasser in der Atmosphäre, wieder herab, als…

> *…die Schleusen des Himmels sich öffneten.* 1.Mose 7,11 (NeÜ)

Ein solches Aufreißen der Erdkruste musste mit einer enormen vulkanischen Aktivität einhergehen.

Ozeanographen schätzen, dass es allein auf dem Grund des Pazifischen Ozeans eine Millionen Vulkane gibt. Es sind Überreste aus der Vergangenheit, die nicht mehr alle aktiv sind.

Es ist gut möglich, dass mit diesem Ereignis die gesamte Kontinentalverschiebung ausgelöst wurde. Einer der führenden Forscher auf dem Gebiet der Plattentektonik hat mit Hilfe von Supercomputern entsprechende 3D-Berechnungen angestellt. Sie zeigen auf, dass das Auseinanderdriften der Kontinente innerhalb weniger Monate geschehen sein könnte.[7] Es ist möglich, dass durch das Aufreißen der Erdkruste große Teile der Oberfläche tief ins Erdinnere gezogen wurden und sich so die Meeresbecken und Landmassen umformten.

Vieles von dem, was sich während der Sintflut ereignete, ist naturwissenschaftlich zu erklären. Doch wir sollten nicht vergessen, dass ein allmächtiger Gott die Flut und ihre verheerenden Folgen ohne jede Einschränkung herbeiführen konnte.

Der Regen dauerte 40 Tage, doch so wie es aussieht, strömte das Wasser aus den unterirdischen Quellen 150 Tage lang.

> *Da kam die Sintflut vierzig Tage lang über die Erde. Und das Wasser stieg und hob die Arche, so dass sie hoch über der Erde schwamm… und die Arche trieb auf dem Wasser dahin.*
> 1.Mose 7,17-18 (ZB)

Als Mose diese Ereignisse aufschrieb, waren ihm die Sintflutgeschichten antiker Kulturen, wie die der Babylonier und Ägypter, sicher geläufig. Doch nun erfuhr er die Einzelheiten der Sintflut von jemandem, der in Anspruch nahm, als Augenzeuge zu reden: der HERR selbst. Mose hält fest, dass das Wasser…

> *…immer höher und höher stieg, bis alle hohen Berge auf der Erde zugedeckt waren.* 1.Mose 7,19 (NeÜ)

Es wird angenommen, dass die Berge vor der Flut nicht so hoch waren wie heute. Könnten wir heute die gesamte Erdoberfläche einebnen, wäre die Erde ungefähr drei Kilometer hoch mit Wasser bedeckt. Mose schrieb:

> *Alles, was einen Lebenshauch in sich trug und auf dem Festland lebte, ging zugrunde.* 1.Mose 7,22 (NeÜ)

Die Menschen hatten zwar Jahwe, dem Herrn, den Rücken gekehrt, doch die Folgen ihrer Sünde mussten sie trotzdem tragen.

## Das Wasser zieht sich zurück

> *Nur Noah und alle, die mit ihm in der Arche waren, blieben übrig. Gott dachte an Noah und… da zog sich das Wasser zurück…*
> *1.Mose 7,23+8,1 (NeÜ)*
>
> *Das Wasser stand über den Bergen. Vor deiner Zurechtweisung musste es fliehen.… Da hoben sich die Berge, die Täler senkten sich an den Ort, den du für sie bestimmt hast. Du hast dem Wasser Grenzen gesetzt, es darf sie nie überschreiten, nie wieder wird es die Erde bedecken.* *Psalm 104,6-9 (NeÜ)*

Das ist interessant. Offensichtlich wurden die vielschichtigen Gebirge, so wie wir sie heute vorfinden, unter Wasser geformt. Das Gesteinsmaterial wurde nach oben geschoben, als es noch weich war und faltete und teilte sich hierbei. Das Wasser floss aus den aufsteigenden Bergen ab, bahnte sich dabei seinen Weg durch das noch weiche Material und formte dabei rasch große Täler und Schluchten. Dies erklärt viele heutige geologische Formationen und die Tatsache, dass man auch in großer Höhe Fossilien findet, insbesondere von Meereslebewesen.

## Ein anderer Planet

Noah und seine Familie waren 371 Tage in dem Schiff, bevor Gott die Tür öffnete. Inzwischen war das Wasser zurückgegangen und die Arche hatte sich auf einem Gebirgszug abgesetzt.

> *Da sagte Gott zu Noah: „Verlass jetzt die Arche mit deiner Frau, deinen Söhnen und ihren Frauen. Und lass alle Tiere, die bei dir sind, mit hinausziehen: die Vögel, das Herdenvieh und alles, was sich auf der Erde regt. Sie sollen fruchtbar sein und sich vermehren. Auf der Erde soll es wieder wimmeln von ihnen."*
>
> *Da ging Noah mit seinen Söhnen, seiner Frau und seinen Schwiegertöchtern ins Freie.* *1.Mose 8,15-18 (NeÜ)*

Als sie die Arche verließen, war der Boden nicht nur trocken, sondern trug auch wieder Frucht. Es war ein anderer Planet als vor der Flut. Es war die Erde, auf der wir heute leben.

Vor der Sintflut wurden die Menschen mehrere hundert Jahre alt. Doch nach dieser Katastrophe verkürzte sich die Lebenszeit deutlich, so dass man mit 90 Jahren als sehr alt angesehen wurde.

## Ein Opfer

> *Dann baute Noah Jahwe einen Altar. Dort opferte er ihm einige von den reinen Tieren und Vögeln als Brandopfer.*
> *1.Mose 8,20 (NeÜ)*

Noah opferte Gott von den *reinen* Tieren, so wie es auch Abel getan hatte. Wie schon gesagt, diese Opfer dienten nicht dazu, Gott mit Nahrung zu versorgen. JAHWE wird nicht hungrig und benötigt keine Nahrung. Vielmehr standen diese Tieropfer mit dem Prinzip der *Sühne* in Verbindung. Wie bereits angesprochen, steckt in der grundlegenden Bedeutung des Wortes *Sühne* die Vorstellung von einer „Bedeckung". Das entsprechende hebräische Wort dafür wurde auch bei Noah verwendet, als er die Arche mit Asphalt bedeckte. Die *Bedeckung* der Sünde, von der die Bibel spricht, ist dagegen symbolisch zu verstehen. Sie lässt einen heiligen Gott wieder mit Wohlwollen auf die Menschen schauen.

> *Glücklich darf sich jeder schätzen, dessen Vergehen verziehen wird, dessen Sünde zugedeckt ist.* Psalm 32,1 (BasisBibel)

Im weiteren Verlauf der Geschichte werden wir sehen, dass das Wort *Sühne* die Möglichkeiten eines heiligen Gottes zusammenfasst, wenn es darum geht, dem sündigen Menschen die „passende Bekleidung" für sein Herz zu geben. Nämlich eine Bekleidung der Gerechtigkeit, die Gottes Gerechtigkeit ebenbürtig ist.

**Ein Altar**

Die Bibel sagt, dass Noah die Tiere auf einem Altar opferte. Altäre wurden aus unbearbeiteten Steinen gebaut, indem man diese zu einer Plattform aufhäufte. Sie wurden auf direkte Anweisung des HERRN errichtet, ausersehen als der Ort der Begegnung mit JAHWE. Die Opfer von Noah waren sein Bekenntnis, ein Sünder zu sein, der eine Sühne-Bedeckung braucht. Den HERRN erfreute es, dass Noah ihm vertraute.

> *Dann segnete Gott Noah und seine Söhne. Er sagte: „Seid fruchtbar, vermehrt euch und füllt die Erde."* 1.Mose 9,1 (NeÜ)

Dies war kein Vorschlag, sondern eine Anweisung. Noah und seine Nachkommen standen nun vor der Wahl:

1. Sie konnten Gott *gehorchen* und „die Erde füllen", wie der HERR es befohlen hatte oder…
2. Sie konnten, wie schon Adam und Eva, die Anweisung JAHWES *anzweifeln* und auf ihre eigene, „erleuchtete" Urteilskraft vertrauen.

Im nächsten Abschnitt werden wir sehen, wofür sie sich entschieden.

**Ein Versprechen**

Gott sagte:

> *„…Nie wieder werde ich das Leben durch eine Wasserflut vernichten. Nie mehr wird eine Flut die Erde zerstören.“*
>
> *Dies ist das Zeichen des Bundes [oder Versprechens], den ich festsetze… zwischen mir und euch: …Meinen Bogen setze ich in die Wolken, der soll ein Zeichen des Bundes sein zwischen mir und der Erde.* 1.Mose 9,11 (NeÜ); 1.Mose 9,12-13 (SCHL)

Der HERR versprach, die Erde nie wieder durch eine Flut zu vernichten. Wann immer es regnete, der Regenbogen würde an dieses Versprechen erinnern. Obwohl seit der Sintflut tausende von Jahren vergangen sind, hat JAHWE sein Wort gehalten.

> *Zusammen mit Noah hatten auch Sem, Ham und Jafet die Arche verlassen.… Von diesen drei Söhnen Noahs stammen alle Völker der Erde ab.* 1.Mose 9,18-19 (NeÜ)

Die Menschheit stand nun vor einem Neubeginn. Mose fasste diesen Abschnitt seines ersten Buches mit folgenden Worten zusammen:

> *Die ganze Lebenszeit Noahs betrug 950 Jahre, und er starb.* 1.Mose 9,29 (SCHL)

## Und was ist mit Dinosauriern, Fossilien, Kohle und Öl?

Das Wort *Dinosaurier* kommt in der Bibel nicht vor. Es ist ein relativ neuer Begriff, der 1841 von einem englischen Anatom ins Leben gerufen wurde. Doch die ältesten Teile der Bibel erwähnen Tiere, für die es heute keine Entsprechung gibt. Zwei größere Tiere, von denen dort berichtet wird, passen auf verblüffende Weise zu den fossilen Funden.[8]

Aufgrund der Aussagen der Bibel können wir annehmen, dass Gott Dinosaurier schuf und sie von Anfang an neben den Menschen existierten. Dinosaurier scheinen Reptilien gewesen zu sein. Vermutlich hielt das Wachstum bei den meisten bis zu ihrem Tod an. Wenn sie vor der Flut wie die Menschen ein hohes Alter erreichten, wäre dies eine Erklärung für die enorme Größe, die manche Tiere entwickelten.

Die Bibel berichtet, dass ein Pärchen jeder *Art* von Landtieren in die Arche geholt wurde. Es ist naheliegend, dass nur Jungtiere genommen wurden. Nicht nur, um Platz zu sparen, sondern auch, um in den Jahren nach der Flut das fortpflanzungsfähige Alter voll auszuschöpfen. Da die Durchschnittsgröße eines Dinosauriers dem eines kleinen Ponys entsprach und selbst die größten Dinosaurier bei Geburt nicht größer als ein Huhn waren, zeigen Berechnungen, dass für sie ausreichend Platz auf der Arche zur Verfügung stand.

Über die Ursache ihres Verschwindens können nur Mutmaßungen angestellt werden. In den letzten Jahrzehnten sind viele Tierarten ausgestorben und es ist schwer, die genauen Gründe dafür aufzuzeigen. Bei Ereignissen, die tausende von Jahren zurückliegen, ist es ungleich schwieriger. Die radikale Klimaveränderung nach der Sintflut, so wird vermutet, hat ein Überleben dieser Tiere enorm erschwert.

Die durch die Flut verursachten Umstände beantworten viele Fragen, denen wir heute in der Natur gegenüberstehen. Die ungeheuren Schlammmassen, die durch die Flut hervorgerufen wurden, der extreme Wasserdruck, die enorm hohe Erosion – all das wäre eine Erklärung für die Kohleablagerungen, Öleinschlüsse und Fossilien, die wir heute vorfinden. Viele der Fossilien belegen eindeutig, dass sie sehr schnell und unter katastrophischen Bedingungen gebildet wurden. Die schiere Existenz eines sehr gut erhaltenen fossilen Fisches deutet zum Beispiel darauf hin, dass das Sediment ihn sehr schnell eingeschlossen hat. Danach ist er ausgehärtet, bevor Aasfresser oder Fäulnis ihn verändern konnten.

Siehe Anhang: Ausgewählte Bibliographie.

# 6 Verwirrung

Das zehnte Kapitel im ersten Buch Mose wird oft als die *die Liste der Völker* bezeichnet. Es beginnt mit den drei Söhnen Noahs und nennt uns den Ursprung der großen ethnischen Gruppen. Das Kapitel endet mit dem Vers:

> *Diese Sippen sind Nachkommen der Söhne Noahs. Von ihnen stammen alle Völker ab, die sich nach der Flut auf der ganzen Erde ausgebreitet haben.* 1.Mose 10,32 (NeÜ)

Alle Völker der Erde stammen von dieser einen Familie ab. Ursprünglich wusste jeder von JAHWE und seinem Schöpfungswerk sowie von dem Ursprung von Sünde und Tod. Heute ist das nicht mehr so, doch weshalb?

Die Antwort darauf finden wir in einer Reihe von Ereignissen, die mehrere Jahrhunderte nach der Flut stattfanden. Die Weltbevölkerung, die inzwischen drastisch angestiegen war, bündelte sich auf ein bestimmtes Gebiet: Mesopotamien, der sogenannten Wiege der Zivilisation, dem heutigen Irak.

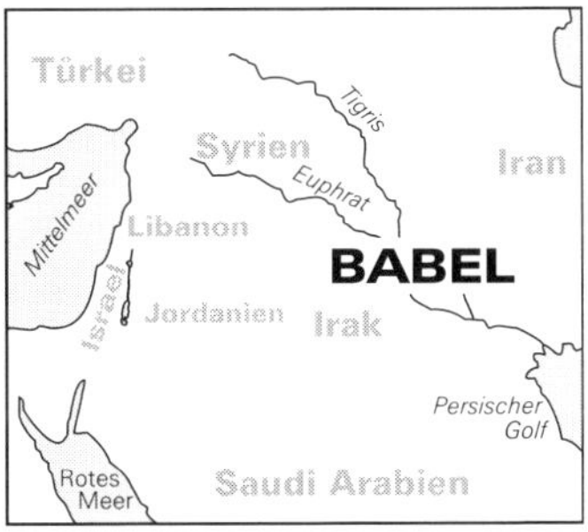


> *Die Menschen hatten damals alle noch dieselbe Sprache und dieselben Wörter. Als sie nach Osten zogen, fanden sie eine Ebene im Land Schinar und ließen sich dort nieder.*
>
> *Sie sagten zueinander: „Los! Wir machen Ziegel aus Lehm und brennen sie zu Stein!" Die Ziegel wollten sie als Bausteine verwenden und Asphalt als Mörtel. Dann sagten sie: „Los! Bauen wir eine Stadt und einen Turm, der bis an den Himmel reicht! So werden wir uns einen Namen machen und verhindern, dass wir uns über die ganze Erde zerstreuen."*
> 1.Mose 11,1-4 (NeÜ)

### Die Absicht des Menschen

Damit ergeben sich ein paar ganz offensichtliche Probleme. Nach der Flut hatte Gott dem Mensch gesagt:

> *…vermehrt euch und füllt die Erde.* 1.Mose 9,1 (NeÜ)

Aber diese Menschen hatten beschlossen, dass alle an einem Ort bleiben und eine Stadt bauen sollten. Dies war der direkte Ungehorsam gegenüber der Anweisung des HERRN. Offensichtlich war ihnen egal, was er darüber dachte! Wieder einmal meinte der Mensch, „besser als Gott" zu wissen, was das Beste war und bekräftigte damit die Fehlentscheidung aus dem Garten Eden.

Wie wir sehen, hat der Mensch ein Problem mit dem Gehorsam. Woran liegt es wohl, dass bereits kleine Kinder Mutter und Vater nicht gehorchen, obwohl ihnen das niemand beigebracht hat?

Das geschieht ganz von alleine. Es ist im Wesen des menschlichen Herzens verankert. Wir mögen es überhaupt nicht, wenn man uns vorschreibt, was wir zu tun haben. Lieber bestimmen wir unser Leben selber. Der Mensch ist extrem egoistisch. Die Entscheidung der Leute damals, an einem Ort zu bleiben, um eine Stadt zu bauen, wurzelt in diesem Problem.

In der Bibel lesen wir, dass die Menschen außerdem einen Turm bauen wollten, um sich selbst…

> *…einen Namen zu machen…* 1.Mose 11,4 (NeÜ)

Der Mensch kümmerte sich lieber um seine Ehre, anstatt Gottes Ehre widerzuspiegeln. Den Herrn ließ er einfach links liegen. Die Menschheit bevorzugt diesen Weg.

**Religion**

Die genaue Schreibweise für den Namen der Stadt ist ungewiss, da viele alte Sprachen in ihrer Schrift keine Vokale benutzten. Aber einige Gelehrte übersetzen den Text mit *Babili.*[9] Das ist ein Name mit einem starken religiösen Unterton. Er bedeutet „das Tor Gottes".

Es gibt stichhaltige Hinweise darauf, dass der Turm auch eine religiöse Bedeutung hatte. Höchstwahrscheinlich war es eine Zikkurat, was „Tempelturm" bedeutet. Dieser künstliche Berg war Teil einer Tempelanlage.[10] Mittelpunkt war ein kleiner, auf dem Gipfel erbauter Schrein. Der Tempel wiederum bildete mit seinen Priestern, Opfern, Götterbildern und Festen den Mittelpunkt der Stadt. Alles unterlag strengen Vorgaben. In der Bibel wird Babili als Ausgangspunkt der *organisierten Religion* angesehen.

Religion, in diesem Rahmen, bezeichnet *die Bestrebungen des Menschen, sich nach einer Gottheit auszustrecken, in der Hoffnung, Wohlwollen zu gewinnen oder Unheil abzuwenden.*

Stellen wir uns einmal so eine Zikkurat vor. Was für ein gewaltiges Bauwerk! Ein Bauvorhaben dieser Größe zeigt, wie eifrig die Erbauer gewillt waren, ihre Gottheit zufriedenzustellen. Man kann sich ausmalen, wie die Menschen in der Hitze schufteten, als sie den Lehm sammelten, Ziegel brannten und sie mit Hilfe von Asphalt verklebten.

Nachdem so eine Zikkurat fertig war, hieß es Treppen steigen. Wer den Tempel auf dem Gipfel besuchen wollte, musste zuerst

eine Unzahl von Stufen überwinden. Der Weg, den sich die Leute von Babili ausgedacht hatten, um ihre Gottheit zu erreichen, war definitiv mit großen Anstrengungen verbunden.

Laut der Bibel zeichnen sich die von Menschen gemachten Religionen durch *Selbstanstrengung* aus. Je mehr „Stufen" zu überwinden sind, umso besser. Solche Religionen fordern Zeit, Geld, Hingabe und manchmal sogar körperlichen Schmerz, um die Gottheit zufriedenzustellen. Natürlich hofft man, dass diese Hingabe einem Glück bringt oder Unheil abwendet. Man geht davon aus, dass sich dann auch nach dem Tod die Dinge zum Guten wenden, angesichts der eigenen Hingabe an die Religion.

Nun müssen wir uns eine Frage stellen: *Was hielt der HERR von alldem?* Angenommen, die Leute von Babili hätten ihren Tempelturm allein JAHWE, dem HERRN, geweiht. All die Schwielen an den Händen vom Bau, die Blasen an den Füßen vom Hoch- und Herunterlaufen der langen Treppe, die Erschöpfung vom Befolgen der priesterlichen Anweisungen, die Kosten der ständigen Opfer, der Überdruss der ständigen Gebete: Hätte all diese Hingabe nicht das „Tor zu Gott" geöffnet? Würde JAHWE da nicht sagen: „In Ordnung. Wir können wieder Freunde sein"? Die Bibel sagt: „Nein!"

Warum nicht? Weil es nicht um das Befolgen einer Religion ging. Vielmehr ging es darum, einer Person zu vertrauen: dem HERRN selbst. Es ging nicht darum, wie sehr man sich anstrengte, um Gottes Wohlwollen zu gewinnen, sondern ob ein Mensch dem HERRN wie einem Freund vertraute. Das Ziel war nicht, Gott zu manipulieren, um seinen Willen zu erreichen, sondern eine persönliche Freundschaft mit dem Schöpfer des Universums zu haben. Die alles entscheidende Frage war das Vertrauen.

Religion sorgt zwar für spirituelle Gefühle, aber es ist, als würde man in einem Fluss gegen den Strom schwimmen. Die Anstrengung ist enorm, man fühlt sich sogar toll dabei, doch wenn man aus dem Wasser steigt, stellt man fest, man hat sich kein Stück vorwärts bewegt. Das menschliche Herz ist immer noch mit den schmutzigen Lumpen der Sünde bekleidet.

## Gottes Sicht der Dinge

Der HERR war also nicht sonderlich beeindruckt von all dem religiösen Eifer. Er hatte der Menschheit befohlen, die Erde zu füllen und die Menschen blieben alle am gleichen Ort.

> *Jahwe kam herab,[11] um sich anzusehen, was die Menschen da bauten – eine Stadt mit einem Turm! Da sagte er: „... Sie sind ein einziges Volk und sprechen nur eine Sprache. Und was sie jetzt begonnen haben, zeigt, dass ihnen künftig nichts unmöglich sein wird. Sie werden alles tun, was sie sich ausdenken."* 1.Mose 11,5-6

Der Schöpfer wusste, was die Geschichte der Menschheit bestätigt. Eine gemeinsame Sprache beschleunigt den technologischen Fortschritt. Dabei kommt scheinbar ein bestimmtes Muster zum Tragen. Je fortschrittlicher und bequemer sich die Dinge entwickeln, desto weniger sucht der Mensch nach Gott als Freund. JAHWE gab dem Menschen zwar einen freien Willen, doch der war nicht dazu gedacht, unabhängig von ihm leben.

### Zerstreuung

Der HERR griff ein, um der Herausforderung des Menschen zu begegnen. Gott sagte:

> *Wohlan, lasst uns hinabsteigen und dort ihre Sprache verwirren, damit keiner mehr die Sprache des anderen versteht!*
>
> *So zerstreute der Herr sie von dort über die ganze Erde, und sie hörten auf, die Stadt zu bauen.* 1.Mose 11,7-8 (SCHL)

Als Gott sie zerstreute, gab er ihnen neue Sprachen. Dabei ist er sehr gründlich vorgegangen! Viele der Sprachen, die der HERR geschaffen hat, sind äußerst komplex. Ausgebildete Linguisten benötigen Jahre, um sie zu analysieren und verstehen sie auch dann noch nicht vollkommen.

### Verwirrung

Obwohl die Menschen ihre Stadt *Babili*,[9] das „Tor Gottes", genannt hatten, gab Gott der Stadt nach der Zerstreuung den Namen Babel und damit eine neue Definition. Das Wort bedeutet „vermischen, vermengen, verwirren, durcheinanderbringen". Mose schrieb:

> *Daher gab man ihr den Namen Babel, weil der Herr dort die Sprache der ganzen Erde verwirrte und sie von dort über die ganze Erde zerstreute.*[12] 1.Mose 11,9 (SCHL)

Der HERR wollte jeden wissen lassen, dass diese Stadt mit ihren religiösen Lehren nicht Gottes Wahrheit vermittelte. Sie war kein Tor zu JAHWE. Weder ihre Botschaft noch ihre Rituale konnten die zerbrochene Freundschaft mit dem HERRN wiederherstellen.

Von diesem Zeitpunkt an war Babel, später auch als Babylon bekannt, in der Bibel das Sinnbild für die religiösen Anstrengungen des Menschen.

**Zusammenfassung**

Die Bibel sagt, dass es ein hoffnungsloses Unterfangen ist, sich eine Religion auszudenken, die vorgibt, ein „Tor zu Gott" zu sein. Da sich der Mensch in einer geistlichen Wüste befindet, ist er verloren. Von sich aus findet er keinen Weg zurück zu Gott. Ohne die Hilfe des Herrn, der ihm den Weg zeigt, wüsste er nicht, wo er dieses Tor suchen soll. Aber Jahwe kennt den Weg wie auch das Tor. Und er ist derjenige, der einen Ausweg schafft, damit...

VERLOREN

> *...ein Verstoßener nicht von ihm verstoßen bleibt.*
>
> 2.Samuel 14,14b (ZB)

Wenn die Menschen allein dem Herrn vertrauten, würde er ihnen wieder den Weg zurück zu einer rechten Beziehung mit ihm zeigen.

Die Menschen, die in Babylon zurückblieben, hörten nicht auf, Zikkurate zu bauen. Historiker lassen uns wissen, dass andere Türme zu Ehren von Gottheiten wie Ischtar, Marduk und Dagon gebaut wurden. Diese und andere Gottheiten tauchten im Laufe der Geschichte unter anderem Namen in verschiedenen Ländern auf. *Ischtar* entsprach der ägyptischen *Isis,* der griechischen *Athena* oder *Aphrodite* und der römischen *Venus. Marduk* wurde mit dem Sonnengott in Verbindung gebracht und *Dagon* wird uns auf den folgenden Seiten noch in einem anderen Zusammenhang begegnen. Wir werden den Ursprung und die Identität dieser Gottheiten noch kennenlernen, sobald wir die Grundlagen für unser Verständnis ausgebaut haben.

Wenn wir auf die letzten beiden Begebenheiten zurückschauen, können wir einen interessanten Vergleich ziehen. Es gibt zwei Denkweisen, die zu jeweils sehr unterschiedlichen Ergebnissen führen.

| Der Weg Babels | Der Weg Noahs |
|---|---|
| Vertrauten religiösen Anstrengungen | Vertraute Jahwe |
| Viele Türme, Tore zum Himmel | Gott stellte ein Schiff mit einer Tür zur Verfügung |
| Menschen wurden gerichtet und zerstreut | Noah und seine Familie wurden gerettet |
| Gott nannte den Ort *Verwirrung* | Gott nannte Noah *gerecht* |

Vielleicht dachte Mose darüber nach, als er schrieb:

> *Wer unter den Göttern ist wie du, o Herr? Wer ist so herrlich und heilig wie du? Wessen Taten sind so Ehrfurcht gebietend? Wer vollbringt solche Wunder?* 2.Mose 15,11 (NLB)

Jahwe ist einzigartig, einmalig, heilig.

# Kapitel 6

1 Glaube

2 Zusagen

3 Der Sohn des Unglaubens

4 Gnade

5 Gericht

6 Der versprochene Sohn

7 Was nötig ist

# 1 Glaube

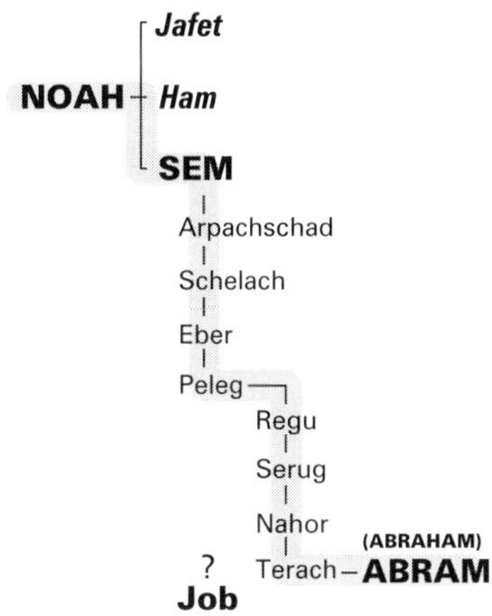


Im Anschluss an den Bericht vom Turmbau zu Babel finden wir im 1. Buch Mose eine Aufzählung der nachfolgenden Generationen. Während all dieser Jahre hatte der HERR sein Versprechen, einen Befreier zu schicken, nicht vergessen. Obwohl sich die Mehrheit der Menschen wenig mit Gott beschäftigte, gab es doch in jeder Generation solche, die seinen Zusagen glaubten. Abram und Sarai waren so ein Ehepaar.

Wir greifen die Geschichte wieder in Ur auf, einer Stadt, die etwas südlich von Babel liegt. Etwa zu dieser Zeit[1] bauten die Bewohner von Ur einen berühmten Tempelturm (eine Zikkurat), der dem Mondgott geweiht war. Wahrscheinlich war es die Verehrung solcher Gottheiten, die den HERRN dazu veranlasste, Abram zu sagen:

> *„Verlass deine Heimat… und geh in das Land, das ich dir zeigen werde!"* 1.Mose 12,1 (NLB)

Die Aufforderung Gottes, wegzuziehen, schützte Abram und Sarai vor einem falschen religiösen System. (Schließlich ist der Mond ein großer Felsen und kein Gott.) Sie standen nun vor der Wahl:

1. Sie konnten wie die Menschen von Babel ungehorsam sein und einfach weiter in Ur bleiben. Das würde bedeuten, sie wüssten „besser als Gott", was gut ist. Oder aber…
2. Sie konnten darauf vertrauen, dass JAHWE am besten weiß, was gut ist, ihre Sachen packen und das tun, was der HERR gesagt hatte.

Wir können uns gut vorstellen, welchen Rat wohl die Familie und Freunde gaben: „Abram, du bist finanziell abgesichert! Das Leben ist toll hier! Sei nicht so dumm!" Doch…

> *…Abram gehorchte dem Befehl Jahwes und brach auf.… Abram war 75 Jahre alt…* 1.Mose 12,4 (NeÜ)

Für Abram war das Verlassen seiner Heimat ein Schritt von enormer Tragweite. Er konnte weder das Land in einem Atlas nachschlagen noch im Internet Informationen sammeln oder seine Pläne mit einem Reisebüro besprechen. Er wusste nicht einmal, wohin er ging! Gott hatte es ihm nicht gesagt. Doch Abram glaubte dem HERRN, dass er ihn Schritt für Schritt führen würde.

**Was ist Glaube?**

Menschen haben merkwürdige Vorstellungen vom Glauben und bringen oft das biblische Puzzle durcheinander. Anhand des Lebens von Abram definiert die Bibel exakt, was JAHWE mit „Glaube" meint. Im Folgenden einige Richtlinien:

Die Begriffe *Glaube* und *Vertrauen* werden oft austauschbar verwendet.

| | |
|---|---|
| Abram *glaubte* dem HERRN— | —Er glaubte, was *JAHWE* sagte |
| Abram baute seinen *Glauben* auf den *HERRN*— | —Er glaubte den Worten *JAHWES* |
| Abram *vertraute* dem *HERRN*— | —Er wusste, dass *JAHWE* *vertrauenswürdig* ist |
| Abram setzte sein *Vertrauen* in den *HERRN*— | —Sein *Vertrauen* ruhte auf *Gott* allein |

Die Redewendung „Bei einem Fremden musst du vorsichtig sein" trifft besonders auf das Thema Glauben zu. *Es ist riskant, jemandem zu vertrauen, den man nicht kennt.* Adam und Eva hatten einem Fremden (Satan) vertraut und die Folgen waren katastrophal.

Bevor wir jemandem unser Vertrauen schenken, sollten wir Zweierlei über ihn herausfinden:

1. **Identität:** Wie heißt er? Woher kommt er? Für wen gibt er sich aus? Ist er ein Gauner oder Gentleman, Gärtner oder Großaktionär?
2. **Geschichte:** Welchen Ruf hat er? Hält er sein Wort? Ist er zuverlässig? Um diese Fragen zu beantworten, muss man sich mit seiner Vergangenheit beschäftigen.

Es ist wichtig, diese beiden Dinge abzuklären, bevor man sein Vertrauen in eine Person setzt.

Genau an dieser Stelle tritt die Bibel auf den Plan. Sie wurde unter anderem geschrieben, damit wir uns mit JAHWE vertraut machen können.

Wie wir gesehen haben, hatte Mose die Aufgabe, allen mitzuteilen, dass JAHWE das höchste Wesen sowie der Schöpfer-Eigentümer des Universums ist. Das ist seine *„Identität"*.

Was also seine *„Geschichte"* anbetrifft, wurde die Bibel geschrieben, um der Menschheit zu zeigen, dass auf JAHWE Verlass ist. Was er spricht, ist die Wahrheit. Versprechen, die er gibt, hält er. Wir befinden uns immer noch am Anfang von Gottes Geschichte, werden aber im weiteren Verlauf sehen, dass Gottes…

*…Zusagen wahr sind…* Psalm 119,140 (NLB)

Die Bibel bestärkt uns darin, Gottes Geschichte für uns selbst zu prüfen. Denen, die sich auf die Suche nach ihm machen, gibt die Bibel ein besonderes Versprechen. Dort heißt es, wenn wir glauben, dass es ihn gibt und wir uns in seine Geschichte vertiefen, wird er uns mit zusätzlichem Wissen über sich selbst belohnen.

*Aber ohne Glauben ist es unmöglich, Gott zu gefallen. Wer zu Gott kommen will, muss glauben, dass es ihn gibt und dass er die belohnt, die ihn aufrichtig suchen.* Hebräer 11,6 (NeÜ)

## Blinder Glaube

Es gibt so etwas wie blinden Glauben. Jeden Tag vertrauen Menschen Leuten, die ihnen fremd sind. Wir alle wissen, dass dies riskant ist. Trotzdem geschieht es.

1. **Identität:** Abram kannte sicherlich viele Menschen in Ur, die dem Mondgott vertrauten.
2. **Geschichte:** Der Mondgott hatte weder Geschichte, noch einen zuverlässigen Ruf. Er gab keine Versprechen, ganz zu schweigen davon, dass er sie hielt. Dazu war er nicht in der Lage. Der Mond ist nicht mehr als ein großer Felsen, der die Erde umkreist. Er kann weder denken noch sprechen oder Zusagen machen.

Trotzdem vertrauten Menschen dem Mond als Gottheit. Diese Art Glaube ist wie ein Sprung ins Ungewisse. So, als würde man „einem Fremden vertrauen". Vielfach sind es Annahmen, auf die man sich gründet, aber keine zuverlässigen Informationen.

Die Bibel präsentiert Abram und Sarai als Vorbilder für Glauben. Ihr gesamtes Leben war gekennzeichnet von einem Glauben, der alles andere als ein Sprung ins Ungewisse war. Sie wussten, dass Jahwe eine Geschichte hatte, auf die man sich verlassen konnte und…

*…dass der, der ihm einen Sohn versprochen hatte, vertrauenswürdig ist.* Hebräer 11,11 (NGÜ)

## Biblischer Glaube

Manche Leute reden über den Glauben, als wäre er ein Überraschungsgeschenk Gottes. Wenn wir aber das Leben von Abram und Sarai betrachten, sehen wir, dass ihr Glaube an Gott ein Vertrauen von Tag zu Tag war, wie sie es auch in vielen anderen Dingen pflegten.

Sie **nahmen Jahwe einfach beim Wort** und handelten im Vertrauen darauf.[2]

*Aufgrund seines Glaubens gehorchte Abraham, als Gott ihn rief. Er zog fort an einen Ort, den er als Erbbesitz bekommen sollte. Und er zog fort, ohne zu wissen, wohin er kommen würde.*
Hebräer 11,8 (BasisBibel)

Sein unbekanntes Ziel war Kanaan, das Gebiet, das heute von Arabern und Israelis bewohnt wird.

*Aufgrund des Glaubens siedelte er sich in dem zugesagten Land an, auch wenn er dort wie ein Fremder lebte und... in Zelten wohnte...* Hebräer 11,9 (NeÜ)

Abram und Sarai lebten teilweise als Nomaden, so dass die Einheimischen sie *Hebräer* nannten, was den Beiklang von „Umherziehende, aus der Fremde Stammende" hatte. Fortan wurden ihre Nachkommen als *Hebräer* bezeichnet.

# 2 Zusagen

Als Gott Abram aufforderte, Ur zu verlassen, gab er ihm außerdem vier konkrete Versprechen. Das ist aus zweierlei Gründen interessant:

Erstens war es in der Heimat von Abram gänzlich unbekannt, dass eine Gottheit Versprechen gab. Babylonische Götter machten niemals Zusagen. Da die Götter andauernd miteinander im Streit lagen, wussten die Menschen nie, welche Gottheit lange genug an der Macht blieb, um ein Versprechen zu halten.

Zweitens, wenn JAHWE Versprechen gab und diese beständig hielt, fiel er damit in eine Rubrik, die keine andere bekannte Gottheit erfüllte. Damit wäre er einzigartig. Auf der Grundlage seiner geschichtlich belegten Glaubwürdigkeit könnten zukünftige Generationen abwägen, ob sie ihm vertrauen wollten oder nicht.

Der HERR versprach Abram:

[1] *Ich will dich zu einem großen Volk machen...*[3]
[2] *Ich werde... deinen Namen groß machen...*[4]
[3] *Ich will segnen, die dich segnen, und verfluchen, die dich verfluchen.*[5]
[4] *...in dir sollen gesegnet werden alle Geschlechter auf der Erde!* 1.Mose 12,2-3 (SCHL)

Gottes erstes Versprechen war eine gute Nachricht für Abram, denn…

> *Sarai… war unfruchtbar; sie hatte kein Kind.* 1.Mose 11,30 (SCHL)

Um zu einem großen Volk zu werden, musste er Kinder zeugen. Doch da Sarai 65 Jahre alt war und er keine Nachkommen hatte, fragte er sich, wie dies alles geschehen sollte. Wieder einmal galt es für ihn, darauf zu vertrauen, dass der HERR sein Wort halten würde.

Das letzte Versprechen hing vom ersten ab und war ein direkter Hinweis auf den Befreier. Gott sagte Abram, dass einer seiner Nachkommen der Gesalbte sein würde, ein Segen für alle Menschen. Die Bibel berichtet, dass Abram Gott glaubte und sich freute, weil er gedanklich bereits den Tag der Ankunft des Befreiers kommen sah.[6]

| Der verheißene Befreier sollte… |
|---|
| 1. Der Nachkomme einer Frau sein |
| 2. Ein Mann sein |
| 3. Ein Nachkomme von Abram sein |

### Ein versprochener Sohn

> *Nach diesen Begebenheiten geschah es, dass das Wort des Herrn an Abram in einer Offenbarung erging: Fürchte dich nicht, Abram, ich bin dein Schild und dein sehr großer Lohn!*
>
> *Da erwiderte Abram: „Jahwe, mein Herr, was willst du mir denn geben? Ich werde ja kinderlos sterben…"*
>
> *Darauf führte Gott ihn ins Freie und sagte: „Blick doch zum Himmel auf und zähle die Sterne, wenn du es kannst!" Und fügte hinzu: „So wird deine Nachkommenschaft sein!"*
>
> *Abram glaubte Jahwe, und das rechnete er ihm als Gerechtigkeit an.*
> 1.Mose 15,1 (SCHL); 1.Mose 15,2+5-6 (NeÜ)

Der letzte Satz hat tiefe Bedeutung. Schauen wir uns drei Begriffe genauer an: *Gerechtigkeit, rechnete an* und *glaubte.*

### Gerechtigkeit

Wie wir schon gesehen haben, wird das Wort *Gerechtigkeit* in Bezug auf das vollkommene Wesen Gottes verwendet. Er ist völlig frei von Fehlern oder Sünde.

Um in der Gegenwart Gottes leben zu können, braucht man das, was Adam und Eva im Garten Eden verloren haben: Gerechtigkeit. Für uns Menschen ist sie unerreichbar. Doch die Bibel sagt, dass Abram diese Gerechtigkeit erhielt. Nicht, weil sie in ihm war, sondern weil Gott sie ihm *anrechnete.*

**Rechnete an**

Das Wort *anrechnen* bedeutet „gelten lassen", etwas als solches „ansehen" oder „anerkennen". Die ursprüngliche Verwendung des Begriffs *anrechnen* bezieht sich auf einen Vorgang aus der Finanzwelt. Dort basiert er auf handfesten Tatsachen. Nehmen wir z.B. an, wir wären völlig pleite. Doch ein Freund lässt uns wissen, dass er 10.000 Euro auf unser Bankkonto hat anrechnen (d.h. überweisen) lassen. Die 10.000 Euro sind nun eine Sicherheit, mit der wir rechnen können. Der Begriff bezieht sich auf Tatsachen, nicht Annahmen. Es ist eine Zusage, auf die man sich verlassen kann.

Die Bibel vermerkt, dass der HERR Abram Gerechtigkeit anrechnete. Das bedeutet nicht, dass Abram von nun an ein fehlerloses Leben führte. Vielmehr sah Gott Abram als jemand an, der bekleidet ist mit Gerechtigkeit und als solcher im Himmel steht. Der Vorgang war bereits über die Bühne gegangen, die Überweisung getätigt worden. Abram konnte darauf zählen.

Nun stellt sich die Frage: *„Wie kam Abram zu jener Gerechtigkeit, mit der er vor dem Herrn bestehen konnte?"* Die Bibel gibt darauf folgende Antwort:

> *Und Abram* ***glaubte*** *dem HERRN und der HERR erklärte ihn wegen seines Glaubens für gerecht.* *1.Mose 15,6 (NLB)*

**Glaubte**

Abram tat das, was Adam und Eva schon im Garten Eden hätten tun sollen: **Er nahm Gott einfach bei seinem Wort.**

*Moment mal! Wie konnte ein einfacher „Glaube an den Herrn" ausreichen, um einen Menschen mit Gerechtigkeit zu bekleiden? Man musste sicher ein gutes Leben führen und das Richtige tun und denken. Nur zu glauben, wäre zu einfach. Da musste es einen Haken geben.* Wir werden diese Fragen im weiteren Verlauf beantworten. Doch im Augenblick wollen wir Folgendes festhalten: Abram hatte solches Vertrauen in die Zusagen JAHWES, dass er…

> *…auf die Stadt wartete, die auf festen Fundamenten steht und deren Gründer und Erbauer Gott selbst ist.*
> *Hebräer 11,10 (NGÜ)*

Obwohl sein Körper irgendwann sterben würde, vertraute Abram darauf, dass der HERR ihm einen Weg bereiten würde, damit er als sein Freund mit ihm im Himmel leben konnte.

> *Abraham glaubte Gott, und das wurde ihm als Gerechtigkeit angerechnet; ja, er wurde sogar „Freund Gottes" genannt.*
> *Jakobus 2,23 (NGÜ)*

# 3 Der Sohn des Unglaubens

Als die Jahre vergingen und der von Jahwe versprochene Sohn immer noch nicht da war, wurden Abram und Sarai stutzig. Sie rangen mit sich selbst, was sie tun sollten.

> *Doch Abrams Frau Sarai blieb kinderlos. Nun hatte sie eine ägyptische Sklavin namens Hagar. Da sagte Sarai zu Abram: „Du siehst, dass Jahwe mich keine Kinder bekommen lässt. Wenn du dich jedoch mit meiner Sklavin einlässt, komme ich vielleicht durch sie zu einem Kind."* 1.Mose 16,1-2 (NeÜ)

Dies entsprach den damaligen Sitten im Umgang mit Kinderlosigkeit. Sarai bot Abram ihre Sklavin Hagar an.

> *Abram schlief mit Hagar und sie wurde schwanger.* 1.Mose 16,4 (GNB)
>
> *Hagar gebar Abram einen Sohn, und Abram nannte ihn Ismael. Abram war damals 86 Jahre alt.* 1.Mose 16,15-16 (GNB)

**Ismael**

Abram hatte endlich einen Nachkommen. Doch es gab ein Problem! Sie hatten die Dinge auf eigene Weise geregelt anstatt auf Gottes Weise.

> *Als Abram 99 Jahre alt war, erschien ihm der Herr und sprach: „…Du sollst nicht mehr Abram heißen, sondern Abraham, denn ich werde dich zum Vater vieler Völker machen."* 1.Mose 17,1+5 (NLB)

Abram, nun Abraham genannt, hatte an dem, was Gott sagte, nichts auszusetzen. Immerhin hatte er einen Nachkommen: Ismael!

> *Dann sagte Gott zu Abraham: „Sarai, deine Frau, sollst du nicht mehr Sarai nennen. Von jetzt an soll sie Sara heißen. Ich werde sie segnen und dir einen Sohn von ihr schenken. Ich segne sie so, dass sie die Mutter ganzer Völker wird, selbst Könige werden von ihr stammen."* 1.Mose 17,15-16 (NeÜ)

Warum erwähnte Jahwe Sara überhaupt? Wusste der Herr nichts von Hagar? Es wäre doch sicher möglich, dass der versprochene Befreier durch Ismael käme.

> *Da fiel Abraham nieder auf sein Angesicht und lachte. Er sagte sich: Können einem Hundertjährigen noch Kinder geboren werden, und kann Sara, eine Neunzigjährige, noch gebären?*
>
> *Und Abraham sprach zu Gott: Wenn nur Ismael vor dir am Leben bleibt.* 1.Mose 17,17-18 (ZB)

Abraham wies den Herrn darauf hin, dass Ismael der versprochene Sohn sein könnte.

> *Gott aber sprach: Nein, Sara, deine Frau, wird dir einen Sohn gebären, und du sollst ihn Isaak nennen. Und ich werde meinen Bund mit ihm aufrichten als einen ewigen Bund für seine Nachkommen. Aber auch wegen Ismael erhöre ich dich: Sieh, ich segne ihn und… ich werde ihn zu einem großen Volk machen. Meinen Bund aber richte ich auf mit Isaak, den Sara dir gebären wird um diese Zeit im nächsten Jahr.*
>
> *1.Mose 17,19-21 (ZB)*

Nun war es heraus. Gott würde Ismael segnen, aber er war nicht der versprochene Sohn. Gott würde nur das anerkennen, was auf seine Weise geschah. Innerhalb eines Jahres sollte Sara ein Kind haben und sein Name würde Isaak sein.

Abraham und Sara glaubten, dass Gott sein Versprechen halten würde. Trotzdem ging ihr Glaube durch Höhen und Tiefen, gepaart mit Zweifeln. Doch Gott sagt, dass er selbst den Glauben von der Größe eines Senfkorns anerkennt.[7] Senfkörner sind sehr klein. Die *Größe des Glaubens* spielt aber keine Rolle. Entscheidend ist, *an wen* man glaubt.

Ein großer Glaube an den Mondgott hätte Abraham nicht geholfen. Doch dafür machte selbst ein schwankender Glaube an JAHWE noch den Unterschied aus. Denn nicht der Glaube als solches ist entscheidend, sondern der *Gegenstand* des Glaubens. Abraham und Sara vertrauten JAHWE, dem HERRN.

# 4 Gnade

Nachdem Abraham in Kanaan angekommen war, zog er…

> *…ins Gebirge östlich von Bethel und schlug seine Zelte zwischen Bethel im Westen und Ai im Osten auf.*
>
> *1.Mose 12,8 (NLB)*

Bethel wurde mit JAHWE und seinem Segen in Verbindung gebracht. Es war ein Ort, wo man den HERRN suchte. Obwohl Bethel nicht so oft erwähnt wird, sollten wir uns diesen Ort merken.

Hier baute Abraham…

> *…dem Herrn einen Altar und rief den Namen des Herrn an.*
>
> *1.Mose 12,8 (ZB)*

Wie schon erwähnt, wurden Altäre seit der Zeit Abels eingesetzt. Sie waren als besondere Orte bestimmt, an denen man Gott begegnete. Wenn ein Mensch vor den HERRN trat, opferte er ein Tier, häufig ein Schaf oder eine Ziege. Das Opfertier wurde getötet und

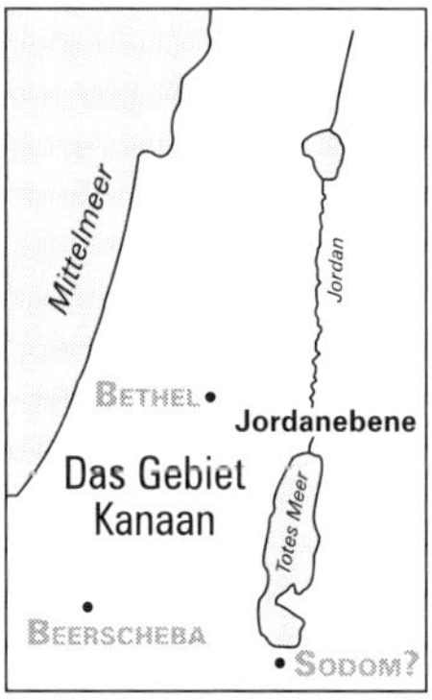


verbrannt. Diese Altäre und Opfer waren sehr bedeutsam, weil sie das Prinzip der Sühne zum Ausdruck brachten. Also den Weg, auf dem Gott einen sündigen Menschen so erneuert, dass dieser wieder in Beziehung zu ihm treten kann. Wir werden dieses Thema später noch genauer behandeln.

## Lot

Abraham hatte einen Neffen namens *Lot*, welcher ihn seit seinem Aufbruch in Ur begleitete. Bald nachdem sie sich in Kanaan ansiedelten, war es offensichtlich, dass das gemeinsame Weideland nicht genug hergab für beide ihrer Herden.

> *Abram beredete die Sache mit Lot. „Dieser Streit zwischen dir und mir und zwischen deinen Hirten und meinen Hirten muss ein Ende haben", sagte er. „Schließlich sind wir miteinander verwandt! Es ist besser, wenn wir uns trennen. Das ganze Land liegt vor dir. Wenn du nach links ziehen willst, werde ich nach rechts ziehen. Gehst du jedoch nach rechts, werde ich mich nach links wenden."* 1.Mose 13,8-9 (NLB)

Lot hatte die Wahl. Er konnte sich für die üppige, fruchtbare Talebene entscheiden oder für das karge, zerklüftete Bergland. Er hätte auch das fruchtbare und karge Land jeweils zur Hälfte zwischen sich und Abraham aufteilen können. Die Bibel teilt uns mit:

> *Lot schaute sich um und sah, dass es in der Jordanebene reichlich Wasser gab.... Deshalb entschied sich Lot für die Jordangegend...* 1.Mose 13,10-11 (NeÜ)

Lot nahm die gesamte Talebene – alles davon!

> *So trennten sich beide: Abram blieb im Land Kanaan, Lot zog ins Gebiet der Jordanstädte und kam mit seinen Zelten bis nach Sodom. Doch die Einwohner von Sodom waren sehr böse und sündigten schwer gegen Jahwe.* 1.Mose 13,11-13 (NeÜ)

## Sodom

Lot ließ sich in Sodom nieder, einer Stadt mit einem fragwürdigen Ruf.

> *„Die Schuld... [von] Sodom war, dass sie mit ihren Töchtern in Hochmut, Überfluss und sorgloser Ruhe lebte, ohne den Armen und Bedürftigen beizustehen. Sodom war hochmütig und beging vor meinen Augen abscheuliche Taten."*
> Hesekiel 16,49-50 (NLB)

Die Menschen von Sodom waren der Zügellosigkeit verfallen. Sie waren egoistisch, schwelgten in Bequemlichkeit und Luxus und übersahen dabei den Hunger und die Armut um sich herum. Sie waren ein stolzes Volk, von Gott als äußerst sündig bezeichnet. *Gott informierte Abraham über die Sünde von Sodom und ihren Nachbarstädten. Diese war so groß und unverfroren, dass er ihre Vernichtung beschlossen hatte.*

**Sorge**

Abraham sorgte sich um Lot und wollte wissen, was mit den Gerechten geschehen würde. Er meinte damit jene Einwohner der Stadt, deren Namen im *Buch des Lebens* standen.

> *Nun trat Abraham vor und sagte [zu Gott]: „Willst du wirklich den Gerechten mit dem Gottlosen umbringen? Vielleicht gibt es 50 Gerechte in der Stadt. Willst du die mit umkommen lassen und den Ort nicht wegen der 50 verschonen? Du kannst doch den Gerechten nicht mit dem Gottlosen töten und die einen nicht genauso wie die anderen behandeln! Das kannst du auf keinen Fall tun! Sollte sich der Richter der ganzen Welt nicht selbst an das Recht halten?"*
>
> *1.Mose 18,23-25 (NeÜ)*

Abraham befürchtete vielleicht, dass er mit diesen Fragen und der Bitte, die Stadt wegen 50 Gerechter zu verschonen, eine Grenze gegenüber JAHWE erreicht hatte. Aber auf der anderen Seite war da Lot, ein gerechter Mann, der schon längere Zeit in Sodom lebte. Sicherlich hatte er einen positiven Einfluss auf mindestens 50 Menschen gehabt.

> *„Wenn ich 50 Gerechte in der Stadt finde", erwiderte Jahwe, „werde ich ihretwegen den ganzen Ort verschonen."*
>
> *1.Mose 18,26 (NeÜ)*

Es ist, als könnte man zwischen den Zeilen einen erleichterten Seufzer von Abraham hören. Doch dann schien er zu überlegen: Vielleicht sprachen einige der Gerüchte, die er über Lot gehört hatte, nicht gerade für dessen Lebensstil. Könnte es sein, dass sein Einfluss auf die Menschen doch nicht so groß gewesen war? Abraham begann zu feilschen:

> *„Ich habe mich nun einmal vorgewagt, zu meinem Herrn zu reden, obwohl ich nur Staub und Asche bin. Vielleicht fehlen an den 50 Gerechten nur fünf. Willst du wegen dieser fünf die ganze Stadt vernichten?" – „Nein, ich werde sie nicht vernichten, wenn ich 45 dort finde", erwiderte er.*
>
> *Abraham fuhr fort: „Und wenn es nur 40 sind?" „Dann verschone ich sie wegen der 40", erwiderte er.*

*„Bitte, mein Herr", sagte Abraham, „werde nicht zornig, wenn ich weiterrede! Vielleicht finden sich nur 30?" – „Dann verschone ich sie wegen der 30."*

*Da fing er wieder an: „Ich habe es nun einmal gewagt, zu meinem Herrn zu reden: Vielleicht finden sich 20 dort." – „Auch wenn es nur 20 sind, vernichte ich sie nicht."*

*„Bitte, werde nicht zornig, Herr!", sagte Abraham. „Ich will nur noch einmal reden: Vielleicht findet man auch nur zehn." – „Ich verschone sie auch wegen der zehn", antwortete Jahwe.*
*1.Mose 18,27-32 (NeÜ)*

Abraham war mehr als erleichtert. Er kannte Sodom. Wenn Gott die Menschen in den Tagen Noahs vernichtet hatte, dann blieb für Sodom keine Chance. Dennoch hatte Gott zugesagt, er würde die Stadt verschonen, wenn er nur zehn Gerechte fände. Abraham muss überrascht gewesen sein.

### Fürsorgende Liebe

Wir haben schon gesehen, dass Jahwe eine bestimmte Art der Liebe offenbarte, als er die Erde schuf. Es war eine Liebe, die durch *Fürsorge und Anteilnahme* gekennzeichnet ist. Sie zeigt sich in der Vielfalt, Schönheit, den Gerüchen und der gut schmeckenden Nahrung.

### Unverdiente Liebe

Als Gott versprach, er würde Sodom für eine Handvoll Gerechter verschonen, rückte er die Liebe in ein neues Licht und gab ihr eine andere Tiefe. Hier ging es um unverdiente Liebe.

Abraham lernte ein neue Seite von Gottes Wesen kennen. Auch Mose erkannte sie, als er den Hergang der Geschichte aufschrieb. Sie offenbart sich darin auch uns.

## 5 Gericht

Jahwe, der Herr, ist zwar gnädig, lässt es jedoch nicht zu, dass seine Liebe fortwährend mit Füßen getreten wird. Ein sündiger Lebenswandel ist ansteckend. Gott wollte verhindern, dass sich die Lebensweise von Sodom über das Jordantal hinaus ausbreitete. Deshalb sandte er Engel mit dem Auftrag, die Stadt zu zerstören.

Da Engel eigentlich unsichtbare Geistwesen sind, müssen sie, um gesehen zu werden, die Gestalt von Menschen annehmen.

> *Am Abend erreichten die beiden Engel Sodom. Lot saß gerade beim Stadttor. Als er sie sah, stand er auf und ging ihnen entgegen. Er verneigte sich tief vor ihnen.* *1.Mose 19,1 (NLB)*

Lot schien zu merken, dass an diesen Personen irgendetwas Besonderes war. Seine Kultur schrieb ihm vor, ihnen Gastfreundschaft zu erweisen.

> *„Meine Herren", sagte er, „kommt in mein Haus, lasst euch die Füße waschen und seid meine Gäste für die Nacht. Morgen früh könnt ihr dann weiterreisen." „Nein", antworteten sie, „wir wollen auf dem Marktplatz übernachten."*
> *1.Mose 19,2 (NLB)*

Lot wusste, wie sündig Sodom war. Er hatte Angst um sie, sollten sie im Freien schlafen.

> *Aber Lot redete ihnen so lange zu, bis sie mit ihm ins Haus kamen. Er ließ ein Mahl für sie bereiten und ungesäuertes Brot backen, und sie aßen. Die beiden wollten sich eben schlafen legen, da kamen die Männer von Sodom, alle miteinander, alte und junge, und umstellten das Haus. „Lot, Lot", riefen sie, „wo sind die Männer, die heute Abend zu dir gekommen sind? Gib sie heraus, wir wollen mit ihnen [Geschlechts-]Verkehr haben!"*
>
> *Lot trat zu ihnen vor das Haus, die Tür schloss er hinter sich zu. „Meine Brüder", rief er, „begeht doch nicht ein solches Verbrechen! Ich habe zwei Töchter, die noch kein Mann berührt hat. Ich will sie zu euch herausbringen; macht mit ihnen, was ihr wollt. Aber diese beiden Männer behelligt mir nicht; sie sind meine Gäste und stehen unter meinem Schutz."*
> *1. Mose 19,3-8 (GNB)*

In seiner Verzweiflung unternahm Lot den nahezu aussichtslosen Versuch, seine Gäste vor dem Missbrauch zu retten. Selbst unter dem Gesichtspunkt der übermäßigen Gastfreundschaft, die damals üblich war, übersteigt das Angebot von Lot, seine beiden unberührten Töchter den Männern anzubieten, jegliches Verständnis. Glücklicherweise wurde sein Angebot zurückgewiesen. Doch die Geschichte ging weiter. Gepackt von Lust drängten die Männer der Stadt nach vorne.

> *„Mach, dass du fortkommst!", riefen sie. „Du hast dich als Fremder bei uns niedergelassen und jetzt spielst du dich als Richter über uns auf! Wir werden dich noch schlimmer zurichten als diese beiden Männer." Sie stürzten sich auf Lot und wollten die Haustür aufbrechen.* *1. Mose 19,9 (NLB)*

Jetzt war der Moment für die beiden Engel gekommen:

> *Da zogen die beiden Engel ihn ins Haus und verschlossen die Tür. Sie schlugen die Männer vor der Tür mit Blindheit, sodass sie die Tür nicht mehr finden konnten. „Hast du noch irgendwelche Verwandten in der Stadt – Schwiegersöhne, Söhne, Töchter oder sonst jemand von der Familie?", fragten die Engel Lot. „Dann bring sie aus der Stadt heraus. Denn wir werden die Stadt dem Erdboden gleichmachen. Schwere Klagen über diesen Ort sind vor den Herrn gekommen und er hat uns beauftragt ihn zu vernichten."* *1.Mose 19,10-13 (NLB)*

**Das eigentliche Problem**

Wenn Leute diese Geschichte lesen, bleiben sie unverzüglich beim offenkundigen Lebensstil der Stadt stehen. Manche weisen darauf hin, dass in dem Bericht von Vergewaltigung die Rede ist. Doch selbst unter diesem Aspekt steht hier nicht sexueller Missbrauch oder Unmoral im Mittelpunkt. Vielmehr steckten hinter der Sünde von Sodom Einstellungen und Verhaltensweisen, die selten als Sünde identifiziert werden. Werfen wir nochmals einen Blick auf einen Vers aus dem letzten Abschnitt.

> *„Die Schuld… [von] Sodom war, dass sie mit ihren Töchtern in Hochmut, Überfluss und sorgloser Ruhe lebte, ohne den Armen und Bedürftigen beizustehen. Sodom war hochmütig und beging vor meinen Augen abscheuliche Taten."*
> *Hesekiel 16,49-50 (NLB)*

Stolz, maßloses Essen und die Vergeudung freier Zeit sind genauso Sünde wie die Missachtung von Armen oder sexuelle Ausschweifungen. Die erstgenannten Sünden erscheinen uns harmlos. Viele würde sie noch nicht einmal als Sünde erkennen. Ein Blick genügt und wir erkennen, dass Stolz den obersten Platz der Liste einnimmt. In der Bibel ist das sehr oft der Fall. Warum? Ist Stolz wirklich so ein Problem?

Um eine Antwort auf diese Frage zu finden, müssen wir Stolz so beschreiben, wie es die Bibel tut. Die Geschichte Satans, der sich über Gott erhob, liefert uns die biblische Bedeutung des Begriffs *Stolz*. Er wir angesehen als „der unbändige Wunsch, sich selber zu erhöhen, um dem eigenen Ich zu dienen". Das ist es, was Satan tat.

Um den unheilvollen Antrieb von *Stolz* besser verstehen zu können, sollten wir die Begriffe *Wurzel* und *Frucht* zur Hilfe nehmen. Der Stolz Satans ist derselbe, der auch tief in der menschlichen Natur verwurzelt ist. Wir *erhöhen uns selber,* wenn wir Gottes Autorität nicht anerkennen. Damit machen wir uns selbst zur höchsten Instanz in allen Lebensfragen.

Die Bibel sagt, der Mensch…

> *…meint in seinem Stolz, Gott frage nicht danach. „Es ist kein Gott" sind alle seine Gedanken.* *Psalm 10,4 (LUT)*

Die Wurzel trägt ihre Früchte. Scheinbar befreit von allen Beschränkungen durch einen heiligen Gott bewegen wir uns in alle möglichen Richtungen vorwärts. In Sodom führte es zu Völlerei, Faulheit, Missachtung der Armen, Arroganz und sexueller Ausschweifung – gängige Laster, die die menschliche Seele überwältigen. Die eigentliche *Ursache* war der Stolz, die daraus resultierende *Frucht* war eine breite Auswahl an sündigem Verhalten.

> *„Jeder belügt und betrügt seinen Bruder, wo er kann. Selbst der beste Freund wird ohne Skrupel verleumdet. Einer Gewalttat folgt die nächste, und eine Lüge bringt neue Lügen hervor. Aber von mir wollt ihr nichts wissen", spricht der HERR.*
> *Jeremia 9,3b+5 (NLB)*

„Mach dein Ding" als Lebensstil mag sich harmlos anhören. Doch Gott möchte, dass wir uns darüber im Klaren sind, dass Sünde niemals harmlos ist. Sünde wirkt sich unterschiedlich aus. Doch jede Sünde, sei sie nun offensichtlich böse oder gesellschaftlich akzeptiert, ist gefährlich. So gesehen muss jede Sünde geahndet werden. Die Geschichte geht folgendermaßen weiter:

> *Bei Tagesanbruch drängten die Engel Lot: „Nimm deine Frau und deine beiden Töchter. Geh los, damit du nicht umkommst, wenn das Gericht über die Stadt hereinbricht."*
>
> *Als Lot immer noch zögerte, nahmen die Engel ihn, seine Frau und seine Töchter bei der Hand und führten sie aus der Stadt hinaus, denn der Herr wollte sie verschonen. Außerhalb der Stadt ließen die Engel sie wieder los. „Lauf um dein Leben!", warnten die Engel ihn. „Bleib nirgends stehen und schau dich nicht um! Flieh in die Berge, damit du nicht umkommst."*
> *1.Mose 19,15-17 (NLB)*

Einerseits vertraute Lot JAHWE als Freund, andererseits war er eine furchtbare Schande für den HERRN. Ungeachtet seines schlechten Charakters erwies ihm Gott Gnade (unverdiente Liebe). Er rettete Lot samt seiner Familie vor der Vernichtung.

Was aber nicht bedeutet, dass Gott über Lots Sünden hinwegsah oder sie gutgeheißen hätte. JAHWES Gnade darf nie einfach als Zustimmung verstanden werden. Gott liebt zwar den Sünder, hasst aber die Sünde.

> *Die Sonne ging gerade auf, als Lot das Dorf erreichte. Da ließ der HERR Feuer und Schwefel vom Himmel auf Sodom und Gomorra regnen. Er machte die Städte dem Erdboden gleich, zusammen mit der ganzen Ebene. Er tötete alle Bewohner und vernichtete alles, was dort wuchs.* 1.Mose 19,23-25 (NLB)

> *Früh an diesem Morgen eilte Abraham zu der Stelle, wo er mit dem HERRN gesprochen hatte. Er schaute auf Sodom und Gomorra und die ganze Umgebung hinunter und sah von dort Rauch und Qualm wie aus einem Ofen aufsteigen.* 1.Mose 19,27-28 (NLB)

Gott hatte angekündigt, dass er diese sündigen Städte vernichten würde und er hielt sein Wort. Er steht immer zu seinem Wort. Vielleicht nehmen manche Anstoß an dieser Begebenheit. Doch wir sollten uns daran erinnern, dass es JAHWE ist, der die Regeln für das Leben der Menschen aufstellt. Sie dienen zu unserer Sicherheit und bewahren uns vor Schaden. Wir bringen unser Leben in Gefahr, wenn wir Gottes Gesetze missachten oder zu ändern versuchen. Die Bibel warnt:

> *Wehe denen, die Böses gut und Gutes böse nennen, … Wehe denen, die in ihren eigenen Augen weise sind, und die sich selbst für verständig halten!* Jesaja 5,20-21 (SCHL)

Wenngleich JAHWE gnädig ist, muss er doch ernst genommen werden. Die Ereignisse von Sodom sollen uns daran erinnern, so die Bibel, dass der HERR jede Sünde richtet – entweder hier auf der Erde oder im Feuersee.

> *…Sodom und Gomorra… gaben sich sexueller Zügellosigkeit hin und praktizierten widernatürliche Dinge. Zur Strafe für ihr Verhalten und **als warnendes Beispiel** für uns alle sind sie nun dem ewigen Feuer ausgeliefert.* Judasbrief, Vers 7 (NGÜ)

| Sodom | Bet-El |
|---|---|
| Ein Ort, wo die Sünde genossen wurde | Ein Ort, an dem man Gott begegnet |
| Wird mit sündigen Menschen in Verbindung gebracht | Wird mit gläubigen Menschen in Verbindung gebracht |
| Ein Beispiel für Gericht | Ein Bespiel für Segen |

# 6 Der versprochene Sohn

> *Der HERR hielt sein Versprechen, das er Sara gegeben hatte. Sara wurde schwanger und bekam einen Sohn. Abraham wurde Vater, obwohl er schon sehr alt war, genau zu der Zeit, die Gott vorausgesagt hatte. Abraham nannte seinen Sohn, den ihm Sara geboren hatte, Isaak.* 1.Mose 21,1-3 (NLB)

Gott hielt sein Versprechen gegenüber Abraham und Sara trotz ihres hohen Alters.

## Jahre später

Wir machen nun einen Sprung in der Geschichte. Isaak ist herangewachsen und der einzige Sohn im Hause, weil Ismael nach Ägypten gezogen war.

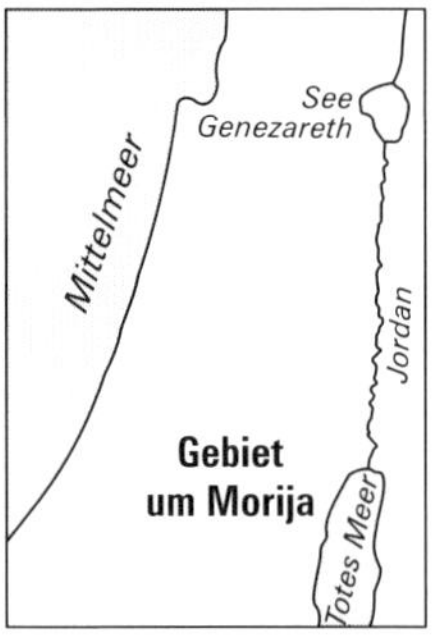


> *Einige Zeit später stellte Gott Abraham auf die Probe. „Abraham!", rief Gott.*
>
> *„Hier bin ich", antwortete Abraham*
>
> *„Nimm deinen einzigen Sohn Isaak, den du so lieb hast, und geh mit ihm ins Land Morija."* 1.Mose 22,1-2 (NLB)

## Morija

Abraham wurde mitgeteilt, er sollte mit Isaak in das Gebiet von Morija reisen. Heute erstreckt sich die Stadt Jerusalem über das gesamte Gebiet, doch damals war es nur dünn besiedelt.

Abraham wurde angewiesen:

> *„...bring ihn dort als Brandopfer dar auf einem der Berge, den ich dir nennen werde."* 1.Mose 22,2 (ZB)

*Moment mal! Konnte das denn richtig sein? Verlangte Gott wirklich von Abraham, Isaak zu töten und dann seinen Körper auf einem Altar zu verbrennen?* Ja, die Anweisungen waren eindeutig.

Abraham stand nun vor der Wahl:

1. Er konnte sich über Gott hinwegsetzen und ihn als hartherzig und brutal abtun. Oder...
2. Er konnte darauf vertrauen, dass JAHWE mehr wusste als er und dem HERRN wie aufgefordert gehorchen.

## Abraham rechnet mit Gott

Gottes Aufforderung muss Abraham erschüttert haben. Ihm war die Praxis der Menschenopfer bei anderen Völkern dieser Zeit sicher bekannt. Somit wusste er, dass dies ein übliches Mittel zur

Besänftigung von Gottheiten war. Nichtsdestotrotz widersprach Gottes Anweisung zur Opferung von Issak allem, was Abraham über JAHWE wusste. Und nicht nur das: Gott hatte versprochen, dass er durch Isaak viele Nachkommen haben sollte. Menschlich gesehen war es unmöglich, das vorangegangene Versprechen des HERRN mit seiner jetzigen Anweisung in Einklang zu bringen.

Die Bibel lässt uns nicht im Unklaren darüber, was in Abrahams Kopf vorging. Sie sagt uns:

> *Abraham rechnete damit, dass Gott auch Tote auferwecken kann.* Hebräer 11,19a (BasisBibel)

Abraham war überzeugt, wenn er Isaak opfern müsste, würde der HERR ihn wieder ins Leben zurückbringen. So zog Abraham im Vertrauen auf Gottes Güte los. Er brach sogar *sehr früh* am nächsten Morgen auf.

> *Am nächsten Morgen stand Abraham früh auf. Er sattelte seinen Esel und nahm seinen Sohn Isaak sowie zwei seiner Diener mit. Dann spaltete er Holz für das Brandopfer und machte sich auf den Weg zu dem Ort, den Gott ihm genannt hatte.*
>
> *Nach drei Tagen entdeckte er den Berg in einiger Entfernung. „Wartet hier mit dem Esel auf uns!", wies er seine beiden Diener an. „Der Junge und ich werden noch ein Stück weitergehen."*
> 1.Mose 22,3-5 (NLB)

Abraham war sich ganz sicher, dass sie beide lebendig zurückkehren würden. Sogar seine Diener informierte er entsprechend:

> *„Dort oben werden wir Gott anbeten und dann zu euch zurückkommen."* 1.Mose 22,5 (NLB)

## Eine Frage

> *Abraham nahm das Holz für das Brandopfer vom Esel und legte es Isaak auf die Schultern. Er selbst trug das Messer und das Feuer. Während die beiden zusammen auf den Berg stiegen, fragte Isaak: „Vater?"*
>
> *„Ja, mein Sohn", antwortete Abraham.*
>
> *„Wir haben Holz und Feuer", sagte der Junge, „aber wo ist das Lamm für das Opfer?"* 1.Mose 22,6-7 (NLB)

Zweifellos hatte Isaak schon viele Opferungen auf einem Altar miterlebt. Er musste kein Genie sein, um zu bemerken, dass etwas Wichtiges fehlte. Wo war das Opfertier?

> *„Gott wird für ein Lamm sorgen, mein Sohn", antwortete Abraham.* 1.Mose 22,8 (NLB)

Wir können uns vorstellen, wie Isaak nickte, während er über die Antwort seines Vaters nachdachte.

> *So gingen sie zusammen weiter.*
>
> *Schließlich kamen sie an die Stelle, die Gott Abraham genannt hatte. Dort baute Abraham einen Altar und schichtete das Holz darauf. Dann fesselte er seinen Sohn Isaak und legte ihn auf den Altar, oben auf das Holz* 1.Mose 22,8-9 (NLB)

Isaak war kein Kind mehr. Das hebräische Wort, das mit *Junge* übersetzt wird, bezieht sich auf junge Männer bis zum wehrpflichtigen Alter. Er war sicherlich alt genug, um sich wehren zu können. Denken wir daran, dass er es war, der das Brennholz auf den Berg getragen hat. Und obwohl Abraham bereits sehr alt war, lesen wir nichts von einer Auseinandersetzung. Es ist offensichtlich, dass sich Isaak willentlich seinem Vater unterordnete. Dies zeigte das Vertrauen, das er seinem Vater entgegenbrachte. Isaak wusste genau, dass Abraham ein Anhänger JAHWES war.

## Hilflos

Als Isaak gebunden auf dem Altar lag, war er hilflos. Er unterlag der direkten Anweisung Gottes, getötet zu werden. Er konnte sich unmöglich selbst retten.

Die Bibel berichtet, dass Abraham…

> *…das Messer nahm, um seinen Sohn als Opfer für den HERRN zu töten.* 1.Mose 22,10 (NLB)

Wir können die Hand des alten Mannes förmlich zittern sehen. Sein Atem stockt. Sein Herz droht zu zerreißen. Die Spannung des Augenblicks ist unerträglich. Langsam hebt sich der bebende Arm, und das kalte Metall des Messers glänzt im Tageslicht. Er ist entschlossen, zuzustechen – doch:

> *In diesem Augenblick rief der Engel des HERRN ihn vom Himmel: „Abraham! Abraham!"*
>
> *„Ja", antwortete er. „Ich höre."*
>
> *„Lass es sein", sagte der Engel. „Tu dem Kind nichts. Denn jetzt weiß ich, dass du Ehrfurcht vor Gott hast. Du hättest sogar deinen einzigen Sohn auf meinen Befehl hin geopfert."*
> 1.Mose 22,11-12 (NLB)

Sicherlich flossen Tränen der Erleichterung. Das Todesurteil war aufgehoben! Zumindest für Isaak hatte es keinen Bestand mehr. Aber es gab dennoch einen Tod. Die Bibel berichtet, als Abraham in diesem Moment aufsah,…

> *…entdeckte er einen Schafbock, der sich mit den Hörnern in einem Busch verfangen hatte. Er holte den Schafbock und opferte ihn anstelle seines Sohnes als Brandopfer.*
> 1.Mose 22,13 (NLB)

Was ging hier vor sich? Warum musste ein Tier geopfert werden, nachdem Isaak verschont wurde? Was sollte das alles? Wir beantworten diese Fragen im nächsten Abschnitt, nach Abschluss dieser Begebenheit.

## Jahwe wird vorsorgen

Dieses Ereignis brannte sich so ins Gedächtnis von Abraham ein, dass er dem Berg einen Namen gab, der ihn daran erinnerte, wie Gott ist.

> *Und Abraham nannte den Ort: „Der HERR wird dafür sorgen", so dass man noch heute sagt: Auf dem Berg wird der HERR dafür sorgen!* 1.Mose 22,14 (SCHL)

Bemerken wir: Abraham nannte den Ort „Der HERR **wird** dafür sorgen." Warum nannte er den Berg nicht „Der HERR **hat** dafür gesorgt?" Hatte denn der HERR nicht bereits für ein Opfer gesorgt?

Warum sprach Abraham von einer Versorgung, die noch in der Zukunft lag? Diese Unterscheidung ist beabsichtigt, aber wir müssen uns noch einige Kapitel gedulden, bis wir ihre Bedeutung kennenlernen.

> *Dann rief der Engel des HERRN noch einmal vom Himmel Abraham zu: „Ich, der HERR, schwöre bei mir selbst: Weil du mir gehorsam warst und sogar deinen geliebten Sohn auf meinen Befehl hin geopfert hättest, werde ich dich reich segnen.... Durch deine Nachkommen sollen alle Völker auf der Erde gesegnet sein, denn du hast mir gehorcht."* 1. Mose 22,15-18 (NLB)

Die Geschichte endet damit, dass Gott sein Versprechen noch einmal bestätigte. Der Gesalbte würde ein Nachkomme Abrahams und Isaaks sein. Dieser Befreier würde zu einem Segen für alle Menschen.

| Der verheißene Befreier sollte... |
|---|
| 1. Der Nachkomme einer Frau sein |
| 2. Ein Mann sein |
| 3. Ein Nachkomme von Abraham sein |
| 4. Ein Nachkomme von Isaak sein |

# 7 Was nötig ist

Wenn man in der Bibel liest, kann man feststellen, dass häufig Altäre und Opfer erwähnt werden. Ohne das richtige Verständnis ihrer Bedeutung werden unserem biblischen Puzzle einige wichtige Teile fehlen. Erinnern wir uns an das Problem mit den „zwei Seiten der gleichen Medaille"?

1. Wie können wir unsere Sündenstrafe mit ihren schrecklichen Folgen loswerden und...
2. Wie können wir eine Gerechtigkeit erlangen, die Gottes Gerechtigkeit entspricht, damit wir in seiner Gegenwart bestehen können?

Mit dem richtigen Verständnis für den Zweck der Altäre und Opfer in der Bibel, erhalten wir auch das nötige Hintergrundwissen, um diese beiden Fragen beantworten zu können.

### Die Sündenstrafe

Wie schon erwähnt, musste JAHWE, der HERR, etwas gegen die Sünde des Menschen unternehmen. Er konnte nicht einfach so tun, als wäre nichts geschehen. Jede Sünde musste bestraft werden. Das ist nur fair und gerecht.

Gott aber liebt die Menschen und will nicht, dass wir die Ewigkeit im Feuersee verbringen müssen. Daraus ergibt sich die Frage: *„Wie kann Gott die Sünde strafen, ohne uns zu bestrafen?"* Einen Teil der Antwort finden wir hier. Dieser beinhaltet eine sehr bildliche Darstellung.

**Sühne**

Gott forderte die Menschen auf, ein Tier zu nehmen, es zu töten und dessen Blut auf dem Altar zu vergießen.

> *Denn das Leben des Fleisches [Körpers] ist im Blut, und ich habe es euch auf den Altar gegeben, um Sühnung zu erwirken für eure Seelen [Leben]. Denn das Blut ist es, das Sühnung erwirkt für die Seele.* 3.Mose 17,11 (SCHL)

Wie wir gesehen haben, beinhaltet der Begriff *Sühne* die Vorstellung, dass die Sünde des Menschen symbolisch vor Gottes Augen „bedeckt" wird. Letztendlich beschreibt das Wort das, *was nötig ist,* um die Sündenschuld rechtmäßig zu bezahlen, damit der HERR zufriedengestellt ist. Die Sühnung der Sünde erforderte Blut, das auf einem Altar vergossen wurde, denn die Bibel sagt:

> *…ohne das Blut eines Opfers gibt es keine Vergebung.* Hebräer 9,22 (NGÜ)

Schauen wir uns diesen Vers genauer an, indem wir ihn mit ein paar erklärenden Anmerkungen versehen.

> *…ohne [Tod durch] Blutvergießen geschieht keine Vergebung [der Sündenschuld].* Hebräer 9,22 (SCHL)

Der HERR sagte, dass *die Sündenschuld des Menschen nur durch Tod vergeben werden kann.* Normalerweise würde der Mensch für seine eigene Sünde sterben. Doch aufgrund von bestimmten zukünftigen Ereignissen sagte JAHWE nun, dass *er den Tod eines unschuldigen Tieres anstelle des Menschen anerkennen würde.* Dem Tier würde, stellvertretend für den Menschen, sein Leben genommen. Das Unschuldige stirbt anstelle des Schuldigen. Das Opfer verdeutlichte, dass dem *Gesetz der Sünde und des Todes* Folge geleistet wurde. Gleichzeitig wurde der Gerechtigkeit Genüge getan. Die Sünde wurde nicht ignoriert, sie wurde bestraft.

**Ein Stellvertreter**

Isaak unterlag der direkten Anweisung Gottes, zu sterben. Genauso unterliegt die gesamte Menschheit einem Todesurteil.[8] Isaak konnte sich nicht selbst vor dem Gericht Gottes retten. Doch Abraham vertraute dem HERRN. Er war überzeugt, dass sein liebender Gott eine Lösung schaffen würde. Und der HERR griff ein. Durch einen Stellvertreter sorgte er für einen Ausweg. Abraham nahm…

> *…den Schafbock und opferte ihn anstelle seines Sohnes als Brandopfer.* 1.Mose 22,13 (NLB)

Er opferte den Schafbock *anstelle von* Isaak. Es gab also einen Tod, aber es war der Tod des Schafbocks statt Isaaks. Isaak wurde befreit, weil ein Schafbock starb. Jahwe hatte für einen Stellvertreter gesorgt.

**Geschichte**

Diese Opfer für Sünde reichen zurück von Isaak bis an den Anfang der Menschheitsgeschichte. Genau wie der Schafbock an Isaaks Stelle starb, so hatte auch Abel ein Tier geopfert, das an seiner Stelle starb. Und genau wie der Herr mit einem Schafbock für ein angemessenes Opfer an Isaaks Stelle sorgte, so hat Gott auch Abels Opfer als annehmbar angesehen.

Seit dem Garten Eden hat der Mensch stellvertretende Opfer für die Sünde dargebracht. Wenn die Menschen Gottes Wort glaubten und in der Art und Weise vor ihn traten, wie es seinem Willen entsprach, fanden sie bei Jahwe Annahme und Freundschaft.

Diese Opfer verdeutlichten, „was nötig war", damit die Sündenschuld völlig bezahlt wird. Sie dienten sozusagen der bildhaften Veranschaulichung.

Wenn wir begreifen, dass diese Opfer eine größere Bedeutung haben, als es vielleicht auf den ersten Blick scheint, können wir verstehen, warum Gott Kains Opfer zurückwies. Gemüse kann kein Blut vergießen.

> *…ohne das Blut eines Opfers gibt es keine Vergebung.* Hebräer 9,22 (NGÜ)

Kain brachte ein Opfer dar, das nicht der bildhaften Veranschaulichung entsprach, die Gott gegeben hatte. Das Gemüse spiegelte nicht das wider, „was nötig war", um Sünde zu bestrafen und zu vergeben.

### Die zwei Seiten der Medaille

Kommen wir nun, mit all dem im Hinterkopf, zu unserem Problem mit den „zwei Seiten einer Medaille". Wir können inzwischen mit einigen Antworten aufwarten.

**Frage:** „Wie konnte die Menschheit der Sündenstrafe entkommen?"

**Antwort:** „Die Sündenstrafe konnte durch einen Stellvertreter bezahlt werden."

**Frage:** „Wie können wir die vollkommene Natur zurückgewinnen, die Adam und Eva im Garten Eden verloren haben? Wie bekommen wir die „rechte Bekleidung" (eine Gerechtigkeit, die der Gerechtigkeit Gottes entspricht), damit wir in seiner Gegenwart willkommen sind?"

**Antwort:** Als…

*…Abraham Gott glaubte, …wurde es ihm als Gerechtigkeit angerechnet. Er wurde sogar ‚Freund Gottes' genannt.*
*Jakobus 2,23 (NeÜ)*

*Moment mal! Wie konnte das sein? Wie konnte dieser Mann, mit all seinen Fehlern, als gerecht angesehen werden? Er war bei weitem nicht vollkommen. Und was die Sache mit dem Stellvertreter angeht, bedeutet dies, dass wir uns ein Tier suchen müssen?*

Die Antworten auf diese Fragen werden wir im weiteren Verlauf des Buches noch finden. Im Augenblick sollten wir uns nicht damit beschäftigen, ein Tier zu suchen. Oder, um es mit den Worten von Abraham zu sagen:

*„Gott wird für ein Lamm sorgen…"* *1.Mose 22,8 (NLB)*

## Der Blick für das Echte

Für viele von uns mag die Vorstellung abstoßend sein, ein Tier zu opfern. Die Bibel selbst fordert den Menschen auf,…

*…sich um das Wohl seiner Tiere zu kümmern.* Sprüche 12,10 (GNB)

In der Bibel wird Tierquälerei nicht unterstützt. Wenn dem so ist, wozu dann das Opfer?

Das „Warum“ werden wir im weiteren Verlauf der Geschichte noch besser verstehen. Dennoch einige wichtige Anmerkungen: Die Bibel macht deutlich, dass Tiere nicht in die gleiche Kategorie der Schöpfung fallen wie der Mensch. Sie wurden nicht nach dem Bild Gottes geschaffen. Trotzdem verfolgt Gott eine einzigartige Absicht mit ihnen.

Ich erinnere mich daran, wie ich vor Jahren mit meinen Kindern in einem Freizeitpark mit künstlichen Tieren war. Es gab trötende Elefanten, schnaubende Nilpferde und brüllende Löwen. Aber keines der Tiere war echt. Es waren alles nur Kopien aus Plastik und Stahl, die mit Bewegungen versehen wurden, um echt zu wirken. Dennoch war ich beeindruckt von der Kreativität der Konstrukteure dieser Nachbildungen.

Umso mehr reicht ein kurzer Blick auf die enorme Vielzahl an Tieren, die JAHWE schuf, um uns in Erstaunen zu versetzen. Was für eine gewaltige Schöpfermacht!

Die Konstrukteure des Freizeitparks hatten gute Arbeit geleistet, aber den „majestätischen“ Gang eines echten Löwen zu sehen oder die „Kraft“ seines Brüllens zu verspüren, geht weit über das hinaus, wozu die Konstrukteure in der Lage sind.

In der Bibel werden bestimmte Tiere, wie etwa der Löwe, benutzt, um Gottes Majestät und Macht zu veranschaulichen. Andere, wie etwa ein harmloses Lamm, verdeutlichen Gottes Fürsorge in Bezug auf die Sünde. Wir werden dies im weiteren Verlauf noch genauer sehen.

Die Bibel zeigt sehr deutlich auf, dass kein Vogel oder sonst ein Tier eine Gottheit darstellt. Sie dienen nur als lebendige Illustration, um JAHWE in seiner ganzen Herrlichkeit besser zu verstehen. Wir sind aufgefordert, diesen Geschöpfen Gottes mit Barmherzigkeit und Fürsorge zu begegnen. In all dem sollten wir aber darauf achten, dass wir ihnen nicht denselben Platz wie Menschen oder Gott selbst einräumen.

Es gibt noch weitere Gründe, warum Gott Tiere auf der Erde beheimatet hat. Allerdings werden wir diese nicht näher beleuchten.

# Kapitel 7

1 Israel und Juda

2 Pharao und Mose

3 Plagen und Prophetie

4 Das Brot und das Lamm

# 1 Israel und Juda

Gott hatte sowohl Abraham als auch Isaak versprochen, dass einer ihrer Nachkommen der Befreier sein würde. Beide Männer wurden sehr alt, bevor sie starben.

## Jakob

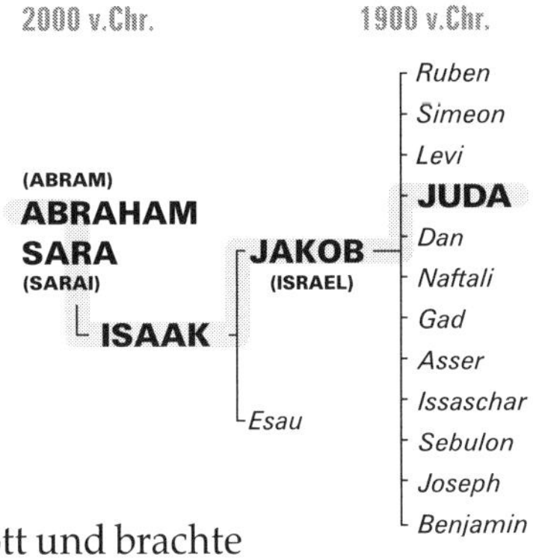


Isaak hatte zwei Söhne: Esau und Jakob. Esau ähnelte Kain. Er vertraute auf seine eigenen Vorstellungen und tat, was ihm passte. Jakob hingegen vertraute Gott und der HERR sah ihn als Freund an. Jakob war sich bewusst, dass er einen Stellvertreter brauchte, der für seine Sünde starb. Er trat oft vor Gott und brachte ihm Blutopfer auf einem Altar dar.

> *Schließlich trafen Jakob und das ganze Volk, das bei ihm war, in Lus, dem heutigen Bethel, in Kanaan ein. Dort errichtete Jakob einen Altar und nannte ihn El-Bethel, weil Gott ihm in Bethel erschienen war…* 1.Mose 35,6-7 (NLB)

Jakob glaubte dem HERRN und nahm ihn beim Wort. Durch das Darbringen von Tieropfern auf einem Altar stimmte er JAHWE zu, dass…

> *…ohne [Tod durch] Blutvergießen keine Vergebung [der Sündenschuld] geschieht.* Hebräer 9,22 (SCHL)

Obwohl Jakob in seinem Leben oft versagte, stand Gott doch letztlich im Blickpunkt seines Vertrauens. Später wurde sein Name zu *Israel* umbenannt, was „Gott triumphiert" bedeutet. Die heutige Nation Israel, die direkt von Jakob abstammt, wurde nach diesem Mann benannt.

Zu den Zusagen, die Gott Jakob gab, gehörte auch die Erneuerung des Versprechens, das er bereits Abraham und Isaak gegeben hatte. JAHWE sagte Jakob:

> *„Ich bin JAHWE, der Gott deines Vaters Abraham und der Gott Isaaks.… Durch dich und deine Nachkommenschaft sollen alle Sippen der Erde gesegnet werden."* 1.Mose 28,13-14 (NeÜ)

Gott kündigte an, dass einer der Nachfahren Jakobs ein Segen für alle Völker der Erde sein würde. Dies ist ein Hinweis auf den Befreier.

Jakob (oder Israel) hatte zwölf Söhne, von denen zwölf Stämme abstammten.[1] Vor seinem Tod sagte Jakob seinem Sohn Juda, dass der *Auserwählte* aus seinem Stamm kommen würde.

| **Der verheißene Befreier sollte…** |
|---|
| 1. Der Nachkomme einer Frau sein |
| 2. Ein Mann sein |
| 3. Ein Nachkomme von Abraham sein |
| 4. Ein Nachkomme von Isaak sein |
| 5. Ein Nachkomme von Jakob (Israel) sein |
| 6. Aus dem Stamm Juda kommen |

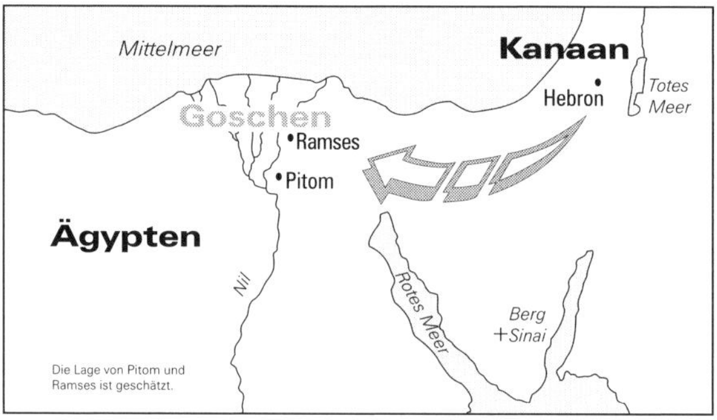


In den letzten Lebensjahren von Jakob kam eine Hungersnot über das Land und er zog zusammen mit seiner Sippe nach Ägypten. Damals zählten sie nur 70 Menschen.[2] Ägypten nahm sie freundlich auf und behandelte sie gut, weil sie keine Bedrohung für ein so großes Volk darstellten. Jakobs Familie siedelte sich in Goschen im fruchtbaren Nildelta an. Dort lebten sie vom Ackerbau, während sie auf das Ende der Hungersnot warteten.

350 Jahre später waren sie noch immer in Ägypten, aber es wird geschätzt, dass die Zahl der Israeliten auf 2 ½ Millionen[3] angestiegen war. Die Nachkommen Abrahams, Isaaks und Jakobs waren tatsächlich zu einer großen Nation geworden, aber sie befanden sich im falschen Land. Ihnen war das Land Kanaan versprochen worden und nicht Goschen in Ägypten. Doch der HERR hatte Jakob, lange vor der Flucht wegen der Hungersnot in Kanaan, gesagt:

> *„Und ich werde dir beistehen. Ich beschütze dich überall, wo du hingehst, und bringe dich wieder in dieses Land zurück.*

*Ich werde dich nicht verlassen und tue alles, was ich dir versprochen habe."* 1.Mose 28,15 (NeÜ)

Diese Zusage Gottes stand kurz vor ihrer Erfüllung. All das sollte Mose in seinem zweiten Buch aufzeichnen, dem Buch Exodus, das wahlweise auch als „2. Mose" bezeichnet wird.

Exodus ist somit das zweite der 66 Bücher, aus denen die Bibel besteht.

**Sklaverei**

Wir kommen nun an den Punkt der Geschichte, an dem wir mit Mose begonnen haben. Erinnern wir uns, wie wir in Kapitel 1 davon sprachen, dass der Pharao die Israeliten versklavte, um ihre stark wachsende Bevölkerung einzudämmen? Wie wir erfahren haben, setzte der König von Ägypten…

*…die Israeliten mit Zwangsarbeit unter Druck…*
2.Mose 1,11 (NeÜ)

In diesem Umfeld kam Mose als Kind israelischer Eltern zur Welt. Er sollte bereits nach seiner Geburt getötet werden, wurde aber durch Gottes Eingreifen gerettet. Danach wuchs er als Familienmitglied des Pharaos auf und erhielt eine entsprechende Ausbildung. Wie wir gesehen haben, erschlug Mose als Erwachsener einen Ägypter und flüchtete in die Wüste. Nachdem er dort 40 Jahre als Hirte gelebt hatte, begegnete ihm JAHWE im brennenden Dornbusch. Bei dieser Begegnung teilte ihm der HERR Folgendes mit:

*„Ich habe sehr wohl gesehen, wie mein Volk Israel in Ägypten misshandelt wird, und habe sein Schreien wegen der Antreiber gehört. Ja, ich kenne seine Schmerzen. Nun bin ich gekommen, um es aus der Gewalt der Ägypter zu befreien. Ich will es aus Ägypten herausführen in ein gutes und geräumiges Land. Ich bringe es in ein Land, das von Milch und Honig überfließt.…"*
2.Mose 3,7-8 (NeÜ)

Mose erhielt den Auftrag zur Rückkehr nach Ägypten, wo er sich für die Befreiung der hebräischen Sklaven einsetzen sollte. Der HERR sorgte dafür, dass Moses Bruder Aaron ihn bei dieser Aufgabe als sein Sprecher unterstützte. Bevor sie vor den Pharao traten, baten sie die Israeliten um ihre Zustimmung. Mose rief…

*…die Ältesten des Volkes Israel zusammen. Aaron wiederholte vor ihnen alle Worte, die JAHWE zu Mose gesagt hatte… Da glaubten die Israeliten…* 2.Mose 4,29-31 (NeÜ)

Die Bibel sagt, dass die hebräischen Sklaven JAHWE vertrauen wollten, so wie man einem Freund vertraut.

# 2 Pharao und Mose

Die Ägypter gehörten damals zu den führenden Nationen, wohingegen die Israeliten nur einfache Sklaven waren. Der Pharao war einer der mächtigsten Männer der Welt, Mose hingegen ein Justizflüchtling. Unzählige Probleme müssen Mose durch den Kopf gegangen sein, als er darüber nachdachte, dem Pharao persönlich gegenüber zu treten. Als der Augenblick gekommen war, sagte er dem Pharao einfach nur:

> *„So spricht Jahwe, der Gott Israels: Lass mein Volk ziehen…"*
> 2.Mose 5,1 (NeÜ)

Die Reaktion des Pharaos war alles andere als ermutigend.

> *„Jahwe, wer ist das überhaupt", erwiderte der Pharao, „dass er mir befehlen will, Israel ziehen zu lassen?…"*
> 2.Mose 5,2 (NeÜ)

Der Pharao kannte Re, Isis und viele andere ägyptische Gottheiten, aber von Jahwe, dem Herrn, hatte er noch nie gehört. Wahrscheinlich dachte er, dass dieser Gott Jahwe, wer auch immer er sei, nicht sonderlich wichtig sein könnte. Er wollte seine Zeit nicht mit diesem Gott der Sklaven vergeuden. Außerdem hatte der Pharao bereits eine Religion, die weltweit geachtet war.

Doch die wahren Gründe waren finanzieller Natur. Den israelitischen Sklaven die Freiheit zu geben, hätte katastrophale wirtschaftliche Folgen. Das kam überhaupt nicht in Frage! Weil der Pharao auf seine eigene Weisheit vertraute, traf er die falsche Entscheidung. Er sagte zu Mose:

> *„…Ich kenne Jahwe nicht und werde Israel auch nicht ziehen lassen!"* 2.Mose 5,2 (NeÜ)
>
> *Da sagte Jahwe zu Mose: „Jetzt wirst du erleben, was ich mit dem Pharao machen werde.… Ich befreie euch von der Zwangsarbeit für die Ägypter. Ich rette euch aus der Sklaverei… durch große Strafgerichte…"* 2.Mose 6,1+6 (NeÜ)

Der Herr sagte Mose, dass er Gericht in Form von Plagen über die Ägypter bringen wolle. Nur unter diesen Umständen würde der Pharao die Israeliten ziehen lassen. Dies würde zugleich zu einer Lehrstunde für die Israeliten werden, so sagte Jahwe, damit sie…

> *„…erkennen, dass **ich Jahwe bin,** euer Gott, der euch von der Zwangsarbeit für die Ägypter befreit hat."* 2.Mose 6,7 (NeÜ)

Aber die Lektion galt nicht nur ihnen allein.

> *„Die **Ägypter** sollen erkennen, dass **ich es bin, Jahwe,** wenn ich sie meine Macht spüren lasse und die Israeliten aus ihrem Land wegführe."* 2.Mose 7,5 (NeÜ)

Gott wollte den Israeliten wie auch den Ägyptern das Gleiche deutlich machen: Dass er Jahwe war – ein Gott mit mehr Macht als alle ägyptischen Gottheiten zusammengenommen. Ein Gott, der in der Lage war, sein *auserwähltes Volk* aus den Händen der mächtigsten Nation auf Erden zu befreien.

Aber nicht nur diese beiden Völker würden die Lektion lernen. Die Bibel hält fest, dass alle Völker der Welt zusehen und hierdurch etwas lernen würden.

**Das auserwählte Volk**

Der Herr sagte den Israeliten:

> *„…Ich will euch als mein Volk annehmen und will euer Gott sein.…*
>
> *Ich bringe euch in das Land, das ich Abraham, Isaak und Jakob mit einem Eid versprochen habe; ich gebe es euch, ihren Nachkommen, als bleibenden Besitz. Ich bin der Herr!"* 2.Mose 6,7-8 (GNB)

Indem der Herr sich ein Volk erwählte, war es allen anderen Völkern möglich, ihn nicht nur als Schöpfer kennenzulernen sondern auch, in welcher Beziehung er zum Menschen stand.

Jahwe machte Zusagen. *Aber hielt er sie auch?*

Jahwe hatte angekündigt, dass er den Pharao zwingen würde, seine Sklaven freizulassen. *War er dazu wirklich in der Lage?*

Jahwe hatte versprochen, er würde das gesamte Volk Israel (das 2 ½ Millionen Menschen zählte) auf der Reise von Ägypten nach Kanaan versorgen und ernähren. *War das überhaupt möglich?*

Diese und unzählige andere Fragen sollten beantwortet werden. Die Welt müsste dafür nur auf Israel schauen und bekäme die ganze Vielfalt des Handelns zu Gesicht, die der Herr im Umgang mit der Menschheit an den Tag legt.

Von nun an sollten die Israeliten als das *auserwählte Volk* bezeichnet werden. Gott hatte sein Versprechen gegenüber Abraham, Isaak und Jakob gehalten.

> *„Israel, du Volk Jakobs, das ich erwählt habe, damit es mir dient, du Nachkommenschaft meines Freundes Abraham!"* Jesaja 41,8 (GNB)

## Der globale Lehrsaal

Der folgende Vergleich entstammt nicht der Bibel,
ist aber sehr lehrreich.

Vor vielen Jahren wurden die Völker der Erde aufgerufen, Repräsentanten in einen globalen Lehrsaal zu entsenden. Diese Zusammenkunft wurde von JAHWE, dem *einzigartigen Gott* einberufen.

Am besagten Tag kamen die Abgesandten zusammen. Ziemlich weit vorne saß der Repräsentant Ägyptens, alt und erhaben, hoch angesehen für seine Errungenschaften in der Architektur. Dahinter saß der Abgesandte aus Babylon, wohlbekannt für sein Wissen in der Astronomie. Persien, Indien, China, alle Völker Asiens, Europas, Afrikas und der ganzen Welt hatten ihre klügsten Köpfe entsandt, ausstaffiert mit ihrer besten Kleidung.

Als JAHWE, der HERR, das Auditorium betrat, wurde es still in dem überfüllten Saal. Ohne großes Aufheben ließ er wissen, dass er ein Volk aussuchen würde, das ihn bei seiner Veranschaulichung unterstützen sollte. Das war eine herausragende Position, die man besser nicht auf die leichte Schulter nahm. Ein leises Murmeln ging durch den Saal, und alle setzten sich aufrechter hin. Der unausgesprochene Wunsch jedes Teilnehmers, dieser *Auserwählte* zu sein, war förmlich greifbar.

Die Versammelten beobachteten gespannt, wie der *einzigartige Gott* das Podium verließ und durch die Reihen ging. Schließlich beugte er sich ganz hinten über einen kleinen Stuhl und nahm einen jungen Schüler an die Hand und führte ihn nach vorne auf die Bühne. Die allgemeine Verwunderung war groß und es ging ein Raunen durch den Saal. *„Der ist doch noch so jung. Wer ist das überhaupt? Was kann der denn vorweisen?“* Es schien, als kannte niemand den Namen der kleinen Nation, die auserwählt worden war.

Doch dann verbreitete sich eine Nachricht wie ein Lauffeuer im Saal. Laut des Repräsentanten aus Ägypten bestand diese kleine Nation nur aus Sklaven, die völlig unbedeutend waren. Obwohl es niemand aussprach, stand folgende Frage im Raum: *„Warum hat* JAHWE *nicht eine bedeutende Nation erwählt, um ihn in seinem Unterricht zu unterstützen? Eine Nation, die aufgrund ihres Alters angesehen war? Warum hatte er sich Sklaven ausgesucht?“*

Aber der *einzigartige Gott* ließ sich vom Getuschel nicht beirren. JAHWE zog einen Hocker hervor, stellte den kleinen Repräsentanten darauf und drückte ihm ein Stück Kreide in die Hand. Dann wandte er sich an die im Saal Versammelten und bat um Ruhe. *„In der Welt herrscht viel Verwirrung darüber, was Recht und was Unrecht ist. Die Menschen haben Fragen über das Leben und den Tod, darüber, wie ich bin und ob es mich überhaupt gibt."* JAHWE zeigte auf den jungen Schüler auf dem Hocker und fuhr fort: *„Mein ausgewählter Schüler wird alles, was man wissen muss, an die Tafel schreiben. Ich möchte, dass alle aufmerksam zusehen, zuhören und vor allem darüber nachdenken. Das ist äußerst wichtig."*

Mit diesen Worten wandte er sich wieder dem kleinen Israel zu (denn das war der Name der auserwählten Nation) und sagte: *„Schreib, was ich dir sage und nur das, was ich dir sage."*

**Die auserwählte Nation**

Die Bibel sagt, dass JAHWE sich eine Nation erwählte, durch die er zu der Welt sprechen wollte, damit…

> …alle Völker der Welt erkennen, dass JAHWE der alleinige Gott ist. 1.Könige 8,60 (NeÜ)

Dies geschah nicht, weil Israel würdiger gewesen wäre als andere Völker.

> „JAHWE war euch nicht deshalb zugeneigt, weil ihr größer als alle Völker wärt – ihr seid ja das kleinste unter ihnen –, sondern weil er euch liebte und den Eid halten wollte, den er euren Vätern geschworen hat…" 5.Mose 7,7-8 (NeÜ)

## 3 Plagen und Prophetie

Als Mose und Aaron die Freilassung von Gottes *auserwähltem Volk* forderten, stießen sie damit beim Pharao auf taube Ohren. Deswegen sagte der HERR zu Mose:

> „Geh morgen früh zu ihm, wenn er ans Wasser hinunter geht.… Tritt dem Pharao am Ufer des Nils entgegen! Sag zu ihm: ‚JAHWE, der Gott der Hebräer, hat mich zu dir geschickt und fordert dich auf: Lass mein Volk ziehen…! Aber bis jetzt

> *hast du nicht darauf gehört. So spricht Jahwe: Jetzt wirst du merken, dass ich, Jahwe, es bin. Pass auf! Ich werde… das Wasser im Nil schlagen, und es wird sich in Blut verwandeln. Dann werden die Fische im Nil verenden und der Fluss wird stinken, so dass die Ägypter sich ekeln, Nilwasser zu trinken.'"*
>
> *2.Mose 7,15-18 (NeÜ)*

Indem er einen ihrer Götter, den Nil, in Blut verwandelte, traf der Herr mitten ins Herz der ägyptischen Religion. Er machte ihren Gott zum Gestank in Form des ekelerregenden Flusses! Damit zog der Herr eine deutliche Trennungslinie, die eine klare Aussage hatte: Jahwe war nicht wie die anderen Gottheiten Ägyptens! Er war anders, völlig anders! Jeder sollte verstehen, dass der Herr weitaus mächtiger war als der Gott des Nils.

Der Pharao hätte in diesem Moment innehalten und sagen können: „Langsam! Ich sollte besser mehr über diesen Gott Jahwe herausfinden. Er scheint sehr mächtig zu sein. Wo ist dieser Mose? Ich muss sofort mit ihm reden." Doch stattdessen vertraute der Pharao weiterhin seiner eigenen Logik. Das…

> *…Herz des Pharaos [wurde] hart…. Er hörte nicht auf Mose… und nahm sich auch dies nicht zu Herzen.*
>
> *2.Mose 7,22-23 (NLB)*
>
> *Da sagte Jahwe zu Mose: „Geh zum Pharao und sage ihm: ‚So spricht Jahwe: Lass mein Volk ziehen… Wenn du dich weigerst, dann pass auf! Ich werde eine Froschplage über dein ganzes Land kommen lassen. Der Nil wird von Fröschen wimmeln; sie werden das Wasser verlassen und in deinen Palast kommen, in dein Schlafzimmer und in dein Bett. Auch in die Häuser deiner Beamten und des ganzen Volkes werden sie kommen und sich in die Backtröge und Backöfen setzen.'"*
>
> *2.Mose 7,26-28 (NeÜ)*

**Propheten**

Bevor wir weiter fortfahren, müssen wir zunächst einen Augenblick über etwas nachdenken, das von enormer Bedeutung ist. Stellen wir uns vor, zwei Männer würden in einer der großen Hauptstädte der Welt auftreten und behaupten, alles Wasser im örtlichen Fluss werde sich in Blut verwandeln. Wenn es überhaupt in den Zeitungen erwähnt würde, wäre es nicht mehr als eine Randnotiz und die Männer würden als „Spinner" abgetan. Doch wenn dieses Ereignis wirklich einträfe, wären sie über Nacht auf allen Titelseiten! Die Männer stünden ab dann unter ständiger Beobachtung der Öffentlichkeit. Jeder würde herausfinden wollen, ob die beiden nur Glück hatten oder ob man sie ernst nehmen musste.

Angenommen, diese Männer würden in der folgenden Woche ankündigen, dass das ganze Land von Fröschen überrannt wird. Es wäre das Gesprächsthema Nr. 1 und jeder würde genau verfolgen, was geschieht. Und käme die Froschplage tatsächlich, die Sensation wäre perfekt! Von nun an würde man ihr Wort ernst nehmen, egal ob es sich um eine Voraussage handelt oder nicht.

Genau das war bei Mose und Aaron der Fall, allerdings nicht nur zweimal, sondern gleich mit Dutzenden von Prophezeiungen. Zuerst wurden sie detailliert vorausgesagt und danach trafen sie genau so ein. Und um jeden Zweifel auszuräumen, ließ Gott Mose Ereignisse voraussagen, von denen einige direkt nach Moses Tod eintrafen und andere später durch die Jahrhunderte hindurch bis in die heutige Zeit. Wir werden im weiteren Verlauf auf einige dieser Ereignisse zu sprechen kommen. Mathematiker stimmen darin überein, dass die Wahrscheinlichkeit einer zufälligen Erfüllung dieser Voraussagen so dermaßen gering ist, dass dies als schlicht unmöglich angesehen werden kann.[4]

Das ist deshalb so bedeutsam, weil Gott auf diese Weise alle 40 Schreiber der Bibel bestätigte. Als Gott sie beauftragte, eine Botschaft aufzuschreiben, bestückte er diese mit prophetischen Elementen, deren Erfüllung die gesamte Botschaft beglaubigte. Deshalb nannte man diese Menschen *Propheten.* Einer der hebräischen Schreiber notierte in Bezug auf diese 40 Männer:

> *Früher hat Gott… durch Propheten zu unseren Vorfahren gesprochen.* Hebräer 1,1 (NeÜ)

Erfüllte Prophetien waren ein wirkungsvoller Test, um herauszufinden, ob ein Schreiber vertrauenswürdig war oder nicht. Wenn die von ihm aufgezeichnete Prophezeiung tatsächlich eintraf, dann wurde auch alles andere von ihm Geschriebene als zuverlässig erachtet. Weil zum Beispiel die Prophezeiungen von Mose mit absoluter Genauigkeit eintrafen, wurde auch alles andere, was er schrieb (die Erschaffung des Universums, wie die Sünde in die Welt kam, das zukünftige Gericht usw.), als zuverlässige Tatsache angesehen.

Um zu verhindern, dass Schwindler eigene Voraussagen ausheckten und sie als Heilige Schrift ausgaben, gab der HERR folgende Anweisung:

> *„Wenn der Prophet im Namen des HERRN etwas verkündet, und es erfüllt sich nicht und trifft nicht ein – das ist ein Wort, das der HERR nicht gesprochen hat."* 5.Mose 18,22 (ZB)

Sie mussten zu 100% zutreffen und zwar jedes Mal, ohne den geringsten Fehler.

*„Doch der Prophet, der sich anmaßt, in meinem Namen zu verkünden, was zu verkünden ich ihm nicht geboten habe, oder der im Namen anderer Götter spricht, dieser Prophet soll sterben."* 5.Mose 18,20 (NeÜ)

Mit anderen Worten, die Voraussagen des Propheten mussten zu 100% eintreffen, damit er als Sprachrohr des HERRN anerkannt wurde. War dem nicht so, ging man davon aus, dass seine Botschaft entweder seiner eigenen Fantasie entsprang oder von einer anderen Gottheit kam. In diesem Fall musste der Prophet mit dem Tod bestraft werden. Solche absoluten Maßstäbe schreckten falsche Propheten natürlich ab.

Weil jeder der 40 Propheten genaue Voraussagen machte, die sich auf erstaunliche Weise erfüllten, wurde auch alles, was sie über ein erfülltes Leben, die Lösung der Sündenschuld, das Jenseits und andere Dinge zu sagen hatten, als zuverlässig und direkt von JAHWE kommend angesehen.

Das ist ein weiterer Grund, warum die Bibel so einzigartig ist. Es sollte auch uns dazu bewegen, ernsthaft über das nachzudenken, was wir lesen.

## Zutreffend

Die Prophezeiungen von Mose trafen zu 100% ein. Als er voraussagte, der HERR würde eine Froschplage schicken,...

*...kamen so viele Frösche heraus, dass sie das ganze Land bedeckten.* 2.Mose 8,2 (NeÜ)

Mose und Aaron hätten es sicherlich in die Schlagzeilen der ägyptischen Tageszeitungen geschafft. Folglich glaubten die Menschen nicht nur ihren Voraussagen, sondern auch allem, was Mose über das Leben und den Tod zu sagen hatte. Später schrieb Mose:

*Und Israel sah, wie der HERR mit mächtiger Hand an Ägypten gehandelt hatte, und das Volk fürchtete den HERRN; und sie glaubten an den HERRN und an Mose, seinen Diener.*
2.Mose 14,31 (ZB)

## Der Herr gegen die Götter

Diese Plagen setzten einen Kreislauf in Gang. Gott mahnte den Pharao, die Israeliten ziehen zu lassen; der Pharao weigerte sich, und Gott schickte Plagen, die jeweils einen weiteren ägyptischen Gott trafen. Nicht jede Gottheit lässt sich eindeutig bestimmen, aber ich möchte die wahrscheinlichsten nennen:

Zuerst wurde das Wasser in *Blut* verwandelt, was Hapi, den Gott des Nils, demütigte.

Dann sandte Gott Unmengen von *Fröschen* – in alle Winkel und Ecken. Im Essen, in den Betten, überall waren Frösche. Diese Plage schlug Heket, die froschköpfige Göttin des Lebens, der Geburt und Wiedergeburt. Es war, als würde der HERR sagen: *„Wenn ihr darauf besteht, einen Frosch anzubeten, bitteschön, hier sind eine Menge davon!"* Jedem muss Heket wohl etwas überdrüssig gewesen sein, als die Plage vorüber war.

Auf die Frösche folgten Schwärme von aggressiven *Schnaken*[5]. Dann lösten *Stechfliegen* die Schnaken ab. Diese Insekten verunreinigten die Ägypter, was für sie ein schwerer Schlag war. Denn sie mussten rituell rein sein, um ihre Gottheiten verehren zu können.

Dann wurde das *Vieh* von einer Seuche geschlagen und starb. Die Ägypter beteten verschiedene Gottheiten in Rindergestalt an, unter anderem Apis, den heiligen Stier und Hathor, die Kuhgöttin. Doch als JAHWE das Vieh vernichtete, fehlte jenen Tiergottheiten jegliche Macht, um dieses außergewöhnliche Gericht Gottes aufzuhalten. JAHWE, der HERR, war größer als sie alle.

Nach der verheerenden Plage über das Vieh folgten bei den Menschen eitrige *Geschwüre.* Dies war ein direkter Schlag gegen die vielen Gottheiten, die die Gesundheit erhalten sollten. Der HERR zeigte den Menschen, dass ihr Leben und ihre Reinheit von ihm abhängig waren.

## Ihr sollt wissen

Die Bibel widmet dem Bericht über die Plagen viele Seiten, aber der Kürze halber reicht es aus, festzuhalten, dass auf jede Plage das gleiche Szenario folgte. Jedes Mal konfrontierte Mose den Pharao aufs Neue:

> *„So spricht JAHWE, der Gott der Hebräer: Lass mein Volk ziehen, damit es mir dient! Diesmal werde ich dich mit meinen Plagen ins Herz treffen, dich, deine Hofbeamten und dein Volk. Du sollst erkennen, dass niemand auf der ganzen Erde mir gleichkommt.*
>
> *Du stellst dich immer noch gegen mein Volk und lässt es nicht ziehen. Morgen um diese Zeit werde ich einen so schweren Hagel kommen lassen, wie es ihn noch nie gegeben hat, solange Ägypten besteht."* 2.Mose 9,13-14+17-18 (NeÜ)

Diese Plage richtete sich gegen Schu, den Gott der Atmosphäre; gegen Set, den Gott des Windes und des Sturms und vielleicht auch gegen Baal, den Gott des Donners.

Mit jeder neuen Plage, die folgte, wurde immer deutlicher, dass JAHWE nicht nur die Erde beherrschte, sondern auch Herr des gesamten Universums war.

### JAHWE hält sein Wort

Inzwischen waren einige Ägypter bereit, dem Gesagten Beachtung zu schenken. Als sie von dem drohenden *Hagel* hörten,...

> *...schenkten einige der Minister des Pharaos der Ankündigung des HERRN Glauben. Sofort ließen sie ihre Sklaven und ihr Vieh unter einem Dach Schutz suchen.* 2.Mose 9,20 (NLB)

Sie hatten gelernt, dass JAHWE sein Wort hält.

> *So ließ JAHWE den Hagel auf Ägypten niedergehen.... Einen so schweren Hagel hatte es noch nie gegeben, solange Ägypten eine Nation war.* 2.Mose 9,23-24 (NeÜ)

Selbst der Pharao war gezwungen, sich den Tatsachen zu stellen.

> *Da ließ der Pharao Mose und Aaron rufen und sagte ihnen: „Diesmal habe ich mich schuldig gemacht. JAHWE ist im Recht, ich und mein Volk sind im Unrecht. Betet zu JAHWE! Die Donnerstimme Gottes und der Hagel, das ist zu viel. Ich will euch ziehen lassen. Niemand wird euch zurückhalten."* 2.Mose 9,27-28 (NeÜ)

Doch der Pharao hielt sein Wort nicht. Obwohl er oft als ein Avatara (ein Gott in menschlicher Gestalt) angesehen wurde, war er nicht wie der HERR. Er log.

> *Als der Pharao sah, dass das Unwetter aufgehört hatte, blieb er bei seiner Sünde. Er und seine Hofbeamten verschlossen ihr Herz. So blieb der Pharao hart und ließ die Israeliten nicht ziehen, wie JAHWE es durch Mose angekündigt hatte.* 2.Mose 9,34-35 (NeÜ)

### Weitere Plagen

Deshalb sandte der Herr eine weitere Plage. Was der Hagel zurückgelassen hatte, wurde jetzt durch Schwärme von *Heuschrecken* aufgefressen. Dies traf insbesondere Osiris, der als der Gott des Ackerbaus und der Fruchtbarkeit galt. Er zählte zu den Lieblingsgöttern der Ägypter. Doch die Antwort des Pharaos blieb die gleiche. Er wollte die *auserwählte Nation* nicht freilassen.

Schließlich holte der HERR zu einem Schlag gegen Re, den Sonnengott, aus. Angeblich der Gott der Götter. JAHWE verhängte einen Fluch, indem er eine solche *Finsternis* über das Land kommen ließ, dass man sie fühlen konnte. Mose schrieb:

> *Keiner sah den anderen. Drei Tage lang stand niemand von seinem Platz auf. Nur die Israeliten hatten Licht in ihren Siedlungen.* 2.Mose 10,23 (NeÜ)

Re wurde bloßgestellt. Gegenüber JAHWE war er absolut machtlos. Mit nur neun Plagen brachte JAHWE, der HERR, das Vertrauen der Menschen gegenüber den ägyptischen Gottheiten völlig zum Einsturz. Alle Nationen der Welt schauten zu, wie die Götter der Ägypter von ihrem Thron gestoßen wurden.

Später berichtete einer der 40 Propheten von der Reaktion eines Volkes, das die Ereignisse aus der Ferne mitverfolgt hatte. Er schrieb:

> *Uns hat ein derartiges Entsetzen vor euch überfallen, dass alle Bewohner des Landes wie gelähmt sind.... Wir haben allen Mut verloren. Keiner von uns wagt es noch, gegen euch zu kämpfen. Ja, euer Gott, JAHWE, er ist Gott im Himmel oben und auf der Erde unten.* Josua 2,9+11 (NeÜ)

Doch der Pharao ließ sich noch immer nicht bewegen. Deshalb sandte Gott noch eine weitere Plage, die zehnte. Dies sollte die verheerendste von allen sein.

## 4 Das Brot und das Lamm

> *Nun hatte JAHWE zu Mose gesagt: „Noch eine Plage will ich über den Pharao und ganz Ägypten bringen. Dann wird er euch ziehen lassen. Ja, er wird euch nicht nur ziehen lassen, sondern euch regelrecht von hier fortjagen...."*
>
> *„So spricht JAHWE: ‚Um Mitternacht werde ich durch Ägypten gehen. Dann werden alle Erstgeborenen in Ägypten sterben, vom ältesten Sohn des Pharao an, der einmal auf seinem Thron sitzen soll, bis zum Erstgeborenen der Sklavin, die an der Handmühle kniet....'"* 2.Mose 11,1+4-5 (NeÜ)

Die letzte Plage war in der Tat die schlimmste und sollte sowohl die Ägypter als auch die Israeliten treffen, sollten sie Gottes Anweisungen nicht befolgen. Um dieses Unglück von ihnen abzuwenden, ließ Gott den Israeliten durch Mose ausrichten:

**Nehmt ein Lamm ...**

> *„...Am zehnten Tag dieses Monats soll jeder für seine Familie ein Lamm aussuchen."* 2.Mose 12,3 (NLB)

**Es muss männlich sein, ohne Fehler.** Es durfte in keiner Weise missgebildet oder fehlerhaft sein. Gott forderte ein vollkommenes Lamm.

> *„Es muss ein einjähriges, männliches Tier ohne Fehler sein – ihr könnt entweder ein Schaf oder eine Ziege nehmen."*
> 2.Mose 12,5 (NLB)

**Tötet das Lamm zu der vereinbarten Zeit.**

> *„Verwahrt die Tiere bis zum 14. Tag des ersten Monats. Dann sollen alle, die zur Gemeinschaft von Israel gehören, ihr Lamm gegen Abend schlachten."* 2.Mose 12,6 (NLB)

**Streicht das Blut an die seitlichen und oberen Türrahmen.**

> *„Sie sollen etwas von dem Blut des Lammes nehmen und an die beiden Türpfosten und den oberen Türbalken des Hauses streichen, in dem sie es essen."* 2.Mose 12,7 (NLB)

**Brecht dem Lamm kein Bein.**

> *„Ihr sollt das Lamm gemeinsam in einem Haus essen. Ihr dürft nichts vom Fleisch des Opferlammes nach draußen tragen und keinen seiner Knochen zerbrechen."* 2.Mose 12,46 (NLB)

**Backt und esst ungesäuertes Brot.**

> *„Sie sollen das Fleisch über dem Feuer braten und noch in derselben Nacht mit bitteren Kräutern und ungesäuertem Brot essen."* 2.Mose 12,8 (NLB)

**Bleibt bis zum Morgen in euren Häusern.**

> *„Keiner von euch darf bis zum Morgen sein Haus verlassen."* 2.Mose 12,22 (NLB)

**Denjenigen, die Gottes Anweisungen befolgten, gab der Herr die Zusage: „Ich werde an euch vorübergehen."**

> *„In dieser Nacht will ich durch Ägypten gehen und alle erstgeborenen Söhne und alle erstgeborenen männlichen Tiere töten.* ***Ich will alle Götter Ägyptens richten,*** *denn ich bin der HERR.*
>
> *Das Blut soll ein Zeichen sein an den Häusern, in denen ihr seid: Wenn ich das Blut sehe,* ***werde ich an euch vorübergehen*** *und euch verschonen. Diese Todesplage wird euch nicht treffen, wenn ich Ägypten strafe."* 2.Mose 12,12-13 (NLB)

Gott würde an den Häusern, an die das Blut gestrichen war, vorübergehen.

**Eine Entscheidung**

Die Israeliten standen nun vor der Wahl:

1. Sie konnten dem HERRN vertrauen und seinen Anweisungen folgen oder…
2. Sie konnten ihren eigenen Vorstellungen vertrauen und den schwachen Göttern Ägyptens Glauben schenken.

Auf wen würden sie ihr Vertrauen setzen?

Die Bibel berichtet uns, dass sie die richtige Entscheidung trafen. Wir können uns vorstellen, wie ein Erstgeborener nervös auf dem Schoß seines Vaters saß und angespannt die Lippen zusammenbiss. Andere fragten sich voll Sorge, ob alles gutgehen würde. Doch das tat es! Ihre Rettung basierte nicht auf ihren Gefühlen, sondern auf konkreten Tatsachen. Das ist die Wesensart von biblischem Glauben: Er gründet sich auf Tatsachen, die in der Bibel zu finden sind, nicht auf sich ständig ändernde Gefühle. Die Israeliten brauchten sich nicht zu sorgen. Sie hatten alles genauso gemacht,…

> *…wie der HERR es Mose und Aaron geboten hatte.* 2.Mose 12,28 (ZB)

**Tod**

*Um Mitternacht erschlug Jahwe alle Erstgeburt in Ägypten vom ältesten Sohn des Pharao an, der einmal auf seinem Thron sitzen sollte, bis zum Erstgeborenen des Sträflings im Gefängnis…*

*Der Pharao und alle seine Hofbeamten fuhren aus dem Schlaf, ganz Ägypten schreckte in dieser Nacht hoch. Überall im Land hörte man Wehgeschrei, denn es gab kein Haus, in dem nicht ein Toter war.*

*Noch in der Nacht ließ der Pharao Mose und Aaron zu sich rufen und sagte zu ihnen: „Verlasst sofort mein Volk, ihr und die Israeliten! Geht und dient Jahwe, wie ihr es wolltet! Nehmt eure Schafe, Ziegen und Rinder mit, wie ihr es verlangt habt! Geht und segnet auch mich!"*

*Alle Israeliten machten es genauso, wie Jahwe es Mose und Aaron befohlen hatte. An diesem Tag führte Jahwe die Israeliten… aus Ägypten heraus.* 2.Mose 12,29-32+50-51 (NeÜ)

Gott war zum Pharao gnädig gewesen. Er hatte ihm viele Gelegenheiten gegeben, die Israeliten ziehen zu lassen. Doch der Pharao weigerte sich.

Gott hatte angekündigt, dass er die Ägypter richten würde und genau das tat er auch. Jahwe ist anders als wir. Wir mögen unseren Kindern mit Strafe drohen und sind dann doch nicht konsequent. Der Herr jedoch hält sein Wort immer.

Im Gegensatz dazu erfuhren die Israeliten die Freundlichkeit des Herrn, weil sie ihm glaubten. **Sie nahmen ihn beim Wort.** Als er das Gericht brachte, ging er vorüber, wo immer er das Blut sah. *Die Erstgeborenen blieben am Leben – aber nur, weil ein Lamm gestorben war*. So war es von Anfang an gewesen. *Gott hatte Abels Tieropfer, als Bezahlung für den Tod* ***an Abels Stelle****, angenommen. Als Abraham Isaak opferte, starb ein Schafbock* ***an Isaaks Stelle****. Mit dem Passahmahl starb nun das Lamm* ***anstelle des Erstgeborenen.***

Jedes dieser stellvertretenden Opfer war ein sichtbarer Ausdruck des persönlichen Glaubens an Jahwe als den Retter. Weil diese

Menschen glaubten, dass der HERR vertrauenswürdig war, gehorchten sie ihm. Gott sagte:

> *„Dieser Tag soll für euch ein Gedenktag sein. Ihr sollt ihn als Fest für JAHWE feiern. Das gilt für euch und alle Generationen nach euch."* 2.Mose 12,14 (NeÜ)

> *„Wenn eure Söhne euch künftig fragen, was das bedeutet, dann sollt ihr ihnen sagen: ‚JAHWE hat uns mit starker Hand aus dem Sklavenhaus von Ägypten herausgeführt.'"* 2.Mose 13,14 (NeÜ)

Jedes Jahr beim Passahfest würden die Israeliten daran erinnert werden, dass der HERR ein mächtiger Gott ist, der sein Wort zuverlässig hält. Er ist vertrauenswürdig. Sein bisheriges Handeln zeigt, dass man sich auf ihn verlassen kann. Er ist der Gott, den man sich als Freund wünscht.

Aber nicht nur die Israeliten wurden an diese Tatsachen erinnert. Auch alle anderen Völker, die diese Ereignisse mitbekommen hatten, würden daran erinnert werden. Die *auserwählte Nation* war dabei, ihre Bestimmung im „globalen Lehrsaal" zu erfüllen.

| **Die Gottheiten Ägyptens** | **JAHWE, der Herr** |
|---|---|
| Der Pharao glaubte ihnen | Mose glaubte ihm |
| Hatten nichts zu bieten | Stellte ein Lamm als Stellvertreter zur Verfügung |
| Die Ägypter wurden gerichtet | Die Israeliten wurden gerettet |

# Kapitel 8

1 Das Rote Meer

2 Brot und Wasser

3 Die Zehn Gebote

4 Wehe mir!

5 Zielverfehlung

6 Das goldene Kalb

# 1 Das Rote Meer

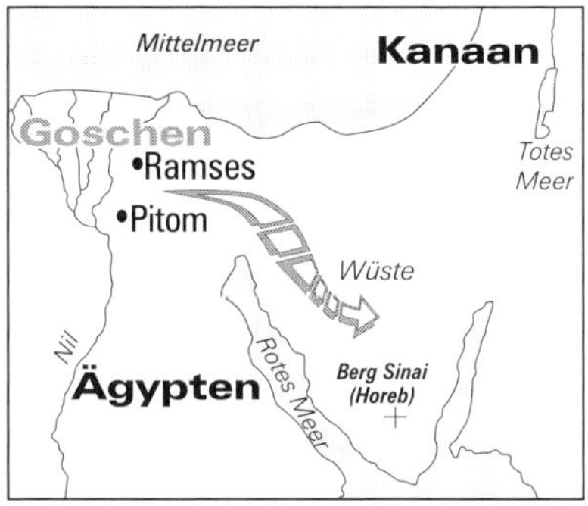


Die Israeliten waren ein unorganisierter Haufen, als sie ihre lange Reise antraten. Die Ägypter trieben ihre Abreise voran, indem sie sie mit Kostbarkeiten überhäuften. Den Israeliten blieb nicht einmal die Zeit, alles ordentlich zusammenzupacken. Sie brachen in großer Eile auf, ihr Vieh vor sich hertreibend. Wenn man diese Umstände auf eine Bevölkerung von 2 ½ Millionen überträgt, ist das Chaos perfekt! Mose war zwar ihr Anführer, aber wie soll man einer solchen Menschenmenge irgendwelche Richtungsanweisungen zurufen? Gott hatte eine Lösung für dieses Problem.

> *Der HERR selbst zog vor ihnen her: am Tag in einer Wolkensäule, um ihnen den Weg zu zeigen, und nachts in einer Feuersäule, um ihnen zu leuchten. So konnten sie bei Tag und bei Nacht wandern.* 2.Mose 13,21 (NLB)

Durch dieses Signalzeichen war jeder in der Lage, sich sofort zu orientieren. Sie brauchten nur nach vorne zu schauen und dieser besonderen Wolke zu folgen, im Vertrauen auf die Führung des HERRN. Das war Massensteuerung im positiven Sinne!

**Skrupel**

Doch kaum hatten die Israeliten sich auf den Weg gemacht, änderte der Pharao seine Meinung. Er sagte:

> *„Was für eine Dummheit haben wir gemacht! Wir haben die Israeliten laufen lassen, unsere Arbeitskräfte!“* 2.Mose 14,5 (GNB)

Der Pharao verlor seine Sklaven und damit seine kostenlosen Arbeitskräfte.

> *So ließ er seinen Streitwagen anspannen und bot seine ganze Kriegsmacht auf.... Die Ägypter jagten mit allen Pferden und*

> *Streitwagen des Pharao, mit seinen Reitern und seiner ganzen Streitmacht hinter ihnen her und holten sie ein, während sie… am Meer lagerten.* 2.Mose 14,6+9 (NeÜ)

Die Israeliten waren eingesperrt zwischen dem Meer auf der einen Seite und der ägyptischen Streitmacht auf der anderen. Sie saßen in der Falle.

> *Als… die Israeliten sahen, dass die Ägypter sie verfolgten, wurden sie von Angst gepackt…*
>
> *Mose antwortete ihnen: „Habt keine Angst! Stellt euch auf und schaut euch an, wie Jahwe euch heute retten wird!"*
> 2.Mose 14,10+13 (NeÜ)

**Rettung**

Mose erinnerte das Volk daran, dass Jahwe ein Retter war, der immer da ist. Die Schrift sagt:

> *…die Wolkensäule, die sonst immer vor ihnen war, stellte sich hinter sie. So kam sie zwischen die beiden Heerlager. Auf der Seite der Ägypter stand eine finstere Wolke, aber auf der Seite der Israeliten erhellte sie die Nacht. So konnten die Ägypter ihnen die ganze Nacht nicht näherkommen.*
>
> *Mose streckte seine Hand über das Meer aus, und Jahwe ließ die ganze Nacht einen starken Ostwind wehen, der das Wasser zurücktrieb. So verwandelte sich das Meer in trockenes Land. Das Wasser hatte sich geteilt. Die Israeliten gingen auf dem Trockenen mitten durchs Meer. Das Wasser stand wie eine Mauer auf beiden Seiten.* 2.Mose 14,19-22 (NeÜ)

Während der Herr die Ägypter zurückhielt, durchquerten die Hebräer trockenen Fußes das Meer. Als sie sicher auf der anderen Seite angekommen waren,…

> *…verfolgten sie die Ägypter. Alle Pferde und Streitwagen des Pharao und alle seine Reiter jagten ins Meer. Kurz vor Tagesanbruch brachte Jahwe… das Heer der Ägypter… durcheinander. Er ließ die Räder ihrer Streitwagen sich lockern und sie nur mühsam vorankommen…*
>
> *Da sagte Jahwe zu Mose: „Streck deine Hand über das Meer aus! Dann wird das Wasser zurückfluten und die Ägypter, ihre Streitwagen und ihre Reiter bedecken."*
>
> *Das Wasser kehrte zurück und bedeckte Wagen und Reiter, die ganze Heeresmacht des Pharao, die den Israeliten ins Meer gefolgt war. Nicht einer von ihnen entkam.*

*Als den Israeliten bewusst wurde, dass Jahwe seine große Macht an den Ägyptern demonstriert hatte, fürchteten sie Jahwe. Sie glaubten an ihn und vertrauten seinem Diener Mose.*
2.Mose 14,23-26+28+31 (NeÜ)

Der zuschauenden Welt zeigte Jahwe, dass er ein Gott war, auf den man in Notsituationen zählen konnte wie auf einen echten Freund.

# 2 Brot und Wasser

Als das Volk Israel Ägypten verließ,…

*…führte Gott es nicht den Weg durch das Land der Philister, obwohl das der kürzeste Weg gewesen wäre, denn Gott dachte: „Wenn das Volk merkt, dass es kämpfen muss, könnte es seine Meinung ändern und nach Ägypten zurückkehren.“ Aus diesem Grund führte Gott… es den Weg durch die Wüste…*
2.Mose 13,17-18 (NeÜ)

In dieser verlassenen Einöde gab es zwar keine Feinde, aber auch sehr wenig Nahrung.

*Und die ganze Gemeinschaft der Israeliten murrte gegen Mose und gegen Aaron in der Wüste…: „Wären wir doch durch die Hand des Herrn im Land Ägypten gestorben, als wir bei den Fleischtöpfen saßen und Brot in Fülle zu essen hatten! Denn ihr habt uns in diese Wüste hinausgeführt, um diese ganze Gemeinschaft verhungern zu lassen!“* 2.Mose 16,2-3 (SCHL)

Die Leute beschwerten sich und wollten sogar in die Sklaverei zurückkehren. Ihre Einstellung Gott gegenüber stimmt traurig, denn der Herr hatte sie aufmerksam versorgt und würde sie auch jetzt nicht im Stich lassen. Sie hätten den Herrn nur um Nahrung zu bitten brauchen, doch stattdessen murrten sie!

### Brot und Wachteln

*Und der Herr sprach zu Mose: „Ich habe die Klagen der Israeliten gehört. Teile ihnen Folgendes mit: ‚Gegen Abend werdet ihr Fleisch zu essen bekommen; morgen früh werdet ihr Brot erhalten und davon satt werden. Dann werdet ihr erkennen, dass ich der Herr, euer Gott, bin.‘“*

*An diesem Abend flog eine große Anzahl Wachteln herbei. Sie ließen sich im ganzen Lager nieder. Am nächsten Morgen lag Tau rings um das Lager. Als der Tau später am Morgen verschwunden war, bedeckten feine Körner – wie Reif – den*

> *Boden. Die Israeliten sahen es und fragten einander: „Was ist das?" Denn sie wussten nicht, was es war. Mose antwortete: „Das ist das Brot, das der HERR euch zum Essen gegeben hat."*
> 2.Mose 16,11-15 (NLB)

Gott versorgte sie mit Fleisch und Brot, und sie brauchten nicht einmal dafür zu arbeiten. Jeden Tag konnten sie das Brot einsammeln und wurden zugleich daran erinnert: *Ein treuer und zuverlässiger Gott sorgt für uns.*

Das Brot war weit mehr als nur Nahrung. Gott sagte:

> *„Auf diese Weise will ich prüfen, ob sie meine Anweisungen befolgen oder nicht."* 2.Mose 16,4 (NLB)

Es war eine weitere dieser „Vertrauensproben". Gott teilte ihnen mit, sie sollten nur so viel Brot sammeln, wie sie an einem Tag essen konnten. Eine einfache Anweisung, ähnlich der, die er Adam und Eva im Garten Eden gegeben hatte.

> *Sie aber hörten nicht auf Mose, und einige hoben davon bis zum Morgen auf, aber es wurde voller Würmer und stank.*
> 2.Mose 16,20 (ZB)

Es war eine einfache Lektion ohne größere Auswirkungen. Aber durch sie lernte das Volk, dass JAHWE zu seinem Wort steht und man sich auf ihn verlassen konnte. Ungehorsam dagegen steckte voller Gefahren.

So spricht der HERR,… der Heilige Israels:

> *„Ich, der HERR, dein Gott, bin es, der dich lehrt, zu deinem Nutzen, der dich den Weg betreten lässt, den du gehen sollst."*
> Jesaja 48,17 (ZB)

**Wasser**

> *Nach dem Befehl Jahwes brach die Gemeinschaft der Israeliten das Lager in der Wüste Sin ab. Sie zogen weiter, von einem Lagerplatz zum anderen. Als sie ihr Lager in Refidim aufschlugen, fanden sie kein Trinkwasser. Da machten sie Mose schwere Vorwürfe und forderten: „Gib uns Wasser zum Trinken!" Mose erwiderte: „Was streitet ihr mit mir? Warum stellt ihr Jahwe auf die Probe?" Aber die Israeliten quälte der Durst. So murrten sie gegen Mose und sagten: „Wozu hast du uns überhaupt aus Ägypten herausgeführt? Willst du uns und unsere Kinder und unser Vieh vor Durst umkommen lassen?"*
>
> *Da schrie Mose zu Jahwe: „Was soll ich nur mit diesem Volk machen? Es fehlt nicht viel, dann steinigen sie mich!"*
> 2.Mose 17,1-4 (NeÜ)

So viel zum Lernen aus Fehlern. Das Volk nörgelte und murrte schon wieder, nur dieses Mal ging es um Wasser.

> *Jahwe antwortete ihm: „…Nimm den Stab in die Hand, mit dem du auf das Nilwasser geschlagen hast. Dort drüben, auf dem Felsen am Horeb werde ich vor dir stehen. Dann sollst du an den Felsen schlagen. Es wird Wasser herauskommen, und das Volk kann trinken."*
>
> *Mose machte es so, und zwar vor den Augen der Ältesten Israels.* 2.Mose 17,5-6 (NeÜ)

Gelegentlich sieht man eine künstlerische Darstellung dieses Wunders. Darauf sieht man Mose mit erhobenem Stab neben einem Felsen stehen, aus dem ein kleiner Bach fließt. Doch in Wirklichkeit muss es sich um eine beeindruckende Quelle gehandelt haben. Wir reden von einer riesigen, durstigen Volksmenge, ganz zu schweigen von ihrem Vieh. Dies war kein Bächlein, sondern ein mächtiger Strom! Die Bibel berichtet:

> *Er öffnete den Felsen; da floss Wasser heraus. Es lief wie ein Strom in die Wüste.* Psalm 105,41 (NeÜ)

**Gnade**

Wieder hatte sich der HERR um die Bedürfnisse der Menschen gekümmert, obwohl sie sich unverschämt und fordernd benommen hatten. Gott hätte durchgreifen können und den Israeliten mitteilen, sie sollen sich am Riemen reißen. Doch stattdessen erwies der Herr ihnen Gnade (unverdiente Liebe). Er gab ihnen Gelegenheit, ihn besser kennenzulernen.

Wir mögen den Israeliten vorwerfen, sich wie ungezogene Kinder verhalten zu haben. Doch das Problem bestand größtenteils darin, dass sie nicht wussten, *wie* sie sich verhalten sollten. Ihnen war nicht klar, was Recht oder Unrecht ist. Wie kleine Kinder brauchten sie jemand, der ihnen alles erklärte. Und genau das wollte Gott tun.

## 3 Die Zehn Gebote

Wie kommt es, dass manches Verhalten als richtig und anderes als falsch angesehen wird? Was macht Sünde aus? Darüber wird seit jeher diskutiert. Um der Verwirrung ein Ende zu bereiten, entschied sich der HERR für eine weitere bedeutende Enthüllung seines Wesens. Um bei dem Bild des „globalen Lehrsaals" zu bleiben: Die ausgewählte Nation war aufgefordert, die Definition des einzigartigen Gottes in Bezug auf die Begriffe *gerecht*, *sündlos* und *rein* an die Tafel zu schreiben. Der Mensch sollte lernen, was es bedeutet, das Bild Gottes widerzuspiegeln.

## Eine bildliche Veranschaulichung

> *Etwa zwei Monate nachdem sie Ägypten verlassen hatten, erreichten die Israeliten die Wüste Sinai… und schlugen dort am Fuß des Berges Sinai ihr Lager auf.* 2.Mose 19,1-2 (NLB)

Der HERR wies Mose an:

> *„Zieh eine Grenzlinie und warne die Israeliten: ‚Wagt es nicht, auf den Berg zu steigen oder ihn auch nur zu berühren.'"* 2.Mose 19,12 (NLB)

Die Grenzlinie veranschaulichte die Trennung zwischen Gott und den Menschen aufgrund der Sünde. Jeder, der diese Linie überschritt, sollte sterben.

> *Am Morgen des dritten Tages begann es zu donnern und zu blitzen und eine dichte Wolke umgab den Berg. Ein gewaltiger Posaunenschall ertönte, sodass alle Israeliten im Lager vor Angst zitterten.* 2.Mose 19,16 (NLB)

Filmemacher gebrauchen Musik und Effekte, um das Thema ihrer Produktion in Szene zu setzen. Auch JAHWE bereitete sorgfältig die Bühne vor, um den Menschen die Tatsache vor Augen zu führen, dass er ein gewaltiger Gott ist und seine Reinheit nicht auf die leichte Schulter genommen werden kann.

> *Der ganze Berg Sinai war in Rauch gehüllt, denn der HERR war im Feuer auf ihn herabgekommen.* 2.Mose 19,18 (NLB)

Der HERR sprach vom Gipfel des Berges aus und gab Mose und dem Volk zehn Gebote. In vier dieser Gebote ging es um das Verhältnis zwischen Mensch und Gott. Die anderen sechs regelten das zwischenmenschliche Verhalten.

Jedes der Gebote beschreibt einen Weg, auf dem Vertrauen aufgebaut und aufrechterhalten werden konnte. Wie wir gesehen haben, ist *Vertrauen* die Grundlage jeder echten Freundschaft, ob in der Familie, in Geschäftsbeziehungen oder in der Politik. Ohne Vertrauen zerbrechen Beziehungen. Dies führt zu Zorn und Angst, Verletzungen und Problemen, Verbitterung und Streit. Letztendlich beschreiben diese zehn Gebote die Sicht des HERRN in Bezug auf Recht und Unrecht. Folgende Liste übergab JAHWE an Mose:

### 1. Gebot

> *„Ich bin der HERR, dein Gott,… Du sollst außer mir keine anderen Götter haben."* 2.Mose 20,2-3 (NLB)

Natürlich würde JAHWE, der HERR, die Verehrung von Satan verbieten, der…

*…der Gott dieser Welt [ist]…* 2.Korinther 4,4 (NeÜ)

Der Teufel ist ein Lügner und ein Zerstörer von Beziehungen, sei es in der Familie, zwischen Freunden oder ganzen Völkern. Ihn zu verehren ist absolut unklug. Man kann ihm nicht trauen. Aber dieses Gebot bezog sich nicht nur auf Satan. Es war, als würde der Herr den Israeliten sagen: *„Ihr tut gut daran, dass ihr mich als euren Gott verehrt, denn ich bin* Jahwe. *Doch vertraut nicht den ägyptischen Gottheiten noch irgendwelchen anderen Göttern. Es ist grundverkehrt, anderen Gottheiten Ehre zu erweisen. Dies zählt zu den Dingen, die ich als Sünde bezeichne."* Aber warum stellte sich Jahwe, der Herr, so gegen die Verehrung anderer Götter? Konnte man denn nicht den Herrn verehren und nebenher noch ein paar andere Gottheiten?

Die Antwort auf diese Frage hat mit dem Ursprung aller anderen Gottheiten zu tun, wen sie verkörpern und wer dahinter steckt. Mit diesem Thema werden wir uns noch beschäftigen. Für den Moment genügt es zu wissen, was Jahwe eindeutig herausgestellt hat:

*Der Herr aber ist wahrhaftig Gott, er ist ein lebendiger Gott und ewiger König.…* Jeremia 10,10 (ZB)

Das Bild Jahwes konnten die Menschen nur widerspiegeln, wenn sie einzig und allein ihn verehrten. Nämlich denjenigen, der Abraham, Isaak und Jakob sein Versprechen gegeben hatte. Einer anderen Gottheit zu vertrauen, war ein grobes Vergehen. Es war Sünde.

Manche Leute glauben, dass die verschiedenen Gottheiten letztlich nur unterschiedliche Manifestationen desselben höchsten Wesens sind. Wie wir sehen werden, schließt die Bibel diese Möglichkeit aus.

Andere verehren die Geister von Bäumen, Flüssen oder verstorbenen Vorfahren. Die Bibel sagt nachdrücklich, dass allein der Herr angebetet werden darf. Nur ihm gebührt die Ehre.

**2. Gebot**

*„Du sollst dir kein Götzenbild anfertigen von etwas, das im Himmel, auf der Erde oder im Wasser unter der Erde ist. Du sollst sie weder verehren noch dich vor ihnen zu Boden werfen…"* 2.Mose 20,4-5 (NLB)

Dieses Gebot hat zwei Aspekte.

❖ Gott verbot den Menschen, sich vor Statuen, Bildnissen oder Ikonen zu verbeugen, die **ihn höchstpersönlich** darstellen sollten.

*„Ich bin Jahwe, das ist mein Name! Diese Ehre lass ich mir von niemandem nehmen. Den Götzen gebe ich nicht mein Lob."*
*Jesaja 42,8 (SCHL)*

Einige der Religionen, die vorgeben der Bibel zu folgen, schließen die Verehrung von Bildern, Statuen und Ikonen mit ein. Für sie sind sie nur eine Darstellung des HERRN. Doch Gott stellte sich gegen diejenigen, die eine Abbildung von ihm anbeteten. Denn der Mensch neigte von Natur aus dazu, das Bild anstatt den HERRN selbst zu verehren.

*Sie dienten ihren Götzen, und die wurden ihnen zur Falle.*
*Psalm 106,36 (NeÜ)*

Außerdem ist der HERR ein Geistwesen. Somit würde jede bildliche Darstellung von ihm der Phantasie des Menschen entspringen.

❖ Das Verbot des HERRN erstreckte sich nicht nur auf die Anbetung von Bildern, die ihn darstellen sollten, sondern es bezog sich auch auf die Verehrung von Bildern, Ikonen und Abbilder anderer Götter.

*„Darum sollt ihr neben mir keine Götter aus Silber machen, auch Götter aus Gold sollt ihr euch nicht machen."*
*2.Mose 20,23 (SCHL)*

Der Grund, warum der HERR die Verehrung von Geistern, Götzen oder anderen Gottheiten verbot, hat mit ihrer Identität zu tun. Als sich der Funkelnde gegen JAHWE auflehnte, schlossen sich ein Drittel aller Engelswesen seiner Revolte an. Wie wir gesehen haben, wurden diese rebellischen Geistwesen aus dem Himmel geworfen. Der Funkelnde wurde zum Teufel und die aufständischen Engel zu Dämonen. Der HERR untersagte die Anbetung jeglicher anderer Gottheiten, weil sie in Wirklichkeit Dämonen waren.

*„…was den Götzen geopfert wird, wird den Dämonen geopfert und nicht dem wahren Gott. Und ich möchte nicht, dass ihr in Verbindung mit Dämonen kommt."* *1.Korinther 10,20-21 (NGÜ)*

Wir haben bereits gesehen,…

*…Satan selbst tarnt sich als Engel des Lichts.*
*2.Korinther 11,14 (NGÜ)*

Auf gleiche Weise geben sich Dämonen als Gottheiten aus, in Form von Götzen. Mir wurden schon Götzenstatuen gezeigt, auf deren Rückseite sich ein Loch befand, damit ein Geist beliebig ein- und ausfahren konnte. Diese Götzen dienten sozusagen als Masken für Dämonen. Aber Masken dienen nur einem Zweck:

Sie sollen etwas verstecken und täuschen. Sowohl Satan als auch seine Dämonen sind Betrüger. Man kann ihnen nicht trauen. Zu unserem Besten möchte der HERR nicht, dass wir uns…

> *…irreführenden Geistern zuwenden und auf Lehren hören, die von dämonischen Mächten eingegeben sind.*
>
> *1.Timotheus 4,1 (NGÜ)*

Stattdessen sind wir aufgefordert, dem HERRN zu vertrauen, dem…

> *…Gott, der nicht lügt…* *Titus 1,2 (ELB)*

Das Problem mit den Götzen liegt darin, dass sie Teil der dämonischen Täuschung sind. Die Bibel fordert uns auf, innezuhalten und nachzudenken! Sie beschreibt einen Menschen, der sich einen Götzen aus Holz anfertigt:

> *Den einen Teil des Holzes verbrennt er; auf dem Feuer brät er sich Fleisch und isst sich an dem Braten satt. Er sitzt am Feuer und sagt: „Ah, das wärmt! Was für ein schönes Feuer!" Aus dem anderen Teil macht er sich einen Gott und wirft sich davor nieder. Er betet zu dem Holz und sagt: „Rette mich! Du bist doch mein Gott."*
>
> *Wer sich ein Götzenbild macht, denkt nicht darüber nach, was er tut; sonst würde er zur Einsicht kommen und sagen: „Die Hälfte des Holzes habe ich verbrannt, über dem Feuer habe ich Fleisch gebraten und in der Glut mein Brot gebacken. Und da sollte ich aus der anderen Hälfte einen Götzen machen, mich vor einem Holzklotz niederwerfen?"… „Das ist doch Lug und Trug, was ich da in der Hand halte!"*
>
> *Jesaja 44,16-17+19-20 (GNB)*

Die Bibel sagt, dass ein Götze eine Lüge ist, ausgeheckt von Dämonen.

> *…Götzen sind ja nur Silber und Gold, Werke, von Menschen gemacht.*
> *Sie haben Münder, die nicht reden,*
> *Augen, die nicht sehen,*
> *Ohren, die nicht hören,*
> *und Nasen, die nicht riechen.*
> *Sie haben Hände, die nicht greifen,*
> *und Füße, die nicht gehen.*
> *Aus ihren Kehlen kommt kein Laut.*
> *Wer solches macht, auf sie vertraut,*
> *wird ihnen gleich.* *Psalm 115,4-8 (NeÜ)*

Der HERR möchte, dass die Menschen ihm vertrauen, nicht dämonischen Gottheiten, die sich hinter leblosen Götzen verstecken.

Die Bibel hätte noch sehr viel zu diesem Thema zu sagen, aber es ist bereits deutlich geworden, dass es verkehrt ist, einem Götzen Respekt und Ehre zu erweisen. Es ist Dämonenverehrung und damit Sünde. Außerdem wird das Bild Gottes, das der Mensch widerspiegeln sollte, entstellt.

> Götzen können sehr unterschiedlich sein. Man kann auch Tiere, die Erde, Geld, Musik, Familie, gesellschaftliche Stellung, Bildung, Karriere, sein Haus oder Auto und eine schier endlose Zahl anderer „Dinge" verehren.

### 3. Gebot

*„Du sollst den Namen des HERRN, deines Gottes, nicht missbrauchen, denn der HERR wird den nicht ungestraft lassen, der seinen Namen missbraucht."* 2.Mose 20,7 (ZB)

Die Menschheit sollte den HERRN in seiner Heiligkeit achten. Wir haben bereits gelernt, dass das Wort *heilig* so viel wie „einzigartig", „herausstechend" oder „abgesondert" bedeutet. Gott wollte nicht, dass die Menschen seinen Namen entwürdigend oder lästerlich verwenden. Er sollte nicht zu einem weit verbreiteten Schimpfwort degradiert werden. Ein solches Verhalten spiegelt Respektlosigkeit wider und ist Sünde.

Das 3. Gebot war eindeutig. Man muss den Höchsten wertschätzen, sonst kann man JAHWES Gerechtigkeit nicht widerspiegeln.

> Wenn wir je gesagt haben: „So Gott will, werde ich dies oder jenes tun!", ohne dabei vorgehabt zu haben, unser Wort auch zu halten, haben wir Gottes Namen damit gering geschätzt und dieses Gebot gebrochen. Wenn wir jemals gesagt haben: „In Gottes Namen, ich bin das nicht gewesen!", obwohl wir wussten, dass wir schuldig waren, haben wir seinen Namen missbraucht.

### 4. Gebot

*„Denke an den Sabbattag und halte ihn heilig. Sechs Tage sollst du arbeiten und all deine Arbeit tun; der siebte Tag aber ist ein Sabbat für den HERRN, deinen Gott. Da darfst du keinerlei Arbeit tun…"* 2.Mose 20,8-10 (ZB)

Gott teilte den Israeliten mit, dass sie den siebten Tag (den Samstag) als Ruhetag einhalten sollten. Dieser besondere Tag sollte für alle anderen im „globalen Lehrsaal" die Erinnerung daran sein, dass Gott die Israeliten als beispielhafte und einzigartige Botschafter für sich erwählt hatte. In der Bibel lesen wir dazu Folgendes:

> *„Du aber, rede zu den Israeliten und sprich: Meine Sabbate sollt ihr halten. Denn das ist ein Zeichen zwischen mir und euch von Generation zu Generation, damit man erkennt, dass ich der Herr bin, der euch heiligt."* 2.Mose 31,13 (ZB)

Gott wollte, dass die Israeliten den Sabbat halten. Dies sollte auch zur Unterscheidung von den anderen Völkern dienen.

**5. Gebot**

*„Ehre deinen Vater und deine Mutter!..."* 2.Mose 20,12 (NeÜ)

Nicht nur der Herr sollte geehrt werden. Kinder sollten genauso ihre Eltern achten. In einer gesunden Familie haben Widerworte, Ungehorsam, Streiterei, Schmollen oder Kritiksucht keinen Platz. Solche Verhaltensweisen und Einstellungen sind ein Zeichen von Respektlosigkeit. Die Familie sollte sich als ein Ort des Friedens und nicht der Feindseligkeit auszeichnen. Es ging nicht nur darum, dass Kinder ihren Eltern vertrauen, sondern, dass diese sich auch als vertrauenswürdig erweisen. Gott wollte eine familiäre Umgebung, die Sicherheit vermittelt und in der sich Kinder entfalten können.

**6. Gebot**

*„Du sollst nicht morden."* 2.Mose 20,13 (GNB)

Gott hatte den Menschen nach seinem Bild geschaffen, daher war es Unrecht, wenn ein Mensch einem anderen das Leben nahm.

Es ist auch nicht so, wie einige glauben, dass ein Mensch, der getötet wird, einfach an anderer Stelle erneut zur Welt kommt. Die Bibel sagt: Jeder Mensch besitzt nur ein Leben, und mit dem sollte sehr behutsam umgegangen werden. Es ist unrecht, einen anderen Menschen umzubringen.

Der Herr bezieht sich dabei nicht nur auf den eigentlichen Mord. Für ihn geht es auch um die Absicht hinter der Tat. Die Bibel sagt:

> *[Gott]... richtet und beurteilt die geheimen Wünsche und Gedanken unseres Herzens.*
>
> *Vor Gott ist ja nichts verborgen. Alles liegt nackt und bloß vor den Augen dessen da, vor dem wir Rechenschaft ablegen müssen.* Hebräer 4,12-13 (NeÜ)

Weil Jahwe das Herz ansieht, legt er Mord viel umfassender aus, als wir dies tun.

> *„Ihr wisst, dass… gesagt worden ist: ‚Du sollst keinen Mord begehen! Wer einen Mord begeht, soll vor Gericht gestellt werden.'*
>
> *Ich aber sage euch: Jeder, der auf seinen Bruder zornig ist, gehört vor Gericht. Und wer zu ihm sagt: ‚Du Idiot', der gehört ins Feuer der Hölle."* Matthäus 5,21-22 (NGÜ)

Aus Gottes Sicht nahm jemand bereits die Rolle eines Mörders ein, sobald er die Selbstbeherrschung verlor oder ungerechtfertigt zornig wurde. Sein Wutausbruch und Zorn würde jegliche Beziehung zum Opfer „töten". An die Stelle von Vertrauen würden Furcht, Scham und Schuld treten.

### 7. Gebot

*„Du sollst nicht ehebrechen."* 2.Mose 20,14 (SCHL)

Gott brachte damit zum Ausdruck, dass die Ehe der einzig akzeptable Platz ist, um Geschlechtsverkehr zu haben und dass die einzig rechtmäßige Person hierfür der Ehepartner ist. Seinen Ehepartner zu betrügen, bedeutet einem engen Freund, der uns vertraut, die Treue zu brechen. So ein Vertrauensbruch zerstört die Atmosphäre des Zutrauens, in der sich Kinder entfalten können und führt zu zerrütteten Familien. Deshalb ist Ehebruch Unrecht.

Doch der HERR geht noch einen Schritt weiter. Weil er das Herz vor Augen hat, weiß er um unsere sündigen Gedanken.

> *„Wer die Frau eines anderen begehrlich ansieht, hat mit ihr schon die Ehe gebrochen – in seinem Herzen hat er es getan."*
> Matthäus 5,28 (BasisBibel)

Das Verlangen, mit jemandem Sex zu haben, mit dem man nicht verheiratet ist, ist dieser Person gegenüber respektlos. Denn sie ist nach Gottes Bild geschaffen. Einem solchen Begehren in seinem Herzen Raum zu geben, bedeutet, dass man das Gebot gebrochen und damit gesündigt hat. Um Gottes Bild widerzuspiegeln, muss man sowohl in seinen Gedanken als auch in seinen Taten rein sein.

### 8. Gebot

*„Du sollst nicht stehlen."* 2.Mose 20,15 (ELB)

Gott wollte keine Gesellschaft, die sich ständig mit Dieben auseinandersetzen muss. Die Furcht vor Diebstahl erzeugt Misstrauen. Jedem gesteht der HERR das Recht auf eigenen Besitz zu und erwartet, dass dies respektiert wird. Die Kategorie des Diebstahls beinhaltet auch Betrug, sei es bei einer Klausur oder in der Steuererklärung. Etwas zu stehlen, auch wenn es noch so klein ist, bedeutet zu sündigen. Gott ist kein Dieb, deshalb möchte er auch nicht, dass Menschen als Diebe leben.

### 9. Gebot

*„Du sollst nichts Unwahres über deinen Mitmenschen sagen."*
*2.Mose 20,16 (GNB)*

Der Mensch ist aufgefordert, stets aufrichtig zu sein, weil Gott nichts mit Unehrlichkeit zu tun hat. Wie wir bereits gesehen haben, sind Satan und seine Dämonen Lügner. Sie sind in ihrem innersten Wesen unehrlich. Gott ist das genaue Gegenteil davon. Er ist vollkommen aufrichtig. Wenn der HERR uns etwas sagt, können wir uns darauf verlassen, dass es wahr ist, weil…

*…Gott unmöglich lügen kann…* *Hebräer 6,18 (BasisBibel)*

Man kann Menschen nur vertrauen, wenn sie die Wahrheit sagen. Weniger als die absolute Aufrichtigkeit bewirkt Misstrauen und Bedenken. Falsche Beschuldigungen, Verleumdungen, Verunglimpfung, Klatsch – all das ist nach Gottes Gesetz sündhaft. Da der HERR kein Lügner ist, will er auch nicht, dass die, die er nach seinem Bild geschaffen hat, Lügen verbreiten.

### 10. Gebot

*„Du sollst den Besitz deines Nächsten nicht begehren: Weder sein Haus, seine Frau, …oder sonst etwas, das deinem Nächsten gehört."*
*2.Mose 20,17 (NLB)*

Der Mensch soll weder den Besitz eines anderen, seine Fähigkeiten oder Aussehen noch sonst irgendetwas von ihm beneiden. Neid führt zu weiteren Sünden und zerstört Vertrauen.

Satan hatte gesagt: „Ich will mich dem Höchsten gleichmachen!" Er beneidete die Stellung Gottes. Zu beneiden, zu begehren oder eifersüchtig zu sein, ist Sünde und für den HERRN absolut unannehmbar. Es ist der Weg, den Satan wählte. Neid ist kein Wesenszug Gottes und sollte auch kein Bestandteil unseres Lebens sein.

**Nun weiß ich…**

Die Zehn Gebote waren damit festgelegt.[1] So wie Gott im Universum Naturgesetze verankert hat, um eine sichere und zuverlässige Welt zu schaffen, so bilden diese Zehn Gebote, die das Miteinander regeln, ein zuverlässiges und sicheres Umfeld für jegliche Beziehung. Jedes einzelne Gebot gründet sich darauf, wer und wie Gott ist. Der Mensch wusste nun, was nötig war, um Gottes Bild – sein sündloses Wesen – widerzuspiegeln.

*Und der Herr sprach zu Mose: „Steig zu mir auf den Berg… Ich will dir die steinernen Tafeln geben, auf die ich meine Gesetze und Gebote aufgeschrieben habe, um mein Volk zu unterweisen.“* 2.Mose 24,12 (NLB)

Der Mensch neigte dazu, die Gebote zu ändern, um Sünde zu relativieren. Deshalb meißelte Gott die Zehn Gebote in Stein. Auch wenn der Mensch im Laufe der Zeit die Auffassung vertrat, kleine Betrügereien seien in Ordnung, blieb es vor dem Gesetzt trotzdem Unrecht.

Jetzt wusste der Mensch, was Jahwe, der Herr, als richtig oder falsch, gut oder schlecht, gerecht oder sündig ansah.

# 4 Wehe mir!

Wenn man sich die unterschiedlichen Weltreligionen anschaut, stellt man fest, dass jede eine eigene Liste hat für das, was richtig und falsch ist. Einige dieser Listen sind relativ kurz, während andere mehrere Bände umfassen und äußerst detailliert sind.

Listen haben einen merkwürdigen Effekt auf uns, insbesondere solche mit Geboten und Verboten. Wir ertappen uns dabei, wie wir die Liste durchgehen und uns fragen, wie gut wir im Befolgen der jeweiligen Anweisung sind. Aber der Zweck der Zehn Gebote unterscheidet sich von jedem anderen moralischen Standard. Wenn wir die gesamte Bibel heranziehen, können wir erkennen, wie der HERR seine Propheten anwies, Fragen wie die folgenden anzusprechen:

*Wie streng müssen die Zehn Gebote befolgt werden?*

*Gibt es irgendwelche Ausnahmen?*

*Angenommen, jemand hat einen Geist oder Götzen verehrt. Wird Gott ihm dies ewig vorwerfen?*

*Was erwartet Gott als vollkommener Gesetzesgeber?*

### Was nötig ist

Als Adam und Eva sündigten, entstellten (oder verdarben) sie das sündlose Bild, nach dem sie geschaffen wurden. Da die Zehn Gebote Gottes *vollkommenes Wesen* offenbaren, sollte die Einhaltung der Gebote den Menschen wieder mit Gott ins Reine bringen. Dies scheint nicht so schwierig zu sein. Doch um das *sündlose Bild* Gottes widerzuspiegeln, gilt:

1. Eine Person muss alle zehn Gebote – jedes einzelne – halten!

   *Und ich erkläre noch einmal: Jeder… ist verpflichtet, das ganze Gesetz zu befolgen.* Galater 5,3 (NeÜ)

Wir können uns nicht einfach ein paar aussuchen und alle anderen ignorieren. Der HERR ist eindeutig. Um Gottes *sündloses Bild* zu repräsentieren, muss man alle Gebote befolgen.

2. Eine Person muss alle zehn Gebote beständig befolgen, denn…

   *…wer das ganze Gesetz befolgt, aber gegen ein einziges Gebot verstößt, macht sich damit am ganzen Gesetz mit allen seinen Geboten schuldig.* Jakobus 2,10 (NGÜ)

Wenn wir ein Gebot nur *einmal* missachten, sind wir in Gottes Augen bereits *nicht mehr* „vollkommen“. Das Bild wurde entstellt. Doch damit die Beziehung wiederhergestellt werden kann, muss die Gerechtigkeit des Menschen der Gerechtigkeit Gottes *entsprechen.*

3. Man ist nicht nur aufgefordert, das gesamte Gesetz zu halten, man ist auch für Sünden verantwortlich, die einem nicht bewusst sind. Gott ließ durch Mose ausrichten:

   *Wenn jemand sich verfehlt und etwas tut, was Jahwe verboten hat, hat er damit Schuld auf sich geladen, auch, wenn er es nicht erkannte.* 3.Mose 5,17 (NeÜ)

Das Brechen des Gesetzes ist wie das Zerschneiden einer Schnur mit zehn Knoten. Man muss nur einen Knoten zerschneiden, um die gesamte Schnur zu durchtrennen. In gleicher Weise braucht man nur ein Gebot zu brechen, um nicht länger vollkommen zu sein.

Ich unterhielt mich einmal mit einem jungen Paar über dieses Thema. Als wir auf diesen Punkt zu sprechen kamen, schlug der junge Mann mit seiner Faust auf den Tisch und fluchte. (Seine Freundin machte ihn darauf aufmerksam, dass er gerade Gottes Gesetz gebrochen hatte, indem er den Namen des HERRN missbrauchte.) Er rief: *„Gott ist unfair! Wenn das der einzige Weg ist, auf dem ich von ihm angenommen werden kann, hat er es unerreichbar gemacht. Ich kann diese Regeln unmöglich alle halten!"* Der junge Mann hatte Recht. Um Gottes Bild widerzuspiegeln, musste er vollkommen sein, so wie Gott vollkommen ist.

Wie sieht also die Lösung für unser Dilemma aus? Auf welchem Weg können wir mit Gott ins Reine kommen? Wie können wir eine Gerechtigkeit erlangen, die der Gerechtigkeit Gottes entspricht, um in seiner heiligen Gegenwart zu leben?

## Selbstgerechtigkeit

Zunächst einmal müssen wir verstehen, dass mit den Zehn Geboten dem Problem der *Selbstgerechtigkeit* entgegengetreten werden sollte, in dessen Griff sich die Menschheit seit der Schöpfung befand. Selbstgerechtigkeit entsteht, wenn man innerlich eine Liste von eingehaltenen Geboten und Verboten abhakt und meint, damit ganz gut dazustehen. In gewisser Hinsicht erschaffen wir uns damit Gott nach unserem Bild, inklusive unserer Sünde. Ein „Gott", der so ist „wie wir", vermittelt uns das Gefühl, dass unser Leben in Ordnung ist.

Mag sein, dass wir als selbstgerechte Menschen nicht prahlen, dennoch halten wir uns für „ziemlich gut". Selbst solche, die einen „verkehrten Weg" eingeschlagen haben, vertreten oft die

Auffassung, sie *wären* auch „gut“, hätte man ihnen nur die Chance dazu gegeben. Diese Ansicht ist so stark im menschlichen Denken verankert, dass fast überall auf der Welt die Meinung vorherrscht: Wer hier ein gutes Leben geführt hat, hat es nach dem Tod besser.

Mose wusste sicher, dass dies auch auf die alten Ägypter zutraf. Sie glaubten, dass die Seele eines Menschen nach dem Tod in einem Gerichtssaal 42 Gottheiten vorgeführt wird. Der Verstorbene würde einen Rückblick über sein vergangenes Leben geben, wobei er zuversichtlich jede Gottheit anrief und die Sünden nannte, die er nicht begangen hatte. Ein Ägyptologe nannte dies „jemanden im Reich der Toten für gerecht erklären“.[2] Im Verlauf seiner Verteidigungsrede würde der Verstorben ausrufen: „Ich bin rein, rein, rein, rein!“[3] Nach Auffassung der alten Ägypter war dies die korrekte Vorgehensweise.

Im Gegensatz zu dieser Denkweise beschreibt einer der 40 Propheten, der die seltene Gelegenheit hatte, einen Blick in den Thronsaal Gottes zu werfen, Folgendes:

> *In dem Jahr,… sah ich den Herrn. Er saß auf einem hohen Thron und war erhöht und der Saum seines Gewandes füllte den Tempel. Über ihm schwebten Seraphim… Jeder hatte sechs Flügel! Mit zwei Flügeln bedeckten sie ihre Gesichter, mit zweien ihre Füße und mit dem dritten Paar flogen sie. Sie riefen einander zu: „Heilig, heilig, heilig ist der Herr, der Allmächtige! Die Erde ist von seiner Herrlichkeit erfüllt.“*
>
> *Jesaja 6,1-3 (NLB)*

Es war Jahwe, der Herr, der als heilig, heilig, heilig bezeichnet wurde und nicht der Mensch. Vielmehr rief der Prophet aus, als er den Herrn sah:

> *„Weh mir! Ich bin verloren! Ich habe den König gesehen, Jahwe, den allmächtigen Gott! Und ich habe doch verunreinigte Lippen und wohne in einem Volk, das durch seine Worte genauso verunreinigt ist!“* *Jesaja 6,5 (NeÜ)*

Anstatt sich zuversichtlich als gerecht hinzustellen, erklärte der Prophet sich selbst zum Sünder. Obwohl er treu die Zehn Gebote befolgt hatte, wusste er, als er Jahwe in seiner ganzen Heiligkeit sah, dass…

> *…durch das Halten von Geboten kein Mensch vor Gott* ***gerecht*** *wird…* *Römer 3,20 (NeÜ)*

Der Mensch hatte das Bild, in dem er geschaffen wurde, entstellt. So lange es ihm nicht gelang, wieder vollkommene Gerechtigkeit zu erlangen, würde er niemals mehr in Gottes Gegenwart leben.

Aus Gottes Sicht wird…

> *…der Mensch nicht durch das Befolgen von Gesetzesvorschriften* ***für gerecht erklärt****…* Galater 2,16 (NGÜ)

**Die Kluft**

Während der „globale Lehrsaal" die Ereignisse am Berg Sinai mitverfolgte, lernte jede Nation den Unterschied kennen zwischen dem Thronsaal des HERRN und dem, was die Ägypter glaubten.

Statt eines Menschen, der arrogant in einem Gerichtssaal mit vielen Göttern steht und erklärt er sei *„rein, rein, rein, rein"*, trafen sie einen Menschen auf Knien an. Er beugte sich vor einem einzigen Thron und einem einzigen Gott. Von seinen Lippen kamen ganz andere Worte:

> *„Allmächtiger HERR… Ich will allen erzählen, dass du allein gerecht und gut bist."* Psalm 71,16 (NLB)

Ja, die Gerechtigkeit JAHWES war für den Menschen absolut unerreichbar. Die durch die Sünde verursachte Kluft war größer, als der Mensch erwartet hatte. Weil niemand die Zehn Gebote vollkommen befolgen konnte, war das Gesetz auch nicht in der Lage, die Kluft zu überbrücken. Der Mensch steckte in einer Zwickmühle.

# 5 Zielverfehlung

Wenn Gott also wusste, dass niemand von uns die Zehn Gebote vollkommen halten konnte, warum gab er sie uns dann?

Zur Beantwortung dieser Frage ziehe ich ein Beispiel aus dem Mittelalter heran.[4] Wenn ein Bogenschütze seine Schießübungen absolvierte, stellte er einen Punktezähler neben seine Zielscheibe. Verfehlte ein Pfeil den Mittelpunkt der Scheibe (= das Ziel), rief der Punktezähler: *„Sünde!"*

Auch wenn er fast in die Mitte getroffen hatte, machte dies keinen Unterschied. Knapp daneben ist auch vorbei! Es war „Sünde!" In der Bibel bedeutet einer der Begriffe, die mit *Sünde* übersetzt werden: „das Ziel verfehlen".

So gesehen entspricht die Mitte der Zielscheibe dem vollkommenen Charakter Gottes. Er wird auch als *Gottes Herrlichkeit* bezeichnet.

Da man nur mit einem vollkommenen Leben in der Lage ist, das Ziel zu treffen, nämlich die Vollkommenheit Gottes, findet sich der Mensch als „Verlierer" wieder, „der das Ziel verfehlt". Wir sündigen! Die Bibel verwendet genau dieses griechische Wort, wenn sie sagt:

> *...denn alle haben* ***gesündigt*** *[das Ziel verfehlt] und die Herrlichkeit Gottes verloren.* Römer 3,23 (NeÜ)

Wir mögen uns noch so sehr abmühen, ein gutes Leben zu führen, dennoch werden wir, trotz all unserer Tugend, das Ziel verfehlen. Das unverfälschte Bild Gottes, das Adam und Eva im Garten Eden besessen haben, bleibt außer Reichweite. Wir schaffen es auch nicht annähernd, ein vollkommenes Leben zu führen.

## Der Zweck des Gesetzes

Unsere Selbstgerechtigkeit macht uns oft blind. Deshalb gab Gott uns das Gesetz, um uns unsere Sünde bewusst zu machen.

Vor vielen Jahren fuhren meine Frau und ich zusammen mit meinen Eltern in den Urlaub. Als ich gerade um eine Kurve gefahren war, wurde ich wegen überhöhter Geschwindigkeit von einem Polizisten gestoppt. Ehrlich gesagt, war ich nicht der Meinung, zu schnell gefahren zu sein. (Man hätte mich als selbstgerecht bezeichnen können!) Der Polizist reagierte auf meinen Protest, indem er mir die Aufzeichnung seines Radargerätes zeigte. Dann deutete er auf ein Verkehrsschild, an dem ich vorbeigefahren war. Darauf war die zulässige Maximalgeschwindigkeit zu lesen. Ich konnte dem nichts entgegnen. In weniger als einer Minute war aus einem Urlauber ein überführter Gesetzesbrecher geworden!

Laut der Bibel sind die Zehn Gebote mit einem Polizisten vergleichbar, der auf ein Verkehrsschild verweist. Der Polizeibeamte machte mir bewusst, dass ich das Gesetz gebrochen hatte. Genauso führt das Gesetz…

> *…dazu, dass man seine Sünde erkennt.* Römer 3,20 (NGÜ)

Die Zehn Gebote zeigen uns, dass wir Gesetzesbrecher sind.

> *Wer sündigt, lehnt sich damit gegen Gottes Ordnungen auf; Sünde ist ihrem Wesen nach Auflehnung gegen Gott.*
> 1.Johannes 3,4 (NGÜ)

**Ein Spiegel**

In vielerlei Hinsicht sind die Zehn Gebote für uns das, was ein Spiegel für ein schmutziges Gesicht ist. Wenn wir allein sind, können wir nicht sagen, ob unser Gesicht sauber ist oder nicht. Jemand könnte zwar auf uns zeigen und sagen: „Dein Gesicht ist dreckig", aber wir könnten das leugnen und entgegnen: „Mein Gesicht ist nicht dreckig – Ich sehe nichts!" Wir könnten sogar aufrichtig davon überzeugt sein (Selbstgerechtigkeit). Falls uns aber jemand einen Spiegel gäbe, könnten wir sehen, dass unser Gesicht wirklich schmutzig ist, und wir wären nicht mehr in der Lage, diese Tatsache zu leugnen.

Mit der Sünde ist es genauso. Wir wussten nicht wirklich, was Sünde ist, bis der HERR uns das Gesetz gab. Genau wie der Spiegel den Dreck offenbart, so machen uns die Zehn Gebote unsere eigene Sünde bewusst. Wir können erkennen, dass unser Herz mit schmutzigen Lumpen bekleidet ist. Einer der 40 Propheten schrieb:

> *…ohne Gesetz hätte ich nie erkannt, was Sünde ist. Auch die Begierde wäre nie in mir erwacht, wenn das Gesetz nicht gesagt hätte: „Du sollst nicht begehren!"* Römer 7,7 (NeÜ)

Das Gesetz ist wie ein Thermometer. Es zeigt uns, dass wir an der Sünde erkrankt sind. Aber es kann keinen Beitrag leisten, um uns wieder gesund zu machen.

**Gottes Standpunkt**

Erinnern wir uns an den Vergleich bezüglich unserer Einstellung gegenüber einer von Maden befallenen toten Ratte und Gottes Standpunkt gegenüber der Sünde? Wenn man versucht, den HERRN durch das Befolgen der Zehn Gebote (oder irgendeine andere Auflistung von Anweisungen) zu beeindrucken, ist das ungefähr so, als würde man Parfüm auf eine verwesende Ratte sprühen. Die Ratte wird dadurch nicht attraktiver. Sie verwest weiterhin. Genauso wenig bringt uns das Befolgen bestimmter Gebote ins Reine mit Gott. Wir bleiben Sünder.

Der Grund dafür, warum Gott die Zehn Gebote gab, liegt darin, dass…

> *…gerade die Forderungen des Gesetzes dazu dienen mussten, die grenzenlose Schlechtigkeit der Sünde ans Licht zu bringen.*
> *Römer 7,13 (NGÜ)*

Gott wollte, dass wir jede Sünde, ob groß oder klein, mit seinen Augen sehen. Nämlich als frevelhaft, absolut zerstörend, durch und durch abstoßend, heimtückisch, bösartig und schmutzig. Wir sollten verstehen, dass seine Reinheit jede Gerechtigkeit, die wir aus uns selbst erreichen könnten, bei weitem übersteigt. Er wollte uns zeigen, dass selbst zu den besten Zeiten unsere Tugendhaftigkeit nicht seiner Heiligkeit gleichkommt. Wir kommen nicht einmal in ihre Nähe.

Bis zu diesem Zeitpunkt hätte ein Mensch sich rühmen können, von Gott mehr geliebt zu sein als andere, weil er sich für besser hielt. Aber mit der Einsetzung der Zehn Gebote brachte Gott jeden an den Punkt, an dem er erkennen musste:

> *Ja, in Schuld hinein wurde ich geboren. Die Sünde bestimmt mein Leben, seit meine Mutter mich empfangen hat.*
> *Psalm 51,7 (BasisBibel)*

## In Schwierigkeiten

Am Anfang war Jahwe der beste Freund des Menschen gewesen. Aber als Adam und Eva Gott, dem Herrn, ungehorsam wurden, legte er seinen Mantel der Freundschaft zur Seite und zog eine Richterrobe an. Nun war Jahwe nicht länger der Freund, sondern ein Richter, der den Menschen auf die Anklagebank zitierte. Im Gerichtssaal wurde es still.

Kein Anwalt stand auf, um den Menschen zu verteidigen. Niemand war dazu in der Lage. Denn kein Jurist, wie gut er auch sein mochte, konnte das Gericht davon überzeugen, dass der Angeklagte nicht schuldig war. Es gab keine Manipulation oder Bestechung. Der vollkommene Richter hatte sein Urteil verkündet und es war gültig. Der Mensch wurde für *schuldig* befunden, das Gesetz Gottes gebrochen zu haben.

SCHULDIG

> *Das sagt das Gesetz, und wir wissen: Alles was es sagt, richtet sich an die, denen es verordnet wurde. So wird jeder Mund gestopft und die ganze Welt sieht sich dem Urteil Gottes verfallen.* *Römer 3,19 (NeÜ)*

### Nur zwei Arten

Die meisten Menschen werden zustimmen, dass sie nicht vollkommen sind. Einige würden sogar sagen, dass sie *Sünder* sind. Doch nur sehr wenige gestehen sich ein, *hilflose Sünder* zu sein. Das ist ein großer Unterschied.

**Ein Sünder**

Ein Sünder wird zugeben, dass er nicht vollkommen ist, glaubt aber, dass er genug Gutes tun kann, damit es für den Himmel reicht. Sei es der Besuch eines Tempels, Gebete zu den Götzen, das Darbringen von Essen oder Geld, Meditation, Spenden für wohltätige Zwecke oder freundliches Verhalten gegenüber den Nachbarn. Dadurch ließe sich mehr Gutes als Schlechtes anhäufen. Er mag überzeugt sein, er könne durch das Befolgen der Zehn Gebote, Kirchenbesuche, Gebete, die Beichte oder die Taufe dafür sorgen, dass *das Gute das Schlechte überwiegt.*

Die Vorstellung von einer Waage ist sehr alt. Die Ägypter glaubten, dass das Herz eines Menschen nach seinem Tod von den Göttern auf eine Waagschale gelegt wurde. Auf die andere Schale wurde die *Feder der Wahrheit* gelegt.

Wurde der Verstorbene für gerecht befunden, durfte er die „Felder des Friedens" betreten. War er jedoch unwürdig, wurde sein Herz von einem absonderlichen Tier gefressen. Wir sprechen hier, wie gesagt, nicht von einem realen Geschehen, bei dem die Ägypter das Herz wogen. Vielmehr waren sie der Überzeugung, dass diese Zeremonie von den Göttern im Jenseits durchgeführt wurde.

Die Vorstellung von der Waagschale existiert in unzähligen Varianten. Die bekannteste davon ist wahrscheinlich folgende: *„Wenn ich sterbe und ein gutes Karma habe, indem mehr gute Taten als schlechte zusammenkommen und das Gute das Böse überwiegt, wird es für mich nach dem Tod, egal was auf mich zukommt, bestens laufen."*

Doch die gesamte Idee mit der Waagschale hält einer näheren Betrachtung nicht stand. Sie hat einen großen Schwachpunkt. Kein irdisches Gericht würde einem Dieb vergeben, weil dieser vorgibt: *„Euer Ehren, sie haben recht! Ich hätte diese eine Sache nicht stehlen sollen. Aber denken sie doch an all die Dinge, die ich nicht gestohlen habe! Meine guten Taten überwiegen meine schlechten!"*

Wenn man genauer darüber nachdenkt, ist die Vorstellung mit der Waage lächerlich. Sie ist mit unserem Gerechtigkeitssinn unvereinbar. Wie können wir dann erwarten, dass ein vollkommen gerechter Gott sie sich zunutze macht? Nein! Die Bibel weist mit Nachdruck darauf hin, dass es im Gerichtssaal JAHWES keine Waagschalen gibt.

**DIESES PRINZIP FINDEN WIR NICHT IN DER BIBEL**

### Ein hilfloser Sünder

Im Gegensatz zu einem Sünder weiß ein *hilfloser Sünder,* dass er nichts tun kann, um sich selber vor JAHWE, dem HERRN, annehmbar zu machen. Er kann sich seiner schmutzigen Lumpen nicht entledigen. Die „tote Ratte" der Sünde hat sein Herz verseucht.

Ganz egal wie sehr wir uns anstrengen, wieviel gutes Karma wir anhäufen oder wie schwer unsere guten Werke wiegen, wir werden niemals Gottes Maß an Gerechtigkeit erreichen. In Wirklichkeit sind selbst unsere guten Taten, aus seiner Sicht, alles andere als vollkommen.

> *Wir alle sind von Unrecht befleckt, selbst unsere gerechten Taten sind besudelt wie ein schmutziges Gewand. Wie Laub sind wir alle verwelkt, unsere Schuld trägt uns fort wie der Wind.*
>
> *Jesaja 64,5 (NeÜ)*

Selbst unsere gerechten Taten sind wie schmutzige Lumpen, die von der „verwesenden Ratte" der Sünde besudelt wurden. Unser Leben hat das Bild Gottes, in dem wir geschaffen wurden, „beschmutzt". Aus der Sicht des reinen und vollkommenen HERRN besitzen wir eine abstoßende, sündige Natur, die wie ein Krebsgeschwür ist. Wir stecken in der Klemme, unfähig dem Schmutz der Sünde, mit all seinen Konsequenzen, zu entfliehen.

Um es nochmals klar zu sagen: Das alles sind *keine* guten Nachrichten. Doch wir sollten trotzdem weiterlesen, denn die guten Nachrichten kommen noch.

# 6 Das goldene Kalb

Dank der Einsetzung der Zehn Gebote wussten die Israeliten genau, was der Schöpfer-Eigentümer als Recht und Unrecht ansah. Und für die, die noch nie etwas von den Zehn Geboten gehört hatten, schrieb Gott ihre allgemeingültigen Grundzüge auf die „Tafeln" des menschlichen Herzen.

Die Bibel berichtet, dass sich Mose 40 Tage auf dem Berg Sinai aufhielt.

> *Als dem Volk das Warten auf die Rückkehr Moses zu viel wurde, sammelten sie sich bei Aaron und sagten zu ihm: „Los! Mach uns Götter, die vor uns herziehen! Denn was aus diesem Mose geworden ist, der uns aus Ägypten hergeführt hat, wissen wir nicht."* 2.Mose 32,1 (NeÜ)

Die Israeliten forderten Aaron auf, ihnen Götter zu machen. Dies waren Götzen!

> *Aaron erwiderte: „Nehmt euren Frauen, Söhnen und Töchtern die goldenen Ringe ab und bringt sie mir!"*
>
> *Da zerrten sich alle die goldenen Ohrringe ab und brachten sie zu Aaron. Der nahm den Schmuck entgegen, stellte eine Form her und machte ein gegossenes Stierkalb daraus.* 2.Mose 32,2-4 (NeÜ)

Die Bibel vermerkt nicht ausdrücklich, welche Gottheit Aaron formte. Aber wir wissen, dass die Ägypter verschiedene Gottheiten in Gestalt eines Kalbes verehrten. Mindestens eine stand in Verbindung mit Wahrsagerei. Im heutigen Ägypten wurden solche heiligen Stiere gefunden, mumifiziert und begraben mit allen Königswürden. Um welchen Gott es auch immer ging, als Aaron den Israeliten das goldene Kalb zeigte, rief das Volk:

> *„Hier ist dein Gott, Israel, der dich aus dem Land Ägypten herausgeführt hat!"* 2.Mose 32,4 (NeÜ)

Die Israeliten schrieben ihre Befreiung aus der Sklaverei in Ägypten den ägyptischen Gottheiten zu! Was komplett falsch war und für Jahwe, den Herrn, definitiv ein „Schlag ins Gesicht" darstellte!

> *Als Aaron das sah, errichtete er einen Altar vor dem Kalb und verkündete: „Morgen feiern wir hier ein Fest für den Herrn.“*
> 2.Mose 32,5 (NLB)

Aaron vermischte die Verehrung von Dämonen-Gottheiten mit der Verehrung von Gott, dem Herrn! Das nennt man *Synkretismus.* Dies ist die Vermischung von unterschiedlichen Glaubensrichtungen.

**Synkretismus**

Um diesen Punkt zu illustrieren, bat ich einmal jemanden, sich ein Glas Wasser aus einer neuen, noch versiegelten Flasche einzugießen und dieses zu trinken. Als er das Glas nahm und gerade trinken wollte, hielt ich ihn auf. Ich nahm das Glas, griff unter den Tisch und holte eine Flasche mit Reinigungsmittel hervor. Nachdem ich ein paar Tropfen des Reinigers in das Wasser getröpfelt hatte, bot ich es meinem Helfer erneut an. Doch er weigerte sich, es zu trinken.

Auf dieselbe Art, wie mein Helfer das verunreinigte Wasser verabscheute, so widerte Gott, den Herrn, die Vermischung der Verehrung von Götzen und Jahwe an.

> *„Darum sollt ihr neben mir keine Götter… haben…“*
> 2.Mose 20,23 (SCHL)

Ein anderer Prophet überlieferte uns Gottes Gedanken, als er über die Dinge sprach, die Götzen geopfert werden:

> *„Aber was die Götzenverehrer opfern, das opfern sie den Dämonen und nicht Gott. Ich will aber nicht, dass ihr Anteil an Dämonen bekommt! Ihr könnt nicht aus dem Becher des Herrn trinken und zugleich aus dem Becher der Dämonen. Ihr könnt nicht am Tisch des Herrn essen und zugleich am Tisch der Dämonen.“* 1.Korinther 10,20-21 (BasisBibel)

Manche Menschen basteln sich einen eigenen Glauben, indem sie auf Elemente aus verschiedenen Religionen zurückgreifen und diese miteinander vermischen. Aber die Bibel macht deutlich, dass so etwas mit dem Herrn unvereinbar ist. Man kann nicht das goldene Kalb und den Schöpfer gleichzeitig anbeten. Aaron hatte das Volk in einen schweren Irrtum geführt.

In der Zwischenzeit auf dem Berggipfel…

> *…sagte Jahwe zu Mose: „Geh, steig hinunter, denn dein Volk, das du aus Ägypten hierher geführt hast, läuft ins Verderben! Sie sind schnell von dem Weg abgewichen, den ich ihnen vorgeschrieben habe. Ein gegossenes Stierkalb haben sie sich gemacht und sind vor ihm niedergefallen. Sie haben ihm Opfer gebracht und gesagt: ‚Das ist dein Gott, Israel, der dich aus dem Land Ägypten hierher geführt hat.‘“*

*Mose kehrte um und stieg den Berg hinunter. In der Hand hielt er die beiden Tafeln mit dem Bundesgesetz…*
2.Mose 32,7-8+15 (NeÜ)

Dies waren die Steintafeln, auf die Gott die Zehn Gebote geschrieben hatte.

*Als Mose dem Lager näher kam, das Stierkalb erblickte und die Reigentänze sah, packte ihn der Zorn, und er zerschmetterte die Tafeln unten am Berg.* 2.Mose 32,19 (NeÜ)

Mose wurde zornig, als er diese Sünde sah und zerschmetterte die beiden Tafeln auf dem Boden. Damit veranschaulichte er dem Volk, dass sie Gottes Gesetz gebrochen hatten. Dann nahm Mose…

*…das Stierkalb, das sie gemacht hatten, und warf es ins Feuer. Schließlich zermalmte er alles zu Staub und streute ihn auf das Wasser, das die Israeliten trinken mussten. Zu Aaron sagte er: „Was hat dir das Volk angetan, dass du es in so schwere Sünde gebracht hast?“*

*Darauf kehrte Mose zu Jahwe zurück und sagte: „Ach, dieses Volk hat eine schwere Sünde begangen: Sie haben sich einen Gott aus Gold gemacht.“* 2.Mose 32,20-21+31 (NeÜ)

Mose erkannte: Obwohl der Herr die Israeliten aus Ägypten befreit hatte, mussten ihre Köpfe erst noch vom ägyptischen Denken befreit werden. Sie mussten lernen, dass Ägypten keine Antworten hatte auf die Fragen über Leben und Tod sowie dem Leben nach dem Tod.

*Der Herr bestrafte das Volk, weil sie das Kalb angebetet hatten, das Aaron gemacht hatte.* 2.Mose 32,35 (NLB)

Es war so, als würde der Herr sagen: „Wenn ihr euer Vertrauen auf die ägyptischen Götter setzt, wird euch das gleiche Schicksal treffen, wie die Ägypter.“ Es war zugleich die Erinnerung daran, dass die Folgen der Sünde sehr schwerwiegend sind. Sie hat letztendlich den Tod zur Folge, in seiner kompromisslosen, dreifachen Bedeutung.

**Neue Tafeln**

*Der Herr befahl Mose: „Haue dir zwei Steintafeln wie die ersten. Danach werde ich auf diese Tafeln die gleichen Worte schreiben, die auf den ersten Tafeln gestanden haben, die du zerschmettert hast."* 2.Mose 34,1 (NLB)

Zum zweiten Mal wurde den Israeliten die Zehn Gebote gegeben. Auch wenn sie die zerbrochene Freundschaft mit Gott nicht wiederherstellen konnten, waren die Gebote trotzdem nicht bedeutungslos. Wenn der Mensch tut, was „recht" ist, kann dies für ihn nur segensreich sein.

*Und du sollst tun, was recht und gut ist in den Augen des Herrn, damit es dir gut geht…* 5.Mose 6,18 (ELB)

So wie Naturgesetze dem Universum zu Ordnung und uns zu einem sicheren Lebensraum verhelfen, so ermöglichen geistliche Gesetze einer Nation ein Leben in Ordnung und Sicherheit. Viele Länder haben den biblischen Verhaltenskodex verworfen, um so in einer moralisch neutralen Gesellschaft zu leben. Doch keine Position zu haben, ist auch eine Position. Die Ablehnung biblischer Maßstäbe hat eine Abstumpfung gegenüber dem Unrecht zur Folge, in der sich jede neue Generation umso wohler mit der Sünde fühlt. Die Bibel macht klar, dass dies im Endeffekt zum Chaos führen wird.

Gott wollte, dass die Menschen seine Gebote befolgen, nicht damit sie sich etwas auf ihre eigene Tugend einbilden, sondern weil diese Gebote etwas von Gottes Wesen widerspiegelten. So wie der Herr weder lügt, betrügt oder begehrt, wollte er auch nicht, dass die, die er nach seinem Bild geschaffen hat, lügen, betrügen oder begehren.

Es ist Zeit, mit der nächsten Geschichte fortzufahren. Sie ist von großer Bedeutung. Jahwe wollte dem „globalen Lehrsaal" den *einzigen* Weg aufzeigen, auf dem der Mensch von ihm angenommen werden konnte.

### Rückblick – Zwei Bedeckungen

In der Bibel wird das Herz des sündigen Menschen als mit *schmutzigen Lumpen* bekleidet dargestellt. Im Gegensatz dazu ist das Herz eines Gerechten in *reine Gewänder* gehüllt. Dabei geht es nicht um wirkliche Kleidung, sondern um ein Bild, das uns geistliche Wahrheiten vermitteln soll. Die Bibel kennt hier nur zwei Arten von Bedeckung. Diese beiden „Kleidungsstücke" werden niemals zusammen getragen oder vermischt.

| Schmutzige Lumpen | Reine Gewänder |
|---|---|
| Stellen den mit seiner Sünde bekleideten Menschen dar | Stellen den mit Gottes Gerechtigkeit bekleideten Menschen dar |
| Keine Sühne-Bedeckung | Besitzt Sühne |
| Alles, was der Mensch besitzt | Von Gott zur Verfügung gestellt |

# Kapitel 9

1 Das Zelt

2 Segen oder Fluch

3 Der Gott Dagon

4 Die Propheten

5 Der Gott Baal

6 Das Exil

# 1 Das Zelt

Am Berg Sinai machte der Herr deutlich, dass es nicht möglich war, die zerbrochene Freundschaft mit Jahwe durch das Befolgen von Regeln wiederherzustellen. Das Volk war nun bereit für den Weg, auf dem sie von Gott angenommen werden konnten.

> *Jahwe sagte zu Mose: „…Sie sollen mir ein Heiligtum bauen, weil ich unter ihnen wohnen will.“* 2.Mose 25,1+8 (NeÜ)

## Eine Veranschaulichung

Die Israeliten sollten ein Heiligtum* bauen, das auch *Stiftshütte* oder *Zelt der Begegnung* genannt wurde. Gott forderte sie nicht dazu auf, weil er etwa ein Haus brauchte.

*Nicht zu verwechseln mit einer Kirche. Hier besteht kein Zusammenhang.

> *Der Gott, der die Welt gemacht hat und alles, was darin ist, er, der Herr des Himmels und der Erde ist, wohnt nicht in Tempeln, die von Händen gemacht sind.* Apostelgeschichte 17,24 (SCHL)

Der Herr schuf vielmehr durch die Stiftshütte eine wohldurchdachte Veranschaulichung. Mit ihrer Hilfe konnte er deutlich machen, was nötig war, damit die Sündenstrafe weggenommen werden konnte.

> *„Das Heiligtum und seine Einrichtung sollt ihr genauso anfertigen, wie ich es dir zeigen werde.“* 2.Mose 25,9 (NLB)

Die Stiftshütte konnte für den Transport zerlegt werden. Der zeltähnliche Teil bestand aus festen Wänden und teppichähnlichen Planen, die als Dach dienten. Sie war in zwei Bereiche aufgeteilt: Das hintere Drittel bildete das sogenannte *Allerheiligste.* Die anderen zwei Drittel nahm *das Heilige* ein. Ein schwerer Vorhang diente dazu,…

> *…das Heilige vom Allerheiligsten ab[zu]trennen.* 2.Mose 26,33 (NLB)

Die Stiftshütte wurde durch einen äußeren Vorhof vervollständigt. Dieser war von einer zwei Meter hohen Umzäunung umgeben und konnte nur durch einen einzigen Eingang betreten werden.

Im Zelt wie auch im Vorhof befanden sich insgesamt sieben wichtige Gegenstände.[1]

# Der Vorhof

**❶ Der Brandopferaltar**
Direkt hinter dem Eingang zum Vorhof befand sich der erste Gegenstand. Er war sehr groß und aus mit Bronze überzogenem Holz gefertigt. Die vier Ecken waren jeweils mit einem Horn bestückt. An zwei Seiten befanden sich lange Stangen, mit denen der Altar getragen werden konnte. Dieser Altar ersetzte die früheren Altäre aus Stein oder Erde, die es seit der Zeit von Abel gab. Bereits zu diesem Zeitpunkt wurde ein Altar mit Tod in Verbindung gebracht. Es war ein Ort, an dem Sühne für Sünde bewirkt wurde.

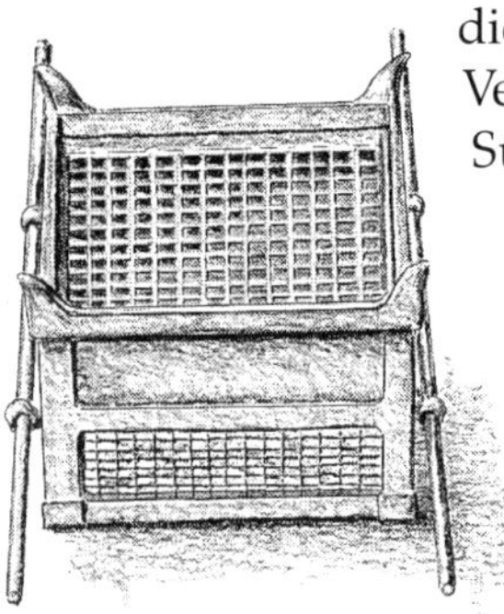

**❷ Das Wasserbecken**
Diese riesige bronzene Schüssel wurde zwischen dem Brandopferaltar und dem Heiligen aufgestellt. Sie war mit Wasser befüllt, das für rituelle Waschungen gebraucht wurde. Das Becken war der Hinweis darauf, dass der Mensch rein sein muss, wenn er sich Gott, dem HERRN, nähert.

**❸ Der Leuchter:**
Die genaue Größe dieses Leuchters wurde von Gott nicht festgelegt, aber wir erfahren etwas über sein Gewicht.[2] Er bestand aus purem Gold mit einem Hauptfuß, der sich in sieben Arme verzweigte.

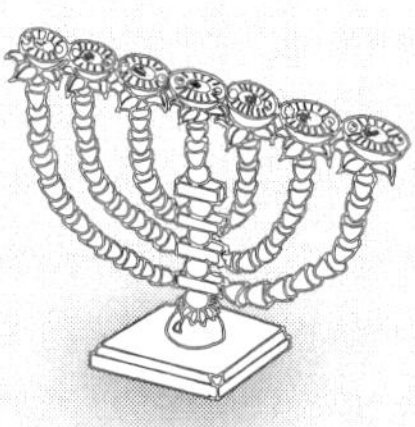

**❹ Der Räucheraltar**
Dieser Altar wurde genau vor dem Vorhang platziert, der das Allerheiligste von dem Heiligen trennte. Während sich die Israeliten draußen zum Gebet versammelten, wurde auf dem Altar Weihrauch geopfert. Der zum Himmel aufsteigende Geruch war ein Symbol für die zu Gott aufsteigenden Gebete.

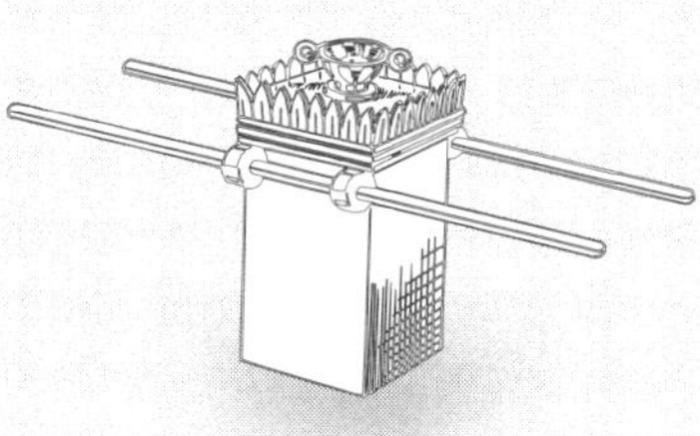

## Das Heilige    Das Allerheiligste

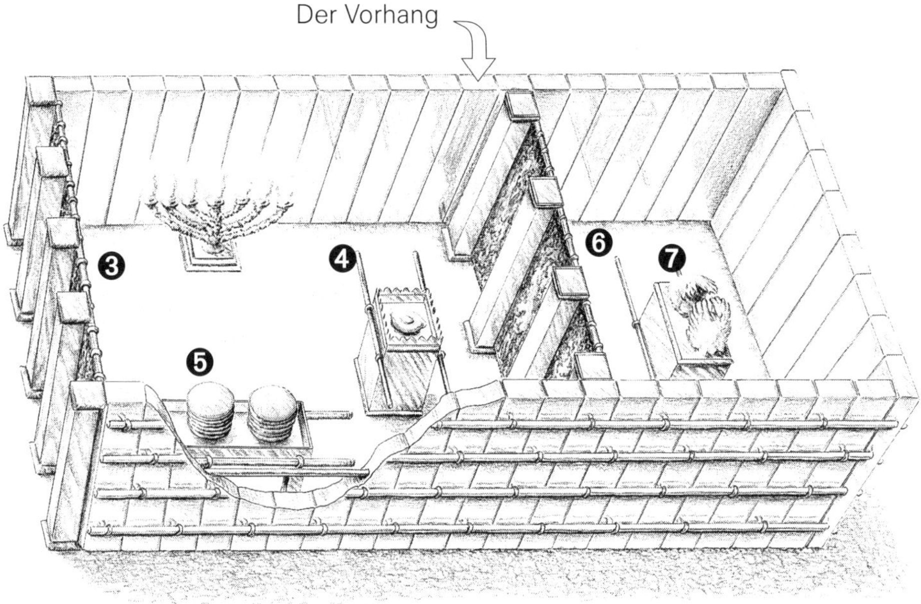


**❺ Der Tisch mit den Schaubroten**
Auf diesen Tisch wurden zwölf Brote gelegt, von denen jedes einen Stamm Israels repräsentierte.

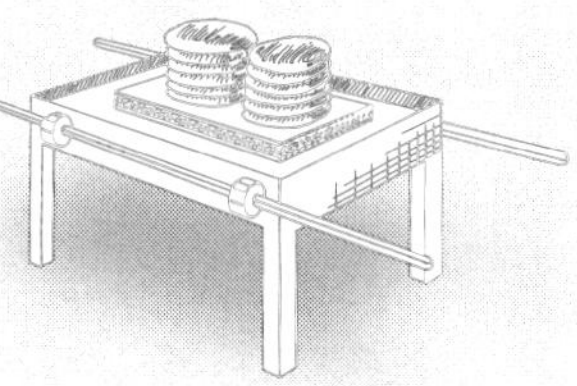

**❻ Die Bundeslade:**
Diese mit purem Gold überzogene Holzkiste war zum Teil als Truhe gedacht. In ihr wurden die zwei Steintafeln aufbewahrt, auf denen die Zehn Gebote geschrieben standen.

**❼ Der Sühnedeckel:**
Die Bundeslade besaß eine aufwendig hergestellte goldene Deckplatte mit zwei Engeln, die ihre Flügel über die Deckplatte ausstreckten. Die Bundeslade mit dem dazugehörenden Sühnedeckel waren die einzigen Gegenstände, die ihren Platz im Allerheiligsten hatten.

## Die Priester

Gott wies Mose an:

> *„Du sollst nun deinen Bruder Aaron und seine Söhne aus der Mitte der Israeliten zu dir kommen lassen, denn sie sollen mir als Priester dienen…“* 2.Mose 28,1 (NeÜ)

Mose sollte Aaron und seine Söhne zu Priestern in der Stiftshütte bestimmen. Aaron wurde zum Hohepriester gemacht. Gott hatte diese Männer nicht etwa deshalb ausgesucht, weil sie selbst etwas Besonderes waren, sondern weil das Volk die Heiligkeit des HERRN respektieren sollte. Gott wollte nicht, dass sich ein unorganisierter Haufen um die Stiftshütte kümmerte. Die Priester wurden besonders ausgebildet, Gottes Anweisungen auszuführen und waren Verwalter, die auf die Stiftshütte aufpassten, wenn die nomadischen Israeliten von einem Ort zum anderen zogen.

## Die Fertigstellung der Stiftshütte

Neun Monate nachdem die Israeliten am Berg Sinai angekommen waren, wurde das ganze Gebilde fertiggestellt.

> *Und Mose sah alles an, was sie gemacht hatten, das ganze Werk: Es war alles genauso geworden, wie der HERR es angeordnet hatte.* 2.Mose 39,43 (GNB)

Nach Fertigstellung der Stiftshütte setzte sich die Wolkensäule, die die Israeliten geführt hatte, über dem Allerheiligsten ab, genau über der Bundeslade. *Dies signalisierte* JAHWES *Gegenwart unter Seinem Volk.*

> *Da verhüllte die Wolke das Zelt der Gottesbegegnung… Weil die Wolke sich auf dem Zelt niedergelassen hatte und die Herrlichkeit JAHWES alles erfüllte, konnte Mose nicht hineingehen.* 2.Mose 40,34-35 (NeÜ)

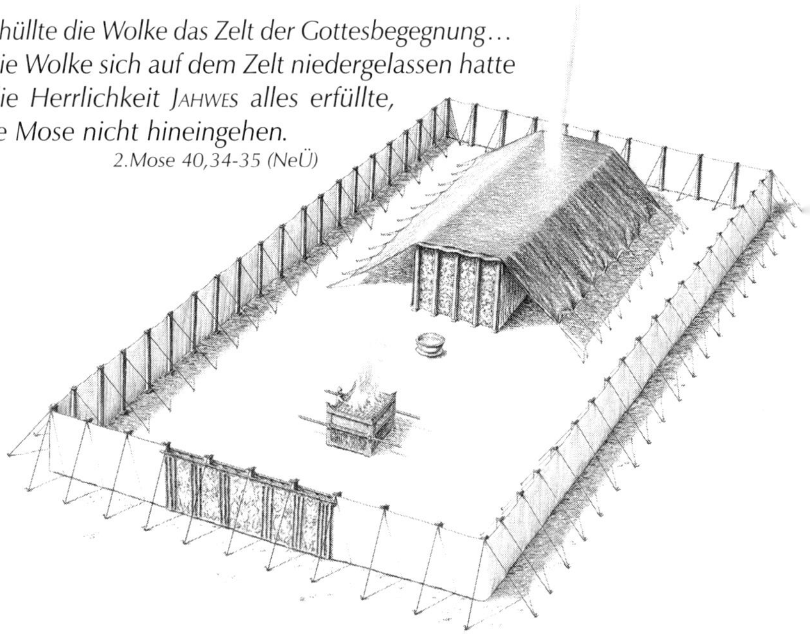

**Das Opfer**

Nachdem die Stiftshütte fertiggestellt war, war es an der Zeit, diese außerordentliche bildliche Veranschaulichung in Betrieb zu nehmen. Gott sagte zu Mose:

> *„Rede zu den Israeliten…: Wenn jemand von euch dem Herrn eine Opfergabe darbringen will, so sollt ihr eure Opfergabe vom Vieh darbringen…"* 3.Mose 1,2 (SCHL)

Gott teilte dem Menschen mit, er solle ein Opfertier zur Stiftshütte bringen und es auf dem Brandopferaltar opfern.

> *Das Opfer musste „von dem Vieh, von Rindern oder von Schafen und Ziegen" sein.* 3.Mose 1,2 (LUT)

Es konnte also ein Schaf, eine Ziege oder ein Rind sein, aber kein anderes Tier, wie z.B. ein Schwein, Pferd oder Kamel.

> *Sie sollten ein „männliches Tier" opfern.* 3.Mose 1,3 (LUT)

> *Es sollte „ohne Fehler" sein.* 3.Mose 1,3 (LUT)

Es durfte keine Krankheit haben oder lahm sein. Der Opfernde sollte…

> *„…seine Hand auf den Kopf des Brandopfers stützen, damit es wohlgefällig angenommen wird und Sühnung für ihn erwirkt."* 3.Mose 1,4 (NeÜ)

Indem er seine Hand auf den Kopf des Tieres legte, identifizierte sich der Opfernde mit dem Opfertier. Die Hand auf dem Kopf symbolisierte, dass die Sünde und Schuld des Jeweiligen auf das Tier übertragen wurde. Weil das Tier nun die Sünde des Menschen trug, musste es sterben.

Der Tod ist die Strafe für die Sünde. Derjenige, der das Opfertier darbrachte, musste dessen Kehle durchschneiden.

Es war die definitive Anerkennung der eigenen Sünde, die nun den Tod des Tieres verursacht hatte. Das Unschuldige starb anstelle des Schuldigen als sein Stellvertreter. Die Bibel sagt, dass Gott dieses stellvertretende Opfer akzeptierte.

Dies muss den Israeliten sehr bekannt vorgekommen sein. Waren nicht schon ihre Vorfahren vor den HERRN gekommen, indem sie stellvertretende Opfer auf einem Altar darbrachten? Ja, so war es gewesen. Einmal mehr erinnerte der HERR jeden im „globalen Lehrsaal" daran, dass nur er einen Weg der Annahme schaffen konnte. Er sagt:

> *Außer mir gibt es keinen gerechten und rettenden Gott!*
> *Jesaja 45,21 (NeÜ)*

## Der Versöhnungstag

Für die Erfüllung ihrer Aufgaben stand den Priestern das gesamte Gelände der Stiftshütte zur Verfügung – mit einer Ausnahme. Es war ihnen verboten, das Allerheiligste zu betreten.

Im Allerheiligsten wohnte die Gegenwart Gottes symbolisch unter den Menschen. Solange die Wolke die Stiftshütte bedeckte, durfte der sündige Mensch den Raum nicht betreten. Selbst Aaron als Hohepriester durfte das Allerheiligste nicht betreten, außer am Versöhnungstag.[3]

> *Doch nur der Hohe Priester betrat das Allerheiligste, und das auch nur einmal im Jahr und immer mit Blut von Opfertieren, das er für sich und für die Sünden des Volkes darbrachte, die es aus Unwissenheit begangen hat.* *Hebräer 9,7 (NLB)*

Ein Übertreten dieser Anweisungen war nichts anderes als die Missachtung von JAHWES Autorität und Erhabenheit. Man behandelte damit den HERRN wie eine gewöhnliche Person und sah ihn nicht mehr als einzigartig oder heilig an. Eine solche Geringschätzung hatte fatale Folgen.

> *Und der HERR sprach zu Mose: Rede zu deinem Bruder Aaron, dass er nicht zu jeder Zeit in das Heiligtum hineingeht innerhalb des Vorhangs, vor die Deckplatte, die auf der Lade ist, damit er nicht stirbt. Denn ich erscheine in der Wolke über der Deckplatte.* *3.Mose 16,2 (ELB)*

## Zusammenfassung

Die Stiftshütte, ihre Gegenstände, die Priester, die Opfer; alle waren Bestandteil von Gottes außerordentlichen, bildlichen Veranschaulichung.

Im Augenblick mögen sie vielleicht noch nicht viel Sinn ergeben. Doch im weiteren Verlauf werden wir sehen, dass sie entscheidende Teile im biblischen Puzzle sind. Nun zurück zu unserer Geschichte.

# 2 Segen oder Fluch

Mose wurde so alt, dass er das Volk noch bis an die Grenze des versprochenen Landes führen konnte. Vor seinem Tod versammelte er die Hebräer ein letztes Mal, um sie zu erinnern:

> *Frag doch nach den früheren Zeiten, die vor dir gewesen sind, von der Zeit an, als Gott den Menschen auf der Erde schuf; frag von einem Ende des Himmels bis zum anderen, ob je so große Dinge geschehen sind oder je dergleichen gehört worden ist. Hat je ein Volk die Stimme Gottes aus dem Feuer reden hören, wie du sie gehört hast, und ist am Leben geblieben?*
>
> *Hat jemals ein Gott es unternommen, sich eine Nation mitten aus einer anderen herauszuholen durch Prüfungen, Zeichen, Wunder und Krieg, mit starker Hand und ausgestrecktem Arm, mit großen und furchtbaren Taten, wie JAHWE, euer Gott, es vor deinen Augen in Ägypten für euch getan hat?*
>
> *Du hast es zu sehen bekommen, damit du erkennst,* ***dass JAHWE Gott ist und sonst keiner.*** *5.Mose 4,32-35 (NeÜ)*

Die Israeliten hatten zahllose Wunder erlebt. Wie wir gesehen haben, gebrauchte der HERR diese Wunder, um die Aufmerksamkeit aller im „globalen Lehrsaal" zu bekommen. Mose fuhr fort:

> *Und wenn du auf die Stimme des HERRN, deines Gottes, hörst und alle seine Gebote, die ich dir heute gebe, hältst und danach handelst,… alle diese Segnungen werden über dich kommen und werden dich erreichen, wenn du auf die Stimme des HERRN, deines Gottes, hörst.* *5.Mose 28,1-2 (ZB)*

Israel konnte sich in Bezug auf JAHWES Segen frei entscheiden. Sie konnten ihn ablehnen und sich stattdessen den vorübergehenden Freuden der Sünde hingeben.

Sünde ist zerstörerisch es wird immer jemand durch sie verletzt. Um die Menschen vor diesen Verletzungen zu bewahren, legte Gott schmerzhafte Konsequenzen bei Fehlverhalten fest. Diese Konsequenzen bewirken bei Menschen oft einen erneuten Gehorsam und Glauben an Gott. Aber das ist nicht immer der Fall. Als Mose seine Rede fortsetzte, erinnerte er Israel an das Leid, das über sie kommen würde, falls sie gemeinschaftlich Gott ablehnen sollten.

> *Es wird aber geschehen, wenn du der Stimme des HERRN, deines Gottes, nicht gehorchst… wird dich [der HERR] vor deinen Feinden geschlagen dahingeben;…*
>
> *5. Mose 28, 15+25 (SCHL)*

Sollten sie daraus immer noch nichts gelernt haben, wird der HERR…

> *…dich unter alle Völker zerstreuen, vom einen Ende der Erde bis zum anderen,…* 5.Mose 28,64 (ZB)

Die Israeliten standen nun vor der Wahl:

1. Sie konnten dem HERRN vertrauen als jemandem, der die Wahrheit sagt und treu seine Versprechen hält. Oder…
2. Sie konnten ihrer eigenen Weisheit vertrauen und den HERRN ignorieren, so als wären die angedrohten Folgen übertrieben.

Wir werden gleich sehen, wem sie vertrauten.

## Josua

Nach dem Tod von Mose rückte ein fähiger militärischer Anführer namens Josua an seine Stelle. Josua führte das Volk in das Land, das Gott ihnen versprochen hatte. Das Land wurde entsprechend der Stämme aufgeteilt, wobei im Wesentlichen jeder Stamm einen der zwölf Söhne Jakobs (oder Israels) repräsentierte.

Nach dem Tod von Josua gab es eine Zeit, in der die Israeliten Gott vertrauten. Der HERR segnete sie dafür über alle Maßen, wie er es ihnen zugesagt hatte. Doch dann begannen sie abzudriften, und…

> *…die Israeliten taten, was JAHWE als böse ansah. Sie vergaßen JAHWE, ihren Gott, und dienten den Baalen und den Ascheren.*
> Richter 3,7 (NeÜ)

Baal und Aschera waren kanaanitische Gottheiten. In der Vergangenheit hatte JAHWE wiederholt über die Sünde der Israeliten hinweggesehen.[4] Er hatte ihnen Gnade gezeigt, unverdiente Liebe. Aber die Israeliten standen nun nicht mehr am Anfang in ihrem Verhältnis zum Schöpfer-Eigentümer. Sie hatten inzwischen viel über den HERRN gelernt. Sie kannten die Zehn Gebote und dieses Wissen rief sie in die Verantwortung, diese auch zu befolgen.

> *Wem viel gegeben wurde, von dem wird viel verlangt. Und wem viel anvertraut wurde, von dem wird um so mehr gefordert.*
> Lukas 12,48 (BasisBibel)

Deshalb konnte Gott nicht einfach über die Sünde des Volkes hinwegsehen und sagen: „Schwamm drüber! Wir tun einfach so, als wäre nichts geschehen." Nein, Sünde bleibt nie folgenlos.

> *Da flammte Jahwes Zorn gegen Israel auf, und er lieferte sie der Gewalt von Kuschan-Rischatajim aus, einem König im oberen Mesopotamien. Acht Jahre lang mussten die Israeliten ihm dienen.* Richter 3,8 (NeÜ)

## Buße tun

Gott ließ diese Versklavung zu, um damit einen Sinneswandel zu bewirken: „eine veränderte Einstellung“. In der Bibel wird diese Veränderung mit dem Begriff *Buße* beschrieben.

Wenn von *Buße tun* die Rede ist, kommt es oft zu Missverständnissen. Manche sind der Auffassung, es sei keine echte Buße, wenn man nicht *weint und über etwas traurig* ist. Doch eine solche Verknüpfung mit Gefühlen führt in diesem Zusammenhang nur zu Verwirrung. Das richtige Verständnis von Buße oder Reue definiert diesen Vorgang mit „seine Einstellung ändern“. Man wendet sich von der einen Sache ab und gleichzeitig einer anderen zu. Die Israeliten änderten ihre Einstellung, als sie sich…

> *…von den Götzen abgewandt und dem lebendigen und wahren Gott zugewandt… [haben], um ihm zu dienen.*
> 1.Thessalonicher 1,9 (NGÜ)

Sie waren vom Unglauben zum Glauben gelangt. Sie vertrauten wieder Gott. Diese „Veränderung der Einstellung“ kann durchaus unter Tränen geschehen sein. Doch auch ohne Tränen trafen sie die richtige Wahl: Sie entschieden sich, Buße zu tun.

> *Doch als die Israeliten zum HERRN um Hilfe schrien, schickte der HERR ihnen einen Mann, der das Volk retten sollte. Sein Name war Otniël, und er war der Sohn von… Kenas. Der Geist des HERRN kam über ihn und er wurde Richter in Israel.* Richter 3,9-10 (NLB)

**Richter**

Otniel führte das Volk zum Sieg. Er wurde als *Richter* bezeichnet.

> *Otniël zog in den Kampf und der HERR schenkte ihm den Sieg über Kuschan-Rischatajim, den König von Aram. Danach herrschte 40 Jahre lang Frieden im Land….* Richter 3,10-11 (NLB)

Damit begann ein Kreislauf, der ungefähr 300 Jahre andauerte. Sobald die Israeliten andere Götter verehrten, schickte Gott fremde Völker, die sie versklavten, worauf sie Buße taten und JAHWE anflehten, sie von ihren Unterdrückern zu befreien. Gott schickte dann jeweils einen Richter, der das Volk anführte. So konnten sie die Fremdherrschaft wieder abschütteln. Dieser Kreislauf wiederholte sich ständig. Insgesamt gab es 15 Richter.

# 3 Der Gott Dagon

Der Umstand, dass Israel andere Götter verehrte, bedeutete nicht, dass sie sich vollends vom HERRN abwandten. Sie wollten nach wie vor, dass Jahwe sie segnet, vor ihren Feinden beschützt und ihnen reiche Ernten schenkt. Gleichzeitig wollten sie aber auch ein zügelloses Leben führen, inklusive freier Sexualität. Das war das Lockmittel der dämonischen Götter. Allerdings hatte dieser Lebensstil einen Haken, nämlich die Schuldgefühle gegenüber Jahwe. Es wäre fast einfacher gewesen, ihn nicht um sich zu haben. Die Bibel sagt, dass Menschen, die sündigen wollen,…

> *…die Wahrheit unterdrücken durch Ungerechtigkeit.*
> *Römer 1,18 (ZB)*

Natürlich ist es einfacher, zu sündigen, wenn andere um einen herum dies auch tun.

> *…Sie tun es nicht nur selbst, sondern finden es auch noch gut, wenn andere es ebenso machen.* *Römer 1,32 (NeÜ)*

Die Israeliten vermischten also die Verehrung von Dämonen-Göttern mit der Anbetung Jahwes. Sie verehrten immer gerade die Gottheit, die im Moment die Begierden ihrer Herzen stillte. Es war ein heilloses Durcheinander. Ein Prophet klagte dem Herrn:

> *Du hast die Menschen gemahnt, zu deinem Gesetz zurückzukehren, aber sie waren hochmütig und gehorchten deinen Geboten nicht. Sie sündigten… sie zeigten dir die kalte Schulter, wurden widerspenstig und wollten nicht hören.*
> *Nehemia 9,29 (NLB)*

Als Folge davon ließ der Herr es zu, dass die Hebräer von fremden Völkern überrollt wurden. Das sollte ihnen deutlich machen, wie sinnlos es ist, Dämonen-Göttern zu vertrauen. Eines der Länder, das Israel wiederholt versklavte, lag in dem Gebiet, das heute als Gaza bezeichnet wird. Es war die Nation der Philister.

## Die Philister

> *Und die Philister stellten sich in Schlachtordnung auf gegen Isreal. Als aber der Kampf sich ausbreitete, wurde Israel von den Philistern geschlagen…*
>
> *Und als das Volk ins Lager zurückkam, da sprachen die Ältesten von Israel: Warum hat uns der HERR heute vor den Philistern geschlagen?* *1.Samuel 4,2-3 (SCHL)*

Hätten die Israeliten das Wort Gottes gelesen, wäre ihnen die Antwort auf ihre Frage nicht schwer gefallen. Sie beteten Dämonen und Götzen an! Doch anstatt Buße zu tun, sagten sie:

> *„Wir wollen die Bundeslade des Herrn… holen, damit er in unsere Mitte kommt und uns vor unseren Feinden retten wird.“*
> *1.Samuel 4,3 (NLB)*

Bei der Bundeslade handelte es sich um die besondere goldene Truhe, die im *Allerheiligsten* aufbewahrt wurde. Man geht davon aus, dass das israelitische Heer sie aus ihrem heiligen Aufbewahrungsort hervorgeholt und mit in den Kampf genommen hatte. Es gab eine besondere Vorgehensweise, entsprechend der die heilige Truhe transportiert werden sollte. Sie war aber keinesfalls als transportabler Talisman gedacht, um Unheil abzuwenden. Aber…

> *Sie schickten einige Männer nach Schilo und ließen die Lade holen, die Lade des Bundes mit Jahwe, der über den Cherubim thront.*
>
> *Als die Lade Jahwes ins Lager kam, brach unter den Israeliten ein Jubelsturm los, dass die Erde dröhnte.* 1.Samuel 4,4-5 (NeÜ)

Die Israeliten waren sich jetzt ihres Sieges sicher. Ihr Problem bestand allerdings darin, dass sie ihr Vertrauen auf die goldene Truhe, die Bundeslade, setzten, anstatt auf Gott selber.

> *Da kämpften die Philister, und Israel erlitt eine vernichtende Niederlage… Die Philister erbeuteten auch die Lade Gottes…* 1.Samuel 4,10-11 (NeÜ)

Für Gott war dies keine Überraschung. Er hatte die Erbeutung der Bundeslade zugelassen, damit er allen im „globalen Lehrsaal" eine weitere Lektion beibringen konnte.

> *Die Philister brachten die erbeutete Lade Gottes… in den Tempel ihres Gottes Dagon und stellten sie neben dessen Standbild auf.* 1.Samuel 5,1-2 (NeÜ)

**Dagon**

Wir haben schon von Dagon gehört, als wir über den Turmbau von Babel sprachen. Seine wahre Identität war dämonisch. Er war die raffinierte Täuschung von bösen Geistern, die ihn als Maske benutzten. Dagon wurde oft als halb Mensch und halb Fisch dargestellt.[5] Die Verschmelzung von zwei Körpern ist bei den Dämonen-Göttern sehr geläufig. Es ist der Versuch Satans, den Unterschied zwischen dem Schöpfer und seiner Schöpfung zu verwischen. Satan möchte die Menschen über das Wesen des wahren Gottes im Unklaren lassen. Solche Verwirrung zu stiften ist Unrecht und Sünde.

Die Bibel berichtet, dass die Philister die erbeutete Bundeslade nach Aschdod brachten, einer Stadt in Philistäa. Dort wurde sie vor ein Standbild von Dagon gestellt.

> *Doch als die Bürger von Aschdod am nächsten Morgen in den Tempel von Dagon kamen, war Dagon umgefallen und lag mit dem Gesicht zur Erde vor der Lade des HERRN.* 1.Samuel 5,3 (NLB)

Was für ein Schock für die Philister. Dagon lag vor der Bundeslade flach auf dem Angesicht.

Wir müssen verstehen, dass die Lade kein Götzenbild war. Sie war nur ein Gegenstand, an dem der HERR symbolisch seine Gegenwart zeigte. Die Lade war natürlich weder Gott, noch war sie sein Standbild. Dennoch lag Dagon, der sich für eine echte Gottheit ausgab, vor lediglich einem Symbol flach auf seinem Angesicht. Wir können uns vorstellen, wie viel Verwirrung und Aufregung das ausgelöst haben muss. *Das Ganze musste ein Zufall gewesen sein!* Zweifelsohne wurde sichergestellt, dass so etwas nicht nochmal passieren würde.

> *Sie nahmen sich seiner an und stellten ihn [Dagon] wieder an seinen Platz. Doch am nächsten Morgen lag Dagon wieder vor der Lade Jahwes am Boden. Aber nur sein Rumpf war übrig geblieben. Sein Kopf und seine Hände waren abgehauen und lagen auf der Schwelle.* 1.Samuel 5,3-4 (NeÜ)

Das war kein Zufall. Dagon war wieder umgestürzt. Doch dieses Mal waren sein Kopf und seine Hände abgebrochen!

Dies hätte die Menschen ins Grübeln bringen sollen: Musste ein echter Gott tatsächlich zweimal vom Boden aufgehoben und zur Reparatur in eine Werkstatt gebracht werden? Fällt ein wahrer Gott auseinander und muss dann wieder zusammengeklebt werden? Natürlich nicht! Dagon gehörte auf die Müllkippe, nicht in einen Tempel. Obwohl Israel militärisch besiegt worden war, gebrauchte der HERR seine ausgesuchte Nation, um dem „globalen Lehrsaal" Folgendes zu verdeutlichen:

> *„Ich bin der Erste und ich bin der Letzte, außer mir gibt es keinen Gott!"* Jesaja 44,6 (NeÜ)

Doch die Philister erkannten nicht, wer hier wirklich der wahre Gott war. Stattdessen begannen sie die Türschwelle zu verehren, an der das Gesicht des falschen Gottes Dagon zerschmettert wurde!

> *Aus diesem Grund treten in Aschdod sowohl die Priester von Dagon als auch alle anderen Besucher des Tempels von Dagon bis heute nicht auf diese Türschwelle.* 1.Samuel 5,5 (NLB)

Die Philister gaben im weiteren Verlauf der Begebenheit die Bundeslade an Israel zurück. Mit der Zeit wandten sich die Israeliten wieder dem HERRN zu und er segnete sie erneut. Doch…

> *…kaum hattest du ihnen Ruhe verschafft, lehnten sie sich erneut gegen dich auf. Da überließest du sie wieder den Händen ihrer Feinde, und die herrschten hart über sie. Wieder schrien sie zu dir und du erhörtest sie vom Himmel her. Immer wieder hast du sie in deinem Erbarmen befreit.* Nehemia 9,28 (NeÜ)

Die Israeliten hatten Ägypten hinter sich gelassen. Trotzdem dauerte es viele Jahrhunderte, bis sie an den Punkt kamen, wo sie ihr Vertrauen nicht mehr auf andere Gottheiten setzten.

---

Götzen können noch andere Dinge sein als nur Standbilder, Statuen oder Ikonen. Alles, worum sich unser Denken hauptsächlich dreht, kann zum Objekt unserer Verehrung werden und damit zu unserem Götzen. Götzendienst kann auch Folgendes sein:

- Ständige Ausrichtung auf das andere Geschlecht.
- Das Streben nach Geld und materiellem Besitz.
- Andauernde Beschäftigung mit unserem Körper, unserer Kleidung, unserer Ernährung oder anderen Dingen, die für uns eine Rolle spielen. Dazu können auch bewusstseinsverändernde Stoffe aller Art gehören.
- Besessenheit in Bezug auf die eigenen Karriere, Stellung, Bildung und Macht.
- Eigennutz, in den wir unendlich viel Zeit investieren.

> *…sexuelle Unmoral, Schamlosigkeit, ungezügelte Leidenschaft, böses Verlangen und die Habgier (Habgier ist nichts anderes als Götzendienst).* Kolosser 3,5 (NGÜ)

Wenn wir uns weigern, dem HERRN zu vertrauen und uns stattdessen auf unsere eigenen Fähigkeiten, unsere Intelligenz und Stärke verlassen, beten wir im Grunde uns selbst an, so als wären wir ein Gott.

> *Doch sie machen sich schuldig, weil sie ihre eigene Kraft zu ihrem Gott machen.* Habakuk 1,11 (NLB)

---

# 4 Die Propheten

Von allen Nationen der Erde war Israel einzigartig, weil Gott selbst ihr Anführer und König war. Doch mit der Zeit lehnten sie Gott ab und verlangten nach einem menschlichen König. JAHWE ließ sich auf ihren Wunsch ein, aber ihre Neigung, abzudriften und anderen Göttern zu vertrauen, blieb.

Sie vermischten sich mit den Völkern und nahmen ihre Gebräuche an. Sie dienten ihren Götzen, und die wurden ihnen zur Falle. Ihre Söhne und ihre Töchter opferten sie den Dämonen. Sie vergossen unschuldiges Blut, das Blut ihrer Söhne und Töchter, die sie den Götzen… opferten.

> *Da… lieferte JAHWE sie an fremde Völker aus… Ihre Feinde unterdrückten sie. Viele Male rettete er sie, aber sie blieben stur bei ihrem Plan und versanken in ihrer Schuld.*
>
> *Psalm 106,35-38; 40-41; 43 (NeÜ)*

Und so setzte sich der Kreislauf der früheren Jahre fort, mit dem Unterschied, dass sie nun anstatt eines Richters einen König hatten.

### David und Salomo

Der zweifellos größte und bekannteste aller Herrscher Israels war König David. Im Gegensatz zu vielen anderen Königen, die über die *ausgewählte Nation* herrschten, vertraute König David wirklich Gott. David nannte JAHWE „mein Retter".

David ist bekannt für die Lieder oder *Psalmen,* die er schrieb und in denen er Gott für seine große Liebe und Barmherzigkeit pries. David hielt auch Prophetien fest über den kommenden Befreier. Gott gab ihm das Versprechen, dass der Gesalbte einer seiner Nachkommen sein würde.[6]

| Der verheißene Befreier sollte… |
|---|
| 1. Der Nachkomme einer Frau sein |
| 2. Ein Mann sein |
| 3. Ein Nachkomme von Abraham sein |
| 4. Ein Nachkomme von Isaak sein |
| 5. Ein Nachkomme von Jakob (Israel) sein |
| 6. Aus dem Stamm Juda kommen |
| 7. Ein Nachkomme von König David sein |

König David war sehr darum bemüht, die tragbare Stiftshütte durch ein festes Gebäude nach gleichem Plan zu ersetzen. Es sollte *Tempel* genannt werden. Er wollte ihn in Jerusalem bauen, das während seiner Herrschaft zur Hauptstadt des Landes geworden war. Aber es war dann sein Sohn Salomo, der den Tempel tatsächlich baute.

König Salomo erlangte durch zwei Dinge Berühmtheit: seine große Weisheit und den Tempel, den er baute. Dieses gewaltige Gebäude wurde in Jerusalem auf dem Berg Morija errichtet, wahrscheinlich an der gleichen Stelle, wo Abraham Isaak opfern sollte. Dieses Gebäude diente allerdings nicht als Wohnstätte für Jahwe. König Salomo betete zu Gott:

> *„Selbst der Himmel und das ganze Universum können dich nicht fassen, geschweige denn dieses Haus, das ich gebaut habe!"*
>
> *1.Könige 8,27 (NeÜ)*

Der Tempel ersetzte die Stiftshütte als Gottes bildliche Veranschaulichung.

Nach dem Tod Salomos spaltete sich die Nation: Die nördlichen zehn Stämme behielten den Namen *Israel,* während die beiden südlichen Stämme zum Volk *Juda* wurden. Es sieht so aus, als wäre diese Zweiteilung der erste Schritt der Israeliten in eine fast ständig andauernde Entfernung von Gott gewesen. Das Nordreich machte dabei den Anfang. Das Volk hielt sich zwar äußerlich an alle Rituale, aber ihre Herzen waren von Gott weit entfernt.

> *„Was soll ich mit der Menge eurer Opfer?", spricht Jahwe. „Ich habe es satt, dass ihr mir Schafböcke und das Fett von Mastkälbern verbrennt! Das Blut von Stieren, Lämmern, Böcken mag ich nicht!… Lasst eure nutzlosen Opfer!…"*
>
> *Jesaja 1,11+13 (NeÜ)*

Jahwe hasst leere Rituale. Er möchte keine Roboter als Freunde haben.

> *„Euer Weihrauch ist mir ein Gräuel! Neumond, Sabbat und andere Feste: sündige Feiern ertrage ich nicht! Und wenn ihr betet mit ausgebreiteten Händen, verhülle ich meine Augen vor euch. Auch wenn ihr mich noch so mit Bitten bestürmt, höre ich nicht, denn eure Hände sind voll Blut."*
>
> *Jesaja 1,13-15 (NeÜ)*

Die Israeliten hatten Jahwe als Person aus den Augen verloren. Der Herr wollte, dass die Menschen Freude an ihm hatten und für immer seine Freunde blieben. Er hatte kein Interesse an mechanischem Gehorsam und bedeutungslosen Freundschaften.

### Falsche Propheten

Was die Lage verkomplizierte, waren von Satan beeinflusste falsche Propheten, die das geistliche Leben aufwühlten. Jahwe hatte klare Anweisungen gegeben, mit deren Hilfe sein Volk zwischen Lüge und Wahrheit unterscheiden konnte. Trotzdem waren die falschen Propheten viel beliebter, denn sie sagten den Leuten das, was sie hören wollten.

> *So spricht der HERR der Heerscharen: Hört nicht auf die Worte der Propheten, die euch weissagen! Sie täuschen euch; die Offenbarung ihres eigenen Herzens verkünden sie und nicht was aus dem Mund des HERRN kommt.* Jeremia 23,16 (SCHL)

Aber die Israeliten hörten nicht darauf. Sie drifteten immer weiter ab.

### Wahre Propheten

VERLOREN

Um das Volk wachzurütteln, sandte Gott Propheten, die ihre Stimme gegen Israel erhoben. Sie warnten die Nation, dass Gott sie für ihre gedankenlose Einhaltung der Rituale richten würde. Aber das Volk entfernte sich immer weiter von Gott und verlor dabei sein moralisches Empfinden. Es wurde abgestumpft, hartherzig und verdorben.

> *So spricht Jahwe: …denn sie haben den Gerechten als Sklaven verkauft, den Armen wegen einem Paar Schuhe. Den Kopf der Hilflosen treten sie in den Staub, die Gebeugten bringen sie um ihr Recht. Vater und Sohn gehen zur selben Hure und entweihen so meinen heiligen Namen. Sie strecken sich auf gepfändeten Kleidern aus. Das tun sie neben jedem Altar. Von Bußgeldern kaufen sie Wein und trinken ihn im Gotteshaus.*
> Amos 2,6-8 (NeÜ)

### Vertrauenswürdig

Zusätzlich zu ihren Warnungen aufgrund der Sünde machten die wahren Propheten auch detaillierte Aussagen zum kommenden versprochenen Befreier. Wo immer sich auf den folgenden Seiten ein kleines Symbol mit einer Schriftrolle findet, deutet dies auf eine erfüllte Prophetie hin. Diese Prophezeiungen wurden bereits Jahrhunderte vor ihrem Eintreffen gegeben.

> *„Ich bin Gott – sonst gibt es keinen! Es gibt keinen wie mich. Ich habe von Anfang an das, was kommen wird, vorausgesagt, schon lange, bevor es Wirklichkeit wurde."* Jesaja 46,9-10 (NLB)

Jede erfüllte Prophetie erinnerte die Menschen daran, dass Jahwe zuverlässig war. Man konnte auf ihn zählen. Er war vertrauenswürdig. Wie wir schon gesehen haben, war nur Jahwe in der Lage, solche Versprechen zu geben und zu halten.

Aber die Israeliten waren zu beschäftigt, um die immensen Auswirkungen erfüllter Prophetie zu untersuchen und zu verstehen. Dies trifft auch auf unsere Zeit zu. Irgendwie begreift die Menschheit bis heute nicht, was es damit auf sich hat. Diese Nachlässigkeit ist zu unserem eigenen Schaden.

### Wie die Propheten schrieben

Die Bibel legt dar, dass der HERR die 40 Schreiber so anleitete, dass sie genau das schrieben, was seinem Willen entsprach. Gleichzeitig ließ es JAHWE zu, dass der jeweilige menschliche Schreiber die Schriften in seinem eigenen Stil verfasste, ohne einen Fehler zu begehen. Diese Männer konnten der Bibel nicht einfach ihre eigenen Gedanken hinzufügen. Die Schriften waren nicht etwas, was sie sich selbst ausgedacht hatten.

> *In diesem Zusammenhang ist es von größter Wichtigkeit, dass ihr Folgendes bedenkt: Keine einzige prophetische Aussage der Schrift ist das Ergebnis eigenmächtiger Überlegungen des jeweiligen Propheten. Anders gesagt: Keine Prophetie hat je ihren Ursprung im Willen eines Menschen gehabt. Vielmehr haben Menschen, vom Heiligen Geist geleitet, im Auftrag Gottes geredet.*
>
> *2.Petrus 1,20-21 (NGÜ)*

Der Ausdruck *geleitet* wird in der Bibel an anderer Stelle verwendet, um das Tragen eines Gelähmten zu beschreiben.[7] So wie der gelähmte Mann nicht aus eigener Kraft gehen konnte, konnten auch die Propheten die Bibel nicht nach eigener Lust und Laune verfassen. Genauso wenig bestätigte der HERR einfach ein menschliches literarisches Werk. Die Bibel nimmt eindeutig für sich in Anspruch, von Anfang bis Ende die Botschaft des HERRN zu sein.

## Woher wissen wir, dass die Bibel Recht hat?

Wenn wir die fünf Bücher Mose als Beispiel nehmen, können wir ihren Inhalt in zwei Kategorien unterteilen: „Zwingend notwendige Information" und „prophetische Information".

Die „zwingend notwendige Information" beantwortet Fragen über den Ursprung des Universums und der Menschheit, den Ursprung des Bösen, der Sünde und des Todes, wie man dem Leid entkommen und Freude finden kann sowie alles, was das ewige Leben betrifft. Darüber hinaus ist es ein praktischer Leitfaden für das tägliche Leben. Doch die grundlegende Frage bleibt: „Wie können wir wissen, dass die Bibel in ihren Aussagen zu all diesen Dingen richtig liegt?"

Die Antwort auf diese Frage findet sich im einzigartigen Aufbau der Bibel. Die „zwingend notwendige Information", die Mose aufgeschrieben hatte, konnte nur dann als zuverlässig angesehen werden, wenn seine „prophetische Information" hundertprozentig zutraf. Wenn er mit der „prophetischen Information" richtig lag, war es äußerst wahrscheinlich, dass auch seine „zwingend notwendige Information" stimmte. Wenn sich jedoch seine Prophezeiungen nicht genau erfüllten, sollte seine gesamte Botschaft abgelehnt werden. (Siehe Seiten 159 bis 162)

Die Prophezeiungen von Mose erfüllten sich nicht nur damals, sondern dies passiert bis in die heutige Zeit. Auch wenn ich jetzt Mose als Beispiel herangezogen habe, trifft dies genauso auf die anderen Propheten zu.

### Ein lebendes Beispiel

Mose schrieb viele Prophetien nieder. Die faszinierendsten von ihnen beziehen sich auf die Geschichte und Zukunft der Israeliten. Die von ihm vorausgesagten Details waren weder vage noch abstrakt.

Es wird erzählt, dass im 17. Jahrhundert der französische König Louis XIV den bekannten Philosophen und Mathematiker Blaise Pascal bat, ihm Belege für das Übernatürliche zu geben. Daraufhin entgegnete Pascal: „Die Juden, eure Majestät, die Juden."[8]

Aus den Schriften von Pascal geht eindeutig hervor, dass er die alten Prophetien studiert hatte. Zweifelsohne verband er dies mit seinem Wissen über die Mathematik. Er war der Begründer der Wahrscheinlichkeitstheorie. Deshalb war ihm bewusst, dass die Wahrscheinlichkeit für eine zufällige Erfüllung der Prophetien so dermaßen gering war, dass man sie als geradezu unmöglich bezeichnen musste. Dennoch entspricht ihre Erfüllung historischen Tatsachen! (Siehe die Beispiele für erfüllte Prophetien auf der nächsten Seite.)

Woher wissen wir, dass die **zwingend notwendige Information** zuverlässig ist?

Weil Mose mit seiner **prophetischen Information** 100% richtig lag.

**Zwingend notwendige Information**

- **Ursprung des Universums**
- **Ursprung der Menschheit**
- **Ursprung des Bösen und der Sünde**
- **Ursprung des Todes**
- **Wie man dem Leid entkommen kann**
- **Die Quelle der Freude**
- **Die Quelle des Lebens**
- **Praktischer Leitfaden für den Alltag**

| **Prophetische Information** | | |
|---|---|---|
| **Beispiel** | Prophetien von Mose aufgeschrieben (1400 v.Chr.) | **Erfüllung** |
| Mose schrieb, dass die Israeliten sich bald nach seinem Tod gegen Jahwe auflehnen würden. | „Denn ich weiß, dass ihr nach meinem Tod ins Verderben stürzen und von dem Weg abweichen werdet, den ich euch vorgeschrieben habe….“ *5.Mose 31,29 (NeÜ)* | Von 1400 v.Chr. bis 70 n.Chr.: Die Geschichte belegt, dass Israel sich auflehnte. Dies nahm im Laufe der Jahre beständig zu. |
| Mose schrieb, dass Jerusalem letztlich zerstört und die Israeliten über die ganze Erde zerstreut würden. | …ihr werdet aus dem Land herausgerissen werden,… Und der Herr wird dich unter alle Völker zerstreuen von einem Ende der Erde bis zum andern Ende der Erde. *5.Mose 28,63-64 (ELB)* | Im Jahr 70 n.Chr. zerstörten die Römer Jerusalem und erfüllten damit eine detaillierte Prophetie, die von Mose gegeben worden war.[9] Das Volk wurde unter die Nationen zerstreut. |
| Mose schrieb, dass die Israeliten unter den Nationen beständige Verfolgung erleiden würden. Heute bezeichnen wir dies als Antisemitismus. | Unter diesen Völkern wirst du nicht ruhig wohnen können, dein Fuß wird keine Bleibe finden… Dein Leben wird in Gefahr schweben. Du wirst dich Tag und Nacht fürchten und deines Lebens nicht mehr sicher sein. *5.Mose 28,65-66 (NeÜ)* | Von 70 n.Chr. bis 1948 n.Chr.: Das Volk wurde bekannt als die „wandernden Juden“. Was Verfolgungen betrifft, hat kein anderes Volk so viel erlitten wie die zerstreuten Israeliten.[10] |
| Historisch gesehen werden zerstreute Völker assimiliert; sie hören auf zu existieren. Doch Mose schrieb, dass die Israeliten ihre Identität bewahren würden. | „Doch selbst, wenn sie dann im Land ihrer Feinde sind, verwerfe ich sie nicht…. Ich gebe sie nicht dem Untergang preis…“ *3.Mose 26,44 (NeÜ)* | Die Tatsache, dass die Juden entgegen aller Wahrscheinlichkeit ihre Identität während 2000 Jahren der Zerstreuung bewahrt haben, ist heute noch unerklärlich.[11] |
| Mose schrieb, dass Gott die Israeliten gegen Ende dieses bösen Zeitalters in ihr Land zurückbringen würde. | …so wird der HERR, dein Gott,… dich wieder sammeln aus allen Völkern, wohin dich der HERR, dein Gott, zerstreut hat…. Und der HERR, dein Gott, wird dich in das Land zurückbringen, das deine Väter besessen haben, und du wirst es in Besitz nehmen… *5.Mose 30,3-5 (SCHL)* | 1882 n.Chr. bis heute: Seit über hundert Jahren strömen Juden zurück in ihre alte Heimat. Wir sehen heute die schrittweise Erfüllung dieser alten Prophezeiung.[12] |

# 5 Der Gott Baal

Viele Propheten des HERRN riskierten ihr Leben in der direkten Konfrontation mit den falschen Propheten. Einer von ihnen war Elija. Er warnte die Israeliten und forderte sie zur Umkehr auf. Sie sollten *Buße tun* („ihre Einstellung ändern") und von ihrem Unglauben zum Glauben an Gott zurückkehren. Ahab, ein König Israels, stellte sich gegen Elija und spottete über seine Botschaft.

> *Als Ahab dann Elija erblickte, sagte er zu ihm: „Bist du das, du Unglücksbringer für Israel?"*
>
> *Elija erwiderte: „Nicht ich habe Israel ins Unglück gebracht, sondern du und deine Familie! Ihr habt die Gebote JAHWES verlassen und seid den Baalen nachgelaufen."*
>
> 1.Könige 18,17-18 (NeÜ)

Baal war eine der Hauptgottheiten im Nahen Osten und wurde als Sohn von Dagon angesehen. Die Religion, die ihn zum Mittelpunkt ihrer Anbetung gemacht hatte, war pornografisch und sadistisch. Elija stellte sich diesem falschen Gott entgegen. Er sagte zu König Ahab:

> *„Schick jetzt Boten aus und versammle ganz Israel zu mir an den Berg Karmel, auch die 450 Propheten des Baal und die 400 der Aschera, die von Isebel versorgt werden."* 1.Könige 18,19 (NeÜ)

Aschera, eine Göttin, die ihren Ursprung in Babel hat, wurde als Gefährtin von Baal angesehen. Der mit ihr in Verbindung stehende Götzendienst war wollüstig und verdorben.

### Größer ist besser

Es ist erwähnenswert, dass Elija ganz alleine 850 falschen Propheten gegenüberstand. Die irrtümliche Meinung, dass etwas richtig sein muss, wenn viele Menschen daran glauben, ist heute weit verbreitet. Aber die Bibel warnt uns, indem sie sagt:

> *„Geht durch das enge Tor! Denn das weite Tor und der breite Weg führen ins Verderben, und viele sind auf diesem Weg. Doch das enge Tor und der schmale Weg führen ins Leben, und nur wenige finden diesen Weg. Hütet euch vor den falschen Propheten! Sie kommen im Schafskleid zu euch, in Wirklichkeit aber sind sie reißende Wölfe. An ihren Früchten werdet ihr sie erkennen...."* Matthäus 7,13-16 (NGÜ)

Falsche Propheten kann man an ihren Früchten (ihren Lehren) erkennen; daran, ob sie mit Gottes Wort übereinstimmen oder nicht. JAHWE hatte den Israeliten für diesen Fall eindeutige Anweisungen gegeben, damit sie zwischen Wahrheit und Irrtum unterscheiden konnten. Doch die Propheten von Baal und Aschera waren beliebter, weil sie den Menschen das sagten, was sie hören wollten.

**Der Berg Karmel**

Elija forderte Ahab zu einem Kräftemessen am Berg Karmel auf. Es gibt Belege dafür, dass Baal an diesem Ort verehrt wurde, d.h. Elija überließ den falschen Propheten den Heimvorteil.

> *Da ließ Ahab die Männer Israels und die Propheten zum Berg Karmel kommen. Dann trat Elija vor das Volk und sagte: „Wie lange hinkt ihr noch auf beiden Seiten? Wenn Jahwe Gott ist, dann folgt ihm allein, wenn es Baal ist, dann folgt nur ihm!“*
> 1.Könige 18,20-21 (NeÜ)

Die Möglichkeit, Baal und dem Herrn gleichzeitig zu folgen, bestand nicht. Es gab sie nicht und es wird sie nie geben. Gott bietet keinen Raum für die Vermischung von Wahrheit und Irrtum. Er verabscheut Synkretismus.

> *Da fuhr Elija fort: „…Bringt zwei junge Stiere her! Sie sollen sich den einen auswählen, ihn zerteilen und die Stücke auf das Holz schichten. Sie dürfen das Holz aber nicht anzünden. Und ich, ich werde den anderen Stier herrichten, ihn auf das Holz schichten und es ebenfalls nicht anzünden. Dann ruft ihr den Namen eures Gottes an! Und ich, ich werde den Namen Jahwes anrufen. Der Gott, der mit Feuer antwortet, ist der wahre Gott.“* 1.Könige 18,22-24 (NeÜ)

Elija forderte die Propheten von Baal auf, den „Anfang zu machen“.

> *So riefen sie den Namen Baals an: „Baal, höre uns!“ Sie riefen vom Morgen bis zum Mittag. Aber es war kein Laut zu hören, es kam keine Antwort. Dabei hinkten und hüpften sie um ihren Altar.*
>
> *Als es Mittag wurde, machte sich Elija über sie lustig. „Ruft lauter!“, spottete er. „Er ist ja ein Gott. Er ist sicher in Gedanken, oder er ist gerade austreten gegangen. Vielleicht ist er auch auf Reisen, oder er schläft gerade, dann sollte er aufwachen!“ Da schrien sie immer lauter und ritzten sich nach ihrem Brauch mit Schwertern und Lanzen, bis Blut an ihnen herabfloss.*
> 1.Könige 18,26-28 (NeÜ)

Die Verehrung von Dämonen-Göttern beinhaltete häufig das Piercen oder Ritzen des eigenen Körpers. Es ist ein Kennzeichen ihrer falschen Religion.

> *Nach dem Mittag gerieten sie in Ekstase, bis die Zeit des Speiseopfers gekommen war, aber es erklang keine Stimme, es kam keine Antwort, nichts regte sich.* 1.Könige 18,29 (NLB)

Elija wollte die Menge der Zuschauer sowie jeden im „globalen Lehrsaal“ zu folgendem Eingeständnis bewegen:

> *Was nützt ein Götterbild, das ein Bildhauer macht, ein Gussbild und ein Lügenorakel? Wie kann der Bildner auf sein Gebilde vertrauen, den stummen Götzen, den er selber machte?* Habakuk 2,18 (NeÜ)

**Kein Herr, kein Feuer**

> *Da rief Elija dem Volk zu: „Her zu mir!“ Das Volk trat zu ihm hin. Er nahm zwölf Steine nach der Zahl der Stämme der Söhne Jakobs… Aus diesen Steinen baute er dem Namen Jahwes einen Altar. Rings herum zog er einen Graben, der so breit war, dass man 12 Kilogramm Getreide dort hätte einsäen können.* 1.Könige 18,30-32 (NeÜ)

Der Graben konnte etwa 15 Liter Wasser fassen.

> *Dann schichtete er das Holz auf, zerteilte den Stier und legte die Stücke auf das Holz.* 1.Könige 18,33 (NeÜ)

Elija sagte:

> *„Füllt vier große Vorratskrüge mit Wasser und gießt sie über das Opfer und das Holz.“ Danach sagte er zu ihnen: „Tut dasselbe noch einmal!“ Und schließlich sagte er: „Nun tut es ein drittes Mal!“ Und sie taten es ein drittes Mal, und das Wasser lief am Altar hinunter und füllte sogar den Graben.* 1.Könige 18,34-35 (NLB)

Sie überschütteten den Altar und das Holz mit 12 großen Krügen Wasser. Die Botschaft war eindeutig: Ohne einen echten Gott würde es auch kein echtes Feuer geben.

> *Um die Zeit des Abendopfers trat Elija vor den Altar und sagte: „Jahwe, Gott Abrahams, Isaaks und Israels! Heute sollen alle erkennen, dass du Gott in Israel bist und dass ich dein Diener bin und nach deinem Wort all das getan habe. Antworte mir Jahwe, antworte mir, damit dieses Volk erkennt, dass du, Jahwe, allein Gott bist und dass du sie wieder auf den rechten Weg zurückbringen willst.“*
>
> *Da kam ein Feuer Jahwes herab und verzehrte das Brandopfer, das Holz, die Steine und die Erde und leckte auch das Wasser im Graben auf. Als das Volk das sah, warfen sich alle nieder, das Gesicht auf dem Boden, und riefen:* ***„Jahwe, er allein ist Gott! Jahwe, er allein ist Gott!“*** 1.Könige 18,36-39 (NeÜ)

Jahwe ist Gott! Er war derjenige, dem sie vertrauen mussten.

# 6 Das Exil

Die Erfahrung der Israeliten auf dem Berg Karmel hielt sie nicht davon ab, sich wieder der Götzenverehrung zuzuwenden. Vor seinem Tod hatte Mose vorausgesagt, dass der Tag kommen würde, an dem man sagen wird, die Israeliten...

> *...reizten ihn [Jahwe] zur Eifersucht durch fremde Götter, durch Scheusale beleidigten sie ihn. Sie opferten Dämonen, die nicht Gott sind, Göttern, die sie früher nicht kannten, neuen, die erst vor kurzem aufgekommen sind, von denen eure Väter nichts wussten.* 5.Mose 32,16-17 (NeÜ)

Selbst dann schrieb einer der Propheten Jahwes noch:

> *Und darum wartet der Herr darauf, euch gnädig zu sein, und darum erhebt er sich, um sich eurer zu erbarmen, denn der Herr ist ein Gott des Rechts.* Jesaja 30,18 (ZB)

Als sich aber die Israeliten weiterhin vor Dämonen-Göttern niederwarfen, tat der Herr schließlich, was er versprochen hatte: Er sandte das Gericht. Die Assyrer überfielen 722 v.Chr. das Nordreich und führten das Volk in die Gefangenschaft. In der Bibel finden wir keinen Bericht über eine organisierte Rückkehr des Volkes ins Land Israel.

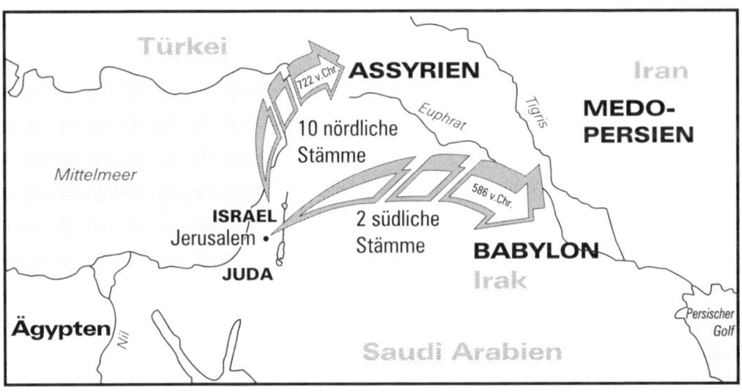


Das Südreich existierte weiter als politische Einheit bis zum Jahr 586 v.Chr., als die Babylonier* die Stadt Jerusalem plünderten, den großen Tempel Salomos zerstörten und das Volk in die Gefangenschaft führten.

* Ein Volk aus der Gegend des Turmbaus von Babel.

### Juden

Während ihrer Gefangenschaft fing man an, das Volk Israel als *Juden* zu bezeichnen. Das ging auf die Tatsache zurück, dass die meisten von ihnen aus dem Stamm Juda waren. Da der Tempel zerstört war, führten die Juden die Synagoge* als einen Ort des sozialen Austausches, der Lehre und des Studiums der Schriften ein.

* Griechisches Wort für *Versammlung*.

Während der Gefangenschaft schrieb einer der 40 Propheten:

> *Du, mein Herr, bist im Recht, und so, wie die Dinge jetzt liegen, schämen wir uns alle gewaltig. Es betrifft alle: die Leuten von Juda, die Bewohner Jerusalems und ganz Israels, die in der Nähe genauso wie die, die du wegen ihrer Untreue dir gegenüber in ferne Länder vertrieben hast. O HERR, wir… müssen uns schämen, weil wir gegen dich gesündigt haben.*
>
> *Doch du, unser HERR und Gott, hast uns immer wieder verziehen, du hattest selbst dann noch Erbarmen mit uns, wenn wir nichts mehr mit dir zu tun haben wollten. Wir haben nicht mehr das getan, was du, der Herr, unser Gott, uns befohlen hast. Unsere Lebensführung haben wir nicht an den Anordnungen ausgerichtet, die du uns durch deine Propheten gegeben hast. Ganz Israel hat gegen dein Gesetz gehandelt – alle wollten sie nichts mehr mit dir zu tun haben und stellten sich dir gegenüber taub.*
>
> *Das Böse ist über uns gekommen,* ***genauso, wie es*** *in den Büchern des Mose* ***angekündigt worden ist.*** *Trotzdem haben wir nicht versucht, uns mit dem HERRN, unserem Gott, zu versöhnen, indem wir endlich einen klaren Schlussstrich gezogen und mit dem Sündigen aufgehört hätten. Wir haben uns nicht um die Wahrheit bemüht und sind deshalb auch nicht klug geworden. Aber der HERR hat das Böse gesehen – deshalb ist uns das alles widerfahren. Der HERR, unser Gott, ist gerecht in allem, was er tut – wir wollten ja nicht auf ihn hören!*
>
> Daniel 9,7-11; 13-14 (NLB)

Das Exil dauerte siebzig Jahre. Ab 536 v.Chr. kehrten die beiden südlichen Stämme allmählich nach Jerusalem und Umgebung zurück. Das Gebiet war bereits zuvor vom Stamm Juda bewohnt worden. Der Tempel wurde wieder aufgebaut, wenn auch nicht in der gleichen Pracht wie zur Zeit Salomos. Auch der Opferdienst wurde wieder aufgenommen.

## Die Griechen

Um 400 v.Chr. unterbricht der biblische Bericht und schweigt ungefähr 400 Jahre lang. Doch die Geschichte stand nicht still. Alexander der Große, der geniale Heerführer der Griechen, überfiel den Nahen Osten und herrschte infolgedessen auch über die Juden. Seine Nachfolger führten Griechisch als allgemeine Handelssprache ein, und die hellenistische Kultur wurde für die nächsten Jahrhunderte zum Statussymbol.

Einige Juden passten sich freiwillig der griechischen Kultur an und verbanden sie mit ihrer Gottesvorstellung. Diese Menschen nannte man *Sadduzäer.* Sie waren zwar zahlenmäßig klein, aber wohlhabend und einflussreich. Meist bestimmten sie den Hohepriester, eine Stellung, die käuflich geworden war. Bestimmte Teile vom Wort Gottes wurden von ihnen nicht anerkannt. Die *Sadduzäer „nahmen" etwas von Gottes Wort „weg".*

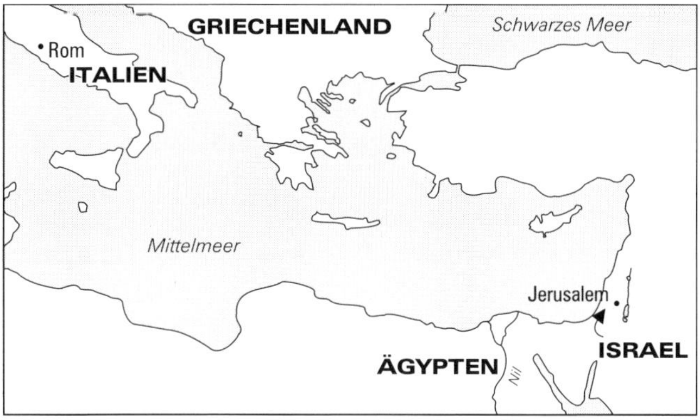


Ungefähr zweihundert Jahre lang wurden die Juden von wechselnden griechischen Besatzungsmächten unterdrückt. Im Jahre 166 v.Chr. lehnten sie sich schließlich auf. Judas Makkabäus führte das Volk in eine Phase der Unabhängigkeit.

Während dieser Zeit setzte sich eine Gruppe jüdischer religiöser Eiferer durch, die *Pharisäer* genannt wurden. Die Pharisäer kämpften gegen den Einfluss der griechischen Kultur und hielten am Gesetz fest, das Mose gegeben worden war. In ihrem Eifer schufen sie, zum Schutz vom Gesetz Moses, einen Zaun aus zusätzlichen Geboten, damit keines der echten Gebote gebrochen würde. Diese zusätzlichen Gebote wurden selbst zur Autorität und bekamen das gleiche Gewicht wie das Gesetz Moses. *Die Pharisäer „fügten" Gottes Wort etwas „hinzu".*

## Die Römer

Die Freiheit der Juden unter der Herrschaft der Makkabäer hielt gerade mal 100 Jahre. Die eiserne Ferse Roms zertrat 67 v.Chr. die jüdische Freiheit, als General Pompeji in Jerusalem einmarschierte.

Rom kam der jüdischen Religion durchaus entgegen, solange die Juden ihre Steuern zahlten und keinen Aufruhr anstifteten. Die zivilisierten Länder der damaligen Welt befanden sich in einem unbehaglichen Friedenszustand.

Dieser Friede begann im Jahr 27 v.Chr. und hielt knapp 200 Jahre an. Er wurde als *Pax Romana* bezeichnet und beruhigte die turbulenten politischen Interessen, welche seit Babel die Welt beherrscht hatten. Mit diesem Frieden kam, dank der guten römischen Straßen und Brücken, der Handel in Schwung und das Reisen nahm zu. Außerdem besaß die Welt nun eine gemeinsame Handelssprache: *Koine-Griechisch.* Nie zuvor waren die Bedingungen für einen Botschafter und die Verbreitung seiner Botschaft in alle Ecken und Winkel der Erde so ideal vorbereitet.

**Eine vorbereitete Welt**

Für die Israeliten war die Sklaverei in Babylon ein Teil ihrer Vorbereitung gewesen. Die Gefangenschaft war zu einer aufrüttelnden Erfahrung geworden. Eine Erinnerung daran, wie es wohl in Ägypten gewesen war. Für die Hebräer wurde es zu einer wichtigen Lektion mit dem Ergebnis, dass sie damit aufhörten, andere Götter zu verehren. Der folgende Vers wurde zum Glaubensbekenntnis für alle Juden. Er wird als die *Schma* bezeichnet.

> *„Hört, ihr Israeliten! Der HERR, unser Gott, ist der einzige HERR!"*
> 5.Mose 6,4 (NLB)

Die Schma lautet wörtlich: „JAHWE unser Gott ist JAHWE allein." Er ist einzigartig; er ist heilig. Die Bibel ist voll von ähnlichen Aussagen über den HERRN.

> *Keiner ist so heilig wie der HERR, denn außer dir ist keiner. Und kein Fels ist wie unser Gott.* 1.Samuel 2,2 (ELB)

> *So spricht der HERR, der König Israels… Ich bin der Erste, und ich bin der Letzte, und es gibt keinen Gott außer mir.*
> Jesaja 44,6 (ZB)

> *„Ich bin JAHWE, und sonst ist keiner da! Ich bin der einzige Gott!"*
> Jesaja 45,5 (NeÜ)

> *„Vor mir gab es keinen Gott, und nach mir wird kein anderer sein."*
> Jesaja 43,10 (NeÜ)

Die Israeliten waren nun bereit für die nächste große Offenbarung den Charakter des HERRN betreffend. Die große Frage war: Würden sie ihm glauben? Würde die zuschauende Welt ihm glauben?

**Ein treuer Gott**

Die vorausgegangenen Jahrhunderte hatten den Israeliten verdeutlicht, dass JAHWE, der HERR, ein Gott ist, der seine Versprechen hält. König David hatte geschrieben:

> *Auf alle deine Worte ist Verlass…* Psalm 119,140 (GNB)

Jemand, der eine lange und zuverlässige Geschichte aufweist, die zeigt, dass er sein Wort hält, ist eine vertrauenswürdige Person. Man kann dem, was diese Person sagt, glauben. JAHWE hatte durch sein Handeln in der Geschichte den wartenden Hebräern (und dem größten Teil der Welt) gezeigt, dass sie keine Ausrede mehr hatten, ihm nicht zu vertrauen.

**Herodes der Große**

Obwohl sich die damalige Welt im Friedenszustand befand, war das alltägliche Leben in der Öffentlichkeit für einen gewöhnlichen Juden nicht einfach. Da das römische Weltreich viel zu groß war, um von Rom aus effektiv verwaltet zu werden, wurden örtliche Herrscher eingesetzt. Diese sollten über die einzelnen Regionen herrschen. In Judäa, das nun eine römische Provinz war, wurde ein Mann namens Herodes als Marionettenkönig eingesetzt. Er sollte als Herodes der Große bekannt werden. Der unglaublich brutale Herodes war nur dem Anschein nach ein Anhänger der jüdischen Religion. Unter römischer Autorität herrschten er und seine Nachkommen für die nächsten hundert Jahre über die verärgerte jüdische Welt. Das Volk sehnte sich nach der rettenden Befreiung, nach jemandem, der ihnen Erleichterung verschaffen würde.

**Der Verheißene**

Mehr als zweitausend Jahre waren nun vergangen, seit Gott Abraham zugesagt hatte, dass einer seiner Nachkommen der versprochene Befreier sein würde. Durch die Jahrhunderte hindurch gab es stets diejenigen (manchmal nur sehr wenige), die Gottes Wort glaubten und ihm vertrauten. Sie warteten sehnsüchtig auf die Ankunft des Gesalbten. Auch in diesen frühen Jahren des *Pax Romana* hielten sie an Gottes Versprechen fest, während sie auf deren Erfüllung warteten. Die Zeit war gekommen, doch sie wussten es noch nicht.

# Familien-Stammbaum: Von Adam bis Jesus

Die breite Linie gibt die Abstammungsfolge an.
Die Geschichten der fettgedruckten Namen wurden ausführlich behandelt.

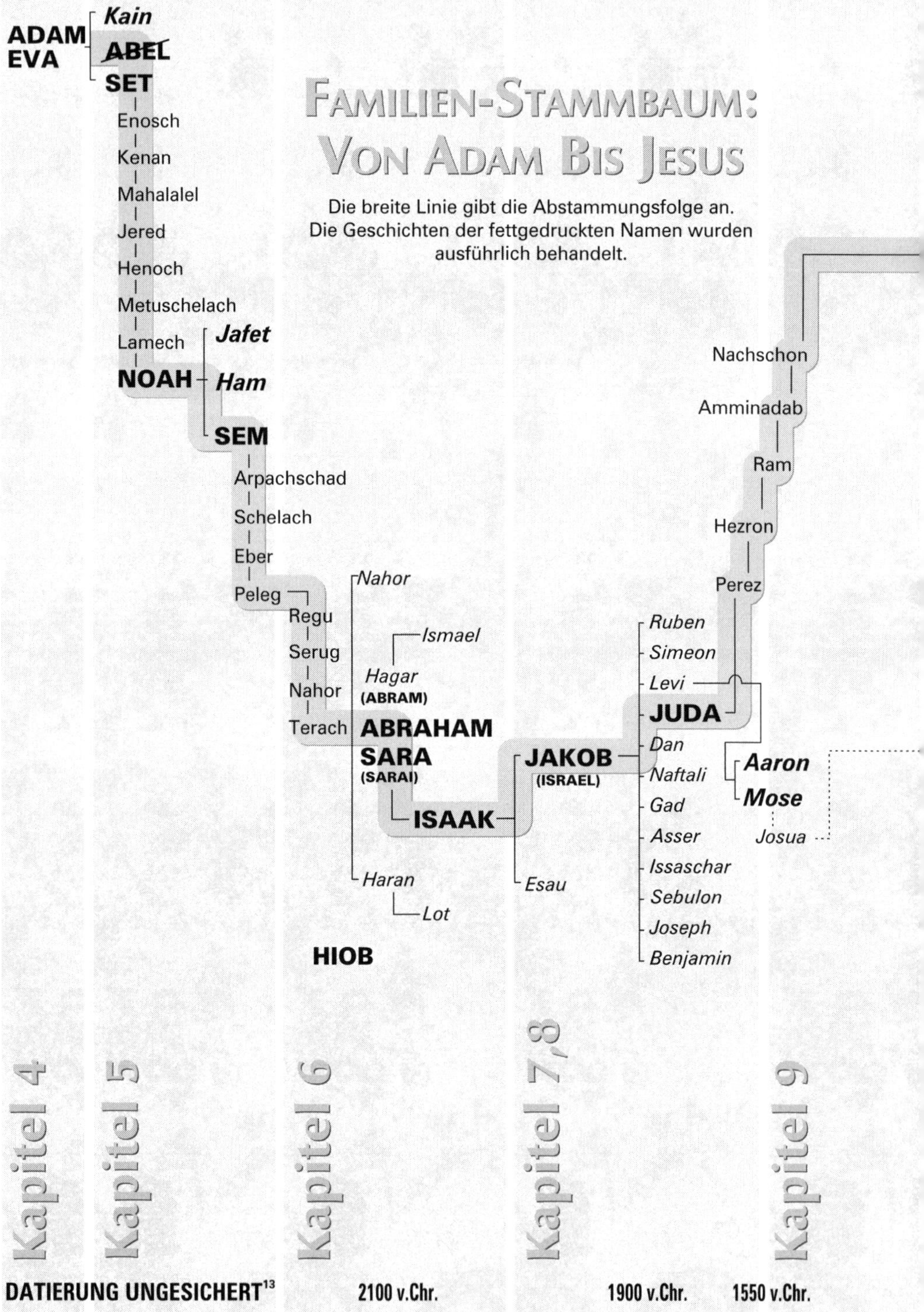

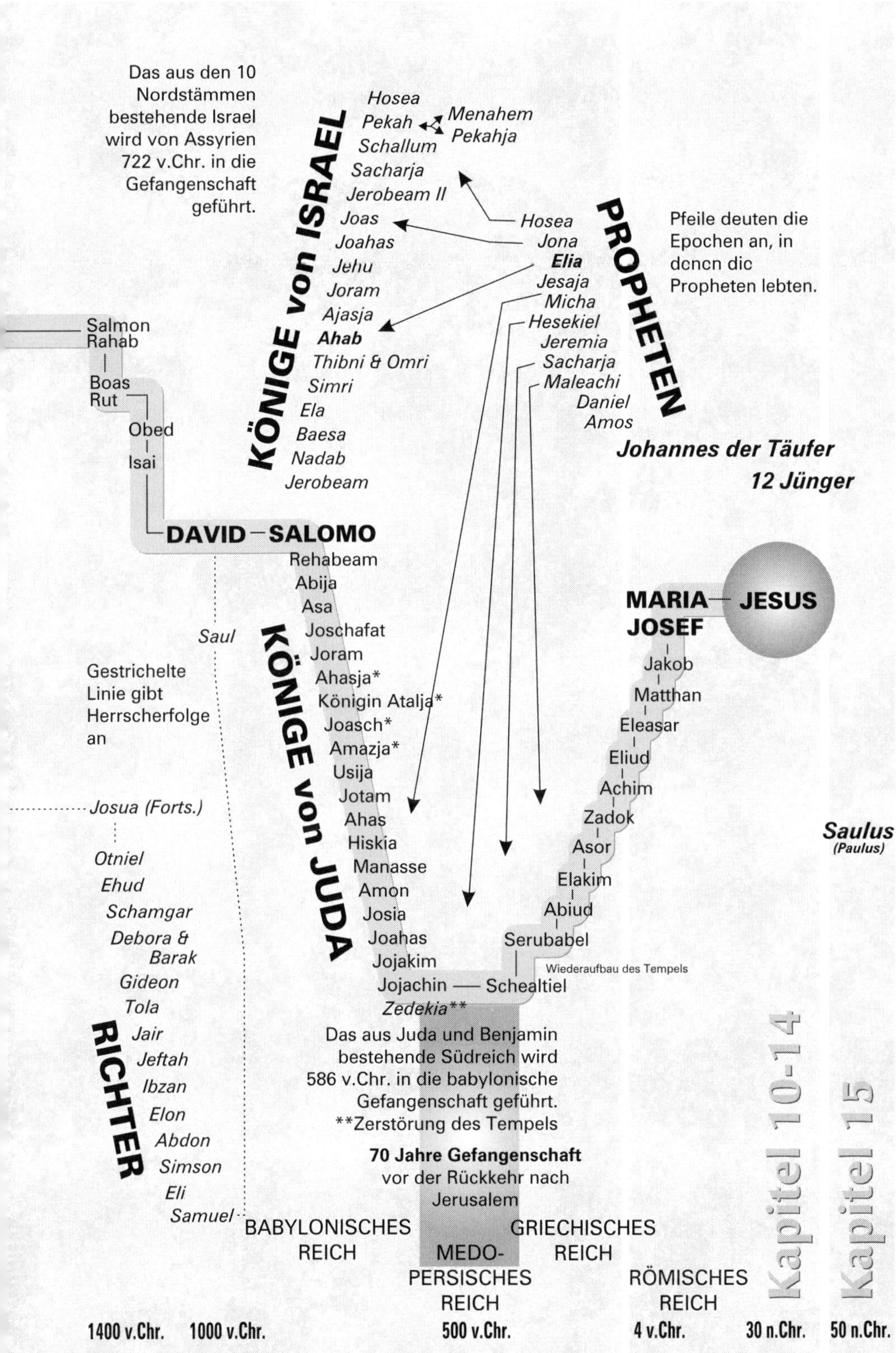


*Herrscher, die nicht im von Matthäus aufgeführten Stammbaum erscheinen.

# Kapitel 10

1 Die Sichtweise

2 Der Engel

3 Viele Namen

4 Der Retter

5 Taufe

6 Eine komplexe Einheit

# 1 Die Sichtweise

Hin und wieder hört man von Menschen, die lautstark von sich behaupten, der versprochene Befreier zu sein, von dem die Bibel spricht. Woher wissen wir, dass sie falsch liegen? Die Bibel gibt uns die Möglichkeit, den Wahrheitsgehalt solcher Behauptungen zu prüfen. Ich möchte das im Folgenden veranschaulichen.

## Eindeutige Identität

Vielleicht haben wir schon einmal Spionagegeschichten wie diese gelesen: Ein Geheimagent soll sich mit einer unbekannten Kontaktperson treffen. Dazu soll der Spion eine bestimmte Stadt aufsuchen, mit dem Bus in einen abgelegenen Stadtteil fahren und sich um Punkt 15:00 Uhr auf dem Rathausplatz einfinden. Dort würde er einen Mann mit dunklem Trenchcoat antreffen, der eine Zeitschrift in der Hand hält. Dieser Mann würde den Agenten nach der Uhrzeit fragen, worauf der Agent auf die Rathausuhr zeigen und ihn fragen sollte, ob er „Dr. Kim" kenne. All dies geschieht natürlich, um jede Verwechselung bei der Kontaktaufnahme auszuschließen.

So erstaunlich es auch klingen mag: Der HERR ließ die Propheten ähnliche Details über den verheißenen Befreier aufschreiben. Sein Fortbewegungsmittel, die Stadt, in der er eintrifft, sein „Codename", … Es wurden die unterschiedlichsten Informationen gegeben, um sicherzustellen, dass er auch erkannt werden würde.

Dr. Peter Stoner, früherer Professor für Wissenschaft am Westmont College, berechnete[1] den Wahrscheinlichkeitsfaktor, wenn nur 8 Identifizierungsmerkmale gebraucht würden.[2] Er suchte sich 8 Prophezeiungen in der Bibel heraus, die alle durch den Gesalbten erfüllt worden waren. Zwölf unterschiedliche Gruppen, aus insgesamt 600 Universitätsstudenten, besprachen jede einzelne Prophetie. Dabei untersuchten sie, ob die Begleitumstände einen Hinweis darauf lieferten, dass jemand die Erfüllung der Prophetien manipuliert haben könnte. Zum Beispiel kann ein Mensch seinen Geburtsort nicht selber bestimmen. Deshalb wurde eine solche Prophezeiung als gültig angesehen. Die gemeinsamen Schätzungen der Studenten waren so vorsichtig, dass selbst die skeptischen Gelehrten ihren Schlüssen uneingeschränkt zustimmten.

Mit den von seinen Studenten gesammelten Daten kam Dr. Stoner zu einer noch vorsichtigeren Schlussfolgerung. Er lud Skeptiker ein, seine Ableitungen auf ihre Schlüssigkeit hin zu untersuchen. Das Ergebnis: Nach der Wahrscheinlichkeitsrechnung hätte eine Erfüllung von nur 8 Prophezeiungen eine Chance von 1 zu 100.000.000.000.000.000.[3] Dr. Stoner veranschaulichte diese Wahrscheinlichkeit mit der folgenden Annahme:

Man nehme 100.000.000.000.000.000 Silberdollar-Münzen und verteile diese *„…gleichmäßig auf dem Gebiet von Texas [eine Fläche, die größer ist als Frankreich oder Thailand]. Der gesamte US-Bundesstaat wäre dadurch einen halben Meter hoch mit Münzen bedeckt. Jetzt versieht man einen der Silberdollar mit einer Markierung und versteckt ihn wahllos in der Flut von Münzen. Dann bekommt ein Mann die Augen verbunden mit der Anweisung, die Münze zu suchen. Er darf ganz Texas bereisen, kann aber nur einen einzigen Silberdollar aufheben. Dieser muss dann die markierte Münze sein."*

Die Wahrscheinlichkeit, dass eine Person alle 8 Prophezeiungen erfüllt, entspricht der Chance, dass der Mann mit verbundenen Augen die richtige Münze findet. Es ist schlichtweg unmöglich! Wir werden im weiteren Verlauf sehen, dass der *Versprochene* weit mehr als nur 8 Prophezeiungen erfüllte. Es gab also keinerlei Zweifel an seiner Identität.

### Dr. Lukas

In den letzten 9 Kapiteln befanden wir uns auf den Spuren von Mose, als er Gottes Wort aufzeichnete. Das Ganze wurde untermauert mit Auszügen von anderen Propheten. Für den restlichen Teil des Buches wollen wir uns einem anderen Propheten zuwenden, der uns bis zum Schluss begleiten wird. Der Name dieses Mannes ist Lukas. Unter den 40 Schreibern der Bibel war er der einzige ohne jüdische Abstammung. Lukas war von Beruf Arzt, aber dazu noch ein sorgfältiger Historiker.

## Gleichwertig

Jahrhundertelang mühten sich die Menschen mit der Last der Sünde ab. Der einzige Lichtblick am Horizont war der *versprochene Befreier.* Es stimmte zwar, dass Gott in seiner Gnade den Tod eines unschuldigen Tieres anstelle des Menschen als Stellvertreter anerkannte, doch dies bedeckte die Sünde nur vorübergehend. Denn im Hinblick auf die Ewigkeit kann…

> *…das Blut von Stieren und Böcken keine Sünden fortnehmen.*
>
> *Hebräer 10,4 (NLB)*

Der Mensch wurde nach dem Bilde Gottes geschaffen. Um die Sündenschuld des Menschen zu begleichen, wurde deshalb jemand benötigt, der dem Menschen gleich ist – das konnte nur ein Mensch sein. Ein Tier reichte nicht aus.

Angenommen, wir hätten uns einen Mercedes ausgeliehen und durch einem Unfall einen Totalschaden verursacht. Dem Besitzer anstelle seines Wagens ein Spielzeugauto zu geben, wäre absolut inakzeptabel. Wir müssten das Auto durch ein völlig gleichwertiges oder noch besseres ersetzen.

Genauso brauchte es jemanden, der Gottes Bild widerspiegelte (einen Menschen), um die Sündenschuld des Menschen zu bezahlen. Ein Tier erfüllte diese Voraussetzungen nicht.

## Zwei Männer in der gleichen Grube

Eventuell wäre ein Mensch bereit, die Sündenschuld für einen anderen Menschen zu bezahlen. Doch selbst das wäre keine Lösung. Jemand, der selber Sünder ist, kann keinen anderen Sünder retten.

Das ist vergleichbar mit zwei Männern, die in den Schacht eines verlassenen Bergwerks gefallen sind. Während sie in der Finsternis mit dem Schlamm am Boden der Grube kämpfen, sagt der eine zum anderen: *„Hol' mich raus aus diesem schrecklichen Ort! Ich versinke im stinkigen Morast!"* Der andere entgegnet: *„Bist du verrückt? Auch ich versinke! Ich kann dir nicht helfen."* Genauso unmöglich ist es, dass ein Sünder einen anderen Sünder aus dem Abgrund der Sünde herauszieht. Zur Rettung der Menschheit braucht es jemanden, der sündlos ist.

Doch man würde aber auf dem gesamten Globus keinen vollkommenen Menschen finden. Ob Priester oder Prophet, von Anbeginn der Zeit wurde jeder Mensch als Sohn Adams geboren, gekleidet in Adams schmutzigen Lumpen der Sünde. Niemand konnte als Befreier dienen, weil jeder mit seiner eigenen Sündenstrafe fertig werden musste.

## Zusammenfassung

Die Menschen brauchten also einen Retter, der von außerhalb der Grube kam. Jemand, der ohne Sünde war. Dieser Retter musste ein Mensch sein, kein Tier. Wer konnte dieser Befreier sein? Wo würde JAHWE jemanden ohne Sünde finden? Um diese Fragen zu beantworten, schrieb Dr. Lukas zuerst:

> *Schon viele haben die Aufgabe in Angriff genommen, einen Bericht über die Dinge abzufassen, die in unserer Mitte geschehen sind und die wir von denen erfahren haben, die von Anfang an als Augenzeugen dabei waren… Darum hielt auch ich es für richtig, nachdem ich allem bis zu den Anfängen sorgfältig nachgegangen bin, diese Ereignisse für dich… in geordneter Reihenfolge niederzuschreiben,* ***damit du erkennst, wie zuverlässig all das ist, worin du unterrichtet worden bist.***
>
> *Lukas 1,1-4 (NGÜ)*

# 2 Der Engel

Bevor der versprochene Befreier auftrat, bereitete der HERR für das jüdische Volk einen besonderen Boten vor, der das bevorstehende Ereignis ankündigen sollte. Dr. Lukas schrieb:

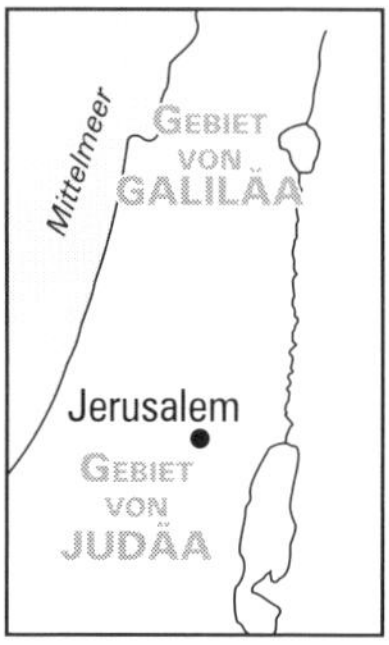


> *In der Zeit, als Herodes König von Judäa war, lebte dort Zacharias… Seine Frau stammte wie er aus dem Geschlecht Aarons; sie hieß Elisabeth. Beide lebten so, wie es Gott gefiel, und hielten sich in allem genau an die Gebote und Weisungen des HERRN. Sie hatten keine Kinder, denn Elisabeth war unfruchtbar, und jetzt waren sie beide alt.*
>
> *Einmal, als Zacharias vor Gott seinen Dienst als Priester versah, weil seine Abteilung damit an der Reihe war, wurde er nach der für das Priesteramt geltenden Ordnung durch das Los dazu bestimmt, in den Tempel des HERRN zu gehen und das Rauchopfer darzubringen.*
>
> *Während der Zeit, in der das Rauchopfer dargebracht wurde, stand die ganze Volksmenge draußen und betete. Da erschien dem Zacharias ein Engel des HERRN; er sah ihn auf der rechten Seite des Rauchopferaltars stehen. Zacharias erschrak und wurde von Furcht gepackt.* *Lukas 1,5-12 (NGÜ)*

Wir müssen einen Augenblick innehalten und uns eine Frage stellen: Woher konnte Zacharias wissen, dass dieser Engel vom HERRN geschickt worden war? Vielleicht hatte der Teufel ihn beauftragt!? Wie kann man überhaupt wissen, ob eine Vision von hell strahlenden Geistwesen echt ist oder nicht? Immerhin sagt die Bibel, dass Satan auch als „Engel des Lichts" auftritt.[4]

Um die Guten von den Bösen unterscheiden zu können, sorgte JAHWE dafür, dass seine Engel besondere Prophezeiungen weitergaben, die sich direkt erfüllten. Ohne diese Prophezeiungen konnte man der Botschaft nicht trauen. Doch wenn Prophezeiungen gegeben wurden, die sich genau erfüllten, dann war die restliche Botschaft korrekt. Im Fall von Zacharias sagte der Engel verschiedene Ereignisse voraus:

> *Doch der Engel sagte zu ihm: „Du brauchst dich nicht zu fürchten, Zacharias! Dein Gebet ist erhört worden.* ***Deine Frau Elisabeth wird dir einen Sohn schenken;*** *dem sollst du den Namen Johannes geben. Du wirst voller Freude und Jubel sein, und auch viele andere werden sich über seine Geburt freuen. Denn er wird groß sein in den Augen des Herrn.… Viele Israeliten wird er zum Herrn, ihrem Gott, zurückführen. Erfüllt mit dem Geist… wird er vor dem Herrn hergehen. Durch ihn werden sich die Herzen der Väter den Kindern zuwenden, und die Ungehorsamen werden ihre Gesinnung ändern und sich nach denen richten, die so leben, wie es Gott gefällt. So wird er dem Herrn ein Volk zuführen, das für ihn bereit ist."*
>
> *Zacharias sagte zu dem Engel: „Woran soll ich erkennen, dass das alles geschehen wird? Ich bin doch ein alter Mann, und meine Frau ist auch nicht mehr jung." Der Engel erwiderte: „Ich bin Gabriel; ich stehe vor Gott und bin von ihm gesandt, um mit dir zu reden und dir diese gute Nachricht zu bringen. Doch nun höre:* ***Du wirst stumm sein und nicht mehr reden können bis zu dem Tag, an dem diese Dinge eintreffen,*** *denn du hast meinen Worten nicht geglaubt. Sie werden aber in Erfüllung gehen, wenn die Zeit dafür gekommen ist."*
>
> *Lukas 1,13-20 (NGÜ)*

Der Engel gab Zacharias, zusätzlich zu seiner Botschaft, vier besondere Prophezeiungen:

1. Elisabeth sollte ein Kind bekommen und…
2. Das Kind sollte männlich sein.

Diese Nachricht muss den alten Mann bestürzt haben. Seine Frau war schon im „fortgeschrittenen Alter". Aber die Ankündigung, dass der Herr auf die Erde herabkommt, muss Zacharias erst recht überwältigt haben. Unglaublich, dass Jahwe selbst der versprochene Befreier war! Um seinem Unglauben abzuhelfen…

3. Sagte Gabriel, dass er stumm werden sollte und dass…
4. Er stumm bleiben würde, bis das Kind geboren ist.

Es stimmt, dass Zacharias mit Unglauben zu kämpfen hatte, aber er wusste mit Sicherheit, dass der Prophet Maleachi 400 Jahre zuvor über ein solches Ereignis geschrieben hatte.

> *„Siehe!* ***Ich*** *sende meinen Boten, damit er* ***mir*** *den Weg ebnet. Dann wird der Herr, den ihr sucht, unverhofft in seinen Tempel kommen. Der Bote des Bundes, auf den ihr so sehnsüchtig wartet, kommt",* ***spricht der Herr, der Allmächtige.***
>
> *Maleachi 3,1 (NLB)*

Dort stand es klar und deutlich. Zacharias muss sich gefragt haben, warum er es vorher nie gesehen hatte. Es war offensichtlich! Der HERR, der Allmächtige, hatte gesagt: *„Ich sende meinen Boten. Er wird mir den Weg bahnen."* JAHWE selbst sollte als der Gesalbte kommen. Darüber hinaus sagte der Engel, dass der Bote, der den Weg dafür bereitet, der Sohn von Zacharias sein sollte: Johannes.

### Stimmte es?

*Aber sagte Gabriel die Wahrheit?* Würden sich die vier Prophezeiungen erfüllen, sollte das für Zacharias Grund genug sein, dem zu glauben, was ihm über JAHWE gesagt wurde.

> *Und das Volk wartete auf Zacharias, und alle wunderten sich, dass er so lange im Tempel verweilte. Als er aber heraustrat,* ***konnte er nicht mit ihnen reden.*** *Und sie merkten, dass er im Tempel eine Erscheinung gehabt hatte. Er gab ihnen nur Zeichen und* ***blieb stumm.*** *Lukas 1,21-22 (ZB)*

Die dritte Prophezeiung hatte sich erfüllt!

> *Bald darauf* ***wurde seine Frau Elisabeth schwanger.*** *Die ersten fünf Monate verbrachte sie in völliger Zurückgezogenheit. Sie sagte: „Der HERR hat Großes an mir getan! Die Menschen verachteten mich, aber er hat mich gnädig angesehen und hat meine Schande von mir genommen." Lukas 1,24-25 (NGÜ)*

Die erste Prophezeiung hatte sich erfüllt! Es sah ganz danach aus, als würde die Botschaft stimmen und damit auch die Ankündigung vom Kommen des HERRN auf die Erde!

Aber eine Frage muss Zacharias beschäftigt haben. Wie genau sollte der Schöpfer auf die Erde kommen? Käme er auf einem goldenen Streitwagen, vor den sieben weiße Pferde gespannt waren, umringt von unzähligen Engeln und umhüllt von strahlendem Licht? Würde er die römischen Herrscher entmachten und Herodes vom Thron stürzen? Der Engel hatte nichts davon erwähnt.

### Maria

Die Szene ändert sich nun. Der Engel besuchte noch jemanden, diesmal eine junge Frau namens Maria.

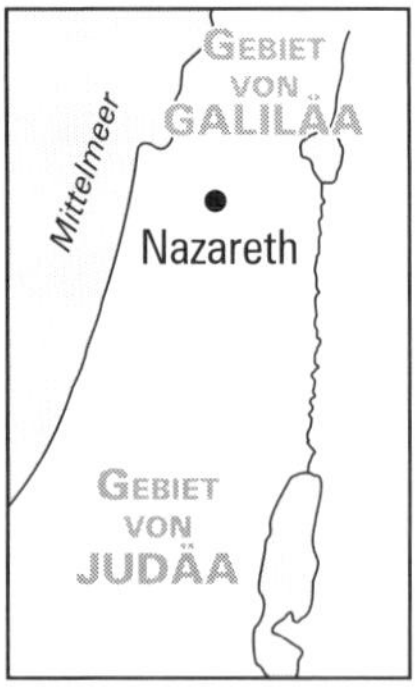


> *Als Elisabeth im sechsten Monat schwanger war, sandte Gott den Engel Gabriel zu einer unverheirateten jungen Frau, die in Nazaret, einer Stadt in Galiläa, wohnte. Sie hieß Maria und war mit Josef, einem Mann aus dem Haus Davids, verlobt; Maria war noch unberührt.*
> *Lukas 1,26-27 (NGÜ)*

Die Bibel berichtet, dass sowohl Joseph als auch Maria direkte Nachkommen von König David waren, der 1000 Jahre zuvor gelebt hatte. Lukas schrieb über den Besuch des Engels Folgendes:

> *„Sei gegrüßt, dir ist eine hohe Gnade zuteil geworden!“, sagte Gabriel zu ihr, als er hereinkam. „Der Herr ist mit dir.“*
>
> *Maria erschrak zutiefst, als sie so angesprochen wurde, und fragte sich, was dieser Gruß zu bedeuten habe. Da sagte der Engel zu ihr: „Du brauchst dich nicht zu fürchten, Maria, denn du hast Gnade bei Gott gefunden.* ***Du wirst schwanger werden*** *und einen Sohn zur Welt bringen; dem sollst du den Namen Jesus geben.“* Lukas 1,28-31 (NGÜ)

Nun war Maria sprachlos. Doch schließlich fand sie ihre Stimme wieder und stellte eine sehr logische Frage.

> *„Wie wird das geschehen?“, fragte Maria. „Ich habe ja noch nie mit einem Mann geschlafen.“*
>
> *„Der Heilige Geist wird über dich kommen“, erwiderte der Engel, „die Kraft des Höchsten wird dich überschatten. Deshalb wird das Kind, das du zur Welt bringst, heilig sein und Sohn Gottes genannt werden.“* Lukas 1,34-35 (NeÜ)

JAHWE kam als ein kleines Kind in diese Welt! Warum kam er nicht in seiner atemberaubenden Herrlichkeit? Wie wir bereits gesehen haben, musste der Retter ein Mensch sein. Deshalb kam JAHWE als Mensch. Er würde Gott bleiben, aber ebenso ein Mensch aus Fleisch und Blut werden: der einzigartige Gott in Menschengestalt. Laut der Ankündigung des Engels sollte er von einer unberührten Frau geboren werden. Das war durchaus bedeutsam.

Damals, im Garten Eden, hatte der HERR Eva zugesagt, dass der versprochene Befreier *ihr* Nachkomme sein würde. Damit meinte er allein die Frau und nicht sie und ihren Mann zusammen. Nun sollte sich dieses Versprechen erfüllen und das Kind von einer Jungfrau geboren werden: Es würde allein ihr Nachkomme sein. Seit der Erschaffung des Menschen wurden alle Kinder als *Söhne Adams* geboren. Sie gehörten zu Adams Stammbaum und weil sie Söhne von Adam waren, besaßen sie auch seine Wesenszüge – und damit auch die sündige Natur.[5]

Doch dieses Kind, das auf wundersame Weise durch die Kraft des HERRN empfangen wurde, sollte *Sohn Gottes* genannt werden. Er würde das Wesen Gottes, des Höchsten, besitzen. Kein Wunder, dass der Engel das Kind als *heilig* bezeichnete. Es würde sündlos sein, so wie JAHWE, der HERR, sündlos ist. Jesus würde von seiner Empfängnis an ein vollkommener Mensch sein.

Die Ankunft Jahwes sollte also nicht mit der Pracht und Herrlichkeit des Himmels geschehen. Vielmehr würde er wie jeder andere Mensch auf diese Erde kommen: als ein Säugling!

Gabriel gab Maria drei Prophezeiungen. Die erste besagte, dass sie schwanger werden würde, obwohl sie noch unberührt war. Die zweite und dritte Prophezeiung betraf die Ehefrau von Zacharias.

> *„Sieh doch, auch deine Verwandte* ***Elisabet ist noch in ihrem Alter schwanger geworden und erwartet einen Sohn.*** *Von ihr hieß es ja, sie könne keine Kinder bekommen. Und jetzt ist sie schon im sechsten Monat. Für Gott ist nichts unmöglich."*
> *Lukas 1,36-37 (NeÜ)*

Maria wusste, dass Elisabeth zu alt war, um Kinder zu bekommen. Wenn Gott es einer Frau in ihrem Alter ermöglichen konnte, ein Kind zu gebären, dann war es auch glaubwürdig, dass eine Jungfrau ein Kind bekam. Maria entschied sich, Gott zu vertrauen.

> *Da sagte Maria: „Ich bin die Dienerin des Herrn. Was du gesagt hast, soll mit mir geschehen." Hierauf verließ sie der Engel.*
> *Lukas 1,38 (NGÜ)*

## Zacharias und Elisabeth

> *Für Elisabeth war die Zeit der Entbindung gekommen, und sie brachte einen Sohn zur Welt.* *Lukas 1,57 (NGÜ)*

## Johannes

*Elisabeth brachte einen Sohn zur Welt,* keine Tochter. Damit erfüllte sich die zweite Prophezeiung! Dies war ein ganz besonderes Ereignis, denn Kinderlosigkeit wurde in der damaligen Zeit als großer Makel angesehen. Nach der Zeremonie der Namensgebung *kehrte die Stimme von Zacharias zurück.* Die vierte Prophezeiung hatte sich erfüllt! Er lobte Gott und erinnerte dabei an das Versprechen des Herrn, einen Retter zu schicken.

> *„Gelobt sei der Herr, der Gott Israels, denn er ist zu seinem Volk gekommen…"* *Lukas 1,68 (NLB)*

Über das ungeborene Kind in Marias Bauch sagte Zacharias: „Der Herr hat…

> *…einen mächtigen Retter aus dem königlichen Geschlecht seines Knechtes David… gesandt, wie er es vor langer Zeit durch seine heiligen Propheten versprochen hat…. Er hat unseren Vorfahren Barmherzigkeit erwiesen, indem er seinen heiligen Bund mit ihnen nicht vergisst, den Bund, den er mit unserem Stammvater Abraham schloss."* *Lukas 1,69-70; 72-73 (NLB)*

Wir können förmlich sehen, wie der alte Zacharias das Kind hochhielt, dem kleinen Johannes ins Gesicht schaute und sagte:

> *„Und du, Kind, wirst ‚Prophet des Höchsten' genannt werden. Denn du wirst vor dem HERRN hergehen und ihm den Weg bereiten."* Lukas 1,76 (NGÜ)

Johannes sollte der Bote sein, der die Ankunft von JAHWE, dem HERRN, allen Menschen ankündigen würde. Der ganze „globale Lehrsaal" sollte es hören.

# 3 Viele Namen

Der Engel Gabriel hatte angekündigt:

> *„...das Kind, das du zur Welt bringst, wird heilig sein und Sohn Gottes genannt werden."* Lukas 1,35 (NeÜ)

Wie wir schon gesehen haben, besitzt Gott viele Namen, von denen jeder einen Aspekt seines Wesens beschreibt. Mit seiner Ankunft als Mensch auf dieser Erde verlängerte sich die Liste seiner Namen. Wir schauen uns drei dieser Namen genauer an:

1. **Der Sohn Gottes:** Für einige war der Begriff *Sohn Gottes* ein Beleg dafür, dass Gott eine sexuelle Beziehung mit Maria gehabt hat. Dergleichen lehrt die Bibel *nirgends.* Vielmehr weist sie deutlich darauf hin, dass Maria bis *nach* der Geburt von Jesus unberührt war.[6] Jesus wurde nicht durch körperliche Vereinigung, sondern durch ein Wunder empfangen. Gott machte es möglich, dass Maria schwanger wurde und dennoch Jungfrau blieb.

Andere kamen zu dem Schluss, dass Maria, als die Mutter von Jesus, auch die Mutter Gottes war. Damit wurde Maria zur Göttin erhoben. Einige bezeichnen Maria als *Königin des Himmels.* Dies ist ein Missverständnis, denn die Königin des Himmels ist eine heidnische Göttin. Sie wird in der Bibel mehrfach erwähnt, jedes Mal versehen mit einer Warnung. Der Prophet Jeremia schrieb, dass der HERR sagte:

> *Die Kinder sammeln Holz, die Väter bauen damit die Scheiterhaufen für das Opferfeuer, und die Frauen kneten den Teig, um Kuchen für die* ***Himmelskönigin*** *zu backen. Und vielen anderen Göttern bringen sie Trankopfer, um mich damit zu kränken.* Jeremia 7,18 (NLB)

Maria konnte eindeutig nicht die Königin des Himmels sein!

Auch wenn Maria Gott vertraute und sein Wort in Ehren hielt, war sie ihm doch in keiner Weise ebenbürtig. Sie war der Mensch, durch den Gott in diese Welt gelangte, aber mehr auch nicht. Auch Maria war eine Sünderin und erkannte, dass sie auf einen Retter angewiesen war:

*Da sagte Maria: Meine Seele staunt über die Größe des HERRN und mein Geist freut sich über Gott,* ***meinen Retter!***
*Lukas 1,46-47 (NeÜ)*

Wenn sich also der Begriff *Sohn Gottes* nicht auf das Körperliche bezieht, was bedeutet er dann?

In vielen Sprachen wird der Begriff *Sohn* so verwendet, dass er nicht auf einen körperlichen Nachkommen begrenzt wird. Wenn jemand zum Bespiel als „Sohn der Straße" bezeichnet wird, weist ihn das als einen Reisenden aus. (Straßen bekommen keine Kinder!) Die Bibel nutzt dieselbe Ausdrucksform, um den Charakter eines Menschen zu verdeutlichen. Im Folgenden drei Beispiele dazu:

❖ *Josef…, der… Barnabas genannt wurde – was übersetzt heißt: Sohn des Trostes.* *Apostelgeschichte 4,36 (ELB)*

Wir erkennen hier, dass das Leben Josefs vom Trost gekennzeichnet war, den er anderen spendete, aber nicht, dass sein Vater *Trost* hieß.

❖ *…die Söhne des Ungehorsams…* *Epheser 5,6 (SCHL)*

Ganz offensichtlich bedeutet dies nicht, dass jemand mit Namen Ungehorsam mehrere Söhne hatte. Vielmehr bezieht es sich auf die, die von ihrem Wesen her ungehorsam sind.

❖ *…du Sohn des Teufels und Feind aller Gerechtigkeit!…*
*Apostelgeschichte 13,10 (NeÜ)*

Satan nahm sich keine Frau und bekam einen Sohn! Stattdessen spricht der Abschnitt von einem bösartigen Menschen.

Genauso müssen wir verstehen: Wenn die Bibel von Jesus als dem *Sohn Gottes* spricht, bezieht sich das auf sein vollkommenes Wesen. Er spiegelt das vollkommene Wesen Gottes wider, im Gegensatz zu einem Menschen, dessen Natur verdorben ist (wie man es von einem *Sohn Adams* erwartet). Die Bibel sagt dazu:

*Der Sohn ist das vollkommene Abbild von Gottes Herrlichkeit, der unverfälschte Ausdruck seines Wesens.* *Hebräer 1,3 (NGÜ)*

Jesus, der Sohn, ist die genaue Darstellung von Gottes Wesen. Der Charakter JAHWES (seine Herrlichkeit) wurde in Jesus sichtbar. Dazu könnte man noch sehr viel mehr schreiben, doch wir wollen mit dem nächsten Namen fortfahren.

2. **Der Menschensohn:** Dieser Name bedeutet nicht, dass Jesus einen menschlichen Vater hatte. Josef war Marias Mann aber nicht der Vater von Jesus.

a. *Der Name Menschensohn betont seine Menschlichkeit:* Obwohl Jesus keinen menschlichen Vater hatte, war er trotzdem vollkommen Mensch und lebte als Mensch, jedoch ohne Sünde. Die Bezeichnung Menschensohn, die sich Jesus gab, war ein Ausdruck seiner Demut.

*b.* *Es ist ein Name, der seine wahre Identität aufzeigt:* Über Jahrhunderte hinweg waren sich die Gelehrten der Heiligen Schrift einig, dass sich dieser Name auf den Gesalbten bezieht. 500 Jahre vor der Geburt Jesu schrieb der Prophet Daniel über den Versprochenen:

> *Dann sah ich in meinen nächtlichen Visionen jemanden, der kam mit den Wolken des Himmels und sah aus wie eines* ***Menschen Sohn****.... Und ihm wurden Herrschermacht, Ehre und das Königreich verliehen. Alle Völker, Nationen und Sprachen gaben ihm die Ehre und dienten ihm.*
>
> *Daniel 7,13-14 (NLB)*

**Miteinander verbundene Namen**

Wenn die beiden Namen *Sohn Gottes* und *Menschensohn* miteinander verbunden werden, finden sie ihre volle Ausdruckskraft in der Tatsache, dass...

> *Er [Gott]... zu uns kam als Mensch von Fleisch und Blut...*
>
> *1.Timotheus 3,16 (NGÜ)*

Jahwe hörte weder auf, Gott zu sein, als er Mensch wurde, noch wurde er zum Sünder, als er menschliche Gestalt annahm. Auch wenn er eine sich selbst auferlegte Beschränkung annahm, war er doch immer noch allmächtig, allwissend und vollkommen gerecht.

Und er war auch kein Halbgott, zum Teil Mensch und zum Teil Gott. Vielmehr war er gleichzeitig 100% Gott und 100% Mensch. Wie er sich in der Begrenzung eines menschlichen Körpers dennoch alle seine Eigenschaften bewahren konnte, ist für uns schwierig zu verstehen. Doch das ist es, was die Bibel lehrt. Wir werden im weiteren Verlauf der Geschichte noch sehen, warum Gott diesen Weg wählte.

**3. Das Wort:** Wir haben schon gesehen, dass die Bibel oft als Gottes Wort bezeichnet wird. Nun gehen wir in dieser Definition einen Schritt weiter. Das *Wort* ist einer der Namen für Gott selbst. Die Bibel berichtet:

> *Am Anfang war das Wort; ...und das Wort war Gott.*
>
> *Johannes 1,1 (NGÜ)*

Dann wird uns gesagt, dass Gott auf die Erde kam, Mensch wurde und unter den Menschen lebte.

> *Er, der das Wort ist, wurde ein Mensch von Fleisch und Blut und lebte unter uns.* *Johannes 1,14 (NGÜ)*

Das griechische Wort, das hier mit *leben* übersetzt wird, ist interessant. Es bedeutet wohnen. Eine wörtliche Übersetzung des gleichen Verses liest sich wie folgt:

> *Und das Wort wurde Fleisch und **wohnte** unter uns…*
>
> *Johannes 1,14 (SCHL)*

Vergleichbar mit den Israeliten, die als Zeichen der Gegenwart Gottes die Stiftshütte mitten in ihrem Lager aufschlugen, so verließ Gott nun den Himmel und „wohnte" bei den Menschen. Er lebte in unserer Mitte.

Die Verwendung dieser gebräuchlichen Definition bringt den Unterschied von Jesus zu einem Avatara zum Ausdruck. Von Avataren wird gesagt, dass sie Gottheiten sind, die die *Gestalt* eines Wesens annehmen. Jesus dagegen wurde wirklich ein Mensch aus Fleisch und Blut und „zeltete" unter uns. Außerdem heißt es von Avataren, dass sie erscheinen, verschwinden und in anderer Gestalt erneut auftauchen, meist als Tier oder zum Teil als Tier und manchmal als Mensch. Im Gegensatz dazu wurde Jesus nur einmal und ausschließlich als Mensch geboren.

### Viele Namen

700 Jahre vor der Geburt von Jesus prophezeite Jesaja, einer der 40 Schreiber der Bibel:

> *Denn ein **Kind** ist uns geboren, ein Sohn ist uns geschenkt;… Gott hat ihm seinen Namen gegeben: wunderbarer Berater, kraftvoller Gott, Vater der Ewigkeit, Friedensfürst.*
>
> *Jesaja 9,5 (NeÜ)*

Es gilt zu beachten, dass das Kind als *kraftvoller Gott* und *Vater der Ewigkeit* bezeichnet wird. Diese Namen können auf niemand anderen bezogen werden als auf JAHWE, den HERRN selbst.

Jesus spiegelte nicht nur das Bild Gottes wider, er war Gott, Gott in menschlicher Gestalt. Es lastete keine Sündenschuld auf ihm, denn er war sündlos. Er kam von außerhalb der besagten Morastgrube, trug makellose Gewänder der Gerechtigkeit und war in der Lage, die Menschheit von ihrer Sündenstrafe zu retten. Er erfüllte absolut alle Voraussetzungen eines Retters. Die Bibel bestätigt dies:

> *…Jesus ist in die Welt gekommen, um Sünder zu retten…*
>
> *1.Timotheus 1,15 (ZB)*

## 4 Der Retter

> *Und so wurde Jesus… geboren. Maria, seine Mutter, war mit Josef verlobt. Aber noch vor ihrer Hochzeit wurde sie, die noch Jungfrau war, schwanger durch den Heiligen Geist. Josef, ihr Verlobter, war ein aufrechter Mann. Um sie nicht*

> *der öffentlichen Schande preiszugeben, beschloss er, die Verlobung in aller Stille zu lösen.* Matthäus 1,18-19 (NLB)

Wir können uns den Kummer vorstellen, der Josef erfasst hatte. *Maria war schwanger, und das Kind war nicht von ihm. Die Wahrheit an die Öffentlichkeit zu bringen, würde Maria als das abstempeln, was sie allem Anschein nach zu sein schien: eine Ehebrecherin. Es sei denn ihre Erklärung über die Erscheinung eines Engels stimmte. Nein, das war absurd. Das arme Mädchen musste den Verstand verloren haben. Josef liebte sie, aber er konnte kein Mädchen heiraten, das ihn betrogen hatte und nun offensichtlich versuchte, dies mit einer verrückten Geschichte zu vertuschen.* Was Josef wirklich gedacht hat, wissen wir nicht, aber uns wird gesagt, dass er die Verlobung schweren Herzens auflösen wollte.

> *Während er noch darüber nachdachte, da erschien ihm ein Engel des Herrn im Traum und sprach: Josef, Sohn Davids, fürchte dich nicht, Maria, deine Frau, zu dir zu nehmen, denn was sie empfangen hat, ist vom Heiligen Geist.*
>
> *Sie wird einen Sohn gebären, und du sollst ihm den Namen Jesus geben, denn er wird sein Volk von ihren Sünden retten.*
>
> *Dies alles ist geschehen, damit in Erfüllung gehe, was der Herr durch den Propheten gesagt hat:*
>
> *Siehe, die Jungfrau wird schwanger werden und einen Sohn gebären, und man wird ihm den Namen Immanuel geben. Das heisst: „Gott mit uns".* Matthäus 1,20-23 (ZB)

Klarer hätte man es Josef nicht sagen können. Maria war immer noch unberührt, und dennoch sollte sie ein Kind bekommen! Der Name des Kindes sollte *Jesus* sein, was „JAHWE ist unser Befreier" oder „JAHWE ist unser Retter" bedeutet. Er würde die Menschen von der Sündenschuld *befreien* oder *retten!* Ein anderer Name Jesu würde *Immanuel* sein, was „Gott mit uns" heißt.

Ein Name, den der Prophet Jesaja bereits 700 Jahre vorher gebrauchte, als er über dieses Ereignis schrieb.

> *Deshalb wird der Herr selbst das Zeichen geben. Seht! Die Jungfrau wird ein Kind erwarten! Sie wird einem Sohn das Leben schenken und er wird Immanuel genannt werden....*
> Jesaja 7,14 (NLB)

Durch die Jungfrauengeburt wurde dem „globalen Lehrsaal" sehr eindrücklich vermittelt, dass dieses Kind völlig anders war: Er war *Gott mit uns.*

> *Als Josef aufwachte, folgte er der Weisung, die ihm der Engel des Herrn gegeben hatte, und nahm Maria als seine Frau zu*

*sich. Er hatte jedoch keinen Verkehr mit ihr, bis sie einen Sohn geboren hatte. Josef hab ihm den Namen Jesus.*
*Matthäus 1,24-25 (NGÜ)*

## Die Volkszählung

*Zu jener Zeit ordnete der römische Kaiser Augustus* eine Volkszählung im ganzen Römischen Reich an.* *Lukas 2,1 (NLB)*

*Kaiser Augustus war Herrscher über das römische Reich.

Der Kaiser brauchte Geld, und wenn die Römer eine genaue Volkszählung durchführten, würden mehr Menschen Steuern zahlen müssen. Josef musste mit seiner Frau eine 120 km lange Reise von Nazareth nach Bethlehem auf sich nehmen, dorthin, wo 1000 Jahre zuvor König David aufgewachsen war.

*So ging jeder in die Stadt, aus der er stammte, um sich dort eintragen zu lassen.*

*Auch Josef machte sich auf den Weg. Er gehörte zum Haus und zur Nachkommenschaft Davids und begab sich deshalb von seinem Wohnort Nazaret in Galiläa hinauf nach Betlehem in Judäa, der Stadt Davids, um sich dort zusammen mit Maria, seiner Verlobten, eintragen zu lassen. Maria war schwanger. Während sie nun in Betlehem waren, kam für Maria die Zeit der Entbindung. Sie brachte ihr erstes Kind, einen Sohn, zur Welt, wickelte ihn in Windeln und legte ihn in eine Futterkrippe; denn sie hatten keinen Platz in der Unterkunft bekommen.*
*Lukas 2,3-7 (NGÜ)*

Und so wurde Jesus in Bethlehem geboren, weit weg von Marias und Josefs Zuhause. Die Stadt war so überfüllt, dass sie nur noch in einem Stall Unterschlupf finden konnten. Das erste Bett für Jesus war eine Krippe – ein Trog, in dem die Tiere gefüttert wurden. Doch trotz dieser Umstände muss Josef gespürt haben, dass alles in Ordnung war. Völlig in Ordnung.

> *...und er gab ihm den Namen Jesus.* Matthäus 1,25 (SCHL)

Der *Versprochene* war endlich gekommen. Die Bibel sagt, dass er, der...

> *...Gott in allem gleich war[,]... verzichtete auf alle Vorrechte und stellte sich auf dieselbe Stufe wie ein Diener. Er wurde einer von uns – ein Mensch wie andere Menschen.*
> Philipper 2,6-7 (NGÜ)

### Zwei Arten von Größe

Einige Leute sagen: „Das ist unmöglich! Der allmächtige Gott würde sich niemals so erniedrigen, dass er als hilfloses Kind in einem dreckigen Stall geboren wird. Er würde niemals Mensch werden! Das widerspricht Gottes Größe!"

Vielleicht müssen wir den Begriff *Größe* neu definieren. Überlegen wir einmal Folgendes:

- Es gibt die Größe eines Königs, der im Palast seines Reiches lebt und von Reichtum und Luxus umgeben ist. Sklaven sorgen für sein Wohlergehen. Er muss sich so gut wie nie die Hände schmutzig machen und weiß wenig über die alltäglichen Probleme und Sorgen seiner Untertanen.
- Und dann gibt es die Größe eines geschickten Arztes, der die lukrative Praxis in seiner Heimat aufgibt, um in einem Entwicklungsland eine Klinik aufzubauen. Unter großen Entbehrungen dient er armen und kranken Menschen, indem er ihnen hilft, sie heilt und schließlich sein Leben für sie lässt.

Welche Art von Größe entspricht wohl einem gnädigen und barmherzigen Gott?

> *Ihr wisst ja, welche Gnade uns unser Herr Jesus Christus erwiesen hat: Obwohl er reich war, wurde er arm für euch. Denn durch seine Armut solltet ihr reich werden.*
> 2.Korinther 8,9 (BasisBibel)

Manche fragen sich, warum es so lange gedauert hat, bis der HERR auf die Erde kam. Die Bibel gibt uns darauf keine Antwort. Vielleicht, weil es bereits Jahrhunderte in Anspruch nahm, allein ein Volk zu überzeugen, nur JAHWE zu verehren. Oder es könnte mit der Tatsache zu tun haben, dass man „bei einem Fremden vorsichtig sein muss". Sollte dies der Grund sein, nutzte der HERR tausende von Jahren, um eine lange und zuverlässige Geschichte aufzubauen. Diese nahm dem Menschen die Entschuldigung, ihm nicht zu vertrauen. Was immer der Grund gewesen sein mag, die Bibel sagt, dass der versprochene Befreier schließlich gekommen ist.

## Die Hirten

> *In der Umgebung von Betlehem waren Hirten, die mit ihrer Herde draußen auf dem Feld lebten. Als sie in jener Nacht bei ihren Tieren Wache hielten, stand auf einmal ein Engel des Herrn vor ihnen, und die Herrlichkeit des Herrn umgab sie mit ihrem Glanz. Sie erschraken sehr, aber der Engel sagte zu ihnen: „Ihr braucht euch nicht zu fürchten! Ich bringe euch eine gute Nachricht, über die im ganzen Volk große Freude herrschen wird. Heute ist euch* ***in der Stadt Davids*** *ein Retter geboren worden; es ist der Messias, der Herr. An folgendem Zeichen werdet ihr das Kind erkennen:* ***Es ist in Windeln gewickelt und liegt in einer Futterkrippe****."* Lukas 2,8-12 (NGÜ)

Den Hirten wurden nicht weniger als vier konkrete Zeichen genannt, um die Botschaft zu bestätigen.

> *Mit einem Mal waren bei dem Engel große Scharen des himmlischen Heeres; sie priesen Gott und riefen: „Ehre und Herrlichkeit Gott in der Höhe, und Frieden auf der Erde für die Menschen, auf denen sein Wohlgefallen ruht."*
> Lukas 2,13-14 (NGÜ)

Die Hirten gingen wie immer ihrer Beschäftigung nach und hüteten ihre Schafe. Oft wurden die Schafe ihrer Herden als Opfertiere im Tempel von Jerusalem gebraucht, nur wenige Kilometer nördlich von Bethlehem. Das Leben folgte einem geregelten Ablauf. Doch nun war mit dem Erscheinen der Engel ihre gesamte Welt ins Wanken geraten – nicht nur durch die Geburt des Retters, sondern auch durch seine Identität! Sie müssen einander aufgeregt gefragt haben: „Hast du auch gehört, was ich gehört habe? Der Christus ist der HERR!"

**Christus / Messias**

Das griechische Wort *Christus* entspricht dem hebräischen Wort *Messias.*

Dieses Wort bedeutet „Gesalbter". Seit Jahrhunderten bezog sich der Titel *Messias* auf den versprochenen Befreier. Und nun verkündeten die Engel, dass der Gesalbte – der Messias/Christus – JAHWE selbst war.

> *Daraufhin kehrten die Engel in den Himmel zurück. Da sagten die Hirten zueinander: „Kommt, wir gehen nach Betlehem! Wir wollen sehen, was dort geschehen ist und was der Herr uns verkünden ließ." Sie machten sich auf den Weg, so schnell sie konnten, und fanden Maria und Josef und bei ihnen das Kind, das in der Futterkrippe lag. Nachdem sie es gesehen hatten, erzählten sie überall, was ihnen über dieses Kind gesagt worden war.* Lukas 2,15-17 (NGÜ)

**Die Weisen**

> *Als Jesus während der Herrschaft von König Herodes in Bethlehem, einer Stadt in Judäa, geboren war, kamen Sterndeuter aus einem Land im Osten nach Jerusalem. „Wo finden wir den König der Juden, der kürzlich geboren wurde?", fragten sie. „Wir haben seinen Stern aufgehen sehen und sind hergekommen, um ihn anzubeten."* Matthäus 2,1-2 (NeÜ)

Die Weisen waren Experten in der Erforschung der Sterne und kamen wahrscheinlich aus Persien (Iran). Unter großen persönlichen Anstrengungen waren sie durch gefährliche Wüsten und Gebirge gereist, um das neugeborene Kind zu sehen. Zu dieser Zeit regierte in Judäa Herodes der Große. Ohne Zweifel hat ihn eine so hochrangige Gesandtschaft alarmiert. Ihr Besuch konnte jedoch nicht als Bedrohung verstanden werden, da sie keine Armeen anführten. Sie kamen nur mit der Frage: „Wo ist der neugeborene König?"

> *Als König Herodes das hörte, erschrak er und mit ihm ganz Jerusalem.* Matthäus 2,3 (NGÜ)

Diese eine Frage erschütterte Herodes. Er klammerte sich eisern an seine Macht, fest entschlossen, jeden zu zertreten, der sie ihm entreißen wollte. Ohne Zweifel wurde die gesamte Stadt von der Aufregung erfasst. Herodes war für seine Brutalität gegenüber seinen Untertanen bekannt, insbesondere wenn er aufgebracht war. Was würde er wohl als nächstes tun? Herodes ließ seine religiösen Berater kommen.

> *Er befahl alle Hohen Priester und Gesetzeslehrer des jüdischen Volkes zu sich und erkundigte sich bei ihnen, wo der Messias geboren werden sollte.* Matthäus 2,4 (NeÜ)

Wir können uns vorstellen, wie ein beunruhigter Schriftgelehrter den Staub von einer kleinen Schriftrolle bläst. Die anderen Gelehrten beugen sich über den Papyrus und überfliegen mit geübtem Blick den Text. Sie sind etwas verunsichert und versuchen Herodes verständlich zu machen, dass diese Aussagen *nicht* von ihnen stammten. Ein Prophet namens Micha hatte sie vor über 700 Jahren aufgeschrieben. Ein zittriger Finger zeigt auf einen abgenutzten Teil des Dokuments. Herodes wendet sich ab. Unsicher räuspert sich der Schriftgelehrte und liest:

> *Doch du Bethlehem in Efrata, so klein unter den Hauptorten Judas: Aus dir soll der hervorgehen, der mein Herrscher über Israel wird! Sein Ursprung liegt in der Vorzeit, sein Anfang in der Ewigkeit.* Micha 5,1 (NeÜ)

Die Prophezeiung war sehr genau. Sie sprach vom Ort Bethlehem in Efrata als dem Geburtsort des Kindes. Da es zwei Orte namens Bethlehem gab, einen in der Nähe von Nazareth und einen anderen im Gebiet von Efrata, war eine genaue Unterscheidung wichtig.

Herodes wollte wissen, ob der Prophet Micha noch mehr geschrieben hatte. Das hatte er! Es stand geschrieben, dass der, der geboren werden sollte, „von Ewigkeit her" gelebt hatte. Herodes muss kreidebleich geworden sein. Das war doch nicht möglich. Nur Gott war ewig. Der Schöpfer würde niemals als Säugling auf diese Erde kommen, und erst recht nicht in der hintersten Provinz von Bethlehem geboren werden. Er würde mit Pauken und Trompeten erscheinen – in Jerusalem. Aha! Vielleicht wollten ihn die Schriftgelehrten absichtlich schockieren, um ihn zu manipulieren. Es könnte nicht schaden, sich darauf einzulassen. Er würde ihnen schon zeigen, welche Art der Verehrung neue Könige zu erwarten hatten! Er scheuchte seine Priester hinaus…

> *Daraufhin sandte Herodes eine geheime Botschaft an die Sterndeuter und bat sie zu sich. Bei dieser Zusammenkunft erfuhr er den genauen Zeitpunkt, an dem sie den Stern zum*

> *ersten Mal gesehen hatten. Er sagte zu ihnen: „Geht nach Bethlehem und sucht das Kind. Wenn ihr es gefunden habt, kommt wieder her und erzählt es mir, damit ich auch hingehen kann, um es anzubeten!"*
>
> *Nach diesem Gespräch machten die Sterndeuter sich auf den Weg. Wieder erschien ihnen der Stern und führte sie nach Bethlehem. Er zog ihnen voran und blieb über dem Ort stehen, wo das Kind war. Als sie den Stern sahen, war ihre Freude groß. Sie gingen in das Haus und fanden das Kind mit seiner Mutter Maria, sanken vor ihm auf die Knie und beteten es an. Dann öffneten sie ihre Truhen mit Kostbarkeiten und beschenkten es mit Gold, Weihrauch und Myrrhe*[7]*.*
>
> *Matthäus 2,7-11 (NLB)*

**Anbetung**

Diese angesehenen und wohlhabenden Männer beteten Jesus an. Das Gesetz war darin unmissverständlich – nur Gott, der Höchste, sollte angebetet werden. Josef und Maria kannten die Zehn Gebote genau, und dennoch schritten sie nicht ein! Tief in ihrem Inneren müssen sie gewusst haben, dass die Weisen den HERRN anbeteten.

> *Als es Zeit war, wieder aufzubrechen, zogen sie [die Weisen] jedoch auf einem anderen Weg in ihre Heimat zurück, denn Gott hatte sie in einem Traum davor gewarnt, zu Herodes zurückzukehren.*
>
> *Nachdem die Sterndeuter gegangen waren, erschien Josef im Traum ein Engel des Herrn. „Steh auf und flieh mit dem Kind und seiner Mutter nach Ägypten", sagte der Engel. „Bleib dort, bis ich dir sage, dass ihr zurückkehren könnt, denn Herodes will das Kind umbringen."*
>
> *Noch in derselben Nacht machte sich Josef mit dem Kind und dessen Mutter Maria auf den Weg nach Ägypten.*
>
> *Dort blieben sie bis zum Tod des Herodes.* *Matthäus 2,12-15 (NLB)*

Übereinstimmend mit dem, was uns andere historische Quellen über Herodes berichten, setzte er alles daran, um Jesus zu töten. Aber das Kind war in Ägypten in Sicherheit. Schließlich starb Herodes, und Josef, Maria und Jesus zogen zurück nach Nazareth, wo Josef als Zimmermann arbeitete. Dr. Lukas schrieb:

> *Das Kind wuchs heran und wurde kräftig. Es war mit Weisheit erfüllt und Gottes Gnade ruhte sichtbar auf ihm.*
>
> *Lukas 2,40 (NeÜ)*

| | Nach Aussage der Propheten sollte der versprochene Befreier: | Erfüllt durch: |
|---|---|---|
| 1. | Der Nachkomme einer Frau sein | Jesus |
| 2. | Ein Mann sein | Jesus |
| 3. | Ein Nachkomme von Abraham sein | Jesus |
| 4. | Ein Nachkomme von Isaak sein | Jesus |
| 5. | Ein Nachkomme von Jakob (Israel) sein | Jesus |
| 6. | Aus dem Stamm Juda kommen | Jesus |
| 7. | Ein Nachkomme von König David sein | Jesus |
| 8. | Durch einen Boten angekündigt werden (Johannes) | Jesus |
| 9. | In Bethlehem Efrata geboren werden | Jesus |
| 10. | Als Nazarener bekannt sein (aus Nazareth kommend) | Jesus |

# 5 Taufe

Jesus wuchs heran und lebte wie jeder andere gewöhnliche Mensch der damaligen Zeit: Er arbeitete mit seinen Händen, lebte in einem bescheidenen Haus und reiste wenig. Die einzige Ausnahme bestand darin, dass er nicht verheiratet war.

> *Jesus war etwa dreißig Jahre alt, als er öffentlich zu wirken begann.* Lukas 3,23 (NGÜ)

30 Jahre wurde als das Mindestalter für einen Mann angesehen, um öffentlich zu sprechen und dabei Gehör zu finden. Als diese drei Jahrzehnte ihren Abschluss fanden, verbreitete sich die Nachricht über die Ankunft des Messias überall. Es geschah genauso, wie es die Propheten aus alter Zeit vorausgesagt hatten.

> *In jener Zeit trat Johannes der Täufer in der Wüste von Judäa auf und verkündete: „Kehrt um! Denn das Himmelreich ist nahe." Johannes war der, von dem der Prophet Jesaja sagt:*
>
> *„Hört, eine Stimme ruft in der Wüste: ‚Bereitet **dem HERRN** den Weg! Ebnet **seine** Pfade!'"* Matthäus 3,1-3 (NGÜ)

Johannes, der Sohn von Zacharias, wurde als „der Täufer" bezeichnet, weil er die Menschen taufte. Das Ritual der Taufe war damals den Menschen des Nahen Ostens durchaus bekannt. Es war voller Bedeutung. Doch heute sorgt dieser Begriff auf der ganzen Welt für viel Verwirrung.

So hatte ich zum Beispiel die Gelegenheit, ein Land zu besuchen, in dem die Einheimischen nur mit Bruchstücken biblischen

Gedankenguts in Kontakt gekommen waren. Sie praktizierten die Taufe, weil sie glaubten, dass ihre Sünden durch das Wasser abgewaschen würden. Für sie war das so real, dass sie nach einer Taufe nicht mehr in den Fluss gingen, aus Angst, sie könnten wieder mit den im Wasser gelassenen Sünden in Berührung kommen.

Die Bibel sagt ganz klar, dass die Taufe uns nicht mit Gott ins Reine bringt. Sie ist nur eine äußere Darstellung dessen, was innerlich geschehen ist. Heute schreiben viele Theologen der Taufe irrtümlich eine viel größere Bedeutung zu, als die Bibel es zulässt.

Die Verunsicherung rührt zum Teil daher, dass das deutsche Wort *taufen* als Übersetzung für den griechischen Begriff *baptizo* benutzt wird. Diese Übersetzung ist allerdings nicht hilfreich, um die ursprüngliche Bedeutung zu erfassen.

### Identifikation

Taufe spricht von „Identifikation". Eine gebräuchliche Bedeutung des Wortes *baptizo* stammt aus der antiken griechischen Textilverarbeitung. Im Färbeprozess wurde das Kleidungsstück in einen Behälter mit Färbemittel eingetaucht, wodurch es den jeweiligen Farbton der Flüssigkeit annahm. Der Stoff wurde vollständig mit dem Färbemittel identifiziert.

### Pharisäer und Sadduzäer

Johannes lehrte, dass die Juden von der Heiligen Schrift abgewichen waren und stattdessen menschlichen Ideen folgten. Sie mussten ihre Einstellung in Bezug auf ihre Irrwege ändern und zu Gott zurückkehren; kurz gesagt: *Buße tun.* Die Juden, die sich taufen ließen, zeigten damit, dass sie sich mit seiner Botschaft der Buße identifizierten (ihr persönlich zustimmten).

> *Die Bevölkerung von Jerusalem, Judäa und der ganzen Jordangegend kam zu Johannes hinaus. Sie ließen sich im Jordan von ihm taufen und bekannten dabei ihre Sünden.*
>
> *Als Johannes viele von den Pharisäern und Sadduzäern zu seiner Taufe kommen sah, sagte er: „Ihr Schlangenbrut! Wer hat euch eingeredet, dass ihr dem kommenden Zorngericht Gottes [über die Sünde] entgeht? Bringt Früchte hervor, die zeigen, dass ihr eure Einstellung geändert habt!…"*
>
> *Matthäus 3,5-8 (NeÜ)*

Johannes der Täufer sah, dass unter seinen Zuhörern auch Pharisäer und Sadduzäer waren. Wir erinnern uns daran, dass sie Gottes Wort Dinge *hinzufügten* bzw. *davon wegnahmen.* Diese beiden Gruppierungen verachteten sich gegenseitig, hatten aber eines gemeinsam: Sie waren stolz. Johannes bezeichnete sie als

„Schlangenbrut", denn sie luden anderen untragbar schwere Regeln auf, befolgten aber ihre eigenen Lehren nicht. Er forderte sie auf, *Buße zu tun*, ihre „Einstellung zu ändern".

## Die Taufe von Jesus

> *Dann kam Jesus aus Galiläa zu Johannes an den Jordan, um sich von ihm taufen zu lassen. Aber Johannes versuchte ihn davon abzubringen und sagte: „Ich hätte es nötig, von dir getauft zu werden, und du kommst zu mir?"* Matthäus 3,13-14 (NeÜ)

Johannes erkannte, wer Jesus war: Er war der Messias. Jesus musste keine Buße tun, denn er war vollkommen. Johannes war sich bewusst, dass *er* derjenige war, der getauft werden musste, aber nicht Jesus.

> *Aber Jesus gab ihm zur Antwort: „Lass es für diesmal geschehen! Es ist richtig so, denn wir sollen alles erfüllen, was Gottes Gerechtigkeit fordert." Da willigte Johannes ein.* Matthäus 3,15 (NGÜ)

Jesus bestand darauf getauft zu werden, um zu zeigen, dass er sich mit der Botschaft von Johannes identifizierte. Er wollte damit bekräftigen, dass die Botschaft von Johannes der Wahrheit entsprach.

> *In dem Augenblick, als Jesus nach seiner Taufe aus dem Wasser stieg, öffnete sich über ihm der Himmel, und er sah den Geist Gottes wie eine Taube auf sich herabkommen. Und aus dem Himmel sprach eine Stimme: „Dies ist mein geliebter Sohn, an ihm habe ich Freude."* Matthäus 3,16-17 (NGÜ)

Wir werden uns diesen Vers gleich noch genauer anschauen, wollen aber zuerst die Begebenheit zu Ende führen.

> *Am nächsten Tag kam Jesus zu Johannes. Als dieser ihn kommen sah, rief er: „Seht, hier ist das Opferlamm Gottes, das die Sünde der ganzen Welt wegnimmt! Er ist es, von dem ich sagte: ‚Nach mir kommt einer, der größer ist als ich, denn* ***er war schon vor mir da****.'"* Johannes 1,29-30 (NGÜ)

Johannes identifizierte Jesus als den versprochenen Retter, der die Sünde der Welt hinwegnehmen würde. Er bezeichnete ihn auch als das *Opferlamm Gottes,* ein Name, der oft für Jesus gebraucht wird. Wir werden später noch sehen, warum Jesus mit diesem unschuldigen Tier in Verbindung gebracht wurde. Obwohl Johannes vor Jesus geboren wurde, gab er an, dass Jesus vor ihm gelebt hatte – von Ewigkeit her. Er schlussfolgerte:

> *„Das habe ich nun mit eigenen Augen gesehen, und darum bezeuge ich, dass dieser Mann der Sohn Gottes ist."* Johannes 1,34 (NGÜ)

# 6 Eine komplexe Einheit

Über einen Zeitraum von Tausend Jahren hinweg hatte der HERR an Israel gearbeitet, um sie an den Punkt zu bringen, wo sie nicht mehr anderen Göttern vertrauten. Es war eine Invasion sowie eine Verbannung nötig, um den Götzendienst aus ihrem Denken zu verbannen. Schließlich verehrte Israel nur noch einen Gott: JAHWE, den HERRN.

Aber jetzt wollte der HERR, dass sein auserwähltes Volk und alle anderen Völker im „globalen Lehrsaal" noch mehr über ihn lernten. Etwas, wozu sie noch nicht bereit gewesen waren. Zuerst mussten sie begreifen:

> *Der HERR, unser Gott, ist der* ***einzige*** *HERR.* 5.Mose 6,4 (NLB)

In den zurückliegenden Kapiteln sprachen wir unter anderem über den Teil Gottes, der sich unserer Kenntnis entzieht. Jene Dinge, von denen die Bibel sagt, dass wir sie nicht fassen können. Diese letzte Offenbarung berührt einen Aspekt von Gottes Wesen, der sich unserem Verstand völlig entzieht.

Die vorherige Bibelstelle gebraucht im Hebräischen das Wort *echad,* wenn sie davon spricht, dass der HERR *einer* ist.[8] Dies bedeutet eine „komplexe *Einheit*" im Gegensatz zu einer „absoluten oder mathematischen *Einheit*".

Zum Beispiel verwendet die Bibel das Wort *echad,* als Männer…

> *…eine Weinranke mit* ***einer*** *Traube abschnitten…*
> 4.Mose 13,23 (NeÜ)

Es gab nur *eine* Rebe, aber sie bestand aus *vielen* Weintrauben. Wir gebrauchen dieses grammatikalische Konstrukt im Deutschen, wenn wir von einer Universität oder einem Krankenhauskomplex sprechen. Wir wissen, dass es sich um *eine* Universität handelt, die aber aus *vielen* Gebäuden besteht. Das *eine* Krankenhaus hat *viele* unterschiedliche Stationen. Wenn wir von Gebäuden und Weintrauben sprechen, ist dies durchaus einleuchtend, aber bezogen auf Personen, ist die Vorstellung von einer „komplexen Einheit" schwerer zu erfassen. Können zwei Personen eins sein? Die Bibel sagt „Ja" und führt die Ehe als Beispiel an.

> *…ein Mann verlässt seinen Vater und seine Mutter, verbindet sich mit seiner Frau und wird völlig* ***eins*** *mit ihr.*
> 1.Mose 2,24 (NeÜ)

Dies bezieht sich nicht ausdrücklich auf den Geschlechtsakt. Das hebräische Wort *echad* wird mit „eins" übersetzt. Es spricht von *zwei* Personen, die in *einer* Familie „eins“ werden. Das ist keine absolute oder mathematische „Einheit“, sondern eine komplexe oder zusammengefügte „Einheit“. Die Bibel teilt uns mit, dass zwei verheiratete Menschen…

> *…nicht mehr zwei, sondern **eins** sind.* Markus 10,8 (NeÜ)

Die Bibel bezeichnet diese Einheit als…

> *…ein tiefes Geheimnis….* Epheser 5,32 (NeÜ)

In einem viel größeren und bedeutenderen Ausmaß stellt die Bibel klar, dass Gott *echad* ist: *Er ist Einer, bestehend aus drei Personen.*[9] Jede dieser drei Personen besitzt viele verschiedene Namen, sie können aber als *Vater*, *Sohn* und *Heiliger Geist* identifiziert werden. In der Theologie wird dies als *Dreieinigkeit* (*Drei in Einem*) bezeichnet.

Über die Jahrhunderte haben die Propheten auf Pluralität in der Einheit Gottes Bezug genommen. Mose schrieb über die Erschaffung des Menschen:

> *Da sprach Gott: „**Wir** wollen Menschen schaffen nach **unserem** Bild, die **uns** ähnlich sind.“* 1.Mose 1,26 (NLB)

Als Adam sündigte,…

> *…sprach Gott, der Herr: „Der Mensch ist geworden wie einer von **uns**, er kennt sowohl das Gute als auch das Böse.“*
> 1.Mose 3,22 (NLB)

Als die Menschen von Babel zerstreut wurden, sagte der Herr:

> *„Kommt, **wir** steigen hinab und geben ihnen verschiedene Sprachen. Dann werden sie sich nicht mehr verständigen können.“ Auf diese Weise zerstreute der Herr die Menschen…*
> 1.Mose 11,7-8 (NLB)

Selbst das hebräische Wort *Elohim,* das die Propheten für Gott verwendeten, spricht von einer vielschichtigen Einheit. In der hebräischen Grammatik wird *Elohim* in der Pluralform verwendet, was Raum lässt für Vielfalt. Sobald sich das Wort jedoch auf den Gott der Bibel bezieht, steht es in einer singularen Form.

Mit dem Kommen des Herrn auf diese Erde als Gott-Mensch enthüllte der Herr seine „komplexe Einheit“ in größerem Maße. Dr. Lukas schrieb, dass der Engel in seiner Unterhaltung mit Maria Folgendes sagte:

> *„Der **Heilige Geist** wird über dich kommen, und die Kraft **des Höchsten** wird dich überschatten. Deshalb wird auch das Kind, das du zur Welt bringst, heilig sein und **Gottes Sohn** genannt werden.“* Lukas 1,35 (NGÜ)

Hier sind drei Personen, aber nur ein Gott. Von nun an finden wir in der Bibel häufig Verse, die sich auf die Dreieinigkeit beziehen.

> *Als* ***Jesus*** *gerade aus dem Wasser stieg, öffnete sich der Himmel, und er sah den* ***Geist Gottes*** *wie eine Taube herabschweben und sich auf ihm niederlassen. Und eine* ***Stimme aus dem Himmel*** *sprach: „Dies ist mein geliebter Sohn, an ihm habe ich große Freude."* Matthäus 3,16-17 (NLB)

Wir finden hier drei Personen: *Jesus*, den *Geist Gottes* und eine *Stimme aus dem Himmel.* Zusammen bilden sie eine Dreier-Einheit: einen Gott. Sein persönlicher Name ist JAHWE, der HERR.

Über die Jahrhunderte wurden viele Versuche unternommen, die Dreieinigkeit Gottes zu erklären:

1. **Das Ei:** Jedes Ei besteht aus einer Schale, dem Eiweiß und einem Eigelb. Es sind drei unterschiedliche Bestandteile, aber nur ein Ei.
2. **Dimensionen:** Eine Kiste besitzt eine Höhe, Breite und Länge. Sie sind nicht das Gleiche, können weder voneinander getrennt werden noch sind sie „Bestandteile". Die räumliche Vorstellung ist ohne diese drei Größen bedeutungslos.
3. **Multiplikation:** 1 x 1 x 1 = 1

Diese Illustrationen mögen durchaus hilfreich sein, reichen aber letztlich nicht aus, um uns die Dreieinigkeit zu erklären. Wir müssen aufpassen, dass wir Gott nicht auf unsere begrenzte Verstandesebene ziehen. Der HERR nennt uns einen der Gründe, warum wir ihn nicht verstehen können…

> *…Hast du gemeint, ich sei so wie du?…* Psalm 50,21 (NeÜ)

Wir müssen uns eingestehen, dass unser begrenzter Verstand einen unbegrenzten Gott nicht erfassen kann. Richtig verstanden lässt uns Gott, so wie er sich uns in der Bibel offenbart, aus dem Staunen nicht herauskommen. Es gibt Dinge in Bezug auf den HERRN, die unser Fassungsvermögen übersteigen. Aufgrund ihrer enormen Komplexität, sind sie für uns so gut wie nicht zu ergründen.

So ist zum Beispiel die Vorstellung eines ewigen Gottes gedanklich nur schwer zu erfassen. Genauso wie uns auch die Tatsache, dass Gott immer gleichzeitig überall ist, vor ein Rätsel stellt. Mit unserem begrenzten Verstand können wir diese beiden Wahrheiten nicht wirklich begreifen. Mit der Dreieinigkeit ist es genauso.

> *Was verborgen ist, ist des HERRN, unseres Gottes; was aber offenbart ist, das gilt uns…* 5.Mose 29,28 (LUT)

**Der Dreieinige**

Obwohl es richtig ist, jede Person der Dreieinigkeit als Gott zu bezeichnen, kann man auch folgende Unterscheidung treffen:

| | | |
|---|---|---|
| Der Höchste | = | Der Vater |
| Jesus Christus | = | Der Sohn |
| Der Geist | = | Der Heilige Geist |

Die Dreieinigkeit wird manchmal als „die Gottheit" bezeichnet. Die Bibel sagt über Jesus:

> *Denn in ihm ist die Gottheit mit der ganzen Fülle ihrer Kraft leibhaftig gegenwärtig.* Kolosser 2,9 (BasisBibel)

**Ganz Gott**

Jesus war kein *Bestandteil* Gottes. Er war ganz Gott.

Im vorliegenden Buch beschränken wir uns vorwiegend auf Jesus, aber den gleichen Schwerpunkt könnten wir genauso auf den Vater und den Heiligen Geist legen. Sie sind eigenständige Persönlichkeiten und keine abstrakten Kräfte. Einige verstehen den Heiligen Geist als Strom des Göttlichen, aber dies ist ein Irrtum. Was wir bis jetzt über Jahwe gelernt haben, trifft auf jede Person der Gottheit zu. Das nebenstehende Diagramm wird seit Jahrhunderten benutzt, um die Dreieinigkeit zu erklären.[10]

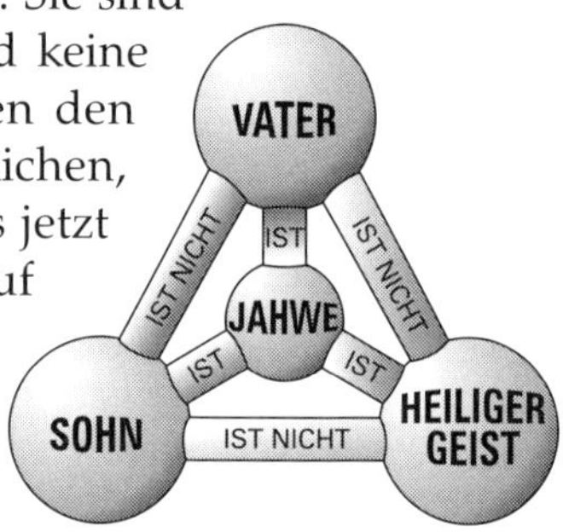


**Antworten**

Die Dreieinigkeit beantwortet viele der Fragen, die wir über Gott haben. Zum Beispiel spricht die Bibel davon, dass Jahwe auf seinem Thron im Himmel sitzt und gleichzeitig in der Stiftshütte wohnt. Dass Gott immer gleichzeitig überall ist, macht die Sache noch komplizierter. Wie kann dies sein? Mathematisch gesehen ergibt das keinen Sinn.

Aber die Einheit Jahwes ist keine „mathematische Einheit". Biblisch gesehen können wir nicht in der Begrifflichkeit einer *absoluten Einheit* denken. Als *komplexe Einheit* regiert vielmehr der Vater vom Himmel, der Sohn wohnte (wörtlich: *zeltete*) unter der Menschheit und der Geist ist durch seine Gegenwart immer gleichzeitig überall. Gott kann gleichzeitig sowohl groß und erhaben (unerforschlich) wie auch nah und niedrig (erkennbar) sein. Der *dreieinige* Gott macht dies möglich.

Auch wenn die Vorstellung eines dreieinigen Gottes vieles von dem erklärt, was wir in der Bibel vorfinden, dürfen wir nicht außer Acht lassen, dass die Dreieinigkeit ein Geheimnis ist. Seit Jahrhunderten ringen die Gelehrten darum, die richtigen Worte zu finden, um diese Wahrheit auszudrücken. Doch es gibt sie nicht. Angesichts der Größe JAHWES sollte uns dies nicht überraschen.

**Was die Bibel nicht lehrt:**

❖ **Tritheismus** (*Tri* bedeutet „Drei"; *Theismus* bedeutet „Gott"): Darauf gründete der Glaube der alten Ägypter. Sie teilten ihre Götter in Dreiergruppen ein. Drei Götter bildeten einen Verbund, üblicherweise als Familie: Osiris der Vater, Isis die Mutter und Horus der Sohn. Eine schwerwiegende Fehleinschätzung der Dreieinigkeit sieht heute Gott als Vater, Maria als Mutter und Jesus als Sohn an. Die Vorstellung von drei Hauptgottheiten, sprich eines sogenannten Trimurti (*Tri* bedeutet „Drei"; *Murti* bedeutet „Form"), kann man genauso als Tritheismus bezeichnen.

Die Geläufigkeit des Tritheismus in den alten Religionen könnte ein Hinweis darauf sein, dass nach der Sintflut jeder noch die Wahrheit über den dreieinigen Gott kannte. Als sich dann später in Babel die ersten Religionen entwickelten, wurde die Dreieinigkeit zum Tritheismus (Dreigöttertum) verdreht.

❖ **Modalismus:** Eine Person übernimmt drei Rollen, so wie ein Mann gleichzeitig Sohn, Ehemann und Vater sein kann. Das Gleiche könnte man auf Berufe beziehen: Jemand kann sowohl Kaufmann, Programmierer und Handwerker sein. Die Dreieinigkeit besteht aber nicht aus einer Person, die drei Rollen übernimmt, sondern ist vielmehr ein Gott in drei Personen, von denen jede eine einzigartige Rolle einnimmt.

❖ Die Bibel lehrt nicht, dass *drei einzelne Götter als Einheit* existieren. Vielmehr spricht sie von drei Personen, die von Ewigkeit her untrennbar und gleichwertig in einem einzigen göttlichen Wesen vereint sind.

# Kapitel 11

1 Auf die Probe gestellt

2 Macht

3 Von neuem geboren

4 Das Licht

5 Abgelehnt

6 Die Zwölf

7 Das Brot

# 1 Auf die Probe gestellt

Die vier Männer, die das Leben von Jesus schriftlich festhielten, berichten alle übereinstimmend, dass er ein sehr schlichtes Leben führte. Jesus selbst sagte:

> *„Die Füchse haben ihren Bau und die Vögel haben ihr Nest. Aber der Menschensohn hat keinen Ort, wo er sich ausruhen kann."*
> *Lukas 9,58 (BasisBibel)*

Jesus versuchte nicht, mit Hilfe seiner Göttlichkeit sein Leben behaglicher zu gestalten oder sich vor Schwierigkeiten zu schützen. Wie jeder andere Mensch durchlitt er Entbehrungen und Versuchungen.

> *Danach wurde Jesus vom Geist Gottes in die Wüste geführt, weil er dort vom Teufel* versucht werden sollte. Nachdem er vierzig Tage und Nächte gefastet hatte, war er sehr hungrig.*
> *Matthäus 4,1-2 (NGÜ)*

* *Teufel* bedeutet falscher Ankläger, Verleumder

Jesus war sowohl Gott als auch echter Mensch mit entsprechenden körperlichen Bedürfnissen. Sein Körper verlangte vehement nach Nahrung.

> *Da trat der Versucher an ihn heran und sagte: „Wenn du Gottes Sohn bist, dann befiehl, dass diese Steine hier zu Brot werden."* *Matthäus 4,3 (NGÜ)*

### Nahrung

Wir begegnen hier dem gleichen Verführer, der bereits Adam und Eva dazu bewegt hatte, von der verbotenen Frucht zu essen. Sein Vorschlag an Jesus beinhaltete etwas ganz Selbstverständliches, nämlich die Sorge um sein körperliches Wohl.

Eine scheinbar passende Gelegenheit, zu beweisen, wer er wirklich war. Wenn er Jahwe war, hatte er die Welt geschaffen, indem er sie einfach ins Dasein sprach. Steine in Brot zu verwandeln, wäre da eine leichte Übung. Doch das Ganze hatte einen Haken. Mit diesem Schritt würde er Satans Anweisungen folgen.

> *Aber Jesus gab ihm zur Antwort: „Es heißt in der Schrift: ‚Der Mensch lebt nicht nur von Brot, sondern von jedem Wort, das aus Gottes Mund kommt.'"* *Matthäus 4,4 (NGÜ)*

Jesus antwortete Satan, indem er aus der Heiligen Schrift, Gottes geschriebenem Wort, zitierte. Er teilte ihm mit, dem Herrn zu folgen sei wichtiger, als die Sorge um die eigenen körperlichen Bedürfnisse. Eine bedeutsame Aussage, angesichts dessen, dass viele Menschen sehr um ihr irdisches Wohl besorgt sind, dabei aber ihr geistliches Wohl außer Acht lassen. Jesus sagte:

> *Was nützt es einem Menschen, wenn er die ganze Welt gewinnt, dabei aber seine Seele verliert?* Markus 8,36 (NLB)

## Sicherheit

> *Daraufhin ging der Teufel mit ihm in die Heilige Stadt [Jerusalem], stellte ihn auf einen Vorsprung des Tempeldaches und sagte: „Wenn du Gottes Sohn bist, dann stürz dich hinunter! Denn es heißt in der Schrift: ‚Er wird dir seine Engel schicken; sie werden dich auf ihren Händen tragen, damit du mit deinem Fuß nicht an einen Stein stößt.'"* Matthäus 4,5-6 (NGÜ)

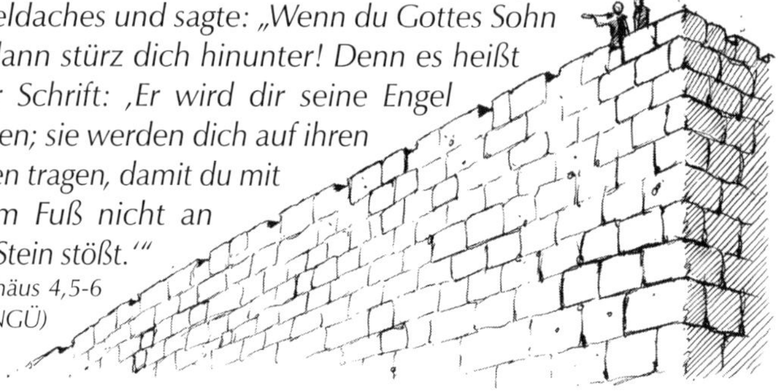

Dieses Mal war die Herausforderung ganz unverhohlen: „Stelle es unter Beweis! Beweise, dass du Gott bist! Wenn du stürzt, werden dich die Engel auffangen!"

Satan zitierte einen Abschnitt aus einem Psalm von König David. Der Teufel liebt die Religion, und Zitate aus der Bibel gehören zu seiner bevorzugten Masche. Allerdings zitiert er die Schrift nicht wahrheitsgemäß. Er wählt nur den Teil aus, der seinen Zielen nützlich ist. So ging er bereits im Garten Eden bei Adam und Eva vor und nun versuchte er es bei Jesus.

Wieder reagierte Jesus auf die Versuchung von Satan mit einem Zitat aus der Schrift. Doch er zitierte sie richtig. Er brauchte Satan nicht zu beweisen, dass er Gott war. Satan war sich dessen sehr wohl bewusst!

> *Jesus entgegnete: „In der Schrift heißt es aber auch: ‚Du sollst den HERRN, deinen Gott, nicht herausfordern!'"* Matthäus 4,7 (NGÜ)

## Ansehen

> *Schließlich ging der Teufel mit ihm auf einen sehr hohen Berg, zeigte ihm alle Reiche der Welt mit ihrer Herrlichkeit und sagte: „Das alles will ich dir geben, wenn du dich vor mir niederwirfst und mich anbetest."* Matthäus 4,8-9 (NGÜ)

*War das nicht das Ziel von Jesus, dass ihm alle Menschen folgen würden?* Das schon, doch was unerwähnt blieb, war die Tatsache, dass Jesus mit dieser Anbetung zugleich Satan dienen würde. Anbetung und Dienst gehen Hand in Hand. Man kann sie nicht voneinander trennen. Doch Satans Versuch schlug fehl. Wieder bezog sich Jesus auf die Schrift:

*Darauf sagte Jesus zu ihm: „Weg mit dir, Satan! Denn es heißt in der Schrift: ‚Den Herrn, deinen Gott, sollst du anbeten; ihm allein sollst du dienen.'"* Matthäus 4,10 (NGÜ)

Dr. Lukas schrieb:

*Nachdem der Teufel alles versucht hatte, um Jesus zu Fall zu bringen, ließ er ihn für einige Zeit in Ruhe.* Lukas 4,13 (NGÜ)

Satan war immer noch fest entschlossen, Jesus zu vernichten. Dieser Angriff des Teufels war zwar fehlgeschlagen, seinem großen Ziel, JAHWE zu besiegen, war er aufgrund der Festnahme von Johannes dem Täufer aber scheinbar trotzdem ein Stück nähergekommen.[1]

*Als Jesus hörte, dass Johannes gefangen genommen worden war, zog er sich nach Galiläa zurück. Allerdings blieb er nicht in Nazaret, sondern wohnte von da an in Kafarnaum, einer Stadt am See…* Matthäus 4,12-13 (NGÜ)

### Sündlos

Die Schrift sagt, Jesus war…

*…– genau wie wir – Versuchungen aller Art ausgesetzt, allerdings mit dem entscheidenden Unterschied, dass er ohne Sünde blieb.* Hebräer 4,15 (NGÜ)

Viele wahre und falsche Propheten waren aufgetreten und wieder verschwunden. Aber keiner von ihnen hatte vorgegeben, sündlos zu sein. Die Bibel berichtet über das Leben vieler Menschen, die entweder ihre Sündhaftigkeit eingestanden haben oder als Sünder bloßgestellt wurden. Doch bei Jesus war das nie der Fall. Selbst die, die ihm am nächsten standen und Charakterschwächen hätten erkennen müssen, schrieben, dass Jesus…

*…keine Sünde begangen hat und kein unwahres Wort je über seine Lippen gekommen ist.* 1.Petrus 2,22 (NeÜ)

In dem, was Jesus sagte, hat er weder übertrieben noch untertrieben. Während seines irdischen Lebens war seine Gerechtigkeit für jeden erkennbar. Wir haben gesehen, dass JAHWE vollkommen ist. Genauso war auch Jesus sündlos.

# 2 Macht

Wenn jemand behauptet, Gott zu sein, kann er normalerweise nicht mit dem Vertrauen der Menschen rechnen. Eine solche Aussage wird im Allgemeinen mit Skepsis, Spott und Fragen über die Zurechnungsfähigkeit dieser Person quittiert. Selbst wenn ein Prophet wie Johannes der Täufer das Kommen ankündigen würde, wäre es schwierig. Die Israeliten zur Zeit Jesu waren nicht leichtgläubig. Sie waren fest davon überzeugt, dass JAHWE Geist war und nur er verehrt werden durfte. Sie neigten nicht dazu, Menschen anzubeten.

Als Jesus das erste Mal aufzeigte, wie er eine messianische Prophezeiung erfüllt hatte,…

> *…gerieten alle in der Synagoge in Wut. Sie sprangen auf, zerrten Jesus zur Stadt hinaus und führten ihn bis zum Abhang des Berges, auf dem ihre Stadt erbaut war; dort wollten sie ihn hinabstürzen. Aber Jesus schritt mitten durch die Menge hindurch und zog weg.* Lukas 4,28-30 (NeÜ)

Es ist nicht übertrieben, zu sagen, dass Jesus einer sehr skeptischen Zuhörerschaft gegenüberstand.

Von Anfang an drängte Jesus den Menschen seine *Göttlichkeit* nicht auf. Er gab ihnen die Zeit, selber zu dieser Schlussfolgerung zu kommen, angesichts seines sündlosen Lebens, seiner gewaltigen Wunder und der von ihm erfüllten Prophetien. Auf den folgenden Seiten können wir nur ein paar der erstaunlichen Taten unter die Lupe nehmen, die Jesus tat. Die Bibel berichtet eine Vielzahl davon in allen vier Evangelien. Einem der Propheten zufolge, gäbe es…

> *…noch vieles andere zu berichten, was Jesus getan hat. Wenn alles einzeln aufgeschrieben würde – ich glaube, die Welt wäre zu klein, um all die Bücher zu fassen, die man dann schreiben müsste.* Johannes 21,25 (NGÜ)

### Vollmacht

Nachdem Johannes ins Gefängnis geworfen wurde, ging Jesus nach Galiläa, um dort die gute Nachricht von Gott zu verbreiten.

> *Sie kamen nach Kafarnaum. Gleich am darauf folgenden Sabbat ging Jesus in die Synagoge und sprach dort zu den Menschen. Sie waren von seiner Lehre tief beeindruckt, denn er lehrte sie nicht wie die Schriftgelehrten, sondern mit Vollmacht.*
> Markus 1,21-22 (NGÜ)

Die, die Jesus reden hörten, realisierten, dass er sehr ungewöhnlich war. Er sprach mit Vollmacht, wie jemand der sich auskannte und wusste, wovon er redet. Aber ist das so etwas Besonderes? Wir alle sind sicher schon einmal von Verkäufern in den Bann gezogen worden, die so überzeugend waren, dass sie einem Glatzköpfigen einen Kamm hätten verkaufen können! Was macht den Unterschied zu Jesus aus?

> *In der Synagoge war auch ein Mann, der einen bösen Geist hatte, einen Dämon. Er schrie mit lauter Stimme: „Was willst du von uns, Jesus von Nazaret? Bist du gekommen, um uns zugrunde zu richten? Ich weiß, wer du bist: der Heilige Gottes."*
> Lukas 4,33-34 (NGÜ)

Einer der Engel Satans hatte von diesem Mann Besitz ergriffen, mit dessen Einwilligung. Der Dämon wusste, wer Jesus war. Er nannte ihn „den Heiligen Gottes"!

> *„Schweig!", herrschte Jesus ihn an.* Lukas 4,35 (NeÜ)

Weil Dämonen immer die Wahrheit verdrehen, wollte Jesus nicht, dass durch sie seine wahre Identität bestätigt wurde. Jesus brachte den Dämon zum Schweigen und befahl ihm:

> *„Fahre aus dem Mann aus!"* Lukas 4,35 (NLB)

Jesus bat den Dämonen nicht, den Mann freiwillig zu verlassen. Er befahl ihm, dies zu tun! Zweifellos beobachteten alle Umstehenden die Szene sehr genau! Wer war stärker: Jesus oder der Dämon? Wer hatte wirklich die Macht? Dr. Lukas schrieb:

> *...Da warf der Dämon den Mann mitten in der Synagoge zu Boden und verließ ihn, ohne ihm noch etwas antun zu können.*
> Lukas 4,35 (NGÜ)

Die Worte von Jesus hinterließen deshalb so einen bleibenden Eindruck, weil sie im Einklang mit seinem Leben und seinen Taten standen.

> *Furcht und Staunen ergriff alle, und sie sagten zueinander: „Was für eine Vollmacht und Kraft hat sein Wort! Er befiehlt den bösen Geistern auszufahren, und sie fahren aus."*
> Lukas 4,36 (NGÜ)

Einen Dämon aus einem Menschen auszutreiben, war für Jesus kein Problem. Zu Beginn der Zeit hatte er ein Drittel der Engel aus dem Himmel geworfen, weil sie gesündigt hatten. Aber schon dieses „kleine" Wunder sorgte für Schlagzeilen.

> *Bald gab es in der ganzen Gegend keinen Ort mehr, an dem man nicht von Jesus sprach.* Lukas 4,37 (NGÜ)

Für diejenigen, die zuschauten (die Volksmengen waren enorm), belegten die Wunder, dass Jesus nicht einfach nur ein Mensch war. Er musste noch mehr sein.

Wer sich gegen Gott auflehnt, muss wissen, dass dies ein ungleicher Kampf ist. Jesus, der Schöpfer-Gott ist weitaus mächtiger als Satan, der nur ein Geschöpf ist.

**Macht**

Zu den Wundern, die Jesus regelmäßig tat, gehörten unter anderem auch Krankenheilungen. Bei meinen Reisen bin ich immer wieder auf Menschen gestoßen, die vorgaben, Heiler, Schamanen oder Medizinmänner zu sein. Äußerlich scheint es, als könnten sie durch Gebetsformeln, Handauflegung, Talismane, geheime Worte oder den Ausruf „Sei geheilt!“ Menschen teilweise heilen.

Doch ich habe festgestellt, dass es unter den sogenannten Geheilten niemanden gab, der vorher entstellt war. Es fehlten ihnen keine Gliedmaßen und sie waren auch nicht verkrüppelt. In der Regel hatten sie innere Krankheiten, weshalb nur schwer zu belegen war, dass sie wirklich geheilt worden waren.

Uns stellt sich also folgende Frage: „Inwiefern unterschied sich Jesus von einem anderen Heiler?” Darüber sollten wir nachdenken, während wir uns sein Leben anschauen. Vielleicht ist es da bedeutsam, dass ausgerechnet ein Arzt von der folgenden Begebenheit berichtet. Lukas schrieb:

> *In einer der Städte war ein Mann, der am ganzen Körper Aussatz hatte.* Lukas 5,12 (NeÜ)

Zweifelsohne war dieser Mann sehr krank. Er war von Lepra gezeichnet, einer furchtbaren, den Menschen verstümmelnden Krankheit, für die es in der damaligen Zeit keine Heilung gab. Sie kam einem Todesurteil gleich. Man starb einen sehr langsamen Tod. Dr. Lukas schrieb: Als der Aussätzige…

> *…Jesus sah, warf er sich vor ihm nieder, beugte das Gesicht zur Erde und bat ihn flehentlich: „Herr, wenn du willst, kannst du mich rein machen.“* Lukas 5,12 (NeÜ)

Was der Aussätzige über Jesus sagte, war sehr anerkennenswert, doch es entsprach dem, was die Menschen seit Jahrhunderten über Heiler sagten.

Zu sagen, Jesus könne ihn heilen, war eine Sache. Aber stimmte dies auch? Besaß Jesus die Macht, eine solche Krankheit wegzunehmen und den Mann gesund zu machen?

> *Jesus hatte Mitleid mit ihm und berührte ihn. „Ich will es tun“, sagte er.* Markus 1,41 (NLB)

Eine solche Berührung, zusammen mit diesen Worten, muss die Zuschauer geschockt haben.

### Die Berührung

Entsprechend dem Brauch der damaligen Zeit mussten Aussätzige „unrein!" rufen, wenn sich ihnen jemand näherte. Sie mussten 1000 Schritte Abstand zu allen Nichtaussätzigen halten und durften nie berührt werden. Sie lebten in einem Vakuum, ohne jeglichen Ausdruck von Liebe und Zuneigung.

Doch die Bibel sagt, dass Jesus von Mitleid erfüllt wurde, willentlich die Hand ausstreckte und den Aussätzigen berührte. Das griechische Wort, das mit *berührte* übersetzt wurde, beinhaltet die Vorstellung von „anhaften" oder „zu jemandem halten". Wir wissen es zwar nicht, können uns aber vorstellen, was diese kleine Geste für diesen, von jeglicher Zuneigung ausgeschlossenen Mann, bedeutet haben muss. Natürlich ist fürsorgende Liebe ein Teil der vollkommenen Art des HERRN. Sie gehört einfach zu seinem Wesen.

Jedoch bedeutete die Bereitschaft von Jesus, den Aussätzigen zu heilen, sowie sein Mitgefühl für ihn noch nicht, dass der Mann geheilt würde.

Ich erinnere mich an meinen Besuch in einer großen Leprakolonie. Der Anblick dieser entstellten Menschen schmerzte mich. Doch selbst wenn die gesamte Kolonie geglaubt hätte, ich könne sie heilen, wäre dieses Vertrauen fehl am Platz gewesen. Ich war bereit dazu, ich hatte Mitleid, aber ich war machtlos. Die Frage, die sich also stellte, war: „Hatte Jesus auch die *Macht* zu heilen?"

### Die Worte

Wir können uns vorstellen, wie sich die Menschenmenge drängte. Sie versuchte, den vorgeschriebenen Abstand zu dem Aussätzigen einzuhalten, wollte aber alles genau mitbekommen. Würden Gebetsformeln aufgesagt, geheime Worte gesprochen oder würde eine Zeremonie durchgeführt? Nein. Stattdessen sprach Jesus einfach nur. Er sagte zu dem Aussätzigen:

> *„Sei rein!" Im selben Augenblick verschwand der Aussatz, und der Mann war geheilt.* Markus 1,41-42 (NGÜ)

Dies war keine unvollständige Heilung irgendeiner inneren Krankheit. Jeder konnte sehen, was geschehen war. Der Aussätzige war unmittelbar und vollständig geheilt worden. Aus der Sicht des HERRN war dies nichts Besonderes, hatte er doch ursprünglich den Menschen geschaffen. Die Heilung eines Körpers stellte ihn vor keine Schwierigkeiten. Auf die Zuschauer jedoch machte es sicher einen gewaltigen Eindruck. Sie wurden Zeugen von etwas Außergewöhnlichem.

Doch noch ein weiterer Punkt ist hier interessant. Gemäß dem jüdischen Gesetz wurde *Jesus* für *unrein* angesehen, als er den Aussätzigen berührte. Doch das Gegenteil trat ein. Jesus berührte ihn, sprach zu ihm und der *Aussätzige* wurde *rein.* Dr. Lukas schrieb, dass…

> *…die Nachricht von Jesus sich umso mehr verbreitete. Die Menschen strömten in Scharen herbei, um ihn zu hören und von ihren Krankheiten geheilt zu werden.* *Lukas 5,15 (NeÜ)*

Die Propheten fügten weitere Berichte von verschiedenen Krankenheilungen hinzu, die sie mit Jesus erlebt hatten. Oft waren die Geheilten todkrank oder verkrüppelt gewesen. Niemand wurde von Jesus fortgeschickt, weil etwa seine Krankheit unheilbar gewesen wäre. Jesus hat sogar Tote wieder zum Leben erweckt.

Jesu Wunder dienten aber nicht zur Unterhaltung der örtlichen Bevölkerung. Seine Lehren und sein Mitgefühl offenbarten den Charakter von Jesus, während die Wunder seine himmlische Abstammung und seine Botschaft bestätigten. Es stimmt, er war ein Mensch, aber er war auch Gott.

## 3 Von neuem geboren

> *Einer von den Pharisäern war Nikodemus, ein Mitglied des jüdischen Rates.* *Johannes 3,1 (GNB)*

Nikodemus war ein angesehener Mann. Er war Mitglied des Sanhedrin, des jüdischen Rates, der die Römer in einheimischen Rechtsfragen beriet.

> *[Er] suchte Jesus einmal bei Nacht auf. „Rabbi*“, sagte er zu ihm, „wir wissen, dass du ein Lehrer bist, den Gott gesandt hat. Denn niemand kann solche Wunder tun wie du, wenn Gott nicht mit ihm ist.“* *Johannes 3,2 (NGÜ)*

* *Rabbi* ist die Bezeichnung für einen religiösen, jüdischen Lehrer. Jemanden als *Rabbi* zu bezeichnen, war ein Ausdruck des Respekts.

Nikodemus war skeptisch, zugleich erkannte er, dass Jesus anders war. Er kam zu dem Schluss, dass Gott aktiv beteiligt sein musste. Trotzdem hatte er noch viele Fragen.

Währenddessen bewegte Jesus etwas ganz anderes: Es war die Sorge um die Seele von Nikodemus. Nikodemus glaubte, dass er „gut genug für Gott“ war. Er vertraute auf seine eigene Tugend, schliesslich befolgte er das von Mose gegebene Gesetz mehr als genau. Jesus wusste auch, dass Nikodemus sich etwas darauf einbildete, zu Gottes *auserwähltem Volk* zu gehören.

> *Jesus entgegnete: „Ich sage dir: Wenn jemand nicht von neuem geboren wird, kann er das Reich Gottes nicht sehen."*
> *Johannes 3,3 (NGÜ)*

**Von neuem geboren?**

Jesus sprach nicht, wie einige vielleicht vermuten, von einer Reinkarnation. Er war sich vielmehr bewusst, dass Nikodemus auf seine jüdische Abstammung vertraute, um mit Gott ins Reine zu kommen. Jesus wollte Nikodemus zeigen, dass sein Vertrauen auf das falsche Objekt ausgerichtet war, nämlich fälschlicherweise auf seine leibliche Geburt. Deshalb teilte ihm Jesus mit: „Du musst von neuem geboren werden." Diese Aussage beunruhigte Nikodemus.

> *„Wie kann ein Mensch, wenn er alt geworden ist, noch einmal geboren werden?", wandte Nikodemus ein. „Er kann doch nicht in den Leib seiner Mutter zurückkehren und ein zweites Mal auf die Welt kommen!"*
>
> *Jesus erwiderte: „Ich sage dir eins: Wenn jemand nicht aus Wasser und Geist geboren wird, kann er nicht ins Reich Gottes hineinkommen. Natürliches Leben bringt natürliches Leben hervor; geistliches Leben wird aus dem Geist geboren. Darum sei nicht erstaunt, wenn ich dir sage: Ihr müsst von neuem geboren werden."* *Johannes 3,4-7 (NGÜ)*

Der geistliche Zustand von Nikodemus war bei seiner Geburt als Baby (aus Wasser geboren oder menschlich geboren) ohne Leben. Nikodemus war auf eine zweite Geburt angewiesen, wollte er in den Himmel gelangen. Er benötigte neues Leben, einen geistlichen Anfang. Jesus erklärte ihm dann, wie diese zweite Geburt geschieht.

> *Denn Gott hat der Welt seine Liebe dadurch gezeigt, dass er seinen einzigen Sohn für sie hergab, damit jeder, der an ihn glaubt, das ewige Leben hat und nicht verloren geht.*
> *Johannes 3,16 (NGÜ)*

Wenn Nikodemus sein Vertrauen nicht mehr „auf sich selbst", sondern „auf Jesus" setzen würde, könnte er mit einer geistlichen Geburt wiedergeboren werden. Diese würde auch das ewige Leben beinhalten.

**Ewiges Leben**

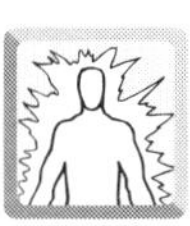
EWIGES LEBEN

Aber es ging noch weiter. Das Angebot des ewigen Lebens galt nicht nur Nikodemus, sondern *jedem,* der an Jesus glaubte! Der Engel hatte Maria und Josef angewiesen, ihren Sohn Jesus zu nennen, da dieser Name „Jahwe ist unser Retter“ bedeutete. Und nun sagte Jesus, er würde die Menschheit von der Sündenstrafe befreien, von dem ewigen Dasein im Feuersee.

> *Gott hat seinen Sohn nicht in die Welt gesandt, um sie zu verurteilen, sondern um sie durch ihn zu retten.*
> *Johannes 3,17 (NGÜ)*

Jesus war nicht auf die Erde gekommen, um sie zu verurteilen. Vielmehr war er gekommen, um die Welt aus dem Dilemma von Sünde und Tod zu retten, das Satan über sie gebracht hatte. Dafür brauchten die Menschen die Entscheidung, die Adam und Eva im Garten Eden getroffen hatten, nur rückgängig zu machen. Statt auf Satan und sich selbst, mussten sie ihr Vertrauen auf den Herrn Jesus Christus setzen.

> *„Wer an ihn glaubt, wird nicht verurteilt. Wer aber nicht glaubt, ist damit schon verurteilt; denn der, an dessen Namen er nicht geglaubt hat, ist Gottes eigener Sohn.“* *Johannes 3,18 (NGÜ)*

**Keine Grauzone**

Jesus sagte, wer sein Vertrauen auf ihn setzt, wird nicht als Sünder verurteilt. Doch wer ihm nicht vertraut, ist bereits verurteilt. Hier gibt es keine Grauzone. Man konnte nicht sagen: „Ich denke mal darüber nach“, es dabei belassen und bequem weiterleben wie bisher. Es ging um die Entscheidung zu glauben oder ungläubig zu bleiben. Keine Entscheidung zu treffen, entsprach damit auch einer Entscheidung.

EWIGE STRAFE

Außerdem war es gar nicht nötig, bis zum Tod zu warten, um herauszufinden, wo man seine Ewigkeit zubringen würde. Jesus brachte es deutlich auf den Punkt. Das Urteil über die Menschen war bereits gesprochen. Sie befanden sich auf dem direkten Weg in den Feuersee, es sei denn, sie würden ihr Vertrauen auf Jesus als ihren Befreier setzen. Nur dann würden sie das ewige Leben erhalten. So lautete das Versprechen, das Jesus gab. Wie wir bereits gesehen haben, können wir beim Herrn auf eine lange Geschichte von ausnahmslos gehaltenen Zusagen zurückblicken.

> *„Ich versichere euch: Wer auf meine Botschaft hört und dem glaubt, der mich gesandt hat, der hat das ewige Leben. Auf ihn kommt keine Verurteilung mehr zu; er hat den Schritt vom Tod ins Leben schon hinter sich.“* *Johannes 5,24 (NeÜ)*

Jesus verschwieg das Gericht über die Sünde nicht. Er wusste, nicht jeder würde ihm sein Vertrauen schenken. Viele würden sich aus unterschiedlichen Gründen dagegen entscheiden. Nichtsdestotrotz gab er den Menschen eine Gelegenheit zur Entscheidung. Sein Angebot war das ewige Leben.

# 4 Das Licht

Jesus setzte seine Unterhaltung mit Nikodemus fort.

> *So geschieht die Verurteilung: Das Licht ist in diese Welt gekommen. Aber die Menschen liebten die Dunkelheit mehr als das Licht. Denn ihr ganzes Tun war böse.*
> *Johannes 3,19 (BasisBibel)*

Nikodemus wusste, dass die alten Propheten über die neue, zukünftige Welt geschrieben hatten,…

> *…der HERR wird dein ewiges Licht sein.* *Jesaja 60,20 (NLB)*

Es war klar, dass JAHWE selbst dieses „ewige Licht" ist. Und dennoch sagte Jesus:

> *„Das Licht ist in diese Welt gekommen."* *Johannes 3,19 (BasisBibel)*

Wir können förmlich sehen, wie Nikodemus versuchte, diese Information zu verarbeiten. *Was meinte Jesus damit? War Gott auf eine besondere Weise in die Welt gekommen?* Nikodemus brauchte Zeit zum Nachdenken.

Zu einem späteren Zeitpunkt brachte es Jesus noch deutlicher auf den Punkt:

> *„Ich bin das Licht der Welt!"* *Johannes 8,12 (NeÜ)*

Jesus war das *Licht*, das in die Welt gekommen war. Wie JAHWE bereits das Licht geschaffen hat, damit wir auf unserem Weg oder Pfad etwas sehen können, genauso war er nun auf die Erde gekommen, um uns einen weiteren Weg zu erhellen: den geistlichen Pfad, der in den Himmel führt. Damit lag die Wahl bei uns Menschen. Wir konnten weiterhin in der Finsternis umherstolpern, im Vertrauen auf unsere eigenen Vorstellungen und Religionen, oder wir konnten unser Vertrauen auf Jesus setzen. Dann würde die Dunkelheit aus unserem Verständnis verschwinden. Jesus versprach:

> *„Wer mir folgt, tappt nicht mehr im Dunkeln. Er wird das Licht des Lebens haben."* *Johannes 8,12 (BasisBibel)*

## Ich bin

Man kann mit dem jüdischen Volk mitfühlen, wie sie sich bemühten zu begreifen, wer Jesus war. Schließlich sah er aus wie jeder andere Mensch. Und doch… er war nicht einfach nur ein Mensch. Und was hatte es mit seinen Behauptungen auf sich? Diese waren einfach empörend. Zum Beispiel sagte er von sich, er würde schon ewig leben!

Bei einer Gelegenheit untermauerte Jesus seine Behauptung. Er warf dabei einen Blick auf die Zeit Abrahams, verbunden mit der Bemerkung, dass er schon damals existiert habe. Die Pharisäer waren außer sich:

> *„Du bist noch keine fünfzig Jahre alt und willst Abraham gesehen haben?"*
>
> *Jesus erwiderte: „...ich versichere euch: Ich bin – bevor Abraham überhaupt geboren wurde."* Johannes 8,57-58 (GNB)

Wer Jesus zuhörte, erkannte, dass er beanspruchte, Jahwe, der Herr, selbst zu sein: der von Ewigkeit her selbstexistierende Ich Bin! Sie hatten nun drei Entscheidungsmöglichkeiten:

1. Sie konnten glauben, dass Jesus die Wahrheit sprach und ihn als Jahwe, den Herrn, verehren, oder...
2. Sie konnten ihn und seine Botschaft ablehnen und ihn damit als Lügner, Betrüger und Scharlatan hinstellen. In diesem Fall müssten sie ihn entsprechend ihrer Gesetze zu Tode steinigen, da er den Anspruch erhoben hatte, Gott zu sein. Oder...
3. Sie konnten ihn als verrückt abstempeln, als einen Irren, der den Verstand verloren hatte, einen traurigen Fall, der zu bemitleiden war.

Das waren die Möglichkeiten, mit denen sich die Pharisäer ernsthaft auseinandersetzen mussten. Heutzutage würden manche gerne noch eine vierte Möglichkeit hinzufügen:

4. Sie möchten glauben, dass Jesus ein großer Lehrer war, ein Erleuchteter, ein Guru der höchsten Kategorie, aber mehr auch nicht – auf jeden Fall nicht das höchste Wesen.

Allerdings existiert diese vierte Möglichkeit nicht. C.S. Lewis (1898-1963), Verfasser der *Chroniken von Narnia* und Professor an der Universität von Cambridge, brachte das klar zum Ausdruck:

*Ich möchte damit jedermann vor dem wirklich dummen Einwand bewahren, er sei zwar bereit, Jesus als großen Morallehrer anzuerkennen, nicht aber seinen Anspruch, Gott zu sein. Denn gerade das können wir nicht sagen. Ein Mensch, der solche Dinge sagen würde, wie Jesus sie gesagt hat, wäre kein großer Morallehrer. Er wäre entweder ein Irrer – oder der Satan in Person. Wir müssen uns deshalb entscheiden: Entweder war – und ist – dieser Mensch Gottes Sohn, oder er war ein Narr oder Schlimmeres.*

Dann fügte Lewis hinzu:

*Wir können ihn als Geisteskranken einsperren, wir können ihn verachten oder als Dämon töten. Oder wir können ihm zu Füßen fallen und ihn Herr und Gott nennen. Aber wir können ihn nicht mit gönnerhafter*

*Herablassung als einen großen Lehrer der Menschheit bezeichnen. Das war nie seine Absicht; diese Möglichkeit hat er uns nicht offengelassen.*[2]

C.S. Lewis ist anfänglich Atheist gewesen, also jemand, der die Existenz eines göttlichen Wesens leugnet. Doch durch das Lesen der Bibel kam er zu der Überzeugung, dass Jesus Gott selbst war.

Die Pharisäer kamen zu einer Entscheidung hinsichtlich des Anspruchs von Jesus, Gott zu sein. Die Bibel berichtet:

> *Da hoben sie Steine auf, um ihn zu steinigen. Aber Jesus konnte sich vor ihnen in Sicherheit bringen und verließ den Tempel.*
> Johannes 8,59 (NGÜ)

# 5 Abgelehnt

> *Einige Tage später kehrte Jesus nach Kafarnaum zurück. Schnell sprach sich herum, dass er wieder zu Hause sei. Da kamen so viele Menschen bei ihm zusammen, dass sie keinen Platz mehr hatten, nicht einmal vor der Tür. Während er ihnen die Botschaft Gottes verkündigte, trugen vier Männer einen Gelähmten heran.* Markus 2,1-3 (NeÜ)

Wo auch immer Jesus auftauchte, bot sich ihm dieses Bild. Sobald er erschien, scharten sich die Kranken und Lahmen um ihn. In folgendem Fall brachten vier Männer einen gelähmten Freund.

> *Doch es herrschte ein solches Gedränge, dass sie nicht zu ihm durchkamen. Da brachen sie die Lehmdecke über der Stelle auf, wo Jesus sich befand. Durch das Loch ließen sie den Gelähmten auf seiner Matte hinunter.* Markus 2,4 (NeÜ)

Die Häuser dieser Zeit hatten üblicherweise Flachdächer. Von außen führte eine Treppe auf das Dach und machte es damit zu einem angenehmen Aufenthaltsort am Abend. Als die vier Männer nicht an Jesus herankamen, gingen sie auf das Dach, brachen es auf und ließen den Gelähmten einfach zu Jesus herab. Ich sage „einfach", aber das bezieht sich nur darauf, wie sie auf das Dach gelangten. Ein von der Sonne ausgetrocknetes Lehmdach aufzubrechen, war dagegen eine Tortur. Man kann sich vorstellen, wie der Staub und die getrockneten Lehmklumpen im Inneren des Hauses niederprasselten. Natürlich wurde dadurch die Rede von Jesus unterbrochen. Jeder starrte zur Decke hoch und fragte sich, was da vor sich ging. Als die Gesichter der Männer auftauchten, schrien ihnen die Zuhörer Jesu wahrscheinlich aufgebracht entgegen: *„Was fällt euch ein?! Besitzt ihr keinen Anstand?! Ihr zerstört das Haus!"* Doch Jesus nahm etwas anderes wahr.

*Als Jesus ihren Glauben sah, sagte er zu dem Mann: „Mein Freund, deine Sünden sind dir vergeben."* Lukas 5,20 (NGÜ)

Jesus war zuerst einmal um den inneren Menschen (das Herz) besorgt. Für ihn war es kein Problem, Sünden zu vergeben. Er ist Gott. Doch einige seiner Zuhörer hatten Schwierigkeiten, dies zu akzeptieren. Sie sagten zwar nichts, aber innerlich standen sie ihm feindselig gegenüber.

*Die Gesetzeslehrer und Pharisäer fragten sich empört: „Was bildet der sich ein? Das ist ja Gotteslästerung! Niemand kann Sünden vergeben außer Gott!"* Lukas 5,21 (NeÜ)

Sie hatten Recht. Nur Gott kann Sünden vergeben!

*Jesus wusste, was sie dachten, und fragte sie: „Was macht ihr euch da für Gedanken?"* Lukas 5,22(NeÜ)

Da der HERR allwissend ist, wusste Jesus, was sie bei sich dachten und sagte es ihnen. Wir können uns die Beschämung bei den Pharisäern vorstellen. Wahrscheinlich versuchten sie, sich die Gedanken der letzten zehn Minuten in Erinnerung zu rufen! Eines war klar – Jesus konnte ihre Gedanken lesen! Er wollte sie jedoch damit nicht beeindrucken. Er stellte ihnen eine Frage:

*„Ist es leichter, zu einem Gelähmten zu sagen:*

*[1.] ‚Deine Sünden sind dir vergeben', oder:*

*[2.] ‚Steh auf, nimm deine Matte und geh umher'?"*
Markus 2,9 (NeÜ)

**Sündenvergebung**

Ein Jurist hätte keine schwierigere Frage stellen können. Wir sehen förmlich, wie die Pharisäer versuchten, die unausweichlichen Folgen zu bedenken. Jesus wartete ihre Antwort nicht ab.

*„Aber ich will euch zeigen, dass der Menschensohn die Macht hat, schon hier auf der Erde Sünden zu vergeben." Und er forderte den Gelähmten auf: „Steh auf, nimm deine Trage und geh nach Hause!"*

*Da stand der Mann vor aller Augen auf, nahm seine Trage, ging nach Hause und dankte dabei Gott. Fassungslos und von Furcht erfüllt sahen ihm die Leute nach. Doch dann fingen sie an, Gott zu loben, und riefen: „Wir haben heute Unglaubliches gesehen."* Lukas 5,24-26 (NGÜ)

**Am Sabbat arbeiten**

Die ständigen Zurechtweisungen Jesu müssen für die Pharisäer ärgerlich gewesen sein. Es schadete ihrem Ansehen. In der

Hoffnung, Jesus auf frischer Tat bei einer groben Sünde zu ertappen, fingen sie an, ihn auf Schritt und Tritt zu beobachten.

> *Als Jesus ein anderes Mal in eine Synagoge ging, saß dort ein Mann mit einer gelähmten Hand. Seine Gegner passten genau auf, ob er ihn am Sabbat heilen würde, denn sie wollten einen Grund finden, ihn anzuklagen.* Markus 3,1-2 (NeÜ)

Dem Gesetz nach durfte niemand am Sabbat arbeiten. Wer dennoch arbeitete, brach das Gesetz und das war Sünde. Nach den Vorstellungen der Pharisäer fielen unter „Arbeit" auch solche Dinge wie die Dienste eines Arztes. Das Gesetz sagte nicht, dass es falsch war, sich an diesem Tag um Kranke zu kümmern. Die Pharisäer jedoch hatten eine ganze Liste eigener Regeln um die Zehn Gebote herum aufgebaut, und diese Regelungen hatten nun bei ihnen genauso viel Autorität wie die Heilige Schrift selbst. Dementsprechend achteten sie darauf, ob Jesus den Mann am Sabbat heilen und damit an diesem Tag arbeiten würde. Da er wusste, dass die Pharisäer ihm eine Falle stellen wollten, hätte Jesus der Konfrontation aus dem Weg gehen können. Aber genau das tat er nicht.

> *Jesus sagte zu dem Mann mit der gelähmten Hand: „Steh auf und stell dich in die Mitte!"* Markus 3,3 (NeÜ)

Während sich Jesus langsam umdrehte, sah er die an, die sich verschworen hatten, ihn zu beschuldigen. Jeder hielt die Luft an.

> *Dann fragte er die Anwesenden: „Soll man am Sabbat Gutes tun oder Böses? Soll man ein Leben retten oder es zugrunde gehen lassen?"* Markus 3,4 (NeÜ)

Schon wieder stellte er solche unangenehmen Fragen! Die Pharisäer kochten vor Wut!

> *Sie schwiegen.*
>
> *Da sah er sie zornig der Reihe nach an und war zugleich traurig über ihre verstockten Herzen. Dann befahl er dem Mann: „Streck die Hand aus!" Der gehorchte, und seine Hand war geheilt.* Markus 3,4-5 (NeÜ)

**Auf frischer Tat**

Nun hatte Jesus es getan. Er hatte am Sabbat *gearbeitet!* Er war von ihnen auf frischer Tat ertappt worden.

> *Die Pharisäer gingen hinaus. Sie trafen sich sofort mit den Anhängern des Herodes und fassten gemeinsam den Beschluss: Jesus muss sterben.* Markus 3,6 (BasisBibel)

Normalerweise wäre ein solches Bündnis undenkbar gewesen. Die Herodianer waren eine politische Gruppierung, die die Herrschaft von Herodes und den Römern unterstützte. Im Gegensatz dazu verachteten die Pharisäer die Römer, aber Jesus hassten sie noch mehr. Wenn sie ihn umbringen wollten, brauchten sie die Hilfe der Römer.

Die religiösen Führer hatten Jesus abgelehnt. Soweit es sie betraf, konnte er nicht *der versprochene Befreier* sein.

## 6 Die Zwölf

> *Jesus zog sich… zurück. Eine riesige Menschenmenge… folgte ihm. Die Nachricht von seinen Wundern hatte sich überall verbreitet, und die Menschen kamen scharenweise zu ihm.*
> *Markus 3,7-8 (NLB)*

Große Menschenmengen folgten Jesus quer durchs Land. Einige wollten seine Lehren hören, andere seine Wunder sehen. Aus dieser Gruppe wählte Jesus zwölf Männer aus, für die er sich extra Zeit nahm. Zunächst bezeichneten die Leute sie als seine *Jünger* oder einfach nur *die Zwölf*, später wurden sie dann von Jesus selbst *Apostel* genannt, was „Gesandte" bedeutet.

> *In jener Zeit zog sich Jesus auf einen Berg zurück, um zu beten. Die ganze Nacht verbrachte er im Gebet.*
>
> *Als es Tag wurde, rief er seine Jünger zu sich und wählte zwölf von ihnen aus, die er Apostel nannte.*
>
> *Es waren: Simon, dem er auch den Namen Petrus gab, dessen Bruder Andreas, Jakobus, Johannes, Philippus, Bartholomäus, Matthäus, Thomas, Jakobus, der Sohn des Alphäus, Simon, den man den Zeloten nannte, Judas, der Sohn des Jakobus, und Judas Iskariot, der zum Verräter wurde.* *Lukas 6,12-16 (NGÜ)*

Die Jünger waren eine bunt gemischte Truppe. Darunter fand sich z.B. ein von Rom angestellter Steuereintreiber und im Kontrast dazu ein Zelot, der dafür kämpfte, die römische Herrschaft abzuschütteln. Die restlichen Jünger waren vorwiegend Fischer.

Dr. Lukas schrieb, dass die Jünger an vielen Erlebnissen mit dem Messias beteiligt waren.

> *Eines Tages stieg Jesus mit seinen Jüngern ins Boot und sagte zu ihnen: „Wir wollen über den See ans andere Ufer fahren!" Während der Fahrt schlief Jesus ein. Plötzlich brach auf dem See ein schwerer Sturm los; das Boot füllte sich mit Wasser, und sie waren in großer Gefahr.* *Lukas 8,22-23 (NGÜ)*

Wir sollten nicht vergessen, dass viele der Jünger erfahrene Fischer waren. Sie hatten schon oft Stürme am See Genezareth überstanden, aber dieser Sturm war ungewöhnlich stark. Wir können uns den verfinsterten Himmel, den Wind, die tosenden Wellen und den peitschenden Regen vorstellen. Als das Wasser ins Boot schwappte, stürzten die Jünger zu Jesus und weckten ihn:

> *„Meister, Meister", schrien sie, „wir sind verloren!"*
> Lukas 8,24 (NGÜ)

Die verängstigten Jünger rüttelten Jesus wach, während sie wahrscheinlich wild durcheinander riefen. Er setzte sich auf, stellte sich auf seine Füße, erhob mit Entschiedenheit und Autorität seine Stimme und…

> *…wies den Wind und die Wellen in ihre Schranken. Da legte sich der Sturm, und es wurde ganz still.* Lukas 8,24 (NGÜ)

Inmitten der überraschenden Stille konnte man plötzlich das ruhige Wasser hören, wie es gegen die Bordwand des immer noch schaukelnden Bootes schwappte. Auch wenn der Wind und die Wellen gestillt waren, schlug den Jüngern das Herz wohl immer noch bis zum Hals. Während das Boot sanft dahinglitt, fragte Jesus sie:

> *„Wo bleibt euer Glaube?"* Lukas 8,25 (NGÜ)

Mit anderen Worten: „Vertraut ihr mir nicht?" Wahrscheinlich blickten die verschwitzten und erschöpften Jünger fassungslos auf den See hinaus und wandten sich dann dem ruhig dastehenden Messias zu. Wer die Stille zuerst brach, sagt uns Dr. Lukas nicht, doch…

> *…Sie aber sagten voll Furcht und Staunen zueinander: „Wer ist nur dieser Mann? Er befiehlt sogar dem Wind und dem Wasser, und sie gehorchen ihm."* Lukas 8,25 (NGÜ)

Aus Gottes Sicht handelte es sich hier um kein großes Wunder, nicht wenn man bedenkt, dass er den Wind und die Wellen geschaffen hatte. Jesus hatte freilich mehr gestillt als den Wind und die Wellen, er stillte auch aufgewühlte Herzen. Jesus sagte:

> *„Lasst euch im Herzen keine Angst machen. Glaubt an Gott und glaubt auch an mich."* Johannes 14,1 (BasisBibel)

Sie brauchten ihm nur zu vertrauen.

Es gibt in der englischen Sprache eine interessante Redensart, die einem Gedicht entstammt. Sie lautet: „Wenn ich einen Vogel sehe, der wie eine Ente läuft, wie eine Ente schwimmt und wie eine Ente schnattert, dann nenne ich diesen Vogel eine Ente.“ Es wäre völlig unangemessen, wollte man dieses Bild auf Jesus übertragen. Allerdings vermittelt es uns eine Denkweise, die bei den Jüngern zu bestimmten Rückschlüssen geführt hat. *Bei Jesus wurde die Macht Gottes sichtbar, er sprach mit der Autorität Gottes und er war, wie Gott, sündlos. Demzufolge musste er Gott sein.* Im theologischen Sprachgebrauch ausgedrückt, war Jesus Christus:

- Wahrer Mensch – nicht nur ein von Gott bewohnter Körper.
- Uneingeschränkt Gott – kein kleiner, herabgesetzter Gott in Miniaturausführung.
- Vereinigt in einer Person – gleichzeitig zu 100% Gott und zu 100% Mensch, aber ohne Sünde.
- Ohne Vermischung – nicht teils Tier, teils Gott oder irgendeine andere Zusammenstellung. Die Unterscheidung zwischen Mensch und Schöpfer blieb erhalten.

## 7 Das Brot

Die Bibel teilt uns mit, dass der HERR die göttliche Seite seines Wesens beschränkte, als er Mensch wurde. Dennoch können wir sehen, wie diese Seite inmitten seiner Menschlichkeit immer wieder in seinem Alltag aufleuchtete.

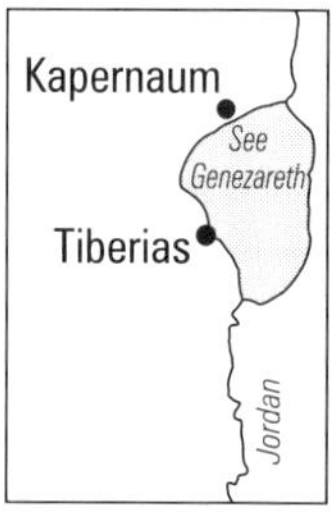


> *Einige Zeit später fuhr Jesus mit dem Boot auf die Ostseite des Sees von Galiläa (auch See von Tiberias genannt). Große Menschenmengen folgten ihm dorthin, weil sie die Wunder sahen, die er an den Kranken tat. Er stieg auf einen Berg und setzte sich dort mit seinen Jüngern.*
>
> *Als Jesus die Menschenmenge sah, die zu ihm kam, fragte er Philippus: „Wo können wir so viel Brot kaufen, dass alle diese Leute zu essen bekommen?“*
>
> *Johannes 6,1-3+5 (NGÜ)*

Wieder stellte Jesus Fragen. Er wollte Philippus dazu bewegen, die Situation zu beurteilen. Es ging um eine weitere dieser „werdet-ihr-mir-vertrauen“-Prüfungen.

> *Philippus entgegnete: „Selbst für zweihundert Denare [8 Monatslöhne] würde man nicht genug Brot bekommen, um jedem auch nur ein kleines Stück zu geben.“*

*„Ein anderer Jünger, Andreas, der Bruder von Simon Petrus, sagte zu Jesus: „Hier ist ein Junge, der hat fünf Gerstenbrote und zwei Fische. Aber was ist das schon für so viele Menschen?“*
*Johannes 6,7-9 (NGU)*

Man bekommt fast den Eindruck, als käme Andreas wie ein kleiner Junge zu seinem Vater, in der Hoffnung, dass Jesus irgendetwas unternehmen könnte.

*„Sorgt dafür, dass die Leute sich setzen“, befahl Jesus. Der Ort, an dem sie sich befanden, war dicht mit Gras bewachsen. Als alle sich gesetzt hatten (die Zahl der Männer belief sich auf etwa fünftausend), nahm Jesus die Brote, dankte Gott dafür und ließ sie unter die Menge austeilen. Mit den Fischen machte er es genauso, und jeder aß, so viel er wollte.*
*Johannes 6,10-11 (NGÜ)*

Der biblische Bericht ist so nüchtern gehalten, dass man das eigentliche Geschehen fast übersieht. Jesus hatte soeben eine riesige Menschenmenge mit dem Mittagessen eines kleinen Jungen gesättigt. Dies war kein Unterricht in Multiplizieren von Exponenten. Jesus teilte das Brot und den Fisch unter seinen zwölf Jüngern auf, und sie verteilten es weiter an fünftausend Männer (Frauen und Kinder kommen zu dieser Zahl noch hinzu). Obwohl dieses Wunder für den HERRN kein Problem darstellte (schließlich hatte er auch das Getreide und die Fische erschaffen), waren die Auswirkungen doch enorm.

*Als die Leute begriffen, was für ein Wunder Jesus getan hatte, sagten sie: „Das ist wirklich der Prophet, von dem es heißt, dass er in die Welt kommen soll!“* *Johannes 6,14 (NGÜ)*

**Jesus zum König machen**

Die Menschen waren so von dem beeindruckt, was sie gesehen hatten, dass sie Jesus mit Gewalt zu ihrem König machen wollten. Jesus war aber zu diesem Zeitpunkt nicht an der Einführung eines irdischen Königreiches interessiert. Irgendwann würde die Zeit dafür reif sein, doch jetzt ging es um seine Herrschaft in den Herzen der Menschen.

*Jesus wusste, dass sie als nächstes kommen und versuchen würden, ihn mit Gewalt zum König zu machen. Deshalb zog er sich wieder auf den Berg zurück, um allein zu sein.*

*…auf der anderen Seite des Sees fanden sie ihn… „Rabbi", fragten sie ihn, „wann bist du denn hierher gekommen?"*

*Jesus entgegnete: „Ich will euch sagen, warum ihr mich sucht: Ihr sucht mich nur, weil ihr von den Broten gegessen habt und satt geworden seid.…* *Johannes 6,15+25-26 (NGÜ)*

**Die falschen Motive**

Das war es also. Jesus erkannte, dass die Menschen ihn nur zum König machen wollten, um kostenlose Verpflegung zu bekommen. Jesus sagte:

*„Statt euch nur um die vergängliche Nahrung zu kümmern, bemüht euch um die Nahrung, die Bestand hat und das ewige Leben bringt. Diese Nahrung wird euch der Menschensohn geben, denn ihn hat Gott, der Vater, als seinen Bevollmächtigten bestätigt."* *Johannes 6,27 (NGÜ)*

Die Nahrung, die sie zu sich nahmen, konnte das Leben nur eine Zeitlang aufrechterhalten. Früher oder später mussten sie alle sterben. Deshalb sagte Jesus, dass sie alles daran setzen sollten, dem nachzujagen, was ihnen ewiges Leben geben würde.

*Da fragten sie ihn: „Was für Dinge müssen wir denn tun, um Gottes Willen zu erfüllen?"* *Johannes 6,28 (NGÜ)*

Die Leute wollten wissen, welches Werk sie tun mussten, um sich das ewige Leben zu verdienen.

*Jesus antwortete: „Gottes Wille wird dadurch erfüllt, dass ihr an den glaubt, den er gesandt hat."* *Johannes 6,29 (NGÜ)*

Jesus erklärte ihnen, dass sie nur zu *glauben* brauchten; also ihr Vertrauen auf ihn als ihren Retter setzen. Das war alles. Die im Garten Eden getroffene Entscheidung musste lediglich umgekehrt werden. Anstatt sich selbst oder Satan zu vertrauen, sollten die Menschen auf den HERRN vertrauen.

*Doch nun sagten sie: „Wenn wir dir glauben sollen, dass du von Gott gesandt bist, dann lass uns ein Wunder sehen, das es uns beweist. Wo bleibt dieser Beweis?"* *Johannes 6,30 (NGÜ)*

Was war das? Sie baten Jesus um ein Zeichen als Beweis seiner Gottheit, als ob die Speisung von fünftausend Menschen, mit dem Mittagessen eines kleinen Jungen, nicht Beweis genug war! In Wirklichkeit ging es ihnen nur um eine weitere kostenlose Mahlzeit, um ihre Mägen zu füllen.

> *Jesus erwiderte: „Ich sage euch: …es ist mein Vater, der euch das wahre Brot vom Himmel gibt. Denn das Brot, das Gott gibt, ist der, der vom Himmel herabkommt und der Welt das Leben schenkt."*
>
> *„Herr", sagten sie da zu ihm, „gib uns immer von diesem Brot!"*
>
> *Jesus antwortete: „Ich bin das Brot des Lebens. Wer zu mir kommt, wird nie mehr hungrig sein, und wer an mich glaubt, wird nie mehr Durst haben."* *Johannes 6,32-35 (NGÜ)*

Genauso wie der Schöpfer aller Dinge Nahrung und Wasser geschaffen hat, um hungrige Mägen zu füllen, war er nun als das *Brot des Lebens* vom Himmel herabgekommen, um den Hunger zu stillen, der die Seele quält – jenen Hunger, der sich darum dreht, mit unserem Schöpfer wieder ins Reine zu kommen.

# Kapitel 12

# 1 Der Plan

Bei der Beschäftigung mit dem Leben Jesu wird ersichtlich, wie er seinen Jüngern zuerst vorsichtig nach und nach erklärte, warum er auf diese Erde gekommen war. Bis dann der Tag kam, an dem er es klar aussprach:

> *Danach redete Jesus mit seinen Jüngern zum ersten Mal offen darüber, dass er nach Jerusalem gehen und dort von den Ältesten, den führenden Priestern und den Schriftgelehrten vieles erleiden müsse; er werde getötet werden und drei Tage danach auferstehen.* Matthäus 16,21 (NGÜ)

Jesus tat das für Menschen Unmögliche. Er sagte voraus, wie und wo er sterben würde. Dabei beschrieb er die Ereignisse, die zu seinem Tod führen würden. Aber warum erwähnte Jesus all das? Dies wird im Verlauf der Geschichte noch deutlich werden.

## Die Verklärung

Eine Woche nachdem Jesus über seinen Tod gesprochen hatte, nahm er Petrus, Jakobus und Johannes mit auf einen Berg, um ihnen einen kleinen Einblick in sein göttliches Wesen zu geben.

> *Dort veränderte sich vor ihren Augen sein Aussehen. Sein Gesicht begann zu leuchten wie die Sonne, und seine Kleider wurden strahlend weiß wie das Licht.* Matthäus 17,2 (NGÜ)

Die äußere Erscheinung von Jesus wurde in das gleiche, strahlende Licht verwandelt, welches das Allerheiligste der Stiftshütte erfüllt hatte. Diese Ausstrahlung seiner Erhabenheit war schon vorher dagewesen, aber die Menschen konnten sie von sich aus nicht sehen.

> *Auf einmal erschienen zwei Männer in himmlischem Glanz und redeten mit Jesus; es waren Mose und Elia. Sie sprachen mit ihm über das Ende, das ihm in Jerusalem bevorstand, und wie sich damit sein Auftrag erfüllen würde.* Lukas 9,30-31 (NGÜ)

Mose und Elia sprachen mit Jesus über seinen bevorstehenden Weggang von dieser Erde. Petrus war von dem Geschehnis völlig überrumpelt. So wie es aussieht, sprach er einfach das aus, was ihm gerade spontan in den Sinn kam.

> *Da ergriff Petrus das Wort. „Herr", sagte er zu Jesus, „wie gut ist es, dass wir hier sind! Wenn du willst, werde ich hier drei Hütten bauen, eine für dich, eine für Mose und eine für Elia." Während er noch redete, kam plötzlich eine leuchtend helle Wolke und warf ihren Schatten auf sie, und aus der Wolke sprach eine Stimme: „Dies ist mein geliebter Sohn. An ihm habe ich Freude, und auf ihn sollt ihr hören."* Matthäus 17,4-5 (NGÜ)

Gott, der Vater, hatte vom Himmel her gesprochen.

> *Die Stimme versetzte die Jünger so sehr in Schrecken, dass sie sich zu Boden warfen, mit dem Gesicht zur Erde. Jesus aber trat zu ihnen, berührte sie und sagte: „Steht auf! Ihr braucht euch nicht zu fürchten." Und als sie aufblickten, sahen sie niemand mehr außer Jesus. Während sie den Berg hinunterstiegen, sagte Jesus zu den drei Jüngern: „Sprecht mit niemand über das, was ihr gesehen habt, bis der Menschensohn von den Toten auferstanden ist!"* Matthäus 17,6-9 (NGÜ)

Zu diesem Zeitpunkt konnten die Jünger das Geschehen nicht einordnen. Aber Petrus schrieb Jahre später :

> *Wir haben euch ja angekündigt, dass unser Herr Jesus Christus machtvoll wiederkommen wird. Und dabei haben wir uns nicht auf ausgeklügelte, erfundene Geschichten gestützt. Sondern wir haben mit eigenen Augen seine wahre Macht und Größe gesehen. Gott, der Vater, ließ seine Ehre und Herrlichkeit sichtbar werden – damals, als von der Ehrfurcht gebietenden Herrlichkeit Gottes her eine Stimme erklang, die zu ihm sprach: „Das ist mein Sohn, ihn habe ich lieb. An ihm habe ich Freude." Diese Stimme haben wir selbst gehört. Sie kam vom Himmel her, als wir mit Jesus auf dem heiligen Berg waren.* 2.Petrus 1,16-18 (BasisBibel)

## 2 Ein Tor

Jesus benutzte oft Ereignisse aus dem täglichen Leben, um geistliche Wahrheiten zu veranschaulichen. Bei einer Gelegenheit erinnerte Jesus seine Zuhörer an die Art von Gehege, in dem Schafe gehalten wurden. Die Umzäunung wurde aus Steinmauern errichtet, auf denen man Dornensträucher wachsen ließ. Dieses Dornengestrüpp sollte verhindern, dass wilde Tiere oder Diebe über die Mauer kletterten. Das Gehege besaß nur einen Zugang.

Tagsüber führte der Hirte seine Herde zum Grasen auf die Weiden. Abends kehrte die Herde zum Gehege zurück und der Hirte legte sich zum Schlafen in den Eingang. Niemand konnte zur Herde hinein, ohne dabei diesen Wächter zu wecken. Damit wurde der Körper des Hirten buchstäblich das Tor zu den Schafen.

> *Jesus begann noch einmal: „Ja, ich versichere euch: Ich bin das Tor zu den Schafen."* Johannes 10,7 (NeÜ)

Viele Jahrhunderte zuvor hatten die Bewohner von Babel ihre Stadt als das Tor Gottes bezeichnet. Aber bei genauerem Hinsehen entpuppte sich das von ihnen geschaffene „Tor" lediglich als eine komplizierte Religion, die auf satanisch inspirierten Vorstellungen beruhte.

Im Gegensatz zu den Menschen von Babel stellte sich Jesus als das wahre „Tor zu Gott" vor. Er bezeichnete die, die ihm vertrauen, als Schafe, die im himmlischen Schafstall sicher untergebracht sind.

> *„Ich bin das Tor. Wer durch mich hineingeht, wird gerettet."* Johannes 10,9 (BasisBibel)

Jesus sprach von sich allein als dem Tor. Es gab keine anderen Tore. Ausschließlich durch ihn konnte man von den furchtbaren Folgen der Sünde gerettet werden. Nur durch ihn konnte jemand das ewige Leben erhalten.

> *„Der Dieb kommt nur, um die Schafe zu stehlen und zu schlachten und um Verderben zu bringen. Ich aber bin gekommen, um ihnen Leben zu bringen – Leben in ganzer Fülle."* Johannes 10,10 (NGÜ)

Diebe kümmern sich nicht um das Wohl der Schafe. Die Bibel bezeichnet sie als *falsche Lehrer.* Einige missbrauchen die Bibel, um sich Macht zu verschaffen oder finanziell zu bereichern. Manche behaupten, erleuchtet zu sein oder besondere Offenbarungen zu erhalten. Sie scharen Anhänger um sich, die behaupten, den wahren Weg zu kennen. Andere wiederum leugnen alles Geistliche und beten stattdessen die Wissenschaft an. Wie auch immer, was alle diese „Diebe" gemeinsam haben, ist ein von ihnen selbstgebastelter Weg zum Leben,...

> *...der richtig zu sein scheint, aber dennoch in den Tod führt.* Sprüche 14,12 (NLB)

Jesus jedoch kam, um denen, die ihm vertrauen, ein mit Freude erfülltes Leben zu geben. Jesus sagte:

*„Ich bin der* ***Weg****, die* ***Wahrheit*** *und das* ***Leben!*** *Zum Vater kommt man ausschließlich durch mich.“* Johannes 14,6 (NeÜ)

Jesus sagte: Er ist der einzige *Weg* zu Gott.
Sein Wort ist die alleinige *Wahrheit.*
Ewiges *Leben* kann nur in ihm gefunden werden.

Der HERR betonte, dass niemand auf irgendeinem anderen Weg zu ihm kommen konnte. Manche Leute glauben, dass die unterschiedlichen Religionen vielen Flüssen gleichen, die am Ende in den gleichen Ozean münden. Deshalb spiele es keine Rolle, auf welchem Weg man unterwegs ist. Diese Vorstellung ist zwar sehr populär, trotzdem muss klar gesagt werden, dass sie nicht dem entspricht, was uns die Bibel lehrt. Diese sagt uns, so wie der Hirte der einzige Zugang zum Gehege der Schafe war, so ist Jesus der *einzige* Weg zu Gott. Obwohl Dr. Lukas kein Jude war, finden wir in seinen Aufzeichnungen die folgende Aussage:

*Bei niemand anderem ist Rettung zu finden; unter dem ganzen Himmel ist uns Menschen kein anderer Name gegeben, durch den wir gerettet werden können.* Apostelgeschichte 4,12 (NGÜ)

Nur Jesus kann einen Menschen vor der Strafe für die Sünde retten.

# 3 Hölle

Die *Strafe für die Sünde* zählt nicht zu den Themen, an die wir gerne erinnert werden. Doch die Bibel spricht dies ganz offen an. Einmal erzählte Jesus die folgende traurige Begebenheit, die aus einer Kette von Ereignissen bestand.

*Da war ein reicher Mann, der teure Kleidung trug und jeden Tag im Luxus lebte. Vor dem Tor seines Hauses lag ein Armer namens Lazarus. Sein Körper war voller Geschwüre. Gern hätte er seinen Hunger mit den Küchenabfällen gestillt, doch nur die Hunde kamen und leckten an seinen Geschwüren. Der Arme starb und wurde von den Engeln zu Abraham gebracht. Er erhielt dort den Ehrenplatz an seiner Seite.*
Lukas 16,19-22 (NeÜ)

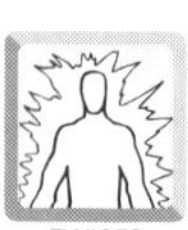
EWIGES LEBEN

Für den Zweck unseres Studiums soll es genügen, den „Platz an Abrahams Seite“ mit dem Himmel gleichzusetzen. Dieser Ort wird auch manchmal als Paradies bezeichnet. Lazarus kam nicht ins Paradies, weil er arm gewesen war, sondern weil er dem HERRN vertraut hatte.

*Auch der Reiche starb und wurde begraben. Als er in der Hölle wieder zu sich kam und Folterqualen litt, sah er in weiter Ferne Abraham und Lazarus an seiner Seite. Da rief*

> *er: „Vater Abraham, hab Erbarmen mit mir! Schick mir doch Lazarus! Lass ihn seine Fingerspitze ins Wasser tauchen und meine Zunge kühlen, denn ich werde in der Glut dieser Flammen sehr gequält."* Lukas 16,22-24 (NeÜ)

Der Reiche kam nicht wegen seines Wohlstandes in die Hölle, sondern weil er Gott beiseitegeschoben und nur für sich selbst gelebt hatte. Er flehte Abraham um Hilfe an.

EWIGE STRAFE

> *Doch Abraham erwiderte: „Mein Kind, denk daran, dass du schon in deinem Leben alles Gute bekommen hast, Lazarus aber nur das Schlechte. Jetzt wird er dafür hier getröstet, und du hast zu leiden. Außerdem liegt zwischen uns und euch ein so tiefer Abgrund, dass niemand von uns zu euch hinüberkommen kann, selbst wenn er es wollte; und auch von euch kann niemand zu uns herüberkommen."* Lukas 16,25-26 (NeÜ)

## Endgültig

Die Bibel verdeutlicht, dass man nur zu Lebzeiten Buße tun (seine Einstellung ändern) kann. Nach dem Tod gibt es keine zweite Chance mehr, um der Hölle zu entfliehen und in den Himmel zu gelangen. Diejenigen, die sterben, ohne dass ihre Namen im *Lebensbuch des Lammes* stehen, bleiben für immer im Feuersee von Gott getrennt. Die Heilige Schrift deutet nirgends an, dass man diesem Ort der Qual dann noch entkommen könnte. Obwohl der Reiche darum flehte, seine Qual etwas zu lindern, gab es so etwas nicht. Der Zugang zur Barmherzigkeit steht jedem nur zu Lebzeiten offen. Der Reiche fuhr fort…

> *„Vater Abraham", bat der Reiche, „dann schick ihn doch wenigstens in das Haus meines Vaters! Denn ich habe noch fünf Brüder. Er soll sie warnen, damit sie nicht auch an diesen Ort der Qual kommen."* Lukas 16,27-28 (NeÜ)

Obwohl dieser Mann furchtbare Qualen litt, konnte er sich an sein Leben auf der Erde erinnern. Er wusste, dass seine fünf Brüder nicht mit Gott im Reinen waren und wollte sie warnen. Doch trotz seines dringenden Verlangens, seinen noch lebenden Brüdern eine Warnung zukommen zu lassen, konnte er mit ihnen nicht in Verbindung treten. Die Bibel zeigt deutlich auf, dass verstorbene Vorfahren uns weder helfen noch schaden können. Sie können uns auch nicht hören oder mit uns sprechen. Doch Dämonen können sich als Vorfahren ausgeben und uns so in die Irre führen.

Interessanterweise wollte der Reiche nicht, dass seine Brüder nach ihrem Tod an den gleichen Ort gelangten. Die Vorstellung, mit seinen Freunden in der Hölle eine Party zu feiern, entspricht nicht der Bibel. Die, die in der Hölle sind, würden dies selbst ihren schlimmsten Feinden nicht wünschen.

*Doch Abraham sagte: „Sie haben die Weisung von Mose und den Propheten, auf die sollen sie hören.“* Lukas 16,29 (NeÜ)

Abraham sagte dem Reichen, dass seine Brüder die von Mose und den Propheten verfasste Heilige Schrift lesen und auf das Geschriebene hören sollten.

*„Nein, Vater Abraham“, wandte er ein, „es müsste einer von den Toten zu ihnen kommen, dann würden sie ihre Einstellung ändern.“*

*Darauf sagte Abraham zu ihm: „Wenn sie nicht auf Mose und die Propheten hören, werden sie sich auch nicht überzeugen lassen, wenn einer von den Toten aufersteht.“* Lukas 16,30-31 (NeÜ)

Die Bibel sagt, wenn Menschen das geschriebene Wort Gottes nicht anerkennen, dann werden sie auch einen von den Toten zurückkehrenden Boten ablehnen.

So schwierig es ist, Worte zu finden, um den Himmel zu beschreiben, so schwer ist es auch, die Hölle zu beschreiben. Es ist definitiv kein Ort, an dem man sein möchte. Die Bibel spricht sehr deutlich von einem realen Ort der ewigen Strafe. Diejenigen, die dort sind, hören nie auf, zu existieren und bekommen auch keine zweite Chance. Es wird auch gesagt, dass einige schwerer gestraft werden als andere. Je nachdem, wie sie ihr Leben hier auf der Erde geführt haben.

# 4 Komm heraus!

*Lazarus, ein Mann aus Betanien, dem Ort, in dem Maria mit ihrer Schwester Martha wohnte, war erkrankt.... Die beiden Schwestern ließen Jesus ausrichten: „Herr, der, den du lieb hast, ist krank.“* Johannes 11,1+3 (NGÜ)

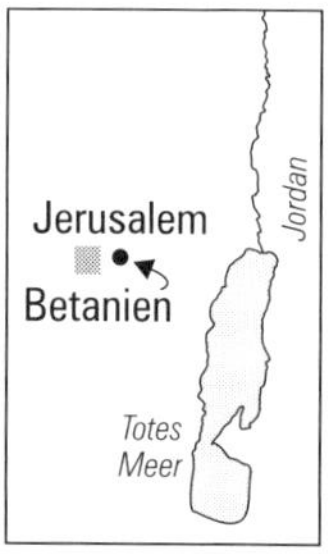


Bei diesem Lazarus handelt es sich nicht um die Person aus der letzten Geschichte. Der hier genannte Lazarus war, wie auch Maria und Martha, eng mit Jesus befreundet. Sie wohnten in einem kleinen Dorf, einige Kilometer östlich von Jerusalem. Zum Zeitpunkt dieses Ereignisses hielt sich Jesus auf der anderen Seite des Jordans auf, eine ganze Tagesreise von Betanien entfernt.

*Jesus hatte Martha und ihre Schwester und auch Lazarus sehr lieb. Als er nun wusste, dass Lazarus krank war, blieb er noch zwei Tage an dem Ort, wo er die Nachricht erhalten hatte.* Johannes 11,5-6 (NGÜ)

Rein menschlich gesehen machte das keinen Sinn. In unserer Zeit der schnell reagierenden Rettungsdienste weiß jeder, dass bei einer ernsthaften Krankheit jede Minute zählt. Aber Jesus blieb noch zwei weitere Tage am selben Ort! Was dachte er sich dabei?

> *Dann sagte er zu seinen Jüngern: „Wir wollen wieder nach Judäa gehen!"*
>
> *„Rabbi", wandten sie ein, „vor kurzem haben die Juden dort noch versucht, dich zu steinigen, und jetzt willst du wieder dahin zurückkehren?"*
>
> *Da erklärte er ihnen offen: „Lazarus ist gestorben. Aber euretwegen bin ich froh, dass ich nicht dort war, weil ihr auf diese Weise an mich glauben werdet. Doch jetzt wollen wir zu ihm gehen."*
>
> *Als Jesus nach Betanien kam, erfuhr er, dass Lazarus schon vor vier Tagen begraben worden war. Betanien war nur etwa drei Kilometer von Jerusalem entfernt, und viele Juden aus der Stadt waren zu Martha und Maria gekommen, um sie in ihrem Leid zu trösten. Als Martha hörte, dass Jesus auf dem Weg zu ihnen war, ging sie ihm entgegen; Maria aber blieb zu Hause.*
>
> *„Herr", sagte Martha zu Jesus, „wenn du hier gewesen wärst, wäre mein Bruder nicht gestorben! Aber auch jetzt weiß ich: Was immer du von Gott erbittest, wird er dir geben."*
>
> *Johannes 11,7-8+14-15+17-22 (NGÜ)*

Wir erfahren nicht, welche Bitte Martha im Sinn hatte, die Jesus von Gott erbitten könnte. Doch eins ist völlig klar – sie vertraute Jesus.

> *„Dein Bruder wird auferstehen", gab Jesus ihr zur Antwort.*
>
> *„Ich weiß, dass er auferstehen wird", erwiderte Martha. „Das wird an jenem letzten Tag geschehen, bei der Auferstehung der Toten."* *Johannes 11,23-24 (NGÜ)*

Martha überraschte die Aussage von Jesus nicht. Sie wusste aus der Schrift, dass alle Menschen einmal zum Leben zurückgebracht werden. Aber das würde erst am Ende dieses sündigen Zeitalters geschehen, wenn jeder vom HERRN gerichtet wird. Bis dahin stirbt jeder Mensch nur einmal.

> *Da sagte Jesus zu ihr: „Ich bin die Auferstehung und das Leben. Wer an mich glaubt, wird leben, auch wenn er stirbt. Und wer lebt und an mich glaubt, wird niemals sterben. Glaubst du das?"* *Johannes 11,25-26 (NGÜ)*

Jesus sagte Martha, dass Lazarus nicht bis zum Tag des Gerichts warten müsse, um ins Leben zurückgebracht zu werden. Es war der HERR, der das Leben überhaupt erst gegeben hatte. Somit besaß er auch die Macht, Lazarus das Leben jederzeit zurückzugeben. Jesus fragte sie: „Glaubst du das?" Martha stand nun vor der Wahl.

1. Sie konnte Jesus vertrauen, im Glauben, dass er die Wahrheit sagte, oder…
2. Sie konnte es als dummes Gerede abtun, als Geschwätz eines Verrückten.

Martha traf ihre Entscheidung.

> *„Ja, Herr", antwortete Martha, „ich glaube, dass du der Messias bist, der Sohn Gottes, der in die Welt kommen soll."*
> *Johannes 11,27 (NGÜ)*

Martha glaubte Jesus nicht nur, sie bestätigte auch, dass er der Christus war – der versprochene Messias.

> *Er [Jesus] fragte: „Wo ist sein Grab?"*
>
> *Sie antworteten: „Herr, komm und sieh selbst!"*
>
> *Da brach Jesus in Tränen aus.* *Johannes 11,34-35 (BasisBibel)*

Die Bibel sagt uns nicht, warum Jesus weinte, aber dies zeigt uns, dass Jesus menschliche Gefühle durchlebte.

> *Die Leute, die in seiner Nähe standen, sagten: „Seht, wie sehr er ihn geliebt hat." Einige meinten jedoch: „Dieser Mann hat doch einen Blinden geheilt. Warum konnte er Lazarus nicht vor dem Tod bewahren?" Und wieder war Jesus innerlich erschüttert, während er zum Grab ging. Es war eine Gruft, vor deren Eingang man einen Stein gerollt hatte.* *Johannes 11,36-38 (NLB)*

Die traditionelle jüdische Beerdigung der damaligen Zeit beinhaltete die Bestattung des Leichnams in einer Grabstätte, die mit der Zeit zum letzten Ruheort für mehrere Generationen wurde. Häufig wurde eine natürliche Höhle benutzt oder eine Gruft in den massiven Stein geschlagen. Diese Felsengräber waren groß – man konnte im Klageraum aufrecht stehen.❶ Im Inneren❷ wurden Pritschen in den Stein gehauen, auf denen die Leichname aufgebahrt wurden.❸ Ein großer, kreisförmiger Stein❹, der mehrere Tonnen wiegen konnte, verschloss den Zugang. Da der Stein in

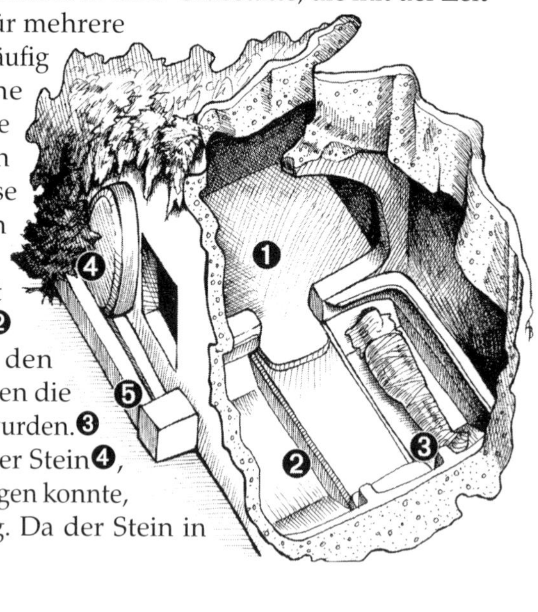

einer Rinne❺ ruhte, konnte die Tür auf- und zugerollt werden. In geschlossenem Zustand ruhte der Stein in einer kleinen Vertiefung genau vor dem Eingang, so dass er nicht einfach wegrollen konnte.

> *„Wälzt den Stein weg!“, befahl Jesus. „Herr“, wandte Martha, die Schwester des Verstorbenen, ein, „er ist doch schon vier Tage tot; der Leichnam riecht schon!“* Johannes 11,39 (NGÜ)

Es bestand kein Zweifel, dass Lazarus tot war, denn sein Körper verweste bereits. Verständlicherweise hatte Martha Bedenken.

> *Aber Jesus sagte zu ihr: „Habe ich dir nicht gesagt: Wenn du glaubst, wirst du die Herrlichkeit Gottes sehen?“*
>
> *Man nahm nun den Stein vom Eingang weg. Jesus richtete den Blick zum Himmel und sagte: „Vater, ich danke dir, dass du mich erhört hast. Ich weiß, dass du mich immer erhörst. Aber wegen all der Menschen, die hier stehen, spreche ich es aus; ich möchte, dass sie glauben, dass du mich gesandt hast.“*
>
> *Danach rief er mit lauter Stimme: „Lazarus, komm heraus!“* Johannes 11,40-43 (NGÜ)

Die zuschauende Volksmenge muss den Atem angehalten haben. War Jesus wirklich stärker als der Tod? Besaß er tatsächlich die Macht, einen Toten ins Leben zurückzubringen? Ein allgemeines Raunen ging durch die Menge!

> *Der Tote trat heraus, Füße und Hände mit Grabbinden umwickelt und das Gesicht mit einem Tuch verhüllt. „Befreit ihn von den Tüchern und lasst ihn gehen!“, befahl Jesus den Umstehenden.* Johannes 11,44 (NGÜ)

Es war natürlich gut, dass Jesus gesagt hatte: *„Lazarus, komm heraus!“* Man stelle sich vor, was passiert wäre, wenn er einfach nur *„Komm heraus!“* gerufen hätte. Womöglich hätte das den ganzen Friedhof geleert! Lazarus lebte! Seine Freunde mussten ihn von den umwickelten Leichentüchern befreien, bevor er gehen konnte. Es bestand kein Zweifel, Jesus hatte ein unfassbares Wunder vollbracht.

> *Als sie das gesehen hatten, glaubten viele der Juden, die zu Maria gekommen waren, an Jesus. Doch einige von ihnen gingen zu den Pharisäern und berichteten, was Jesus getan hatte.*

*Da riefen die Hohen Priester und Pharisäer den Hohen Rat* zusammen. „Was sollen wir tun?", fragten sie. „Dieser Mensch tut viele aufsehenerregende Dinge! Wenn wir ihn so weitermachen lassen, werden schließlich noch alle an ihn glauben. Und dann werden die Römer eingreifen. Sie werden unseren Tempel und das ganze Volk vernichten."*

*Der hier genannte Hohe Rat war der Sanhedrin, der aus 71 Führern des jüdischen Volkes bestand.

*Von diesem Tag an waren sie fest entschlossen, ihn zu töten.*
*Johannes 11,45-48+53 (NeÜ)*

Einige glaubten, aber andere verschworen sich. Es war wie Jesus gesagt hatte, selbst eine Totenauferstehung konnte die nicht überzeugen, die die Heilige Schrift abgelehnt hatten. Für die Hohen Priester und Pharisäer stand zu viel auf dem Spiel: ihre Macht und ihr Stolz.

**Auferstehung oder Reinkarnation?**

Lazarus starb wirklich und wurde durch ein Wunder wieder im selben Körper ins Leben zurückgeholt. Später starb sein Körper noch einmal und kehrte nicht in dieses Leben zurück.

Biblisch gesehen ist eine *Auferstehung* etwas anderes. Eine Auferstehung beinhaltet einen neuen unsterblichen Körper in dem man ins Leben zurückkommt. Dieser Körper verbringt dann die Ewigkeit entweder im Himmel oder in der Hölle.

*Reinkarnation* wird in der Bibel nicht gelehrt. In einem Satz ausgedrückt: Reinkarnation ist der Glaube, dass die Seele eines Verstorbenen zur Erde zurückkehrt, um wieder neu in einem Menschen oder Tier zu leben. Die Bibel lehrt eindeutig das Gegenteil, nämlich dass jeder Mensch nur ein Leben hat.

*Sterben müssen alle Menschen; aber sie sterben **nur einmal,** und darauf folgt das Gericht.* *Hebräer 9,27 (NGÜ)*

## 5 Zwei Wege

Auf seinen Reisen durch das Land lehrte Jesus die Menschen anhand von Gleichnissen die er ihnen erzählte. Bei einem Gleichnis wird eine Geschichte erzählt, die die Botschaft auf den Punkt bringt.

*Dann erzählte Jesus ein paar Leuten, die sehr selbstgerecht waren und alle anderen mit Geringschätzung behandelten, folgendes Gleichnis: „Zwei Männer gingen in den Tempel, um zu beten. Der eine war ein Pharisäer, der andere ein Steuereintreiber."* *Lukas 18,9-10 (NLB)*

Damals wurden in der jüdischen Kultur die Pharisäer als sehr religiöse Menschen geachtet. Ganz im Gegensatz zu den Zolleinnehmern, die als Gauner galten. Nun beteten zwei solche Menschen, vom jeweils entgegengesetzten Ende des moralischen Spektrums, am gleichen Ort.

> *„Der Pharisäer stellte sich hin und betete für sich: ‚Ich danke dir, Gott, dass ich nicht so bin wie die anderen Menschen, all diese Räuber, Betrüger, Ehebrecher oder wie dieser Zolleinnehmer dort. Ich faste* zweimal in der Woche und spende den zehnten Teil von all meinen Einkünften.'*

* Bei seinem Fasten oder Verzicht auf Nahrung ging es ihm darum, dem Gebet mehr Zeit widmen zu können. Außerdem gab er ein Zehntel seines Einkommens für gute Zwecke.

> *Der Zolleinnehmer jedoch blieb weit entfernt stehen und wagte nicht einmal, zum Himmel aufzublicken. Er schlug sich an die Brust und sagte: ‚Gott, sei mir gnädig. Ich bin ein Sünder.'"*
> Lukas 18,11-13 (NeÜ)

Anhand dieses Gleichnisses zeigte Jesus zwei Wege auf, die Menschen einschlagen können. Das war der *Weg des Pharisäers* sowie der *des Zolleinnehmers.*

## Der Pharisäer

Den Weg des Pharisäers schlugen diejenigen ein, die sich auf ihre eigene Tugend verließen, wenn es darum ging, mit dem HERRN ins Reine zu kommen. Für solche Menschen fand Jesus deutliche Worte.

> *Aber Jesus sagte zu ihnen: „Was Jesaja, der Prophet, über euch Heuchler gesagt hat, stimmt genau! In seinem Buch steht: ‚Dieses Volk ehrt mich mit seinen Lippen, aber im Herzen ist es weit weg von mir. Ihre ganze Verehrung ist sinnlos. Denn die Lehren, die sie verbreiten, sind Gebote von Menschen.' Gottes Gebote schiebt ihr beiseite und haltet an Vorschriften von Menschen fest."* Markus 7,6-8 (BasisBibel)

Die Pharisäer glaubten durch das Befolgen Jahrhunderte alter religiöser Überlieferungen mit Gott ins Reine kommen zu können. Ihre manchmal mit großem Eifer dargebrachten Gebete und Opfer waren letztlich nur tote Rituale. Sie hielten sich strikt an äußere Formen und Details, aber das Ganze war hölzern und leer. Doch Gott wollte keine „roboterartige" Verehrung. Wie wir von Anfang an gesehen haben, wollte er nur Menschen, die ihn aufrichtig anbeten und ihm vertrauen. Jesus warnte sie:

> *„So setzt ihr das Wort Gottes außer Kraft für eure eigenen Vorschriften, die ihr weitergebt."* Markus 7,13 (BasisBibel)

Ihre religiösen Rituale untergruben die Wahrheit von Gottes Wort. Anbetung wurde zu einer starren Formel, der man Folge leisten musste. Jesus erklärte, dass diese Zeremonien einen Menschen mit Gott nicht ins Reine bringen konnten, denn:

> *„Alle diese bösen Dinge kommen aus dem Inneren des Menschen und machen ihn unrein."* Markus 7,23 (BasisBibel)

Die Pharisäer verstanden nicht, dass bei Gott die Voraussetzung für seine Annahme *absolute Vollkommenheit* war. Selbst im günstigsten Fall reichte die gesamte Tugendhaftigkeit eines Menschen nicht annähernd dafür aus.

**Der Zolleinnehmer**

Im Gegensatz dazu war der Zolleinnehmer regelrecht erschüttert angesichts seiner Sünde. Ihm war bewusst, wie sehr er die Vergebung des HERRN nötig hatte. Dass er Strafe verdient hatte, stand für ihn außer Frage. Er wusste, dass er im Unrecht war. Dennoch flehte er Gott um Gnade (unverdiente Liebe) an. Jesus sagte über diesen Zolleinnehmer:

> *„Ich sage euch: Dieser Mann wurde von Gott für unschuldig erklärt*, der andere nicht. Denn jeder, der sich selbst erhöht, wird von Gott erniedrigt werden; und wer sich selbst erniedrigt, wird von Gott erhöht werden."* Lukas 18,14 (NeÜ)

* Oder *für gerecht erklärt* („gerechtfertigt").

Es ist interessant, festzustellen, dass der HERR das richtige Verhältnis zu Gott mit einer demütigen Einstellung in Verbindung bringt. Es ist der Stolz, der Menschen davon abhält, sich einzugestehen, dass sie hilflose Sünder sind, die einen Retter brauchen. Stolz kann zu einer schrecklichen Falle werden. Überlegen wir doch mal! Wäre es nicht furchtbar, die Wahrheit zu kennen, aber die Ewigkeit trotzdem im Feuersee zu verbringen? Und das nur, weil man sich nicht eingestehen wollte, dass man falsch lag und Gott recht hatte.

Insgesamt sind mehr Menschen auf dem *Weg des Pharisäers* unterwegs als auf dem *des Zolleinnehmers.* Dennoch trifft man gelegentlich Menschen an, die sich selbst als überaus sündig ansehen und überzeugt sind, die Hölle verdient zu haben. Dabei sind in Wahrheit alle Menschen auf einen Retter angewiesen. Entscheidend ist nicht, wie gut oder schlecht sie sind in Bezug auf ihre Mitmenschen. Entscheidend ist die Zusage Jesu:

*„…Und ich weise niemanden ab, der zu mir kommt.“*
Johannes 6,37 (BasisBibel)

*Er kann… alle, die durch ihn zu Gott kommen,* ***vollkommen*** *retten…* Hebräer 7,25 (NeÜ)

Richtig! Der HERR nimmt selbst den größten Sünder an, wenn dieser sein Vertrauen auf ihn setzt. Es wurde von Jesus gesagt, er sei ein…

*…Freund von Zöllnern und Sündern!* Matthäus 11,19 (ZB)

Auch wenn Jesus ihre Sünde nicht liebte, so liebte er doch die Sünder. Jesus sagte von sich selber:

*„Der Menschensohn ist gekommen, um die Verlorenen zu suchen und zu retten.“* Lukas 19,10 (BasisBibel)

| Der Weg des Pharisäers | Der Weg des Zolleinnehmers |
|---|---|
| Betrachtete sich selbst als gerecht | Betrachtete sich selbst als Sünder |
| Vertraute auf seine eigene Tugend | Vertraute auf die Barmherzigkeit Gottes |
| Sprach leere Gebete | Flehte um Gnade |
| Stolz | Demut |
| Gott wies ihn zurück | Gott nahm ihn an |

# 6 Sklaven

Die Bibel sagt, dass uns die Sünde auf eine Art und Weise im Griff hat, die wir oft nicht bemerken. Ob wir uns dessen bewusst sind oder nicht, die traurige Wahrheit ist, dass alle Menschen…

*…Sklaven der Sünde [sind]…* Römer 6,16 (NeÜ)

Beim Versuch, ein gutes Leben zu führen, scheitern wir oft und bleiben frustriert zurück. Je größer die Anstrengung, desto größer ist scheinbar das Versagen. Während wir den einen Lebensbereich endlich im Griff haben, verlieren wir über einen anderen schon wieder die Kontrolle. Unsere sündige Natur macht unsere Anstrengungen regelmäßig zunichte. Die Sünde hat ihre Fesseln um das Leben eines jeden Menschen gelegt.

*Jesus antwortete: „Ich sage euch: Jeder, der sündigt, ist ein Sklave der Sünde.“* Johannes 8,34 (NGÜ)

SKLAVE

Wir sind nicht nur Sklaven der Sünde. Die Bibel spricht davon, dass der Mensch auch ein Sklave von Satan ist. Der Teufel manipuliert den Menschen über Versuchungen und Stolz, um seine Ziele zu erreichen. In der Tat setzt Satan alles daran, dem Menschen die Überzeugung ins Herz zu legen, dass er bereits aus sich selbst heraus gut ist, genau wie der Pharisäer in der vorherigen Geschichte. Die Bibel sagt, die Menschen müssen…

> *…zur Besinnung kommen. Dann können sie sich aus der Schlinge befreien, in der sie der Teufel gefangen hält, um ihnen seinen Willen aufzuzwingen.* 2.Timotheus 2,26 (NGÜ)

Der Umstand, dass der Mensch ein Sklave Satans und der Sünde ist, rechtfertigt allerdings keinen teuflischen Lebensstil. Gott zieht trotz allem jeden für seine Entscheidungen zur Verantwortung.

**Abscheulich**

Auch wenn man sich nicht erst mit dem Okkulten beschäftigen muss, um bereits als Sklave Satans zu gelten, warnt die Bibel im Besonderen davor, sich mit Dämonen einzulassen. Satans Netzwerk der Täuschung ist breit gefächert und besteht aus vielen verschiedenen Facetten.

> *Niemand aus eurem Volk darf… **Wahrsagerei** oder **Zauberei** treiben, **Omen** deuten, **hexen**, andere mit einem **Bann** belegen, als **Medium** auftreten oder **Tote beschwören** und befragen. Jeder, der so etwas tut, ist dem Herrn ein Gräuel….*
> 5.Mose 18,10-12 (NLB)

Ich werde jede dieser verbotenen Handlungen genauer erläutern:

❖ **Wahrsagerei** beinhaltet das Vorhersagen von zukünftigen Ereignissen oder das Aufdecken von verborgenem Wissen. Zu diesem Bereich gehört auch das Befragen von Horoskopen, Handlesen, Zahlenmystik, Phrenologie, die Kristallkugel, das Kartenlegen, jede Form von Astrologie usw.

> *Die Wahrsager… haben nur Unsinn geredet. Sie haben… erlogene Träume verkündet und spenden windigen Trost.*
> Sacharja 10,2 (NeÜ)

❖ **Zauberei** führt die Wahrsagerei einen Schritt weiter. Sie beinhaltet den Gebrauch einer von Dämonen gegebenen Macht, um dadurch wahrsagen oder Magie ausüben zu können. Die bösen Geister können dabei als Helfer angesehen werden, oder sie werden eingeladen, von dem Zauberer Besitz zu ergreifen. So benutzt der Dämon den Körper dieses Menschen, um seinen Willen durchzusetzen.

> *Treibt keine Wahrsagerei oder Zauberei.* 3.Mose 19,26 (NLB)

- ❖ **Omen** sollen zukünftige Ereignisse voraussagen, z.B. die zu erwartenden Charaktereigenschaften eines Neugeborenen. Als Omen können unter anderem folgende Dinge angesehen werden: Visionen, Träume, Vorahnungen, körperliche Reaktionen, das Verhalten von Pflanzen oder Tieren, wie der Flug der Vögel oder das Jaulen von Hunden, usw. In diese Kategorie fällt auch der Aberglaube in Bezug auf Glück oder Pech bringende Tage.
- ❖ **Hexerei, Magie** oder **Schamanismus** beinhalten Rituale, die oft zur Heilung von Krankheiten oder zum Stressabbau angewandt werden. Hierbei sind Zaubersprüche, Beschwörungen, Trancezustände, Talismane üblich wie auch Halluzinationen auslösende Drogen. Durch Yoga, Reiki, Meditation und das Wiederholen von Mantras tritt man mit bösen Geistern in Verbindung. Gott untersagt sowohl weiße als auch schwarze Magie.

  *Er gab sich mit Zauberei, Zeichendeutung und Wahrsagerei ab, ließ sich mit Toten- und mit Orakelgeistern ein. So tat er vieles, was Jahwe verabscheute,…* *2.Chronik 33,6 (NeÜ)*

- ❖ Ein **Bann** besteht üblicherweise aus Wörtern, denen Zauberkraft zugesprochen wird, um so Schutz oder Unheil über jemanden zu bringen. Manchmal wird dafür das Stück eines Fingernagels oder eine Haarlocke der betreffenden Person verwendet.
- ❖ Ein **Medium** oder **Spiritist** bildet einen Gesprächskanal zwischen dem Irdischen und der Geisterwelt. Die Bibel sagt, dass Lebende mit toten Vorfahren nicht in Verbindung treten können. Das einzige Geistwesen, mit dem ein Medium sprechen kann, ist ein Dämon. Jeder scheinbare Kontakt mit der Totenwelt ergibt sich daraus, dass sich ein Dämon für den Verstorbenen ausgibt.

  *Wendet euch nicht an Totenbeschwörer und sucht keine Wahrsager auf, denn durch sie werdet ihr unrein. Ich bin der Herr, euer Gott.* *3.Mose 19,31 (NLB)*

Oft werden viele der oben genannten Dinge zu einer tödlichen Mixtur kombiniert. An solchen Aktivitäten teilzunehmen, bedeutet Macht zu suchen, die von Satan herrührt. Er liebt es und strebt förmlich danach, Aufmerksamkeit zu erhalten. Er benutzt solche Dinge, um seine Sklaverei über das Leben des Einzelnen auszuweiten. Es ist ein schrecklicher Fallstrick, vor dem der Herr uns bewahren möchte.

### Falsche Messiasse

Wir sollten daran denken, dass Satan und seine Legionen von Dämonen Meister der Täuschung sind. Sie imitieren die Wahrheit so genau wie möglich und verführen auf diese Weise unzählige Menschen.

> *Jesus antwortete ihnen: „Passt auf, dass euch niemand in die Irre führt! Denn viele werden unter meinem Namen auftreten und behaupten: ‚Ich bin der Christus!' Damit werden sie viele Menschen in die Irre führen."* Matthäus 24,4-5 (BasisBibel)

Sowohl in alten wie auch neuen Geschichtsbüchern finden wir Begebenheiten über Menschen, die vorgaben, der Messias zu sein. Laut der Bibel wird das immer öfter der Fall sein, je mehr wir uns dem Ende dieses bösen Zeitalters nähern. Jesus sagte dazu:

> *„Wenn irgendjemand zu euch sagt: ‚Schaut her, hier ist der Christus' oder ‚Da ist er', beachtet ihn nicht. Denn falsche Erlöser und falsche Propheten werden überall auftauchen und große Zeichen und Wunder vollbringen, um… zu verführen."*
>
> *„Wenn euch also jemand erzählt: ‚Der Christus ist draußen in der Wüste', macht euch nicht die Mühe hinzugehen und nachzusehen. Oder wenn einer sagt: ‚Da und da hält er sich verborgen' – glaubt es nicht!* Matthäus 24,23-24+26 (NLB)

Erinnern wir uns an die bereits erzählte Geschichte des Spions, der einen anderen Agenten auf dem Rathausplatz einer Stadt treffen soll? Es wurden bestimmte Erkennungsmerkmale benutzt, um sicher zu gehen, dass die Kontaktperson auch die richtige ist. Auch Satan und seine Dämonen werden Wunder vollbringen, um den echten Messias nachzuahmen, doch wir brauchen uns hiervon nicht verwirren zu lassen. Der echte Messias kann an der genauen Erfüllung der alten Prophezeiungen identifiziert werden. Nur der Jesus, vom dem die Bibel berichtet, hat diese Voraussetzungen jemals erfüllt. Die Schrift warnt uns davor, es ist…

> *…der Satan am Werk – mit seiner ganzen Macht, mit trügerischen Zeichen und Wundern und mit jeder Art von Verführung zum Unrecht. So stürzt er die ins Verderben, die verloren gehen. Denn sie haben die Liebe zur Wahrheit nicht angenommen, die sie gerettet hätte.* 2.Thessalonicher 2,9-10 (BasisBibel)

Nur weil ein Mensch oder Geist beeindruckende Wunder vollbringt, bedeutet dies nicht automatisch, dass er von Gott gesandt ist. Eine gesunde Skepsis ist angebracht.

Wie wir bereits gesehen haben, gibt uns die Bibel Richtlinien, um Wahrheit und Irrtum zu unterscheiden. Uns wird gesagt:

> *…glaubt nicht jedem, der behauptet, seine Botschaft sei ihm von Gottes Geist eingegeben, sondern prüft, ob das, was er sagt, wirklich von Gott kommt. Denn in dieser Welt verbreiten jetzt zahlreiche Lügenpropheten ihre falschen Lehren.*
> 1.Johannes 4,1 (NGÜ)

Jesus sagte:

> *„Hütet euch vor den falschen Propheten! Sie kommen im Schafskleid zu euch, in Wirklichkeit aber sind sie reißende Wölfe. An ihren Früchten werdet ihr sie erkennen…."*
>
> Matthäus 7,15-16 (NGÜ)

Jesus sagte, wir könnten einen falschen Propheten an dem erkennen, *was er lehrt* und *wie er lebt.* Das eine oder das andere wird den Aussagen der Bibel widersprechen. Die „Frucht", die aus dem Reden und Leben eines Propheten hervorgeht, wird seine wahre Identität ans Licht bringen.

# 7 Verraten

Drei Jahre lang hatte Jesus jeden gelehrt, der bereit war, zuzuhören. Wenn man bedenkt, was alles geschah, scheint dies eine unglaublich kurze Zeit gewesen zu sein. Dr. Lukas schrieb, dass Jesus zum Ende dieser Zeit…

> *…die Zwölf beiseite nahm und sagte: „Passt auf, wir gehen jetzt nach Jerusalem hinauf. Dort wird sich alles erfüllen, was die Propheten über den Menschensohn geschrieben haben. Er wird den Fremden übergeben, die Gott nicht kennen. Er wird verspottet, gedemütigt und angespuckt werden. Und wenn sie ihn ausgepeitscht haben, werden sie ihn töten. Doch drei Tage später wird er vom Tod auferstehen."* Lukas 18,31-33 (NeÜ)

Kein Mensch kann die genauen Umstände seines Todes vorhersagen. Aber Jesus war mehr als nur ein Mensch. Er war Gott. Er sagte von sich, dass er derjenige ist, der alle von den alten Propheten vorausgesagten Ereignisse erfüllen würde.

> *Die Jünger begriffen von all dem nichts.* Lukas 18,34 (NGÜ)

> *Nachdem Jesus dieses Gleichnis erzählt hatte, setzte er seine Reise hinauf nach Jerusalem fort. Als er nicht mehr weit von Betfage und Betanien am Ölberg war, schickte er zwei seiner Jünger voraus. Er gab ihnen folgende Anweisung: „Geht in das Dorf, das ihr vor euch seht. Beim Ortseingang werdet ihr einen Esel finden, der angebunden ist, ein junges Tier, auf dem noch nie ein Mensch geritten ist. Bindet es los und führt es her. Und sollte euch jemand fragen, warum ihr es losbindet, dann antwortet: ‚Der Herr braucht es.'"*

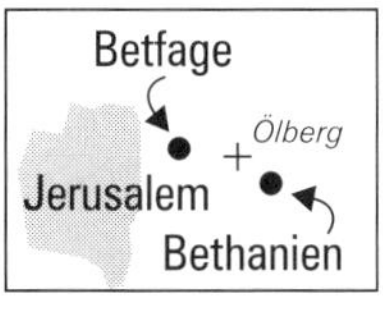

*Die beiden machten sich auf den Weg und fanden alles so, wie Jesus es ihnen beschrieben hatte. Als sie das Tier losbanden, fragten die Leute, denen es gehörte: „Warum bindet ihr es los?"*

*„Der Herr braucht es", antworteten sie.*

*Sie brachten den Esel zu Jesus, legten ihre Mäntel über das Tier und ließen Jesus aufsteigen.*

*Während er nun so seinen Weg fortsetzte, breiteten die Leute ihre Mäntel auf der Straße aus.*

*Als er das Wegstück erreichte, das vom Ölberg zur Stadt hinunterführt, brach die ganze Schar der Jünger in Freudenrufe aus; mit lauter Stimme priesen sie Gott für all die Wunder, die sie miterlebt hatten. „‚Gesegnet sei er, der König, der im Namen des Herrn kommt!'" riefen sie. „Frieden bei dem, der im Himmel ist, Ehre dem, der droben in der Höhe wohnt!"*
*Lukas 19,28-38 (NGÜ)*

Die begeisterte Menge bereitete Jesus kurzerhand spontan eine Empfangsparade, wie sie sonst einem siegreichen römischen Feldherrn vorbehalten war. Sie applaudierten und jubelten ihm zu, in der erwartungsvollen Hoffnung, dass er ihre römischen Unterdrücker vertreiben würde.

Ohne sich dessen bewusst zu sein, erfüllten sie damit eine 500 Jahre alte Prophezeiung. Der Prophet Sacharja hatte aufgezeichnet, dass dem Herrn Jesus ein solcher Empfang bereitet würde.

*Freue dich, du Zionsstadt! Jubelt laut, ihr Leute von Jerusalem! Seht, euer König kommt zu euch! Er ist gerecht vor Gott, und er bringt die Rettung. Er ist demütig und reitet auf einem Fohlen, dem männlichen Jungtier einer Eselin.* *Sacharja 9,9 (NeÜ)*

Doch nicht jeder war froh über diese Ereignisse. Lukas schrieb:

*Es waren auch einige Pharisäer unter der Volksmenge. Die riefen ihm zu: „Bring doch deine Jünger zur Vernunft!" Jesus antwortete ihnen: „Das sage ich euch: Wenn sie schweigen, dann werden die Steine schreien!"*

*Als Jesus sich der Stadt näherte und sie vor sich liegen sah, weinte er über sie: „Wenn doch auch du heute erkannt hättest, was dir Frieden bringt! Aber jetzt ist es vor deinen Augen verborgen. Denn es wird eine Zeit über dich hereinbrechen,*

> *da werden deine Feinde einen Wall aus spitzen Pfählen rings um dich errichten. Sie werden dich umzingeln und von allen Seiten einschließen.*
>
> *Sie werden dich und deine Bewohner restlos vernichten. Keinen Stein werden sie auf dem anderen lassen – weil du den Tag nicht erkannt hast, an dem Gott dir zu Hilfe gekommen ist."*
>
> Lukas 19,39-44 (BasisBibel)

Jesus kündigte eine ganze Reihe von spezifischen Ereignissen an, die im Jahr 70 n.Chr. eintreffen sollten. So unwahrscheinlich dies zu diesem Zeitpunkt auch klang, weniger als 40 Jahre später sollte der römische Feldheer Titus Jerusalem einkesseln, die Befestigungen einreißen und den Tempel so vollständig zerstören, dass wortwörtlich kein Stein auf dem anderen blieb.

### Die Verschwörung

> *Es waren noch zwei Tage bis zum Passafest und dem Fest der Ungesäuerten Brote. Die führenden Priester und die Schriftgelehrten suchten nach einer Möglichkeit, Jesus heimlich zu verhaften und dann umzubringen. Aber sie sagten sich: „Auf gar keinen Fall während des Festes, damit es keine Unruhe im Volk gibt."*
>
> Markus 14,1-2 (BasisBibel)

Aus Sicht der schreienden Volksmenge war es nun an der Zeit, Jesus als den wahren König über Israel auszurufen. Doch für die jüdischen Führer, die seinen Tod beschlossen hatten, war dies eine äußerst heikle Situation. Sollte Jesus aus dem Weg geschafft werden, musste es jetzt geschehen. Doch sie fürchteten die Reaktion der Öffentlichkeit. Jesus war offensichtlich sehr beliebt.

Zum Passahfest war die Stadt überfüllt mit Menschen. Viele beobachteten Jesus erwartungsvoll, in der Hoffnung, er würde die Römer vertreiben. Als aber die Stunden verstrichen, ohne einen öffentlichen Ausruf seiner Herrschaft, schwand sein Ansehen als Volksheld rapide.

### Das Passahmahl

Jesus hatte zwei Jünger beauftragt, einen Raum für das Fest vorzubereiten.

> *Am Abend kam Jesus mit den Zwölf. Während der Mahlzeit sagte er: „Ich versichere euch: Einer von euch wird mich verraten, einer, der hier mit mir isst."*
>
> *Sie waren bestürzt, und einer nach dem anderen fragte ihn: „Das bin doch nicht ich, oder?"*
>
> *„Es ist einer von euch zwölf", sagte Jesus, „einer, der das Brot mit mir in die Schüssel taucht."*
>
> Markus 14,17-20 (NeÜ)

Als Jesus drei Jahre zuvor seine zwölf Jünger aussuchte, wusste er, dass einer von ihnen ein Verräter war. Es ist möglich, dass die betreffende Person zu diesem Zeitpunkt noch gar nicht über eine solch teuflische Tat nachdachte. Doch eine alte Prophezeiung von König David, die tausend Jahre zuvor aufgeschrieben worden war, zeigte auf, in welch tiefe Sünde sich dieser Mann stürzen würde. David hatte diesen Verrat aus der Sicht des Retters niedergeschrieben:

> *Auch mein Freund, dem ich vertraute, der mein Brot aß, tritt mich mit Füßen.* Psalm 41,10 (LUT)

**Verraten**

Der Verräter war Judas Iskariot. Trotz seiner Aufgabe als Geldverwalter für die Jünger war er ein Dieb. Offensichtlich hatte er zielstrebig seine eigenen Pläne verfolgt und sich die Taschen gefüllt, ohne dass die Jünger es bemerkten. Aber Jesus wusste davon und Satan wohl auch. Er hatte nach einer ungeschützten Stelle im Leben von Jesus Ausschau gehalten, einer Gelegenheit, den *versprochenen Befreier* ein für alle Mal zu vernichten. Jetzt sah Satan seine Chance gekommen. Judas war bereit. Als das Passahbrot herumgereicht wurde, handelte der Teufel.

> *Sobald Judas das Brot genommen hatte, ergriff der Satan Besitz von ihm.* Johannes 13,27 (BasisBibel)

Dies war satanische Besessenheit. Judas gestattete dem Teufel, seinen Körper für seine Ziele zu gebrauchen.

> *Da sagte Jesus zu ihm: „Was du tun willst, das tue bald!" Von den anderen am Tisch verstand keiner, warum Jesus das zu Judas sagte.* Johannes 13,27-28 (BasisBibel)

> *Judas ging zu den führenden Priestern und den Hauptleuten der Tempelwache. Er besprach mit ihnen, wie er ihnen Jesus in die Hände liefern konnte. Sie waren hoch erfreut und vereinbarten, ihm Geld dafür zu geben.* Lukas 22,4-5 (BasisBibel)

**Das Brot und der Becher**

Diese Szene mit Judas ereignete sich mitten im Passahmahl. Während der Verräter aufbrach, um sein teuflisches Vorhaben zu verfolgen, setzte Jesus das Mahl fort. Es hatte große Bedeutung.

> *Beim Essen nahm Jesus ein Brot. Er lobte Gott und dankte ihm dafür. Dann brach er das Brot in Stücke und gab es seinen Jüngern. Er sagte: „Nehmt, das ist mein Leib.“*
>
> *Markus 14,22 (BasisBibel)*

Offenkundig aßen sie nicht das Fleisch von Jesus und dennoch sprach Jesus davon, dass das gebrochene Passahbrot (ein Brot, das ohne Hefe gebacken wurde) seinen Körper darstellte. Die Jünger müssen ziemlich verdutzt gewesen sein.

> *Dann nahm er den Becher. Er sprach das Dankgebet, gab ihn seinen Jüngern und sie tranken alle daraus. Und Jesus sagte zu ihnen: „Das ist mein Blut. Es steht für den Bund, den Gott mit den Menschen schließt. Mein Blut wird für die vielen vergossen werden.“* *Markus 14,23-24 (BasisBibel)*

Wieder ein ähnliches Symbol: Das Blut Jesu sollte bald für viele Menschen vergossen werden. Wir werden die Bedeutung des Brotes und des Bechers später noch kennenlernen.

> *Nachdem sie ein Loblied gesungen hatten, gingen sie hinaus zum Ölberg.* *Markus 14,26 (NLB)*

**Die letzte Woche des Herrn Jesus in Jerusalem**

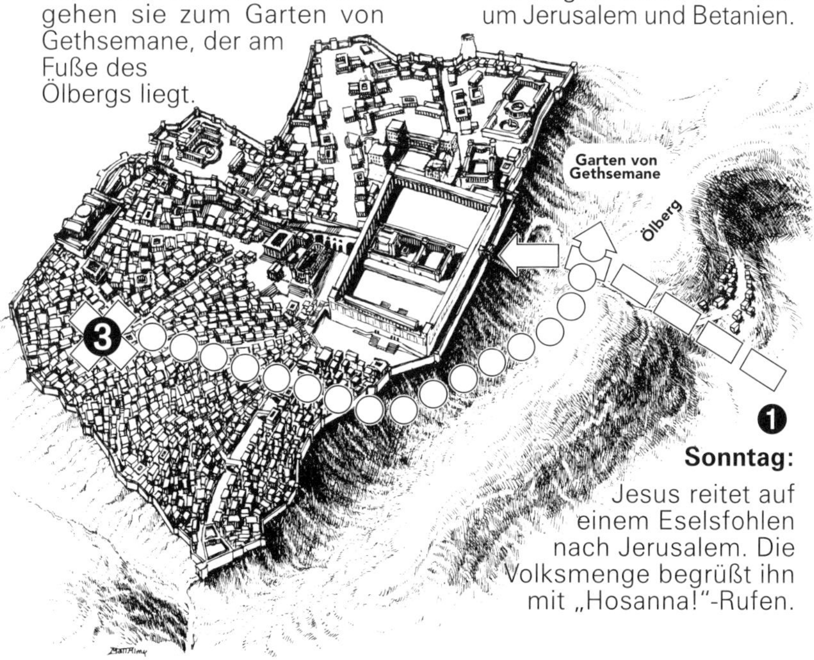

# Kapitel 13

1 Gefangennahme

2 Vor Gericht

3 Geißelung

4 Kreuzigung

5 Auferstehung

# 1 Gefangennahme

*Sie kamen in einen Olivenhain namens Getsemani. Dort sagte Jesus zu seinen Jüngern: „Setzt euch hier her, bis ich gebetet habe." Petrus, Jakobus und Johannes jedoch nahm er mit. Auf einmal wurde er von schrecklicher Angst und von Grauen gepackt und sagte zu ihnen: „Die Qualen meiner Seele bringen mich fast um. Bleibt hier und wacht!" Er selbst ging noch ein paar Schritte weiter, warf sich auf die Erde und bat Gott, ihm diese Leidensstunde zu ersparen, wenn es möglich wäre. „Abba*, Vater", sagte er, „dir ist alles möglich. Lass diesen bitteren Kelch an mir vorübergehen! Aber nicht, wie ich will, sondern wie du willst."*

Markus 14,32-36 (NeÜ)

*Eine vertrauliche Anrede ähnlich wie *Papa* oder *Vati*.

## Der Gott-Mensch

Durch die Betonung der Gottheit Jesu vergisst man manchmal leicht, dass er auch Mensch war. Leid war Jesus nicht fremd: Er kannte und empfand Schmerz. Da er aber Gott war, wusste er auch, welche Qualen vor ihm lagen. Mit vertrauensvollen Worten, die so nur ein Sohn für seinen lieben Vater ausdrücken kann, rief Jesus: „Abba (Papa), bitte finde einen anderen Weg." Doch dann ordnete er seinen menschlichen Willen dem seines himmlischen Vaters unter und betete: „Dein Wille geschehe."

*Noch während Jesus redete, kam Judas, einer der Zwölf, mit einer Schar von Männern, die mit Schwertern und Knüppeln bewaffnet waren. Sie waren von den führenden Priestern, den Schriftgelehrten und den Ältesten geschickt worden.*

*Der Verräter hatte mit seinen Begleitern ein Zeichen vereinbart: „Der, den ich mit einem Kuss begrüßen werde, der ist es. Den müsst ihr festnehmen und abführen; sorgt dafür, dass er nicht entkommen kann!"* Markus 14,43-44 (NGÜ)

*Jesus wusste genau, was ihm bevorstand. Er ging den Männern entgegen und fragte sie: „Wen sucht ihr?"*

*Sie antworteten ihm: „Jesus den Nazoräer."*

*Jesus sagte: „ICH BIN es!" Auch Judas, der ihn den Behörden ausliefern wollte, stand dabei.* Johannes 18,4-5 (BasisBibel)

Das Wort *es* erscheint im griechischen Originaltext nicht. Es wurde der deutschen Übersetzung aufgrund des Satzflusses hinzugefügt. Allerdings lenkt es in diesem Fall von der Aussagekraft der Worte ab. Jesus beantwortete die Frage mit einem nachdrücklichen „ICH BIN!" Dies könnte wörtlich übersetzt werden: „Ich bin Gott, *hier und jetzt!*"[1] Wie wir gesehen haben, ist „ICH BIN" der Name

Gottes. Und dies sagte nicht irgendjemand: Es war der HERR höchstpersönlich. Die Reaktion ist entsprechend bemerkenswert.

> *Als Jesus sagte: „ICH BIN es", wichen sie zurück und fielen zu Boden.* Johannes 18,6 (BasisBibel)

Sie sanken nicht einfach zu Boden, sondern wichen zurück und fielen um. Jesus „haute sie" mit dieser kleinen Andeutung seiner Macht „um". Nachdem die verdutzte Menge wieder auf den Beinen war und sich den Staub aus den Kleidern geschüttelt hatte,

> *…fragte er sie noch einmal: „Wen sucht ihr?"*
>
> *„Jesus von Nazaret", antworteten sie wieder.* Johannes 18,7 (NeÜ)

Man kann den Respekt und die Furcht dieser Leute förmlich spüren. Jesus hatte sie beunruhigt. Das Ganze schien keine der üblichen Festnahmen zu werden. Ihre Selbstsicherheit wurde noch mehr erschüttert, als Jesus ihnen zeigte, dass er das vereinbarte Zeichen des Verrates kannte.

> *„Judas", sagte Jesus zu ihm, „mit einem Kuss verrätst du den Menschensohn?"* Lukas 22,48 (NeÜ)
>
> *Judas ging auf Jesus zu. „Rabbi!", rief er und küsste ihn.* Markus 14,45 (NeÜ)

Die anderen elf Jünger fühlten sich gedrängt zu handeln. Simon Petrus hatte eine Waffe.

> *Da griff einer von Jesu Begleitern nach seinem Schwert, ging damit auf den Diener des Hohenpriesters los und schlug ihm ein Ohr ab.* Matthäus 26,51 (NGÜ)
>
> *Aber Jesus rief: „Hört auf damit!" Er berührte das Ohr und heilte den Mann.* Lukas 22,51 (NeÜ)

Was soll man dazu sagen? Noch inmitten der größten Anspannung sorgte sich Jesus um andere. Er heilte den Diener des Hohepriesters. Der Angriff von Petrus war ohnehin kurzsichtig gewesen. Es war unüberlegter Eifer. Rein zahlenmäßig gesehen, waren die Jünger weit unterlegen. Doch irgendwie muss man Petrus auch bewundern. Zumindest versuchte er, etwas zu unternehmen! Aber offenbar war er im Umgang mit Netzen besser als mit Schwertern. Das abgetrennte Ohr spricht da wohl für sich!

### Fragen über Fragen

Was folgte, war eine Frage Jesu – eine der unangenehmen Sorte.

> *Jesus fragte sie: „Bin ich ein Schwerverbrecher, dass ihr mit Schwertern und Knüppeln bewaffnet kommt, um mich zu verhaften? Warum habt ihr mich nicht im Tempel festgenommen? Ich war doch jeden Tag dort und habe*

*gelehrt.* ***Aber dies alles geschieht, damit erfüllt wird, was die Schrift über mich sagt.“*** *Markus 14,48-49 (NLB)*

Gottes Fragen enthüllen immer die wahren Gedanken eines Menschen. Hätte die Meute einen Augenblick nachgedacht, wäre ihr wohl die Widersprüchlichkeit ihres Handelns klar geworden. Aber sie waren so auf ihren Entschluss fokussiert, Christus zu beseitigen, dass selbst ein weiterer Beweis seiner übernatürlichen Macht sie nicht von ihrem Vorhaben abhalten konnte. Währenddessen flohen die Jünger, aus Angst um ihr Leben, ins Dunkel der Nacht.

*Da ließen ihn alle seine Jünger im Stich und flohen.*
*Markus 14,50 (NeÜ)*

*Die Soldaten, ihr Befehlshaber und die Männer der Tempelwache verhafteten Jesus und fesselten ihn.*
*Johannes 18,12 (NLB)*

Die Unausgewogenheit dieser Situation ist kaum zu überbieten. Jesus war allein. Das zu seiner Verhaftung entsandte Kommando muss aus 300 bis 600 Soldaten bestanden haben. Hinzu kamen noch jüdische Führer, Priester und Diener. Dies war sicherlich übertrieben. Dennoch fragt man sich, ob sie sich im Innersten nicht doch ziemlich machtlos vorgekommen sind. Sie ergriffen Jesus und fesselten ihn. Satan muss überaus zufrieden gewesen sein.

# 2 Vor Gericht

Nach der Verhaftung im Garten…

*…wurde Jesus zum Haus des Hohen Priesters gebracht, wo die obersten Priester, die anderen führenden Männer des Volkes und die Schriftgelehrten sich versammelt hatten.*
*Markus 14,53 (NLB)*

Tempelverhöre wurden normalerweise nicht nachts abgehalten. Die Tatsache, dass der Sanhedrin (der aus einem Rat von 71 Männern bestand) so schnell zusammenkommen konnte, lässt erkennen, dass eine Verschwörung im Gange war. Was sie taten, war entsprechend ihrer eigenen Gesetze absolut illegal.

*Währenddessen suchten die Hohen Priester und der ganze Hohe Rat nach einer Zeugenaussage gegen Jesus, die es rechtfertigen*

> *würde, ihn zum Tod zu verurteilen. Doch ihre Bemühungen waren vergeblich. Es sagten zwar viele falsche Zeugen gegen Jesus aus, aber ihre Aussagen stimmten nicht überein.*
>
> *Da erhob sich der Hohe Priester, trat in die Mitte und fragte Jesus: „Hast du nichts zu diesen Anklagen zu sagen? Wie stellst du dich dazu?" Aber Jesus schwieg und sagte kein Wort.*
>
> *Darauf fragte ihn der Hohe Priester noch einmal: „Bist du der Messias, der Sohn des Hochgelobten?"*
>
> *Markus 14,55-56+60-61 (NeÜ)*

## Bist du Gott?

Die Frage war eindeutig: *„Bist du der Messias, der versprochene Befreier? Bist Du nun Gott oder nicht?"*

> *„Ich bin es!", erwiderte Jesus. „Und ihr werdet den Menschensohn sehen, wie er an der rechten Seite des Allmächtigen sitzt und mit den Wolken des Himmels kommt."*
>
> *Markus 14,62 (NeÜ)*

Kaifas, der Hohepriester, wusste genau, was Jesus gesagt hatte. Jesus beanspruchte, JAHWE selbst zu sein.

> *Da riss der Hohe Priester sein Gewand am Halssaum ein und rief: „Was brauchen wir noch Zeugen? Ihr habt die Gotteslästerung gehört. Was ist eure Meinung?"* *Markus 14,63-64 (NeÜ)*

Alles, was das Wesen Gottes verunglimpfte, wurde als Gotteslästerung angesehen. Sich jedoch als einfacher Mensch für JAHWE auszugeben, war über alle Maßen frevelhaft. Aber Jesus war kein gewöhnlicher Mensch: Er war Gott! Doch weder Kaifas noch die anderen jüdischen Anführer glaubten ihm. Und so…

> *…erklärten alle, er sei schuldig und müsse sterben.*
>
> *Markus 14,64 (NeÜ)*

Allerdings gab es ein Problem: Der Sanhedrin besaß nicht die Vollmacht, ein Todesurteil auszusprechen. Nur die Römer konnten dies tun.

Weil nächtliche Gerichtssitzungen illegal waren, traf sich der Sanhedrin noch einmal direkt nach Sonnenaufgang, um Jesus erneut zu verhören. So folgte man dem äußeren Schein nach der vorgeschriebenen Prozedur. Jesus muss erschöpft gewesen sein. Er hatte die ganze Nacht nicht geschlafen, und man hatte ihn brutal geschlagen, um ihn wissen zu lassen, wer hier das Sagen hatte.

> *Der gesamte Rat erhob sich und führte Jesus zu Pilatus.*
>
> *Lukas 23,1 (NeÜ)*

## Pontius Pilatus

Pontius Pilatus, der Statthalter über Judäa, vertrat die gesamte

Autorität des römischen Reiches. Da die jüdischen Gerichte kein Todesurteil verhängen durften, brauchten sie die Zustimmung der Römer. Pilatus war ihr Mann. Die Tempelführer kannten seine Wankelmütigkeit. Mit einigen „Überredungskünsten" müsste er zu gewinnen sein.

> *Dort trugen sie ihre Anklage vor: „Wir haben festgestellt, dass dieser Mann unser Volk verführt. Er hält die Leute davon ab, dem Kaiser Steuern zu zahlen, und behauptet, der Messias, also ein König, zu sein."* Lukas 23,2 (NeÜ)

Jesus hatte seine Nachfolger nie davon abgehalten, die Steuern zu bezahlen. Vielmehr hatte er genau das Gegenteil gesagt. Dies war eine vorsätzliche Lüge. Es stimmte allerdings, dass Jesus von sich als dem Messias sprach!

> *Pilatus fragte Jesus: „Bist du der König der Juden?"*
> Lukas 23,3 (NeÜ)
>
> *Jesus antwortete: „Das Reich, dessen König ich bin, ist nicht von dieser Welt. Wäre mein Reich von dieser Welt, dann hätten meine Diener für mich gekämpft, damit ich nicht den Juden in die Hände falle. Nun ist aber mein Reich nicht von dieser Erde."* Johannes 18,36 (NGÜ)

Die Herrschaft von Jesus fing im Herzen an. Er hatte keine politischen Ambitionen.

> *Da sagte Pilatus zu ihm: „Dann bist du also tatsächlich ein König?"*
>
> *Jesus erwiderte: „Du hast Recht – ich bin ein König. Ich bin in die Welt gekommen, um für die Wahrheit Zeuge zu sein; dazu bin ich geboren. Jeder, der auf der Seite der Wahrheit steht, hört auf meine Stimme."*
>
> *„Wahrheit?", sagte Pilatus zu ihm. „Was ist Wahrheit?"*
> Johannes 18,37-38 (NGÜ)

Pilatus stellte die richtige Frage. Aber er war nicht in der Stimmung, zuzuhören. Er wartete nicht einmal die Antwort ab.

### Nicht schuldig

> *...Damit brach Pilatus das Verhör ab und ging wieder zu den Juden hinaus. „Ich kann keine Schuld an ihm finden", erklärte er.*
> Johannes 18,38 (NGÜ)

Pilatus misstraute den Priestern. Er wusste, dass er als römischer Stadthalter von den Juden gehasst wurde und konnte davon ausgehen, dass es den Priester nicht wirklich um die Interessen des Kaisers ging. Der Sanhedrin musste andere Gründe haben, weshalb er Jesus töten wollte.

*Darauf sagte Pilatus zu den führenden Priestern und der Volksmenge: „Ich kann keine Schuld an diesem Menschen finden."*

*Aber sie beharrten auf ihren Anschuldigungen und erklärten: „Mit seiner Lehre, die er im ganzen jüdischen Land verbreitet, hetzt er das Volk auf. Angefangen hat er damit in Galiläa, und jetzt ist er bis hierher gekommen."*

*Als Pilatus das hörte, fragte er, ob der Mann ein Galiläer sei. Man bestätigte ihm, dass Jesus aus dem Herrschaftsbereich des Herodes kam. Da ließ er ihn zu Herodes führen, der in jenen Tagen ebenfalls in Jerusalem war.* Lukas 23,4-7 (NGÜ)

Pilatus hatte die Vollmacht, eigenhändig über den Fall Jesu zu entscheiden, aber die ganze Sache wurde langsam unangenehm. Immerhin warf man Jesus vor, das Volk zum Aufruhr anzustiften. Wie sollte er dies seinen Vorgesetzten in Rom erklären, falls Jesus wirklich einen Aufstand anzetteln würde? Am besten überließ man diese heikle Angelegenheit einfach Herodes. Außerdem war Herodes nicht gerade sein Freund, also schob er die Verantwortung auf ihn ab.

### Herodes Antipas

Herodes Antipas war ein Sohn Herodes des Großen. Als Marionette der Römer war ihm die Verwaltung der Provinz Galiläa übertragen worden, aus der auch Jesus stammte. Er war wegen des jährlichen Passafestes nach Jerusalem gekommen. Dr. Lukas schrieb:

*Als Herodes Jesus sah, freute er sich sehr. Er wollte ihn schon lange kennenlernen, denn er hatte viel von ihm gehört. Vor allem hoffte er, eins seiner Wunder mitzuerleben. Herodes stellte ihm viele Fragen. Aber Jesus gab ihm keine Antwort.* Lukas 23,8-9 (BasisBibel)

Jesus wusste, dass Herodes kein Interesse an der Wahrheit hatte. Er wollte lediglich durch ein Wunder unterhalten werden. Er begegnete Jesus ohne jeden Respekt. Jesus ging nicht auf Herodes ein. Stattdessen schwieg er.

*Dann standen die Hohen Priester und Gesetzeslehrer auf und klagten ihn scharf an. Schließlich begannen Herodes und seine Soldaten, Jesus zu verhöhnen. Sie trieben ihren Spott mit ihm und schickten ihn schließlich zu Pilatus zurück, nachdem sie ihm ein Prachtgewand umgehängt hatten. Pilatus und Herodes Antipas, die bisher verfeindet gewesen waren, wurden an diesem Tag Freunde.* Lukas 23,10-12 (NeÜ)

### Der letzte Tag des Herrn Jesus in Jerusalem

❸ ❹ **Früher Freitagmorgen:**
Jesus wird in der römischen Festung Pilatus vorgeführt.

❹ **Freitagmorgen:**
❺ ❹ Pilatus schickt Jesus zu Herodes, der ihn wieder an Pilatus übergibt.

❶ ❷ **Später Donnerstagabend:**
Jesus wird im Garten Gethsemane festgenommen und ins Haus des Hohepriesters gebracht. Es wird angenommen, dass sie an der Nordmauer entlanggingen, um das Gedränge um den Tempel zu umgehen.

❷ ❸ **Sonnenaufgang Freitag:**
Nachdem Jesus vor Hannas, dem Hohepriester Kaiphas und dem Sanhedrin zu einer nächtlichen Gerichtsverhandlung geführt wird, kommt er im Tempelgelände vor ein Schnellgericht des Sanhedrin.

# 3 Geißelung

Seit seiner Festnahme hatte Jesus in fünf Gerichtsverhandlungen gestanden: drei durch die Juden und zwei durch die Römer. Dieses sechste Verhör, vor Pilatus, sollte sein letztes sein. Inzwischen wusste die ganze Stadt von seiner Festnahme. Der Hohepriester und der Sanhedrin waren nun nicht länger die einzigen, die Jesus beschuldigten. Sie wurden von einer wankelmütigen Volksmenge unterstützt, die erst einige Tage zuvor „Gepriesen sei der König!" gerufen hatte, aber nun heftig „Kreuzige ihn!" schrie. Pilatus steckte in der Klemme. Je mehr er sich mit Jesus beschäftigte, desto mehr wuchs seine Überzeugung, dass an diesem Menschen etwas ungewöhnlich war!

> *Pilatus ließ die Hohen Priester, die anderen Ratsmitglieder und das Volk zusammenrufen und erklärte ihnen: „Ihr habt diesen Mann vor mich gebracht und behauptet, er würde das Volk*

> *aufhetzen. Nun, ich habe ihn in eurem Beisein verhört und keine einzige von euren Anklagen bestätigt gefunden. Auch Herodes hat nichts herausgefunden, sonst hätte er ihn nicht zu uns zurückgeschickt. Ihr seht also: Der Mann hat nichts getan, wofür er den Tod verdient hätte. Darum werde ich ihn jetzt* ***auspeitschen lassen*** *und dann* ***freigeben****."* Lukas 23,13-16 (NeÜ)

Weder Herodes noch Pilatus konnten Jesus der Todesstrafe für schuldig befinden. So wie es aussah, konnte ihn überhaupt niemand wegen eines Verbrechens beschuldigen. In der Hoffnung, die Volksmenge beruhigen zu können, bot Pilatus einen feigen Kompromiss an. Dieser bestand aus zwei Teilen:

1. **Er wollte Jesus geißeln lassen:** Damit war kein normales Auspeitschen gemeint. Die Geißel bestand aus einem Stock, an dessen Ende Lederriemen befestigt waren. An jedem Lederstreifen waren Metall- oder Knochenstücke angebracht. Dem Verurteilten wurden die Hände über dem Kopf an einem Pfahl festgebunden, so dass die Schläge den entblößten Rücken trafen. Mit jedem Peitschenhieb drangen die Metall- und Knochenstücke in das Fleisch ein. Beim Zurückziehen der Peitsche wurde damit förmlich das Fleisch aus dem Rücken gerissen. Diese Geißelung war so heftig, dass das Opfer oft daran starb.

Von Gesetzes wegen durfte nur ein als schuldig verurteilter Gefangener gegeißelt werden. Pilatus hatte selbst gesagt, dass Jesus unschuldig war. Da die römische Folter ein solch brutales Martyrium war, kann man annehmen, dass Pilatus so die Ankläger Jesu zufriedenstellen wollte, damit sie seinen nächsten Vorschlag akzeptieren würden.

2. **Er wollte Jesus freilassen:** In dieser Gegend war es ein römischer Brauch, als Zeichen des guten Willens anlässlich des Passahfestes einen verurteilten Verbrecher zu begnadigen. Pilatus schlug vor, Jesus nach seiner Geißelung freizulassen. Das Volk reagierte einstimmig:

> *Doch sie schrien alle wie aus einem Mund: „Weg mit ihm! Gib uns Barabbas frei!" Barabbas hatte sich an einem Aufruhr in der Stadt beteiligt und einen Mord begangen – deshalb saß er im Gefängnis.* Lukas 23,18-19 (BasisBibel)

Barabbas war rechtmäßig wegen Auflehnung gegen Rom und Mord verurteilt worden. Er saß nun in der „Todeszelle" und wartete auf seine Hinrichtung. Doch das Volk forderte, dass der unschuldige Jesus getötet und der schuldige Barabbas freigelassen werden sollte.

> *Pilatus, der Jesus freilassen wollte, versuchte noch einmal, sich bei der Menge Gehör zu verschaffen. Sie aber schrien nur umso lauter: „Lass ihn kreuzigen! Lass ihn kreuzigen!"*
>
> *Pilatus machte noch einen dritten Versuch. „Was für ein Verbrechen hat er denn begangen?", fragte er sie. „Ich habe nichts an ihm gefunden, wofür er den Tod verdient hätte. Darum werde ich ihn auspeitschen lassen und dann freigeben."*
> Lukas 23,20-22 (NGÜ)

> *Daraufhin ließ Pilatus Jesus abführen und auspeitschen.*
> Johannes 19,1 (BasisBibel)

> *Die Soldaten flochten eine Krone aus Dornenzweigen und setzten sie ihm auf den Kopf. Sie hängten ihm einen purpurfarbenen Mantel um. Dann stellten sie sich vor ihn hin und riefen: „Hoch lebe der König der Juden!" Dabei schlugen sie ihm ins Gesicht.* Johannes 19,2-3 (BasisBibel)

Purpurfarbene Umhänge waren eigentlich Königen vorbehalten. Die Dornenkrone als grausame Parodie auf eine Königskrone trieb den Spott auf die Spitze. 700 Jahre zuvor hatte der Prophet Jesaja geschrieben:

> *Er wurde verachtet, und alle mieden ihn. …und auch wir verachteten ihn.* Jesaja 53,3 (NeÜ)

Jesaja hat diese Ereignisse auch aus der Sicht des Messias aufgezeichnet:

> *Ich hielt meinen Rücken den Schlägern hin, meine Wangen denen, die mich am Bart gezerrt. Mein Gesicht habe ich nicht vor Schimpf und Speichel versteckt.* Jesaja 50,6 (NeÜ)

Nach der Geißelung sprach Pilatus erneut zum Volk:

> *„Seht doch! Ich lasse ihn zu euch herausbringen. Ihr sollt wissen, dass ich keinen Grund finde, um ihn zu verurteilen!" Jesus kam heraus. Er trug die Krone aus Dornenzweigen und den purpurfarbenen Mantel. Pilatus sagte zu den Leuten: „Seht doch! Da ist der Mensch!"* Johannes 19,4-5 (BasisBibel)

In seinem Innersten muss Pilatus gewusst haben, dass er gerade jegliche Gerechtigkeit außer Acht ließ. Zweifelsohne hoffte er darauf, dass dieser zerschundene, dornengekrönte, blutende Mensch Mitleid erwecken würde.

*Als die führenden Priester und die Gerichtsdiener Jesus sahen, schrien sie: „Kreuzigen! Kreuzigen!“*

*Pilatus erwiderte: „Nehmt ihr ihn doch und kreuzigt ihn. Ich halte ihn für unschuldig.“* Johannes 19,6 (BasisBibel)

Pilatus wusste sehr gut, dass sie dies nicht tun konnten, weil jüdische Gerichte kein Todesurteil verhängen durften.

*Die Vertreter der jüdischen Behörde hielten ihm entgegen: „Wir haben ein Gesetz, und nach diesem Gesetz muss er sterben. Denn er hat behauptet, er ist der Sohn Gottes.“*

*Als Pilatus das hörte, wurde es ihm erst recht unheimlich. Er ging wieder in das Prätorium hinein und fragte Jesus: „Woher kommst du?“* Johannes 19,7-9 (BasisBibel)

Pilatus wusste bereits, dass Jesus aus Galiläa stammte. Aus diesem Grund hatte er ihn zu Herodes geschickt. Noch einmal fragte er Jesus nach seiner Herkunft. Zweifellos war er beunruhigt, dass sich dieser Mensch als Gott ausgab! Die Griechen glaubten, dass die Götter vom Berg Olymp herabstiegen, um sich mit den Menschen zu verbrüdern. Möglicherweise fragte Pilatus sich, ob dies auch auf Jesus zutraf. Auf jeden Fall handelte es sich bei ihm um keinen gewöhnlichen Kriminellen. Allein schon die Art und Weise, wie er sich vor Gericht verhielt, strahlte einen Frieden und eine Zuversicht aus, die beunruhigend waren. „Jesus, woher kommst du *wirklich*?“ Aber…

*…Jesus gab ihm keine Antwort mehr. „Weigerst du dich, mit mir zu reden? Weißt du nicht, dass es in meiner Macht steht, dich freizulassen? Ich habe aber auch die Macht, dich kreuzigen zu lassen!“*

*Jesus antwortete ihm: „Du hättest keine Macht über mich, wenn sie dir nicht von oben gegeben wäre….“*

*Daraufhin versuchte Pilatus noch einmal, Jesus freizulassen. Aber die Wortführer der Juden schrien: „Wenn du ihn freilässt, bist du kein Freund des Kaisers. Wer sich selbst als König ausgibt, stellt sich gegen den Kaiser!“*

*Als Pilatus das hörte, ließ er Jesus wieder hinausführen. Er setzte sich auf den Richterstuhl. Der stand auf dem Platz, der „Steinpflaster“ genannt wird. Auf Hebräisch heißt der Platz Gabbata. Es war der Tag vor dem Passafest, etwa um die sechste Stunde.*

Johannes 19,9-14 (BasisBibel)

Am Tag vor dem Passahfest wurde bereits das Passahlamm geschlachtet.

> *Pilatus sagte zu den Juden: „Seht doch! Da ist euer König!"*
>
> *Doch sie schrien: „Weg mit ihm! Weg mit ihm! Lass ihn kreuzigen!"*
>
> *Pilatus sagte zu ihnen: „Soll ich euren König wirklich kreuzigen lassen?" Die führenden Priester antworteten: „Wir haben keinen anderen König als den Kaiser!"* Johannes 19,14-15 (BasisBibel)

Damit lehnte das Volk Jesus als König endgültig ab. Sie hatten statt Gott den römischen Kaiser gewählt.

> *Doch sie gaben nicht nach. Mit aller Macht forderten sie, Jesus solle gekreuzigt werden.*
>
> *Schließlich beugte sich Pilatus dem Druck der schreienden Menge und entschied, dass sie ihren Willen haben sollten. Den, der wegen Aufruhr und Mord im Gefängnis saß, gab er frei, wie sie es gefordert hatten; Jesus aber opferte er ihrem Willen.*
> Lukas 23,23-25 (NGÜ)

Barabbas wurde freigelassen, aber…

> *Da gab Pilatus ihrer Forderung nach und befahl, Jesus zu kreuzigen.* Johannes 19,16 (NeÜ)

# 4 Kreuzigung

> *Jesus wurde abgeführt. Er trug sein Kreuz selbst aus der Stadt hinaus zu der so genannten Schädelstätte; auf hebräisch heißt sie Golgata.[2] Dort kreuzigte man ihn und mit ihm zwei andere, einen auf jeder Seite; Jesus hing in der Mitte.*
> Johannes 19,16-18 (NGÜ)

Die Kreuzigung war eine römische Form der Todesstrafe und wurde nur bei Sklaven und Schwerstverbrechern eingesetzt. Es war eine geläufige Hinrichtungsform, und historische Berichte sprechen davon, dass sogar mehrere hundert Menschen gleichzeitig auf diese Weise getötet wurden. Nachforschungen haben ergeben, dass es verschiedene Formen der Kreuzigung gab:

**Baum:** Das Opfer wurde einfach mit dem Körper an einen Baum gepresst und festgenagelt, gerade so, wie die Äste gewachsen waren. Josephus, ein jüdischer Historiker des ersten Jahrhunderts, berichtet, wie römische Soldaten sich vergnügten, indem sie Gefangene in ungewöhnlichen Stellungen kreuzigten.[3]

**I-förmig:** Ein einfacher, in den Boden gerammter Pfahl. Die Hände wurden über dem Kopf zusammengenagelt.

**X-förmig:** Zwei einfache, im Winkel verbundene Balken. Der Körper wurde ausgestreckt und Hände und Füße an den vier Ecken befestigt.

**T-förmig:** Ein Pfahl mit einem Querbalken am oberen Ende; neben dem Baum war dies wohl die geläufigste Form. Die Arme wurden entlang des Querbalkens ausgestreckt befestigt.

**Kreuzförmig:** Diese Methode war üblicherweise nur allgemein bekannten Verbrechern vorbehalten. Eine Tafel mit Angabe der Beschuldigung wurde am obersten Teil des Kreuzes befestigt. Auf diese Weise wurde Jesus gekreuzigt.

Das Opfer wurde gewöhnlich völlig ausgezogen. Hände und Füße wurden mit Nägeln, die durch die Gelenke geschlagen wurden, am Kreuz befestigt. Tausend Jahre zuvor hatte Jahwe König David beauftragt, einen ganzen Psalm über die Todesart von Jesus zu schreiben. Darin berichtet David, dass Gott sagt:

> *…Sie haben mir Hände und Füße durchbohrt.* Psalm 22,17 (NLB)

Dies wurde lange vor Entstehung des römischen Reiches geschrieben und ungefähr 800 Jahre vor Einführung der Kreuzigung als offizielle römische Todesstrafe.

Bis heute gilt die Kreuzigung als eine der brutalsten Hinrichtungsarten. Da man an den ausgestreckten Armen aufgehängt war, erhöhte sich der Druck auf das Zwerchfell so stark, dass es unmöglich wurde zu atmen. Man konnte nur Luft holen, indem man sich aufrichtete, um damit dem Zwerchfell (dem Atemmuskel) Raum zu verschaffen. Dieses Hochziehen und Aufrichten an Armen und Beinen war aufgrund der Fixierung mit den Nägeln nur unter großen Qualen möglich. Der Tod trat durch Ersticken ein, wenn die Erschöpfung des Körpers zu groß war, um sich noch Aufzurichten.

> *Pilatus ließ auch ein Schild an das Kreuz von Jesus nageln, auf dem stand: „Jesus von Nazaret, König der Juden." Dieses*

*Schild wurde von vielen Juden gelesen, denn der Ort, wo Jesus gekreuzigt wurde, war ganz in der Nähe der Stadt, und der Text war auf Hebräisch, Lateinisch und Griechisch abgefasst.*
Johannes 19,19-20 (NeÜ)

## Das Spiel

*Die vier Soldaten, die Jesus gekreuzigt hatten, teilten seine Kleidung unter sich auf. Auch sein Untergewand nahmen sie an sich. Es war von oben bis unten durchgehend gewebt, ohne Naht. „Das zerreißen wir nicht", sagten sie zueinander, „soll das Los entscheiden, wer es bekommt!"*
Johannes 19,23-24 (NeÜ)

Bei solch einer blutigen Aufgabe war das Spiel eine willkommene Ablenkung. Als die Soldaten unter dem Kreuz von Jesus möglicherweise ihre Würfel in einem Helm schüttelten, hatten sie keine Ahnung, dass sie damit eine uralte Prophetie erfüllten.

*Damit* ***erfüllte sich, was die Schrift vorausgesagt hatte:*** *„Sie haben meine Kleider unter sich verteilt und über mein Gewand das Los geworfen."* Johannes 19,24; vgl. Psalm 22,18 (NeÜ)

## Spott

Die Stunden zogen sich dahin....

*...Das Volk stand dabei und schaute zu. Die Mitglieder des jüdischen Rates verspotteten ihn. Sie sagten: „Andere hat er gerettet. Jetzt soll er sich selbst retten, wenn er der Christus ist, den Gott erwählt hat."*

*Auch die Soldaten trieben ihren Spott mit ihm. Sie gingen zu Jesus und reichten ihm Essig. Dabei sagten sie: „Wenn du der König der Juden bist, rette dich selbst!"*
Lukas 23,35-37 (BasisBibel)

In dem Psalm, den König David über den Tod des Messias schrieb, berichtete er prophetisch genau über diese Art der Verspottung:

*„Übergib deine Sache doch dem HERRN", rufen sie. „Ja, soll Gott ihn doch retten! Er soll ihm helfen – anscheinend hat er ja Gefallen an ihm!"* Psalm 22,9 (NGÜ)

David schrieb, dass der Messias sagte:

*Ich aber bin kein Mensch mehr, nur noch ein Wurm, zum Spott der Leute bin ich geworden, das ganze Volk verabscheut mich. Alle, die mich sehen, verhöhnen mich, sie verziehen den Mund und schütteln den Kopf.* Psalm 22,7-8 (NGÜ)

Während Jesus am Kreuz hing, erfüllte sich eine Prophezeiung nach der anderen bis ins kleinste Detail.

**Zwei Sichtweisen**

Auch die beiden Verbrecher, die mit Jesus gekreuzigt wurden, äußerten ihre Meinung dazu, wer Jesus wirklich war. Dr. Lukas schrieb:

> *Einer der beiden Verbrecher, die mit ihm am Kreuz hingen, höhnte: „Du bist doch der Messias, oder nicht? Dann hilf dir selbst, und hilf auch uns!"*
>
> *Aber der andere wies ihn zurecht. „Fürchtest du Gott auch jetzt noch nicht, wo du doch ebenso schlimm bestraft worden bist wie dieser Mann und wie ich?", sagte er zu ihm. „Dabei werden wir zu Recht bestraft; wir bekommen den Lohn für das, was wir getan haben. Er aber hat nichts Unrechtes getan."*
>
> *Dann sagte er: „Jesus, denk an mich, wenn du deine Herrschaft als König antrittst!"*
>
> *Jesus antwortete ihm: „Ich sage dir: Heute noch wirst du mit mir im Paradies sein."* Lukas 23,39-43 (NGÜ)

Jesus versicherte dem Verbrecher, dass sich direkt nach ihrem Tod ihre Geister im Paradies treffen würden. Jesus konnte dies sagen, denn er wusste, dass dieser Mann ihm als seinem Retter vertraute.

> *Gegen zwölf Uhr mittags wurde plötzlich der Himmel über dem ganzen Land dunkel. Das dauerte bis drei Uhr nachmittags.* Lukas 23,44 (NeÜ)

> *Dann, gegen drei Uhr, schrie Jesus laut: „Eloi, Eloi, lema sabachthani?“ Das heißt: „Mein Gott, mein Gott, warum hast du mich verlassen?“* Markus 15,34 (NeÜ)

Auch hier hatte König David bereits 1000 Jahre zuvor aufgeschrieben, dass der Messias genau diese Worte sagen würde.

> *„Mein Gott, mein Gott! Warum hast du mich verlassen?“*
> Psalm 22,2 (NeÜ)

Jesus rief dies nicht ohne Grund laut aus. Wir werden uns im nächsten Kapitel noch damit beschäftigen.

Die Bedeutung der letzten Augenblicke Jesu am Kreuz kann nicht genug betont werden. Die Bibel sagt:

> *Jesus rief laut: „Es ist vollbracht“... „Vater, in deine Hände gebe ich meinen Geist!“*
>
> *Mit diesen Worten starb er.*
> Lukas 23,46 kombiniert mit Johannes 19,30 (NGÜ)
>
> *In diesem Augenblick riss der Vorhang im Tempel von oben bis unten entzwei.* Markus 15,38 (NeÜ)

Jesus war tot. Man kann sich unschwer vorstellen, wie das ganze Reich des Bösen von Euphorie gepackt wurde. Satan und seine Dämonen waren erfolgreicher gewesen, als sie es sich jemals erträumt hätten. Aus ihrer Sicht hatten sie JAHWE umgebracht. *Der versprochene Befreier* war tot! Satan und seine Dämonen waren dem Feuersee entronnen! Oder etwa doch nicht?

Zwei Ereignisse, die sich während der letzten Augenblicke Jesu am Kreuz ereigneten, hätten Satan eigentlich beunruhigen müssen. Warum war der Vorhang im Tempel von oben nach unten zerrissen? Und warum hatte Jesus so nachdrücklich „Es ist vollbracht!“ gerufen?

### Der zerrissene Vorhang

Erinnern wir uns daran, dass der Tempel als fest gebaute Nachbildung der ursprünglichen Stiftshütte entworfen worden war. Der besagte Vorhang trennte das Heilige vom Allerheiligsten. Das Zerreißen dieses Vorhangs war fast unmöglich zu bewerkstelligen und der zerrissene Zustand alles andere als eine belanglose Angelegenheit.

Erstens sagt die Bibel, dass der Vorhang das Allerheiligste vor den Blicken der Menschen schützte. Wer einen Blick hinter den Vorhang warf, musste sterben.

Zweitens wäre das Zerreißen dieses Vorhangs ein Kraftakt von enormem Ausmaß gewesen. Es wird berichtet, dass der Vorhang 18 Meter lang und 9 Meter breit war. Die Dicke des Vorhangs entsprach der Handbreite eines Mannes (also ungefähr 10 Zentimeter).[4]

Drittens konnte das Zerreißen des Vorhangs von oben nach unten nur eines bedeuten: Kein Mensch, sondern *Gott* hatte ihn zerrissen.

Nach jüdischer Zeitrechnung starb Jesus um die neunte Stunde, was 15⁰⁰ Uhr nachmittags entspricht. Der Tempel muss dann voll von Priestern gewesen sein, die ihren heiligen Aufgaben nachkamen. Es war die Zeit des Abendopfers, bei dem ein Lamm geschlachtet wurde. Außerdem war es der Vorabend des Passafestes. Die Neuigkeit über den zerrissenen Vorhang konnte nicht geheim gehalten werden. Dafür waren zu viele Menschen anwesend und das Ereignis zu aufsehenerregend, um vergessen zu werden.

Wir werden uns gleich noch mit der Bedeutung dieser Begebenheit befassen.

### Es ist vollbracht!

Die letzten Worte von Jesus sind ebenfalls bedeutungsvoll. Der Ausdruck „Es ist vollbracht" wurde aus einem einzigen griechischen Wort übersetzt: *tetelestai*. Der Begriff *tetelestai* wurde in der antiken Welt auf vielerlei Weise benutzt, aber die folgenden drei sind für uns von besonderer Bedeutung:[5]

1. *Tetelestai* wurde von einem Diener benutzt, um seinem Herrn vom Abschluss einer Aufgabe zu berichten. *„Die Arbeit, die du mir aufgetragen hast, ist vollendet."*

2. *Tetelestai* war auch ein gebräuchlicher griechischer Begriff in der Finanzwelt. Er bestätigte die Vollendung einer Zahlung, wenn die Schuld völlig abgetragen war. Sobald die letzte Rate bezahlt wurde, konnte man sagen „*tetelestai*", das bedeutet: „Die Schuld ist beglichen." Man hat antike Quittungen für Steuerzahlungen auf Tontafeln gefunden, auf denen quer „*tetelestai*" – völlig bezahlt – geschrieben stand.
3. Die Auswahl eines Opferlammes für den Tempel war immer ein bedeutender Moment gewesen. Die Herde wurde durchsucht, und wenn man ein fehlerloses Lamm gefunden hatte, rief man „*tetelestai* – die Suche ist beendet".

Jesus rief also gewissermaßen: „Die Arbeit, die du mir gegeben hast, ist vollendet, die Schuld ist beglichen, das Opferlamm ist gefunden." Die Bibel hält fest, dass Jesus mit *lauter* Stimme ausrief: „Es ist vollbracht."

Dr. Lukas schrieb:

> *Als der römische Hauptmann, der die Aufsicht hatte, dies alles geschehen sah, pries er Gott und sagte: „Wahrhaftig, dieser Mensch war unschuldig, er war ein Gerechter!"*
>
> *Lukas 23,47 (GNB)*

Es ist bemerkenswert, dass es der Hauptmann war (ein Offizier mit Befehlsgewalt über 100 Soldaten), der augenblicklich auf den Ausruf von Jesus reagierte. Als erfahrener Kriegsmann konnte er sicherlich zwischen einem resignierenden Schnappen nach Luft und einem Siegesruf unterscheiden.

> *Es war der Tag vor dem Sabbat… Deshalb baten die führenden Juden Pilatus, dass den Gekreuzigten die Beine gebrochen würden. Man wollte sie vom Kreuz abnehmen lassen, damit sie nicht den Sabbat über dort hängen blieben.*
>
> *Johannes 19,31 (NeÜ)*

### Brecht die Beine

In der Passahwoche bildete dieser Tag den Höhepunkt, da die Passahlämmer geschlachtet wurden. Die obersten Priester wollten die Kreuzigungsangelegenheit zu Ende bringen, damit sie nicht das Fest verunreinigte. Sie baten darum, Jesus die Beine zu brechen. Dadurch konnte der Gekreuzigte sich nicht länger zum Luftholen aufrichten und würde sehr bald ersticken.

> *Die Soldaten gingen nun zunächst zu dem einen, der mit Jesus gekreuzigt war, und brachen ihm die Beine, und dann zu dem anderen. Als sie an Jesus vorbeikamen, merkten sie, dass er schon gestorben war. Deshalb* ***brachen sie ihm die***

> ***Beine nicht.*** *Einer von den Soldaten stach ihm allerdings mit dem Speer in die Seite. Da kamen Blut und Wasser heraus.*
>
> *Johannes 19,32-34 (NeÜ)*

Ein römischer Soldat, der auf das Töten spezialisiert war, stach einen Speer in das Herz von Jesus. Es war undenkbar, eine öffentliche Hinrichtung zu verpfuschen. Der Soldat wusste genau, wohin er stechen musste, damit keine Überlebenschance blieb. Die Bibel berichtet, das Wasser und Blut herausflossen. Mediziner sagen, dies ist ein sicheres Zeichen, dass der Tod bereits eingetreten war. Jesus war definitiv tot.

> *Dieser Bericht stammt von einem Augenzeugen. Was er sagt, ist zuverlässig, und er weiß, dass es wahr ist. Er bezeugt es, damit auch ihr zum Glauben findet.*
>
> *Denn* ***das alles geschah, damit die Voraussagen der Schrift erfüllt würden:*** *„Es wird ihm kein Knochen gebrochen werden." Und an einer anderen Stelle: „Sie werden auf den schauen, den sie durchbohrt haben."* *Johannes 19,35-37 (NeÜ)*

Wir werden die Bedeutung dieses Ereignisses gleich sehen.

# 5 Auferstehung

### Freitag: Später Nachmittag

> *Danach bat Josef von Arimathäa Pilatus um die Erlaubnis, den Leichnam von Jesus abnehmen zu dürfen. Josef war auch ein Jünger, allerdings nur heimlich, weil er sich vor den führenden Juden fürchtete. Als er von Pilatus die Genehmigung erhalten hatte, ging er zum Hinrichtungsplatz und nahm den Leichnam von Jesus ab. Auch Nikodemus, der Jesus einmal in der Nacht aufgesucht hatte, kam dazu. Er brachte eine Mischung von Myrrhe und Aloë mit, ungefähr 33 Kilogramm. Sie wickelten den Leib unter Beigabe der wohlriechenden Öle in Leinenbinden, wie es der jüdischen Begräbnissitte entsprach. Der Ort der Kreuzigung lag in der Nähe eines Gartens. Dort befand sich eine neu ausgehauene Grabhöhle, in der noch niemand gelegen hatte. In dieses Grab legten sie Jesus, weil es ganz in der Nähe war und er dort noch vor dem Ende des Rüsttags der Juden begraben werden konnte.*
>
> *Johannes 19,38-42 (NeÜ)*
>
> *Die Frauen, die zusammen mit Jesus aus Galiläa gekommen waren, gingen Josef nach. Sie sahen die Grabkammer und beobachteten, wie der Leichnam hineingelegt wurde. Dann*

*kehrten sie in die Stadt zurück und bereiteten wohlriechende Öle und Salben vor. Aber den Sabbat verbrachten sie in Ruhe, wie das Gesetz es vorschreibt.* *Lukas 23,55-56 (BasisBibel)*

Josef und Nikodemus waren zwar Mitglieder des Sanhedrin, doch wie es aussieht, haben sie den Beweis, dass Jesus wirklich JAHWE war, nicht zurückgewiesen. Entsprechend ihrer traditionellen Gebräuche wickelten sie Jesus in lange Leichentücher, die mit etwa 33 Kilogramm wohlriechenden Gewürzen und Salben präpariert waren und legten ihn in das Grab. Ein großer runder Stein, der bis zu zwei Tonnen wog, wurde vor den Eingang der Gruft gerollt. Die Frauen beobachteten dies alles und gingen dann nach Hause, um zusätzliche Salben für die endgültige Bestattung vorzubereiten. Inzwischen war es Freitagabend geworden.

**Samstag**

*Am nächsten Tag – es war der Sabbat – gingen die führenden Priester und die Pharisäer gemeinsam zu Pilatus. Sie sagten: „Herr, uns ist etwas eingefallen. Als dieser Betrüger noch lebte, hat er gesagt: ‚Nach drei Tagen werde ich vom Tod auferweckt!' Gib doch den Befehl, das Grab bis zum dritten Tag zu bewachen. Sonst kommen seine Jünger, stehlen die Leiche und behaupten gegenüber dem Volk: ‚Er wurde von den Toten auferweckt!' Dieser letzte Betrug wäre schlimmer als alles vorher."*

> *Pilatus antwortete ihnen: „Ihr sollt die Wache bekommen! Geht und sichert das Grab, so gut ihr könnt!" Da gingen sie zum Grab. Sie versiegelten den Stein vor der Grabkammer und sicherten es durch eine Wache.* Matthäus 27,62-66 (BasisBibel)

Die Wachen für das Grab waren alles andere als ein zusammengewürfelter Haufen von Söldnern. Eine römische Wache bestand aus vier bis sechzehn Mann, von denen jeder dazu ausgebildet war, zwei Meter Raum abzusichern. Zusammen waren sie in der Lage, sich gegen ein gesamtes Bataillon[6] zu verteidigen.

Pilatus wies die Hohepriester und Pharisäer an, das Grab zu versiegeln. Dazu wurden Seile quer über die Steintür gespannt und mit feuchtem Lehm fixiert. In den Lehm wurde dann ein Siegelring gepresst. Jedes Verrücken des Steins wäre sofort erkennbar gewesen.

**Sonntag**

Die Wache wurde am Samstag aufgestellt, dem jüdischen Sabbat. Früh am Sonntag Morgen, als es noch dunkel war,…

> *…gab es plötzlich ein starkes Erdbeben. Ein Engel des Herrn war vom Himmel gekommen und zum Grab getreten. Er wälzte den Stein weg und setzte sich darauf. Seine Gestalt flammte wie ein Blitz, und sein Gewand war weiß wie Schnee. Da zitterten und bebten die Wächter vor Angst und fielen wie tot zu Boden.* Matthäus 28,2-4 (NeÜ)

Die harten und verwegenen Soldaten erkannten sofort, dass sie gegen diesen einen Engel keine Chance hatten. Ihre Furcht lies sie in Ohnmacht fallen! Aber sie waren nicht die einzigen, die zitterten. Im ganzen Reich des Bösen muss das Chaos ausgebrochen sein. Man kann sich leicht vorstellen, wie das ausgesehen haben könnte. Satan schreit bestürzt wilde Befehle durch die Gegend, und die Dämonen rennen verwirrt durcheinander! Was für ein Schock! Wer hätte zu denken gewagt, dass das Grab leer sein könnte. Offensichtlich war Jesus wieder lebendig. Unmöglich!

In der Zwischenzeit,…

> *…als der Sabbat vorüber war, kauften Maria aus Magdala und Maria, die Mutter des Jakobus, zusammen mit Salome wohlriechende Öle, um den Leichnam Jesu zu salben. Sehr früh am nächsten Morgen machten sie sich auf den Weg zum Grab. Es war der erste Tag der neuen Woche, und die Sonne ging gerade auf, als sie dort ankamen. Unterwegs hatten sie zueinander gesagt: „Wer wird uns den Stein vom Eingang des Grabes wegwälzen?"*

*Doch als sie jetzt davor standen, sahen sie, dass der Stein – ein großer, schwerer Stein – bereits weggerollt war.*
Markus 16,1-4 (NGÜ)

Maria aus Magdala wandte sich offensichtlich erst einmal schockiert und entsetzt vom offenen Grab ab. Sie ging wahrscheinlich vom Naheliegenden aus: Der Leichnam Jesu war geschändet worden. Schluchzend drehte sie sich um und lief zu den Jüngern, um es ihnen zu berichten. Maria und Salome aber …

*…betraten die Grabkammer und sahen dort auf der rechten Seite einen jungen Mann in einem weißen Gewand sitzen.*

*Die Frauen erschraken; er aber sagte zu ihnen: „Ihr braucht nicht zu erschrecken! Ihr sucht Jesus von Nazaret, den Gekreuzigten. Er ist auferstanden, er ist nicht hier. Seht, da ist die Stelle, wo man ihn hingelegt hatte. Geht nun zu seinen Jüngern und sagt zu ihnen, auch zu Petrus: ‚Er geht euch nach Galiläa voraus. Dort werdet ihr ihn sehen, wie er es euch angekündigt hat.'"* Markus 16,5-7 (NGÜ)

Die Frauen waren erschrocken, aber doch voller Freude. So schnell sie konnten, verließen sie das Grab und eilten zu den Jüngern, um ihnen alles zu berichten.

*Plötzlich trat ihnen Jesus entgegen. „Seid gegrüßt!", sagte er. Da liefen sie zu ihm hin, warfen sich vor ihm nieder und umfassten seine Füße. „Ihr braucht euch nicht zu fürchten!", sagte Jesus zu ihnen. „Geht und sagt meinen Brüdern, sie sollen nach Galiläa gehen. Dort werden sie mich sehen."*
Matthäus 28,8-10 (NGÜ)

**Er ist auferstanden**

Wenn man diesen Bericht[7] liest, kann man die Verwirrung und Aufregung nachempfinden, die diese Botschaft am frühen Morgen auslöste. Diejenigen, die Jesus hatten sterben sehen, nahmen die Nachricht der freudig gestimmten Frauen sehr skeptisch auf. Dr. Lukas schrieb, zunächst einmal hielten die Jünger…

*…das alles für leeres Gerede und glaubten ihnen nicht.*
Lukas 24,11 (NGÜ)

Simon Petrus lief zum Grab, um selbst nachzuschauen. Auch Johannes rannte dorthin und überholte Petrus auf dem Weg, blieb dann aber vor dem Grab stehen.

*Als Simon Petrus ankam, ging er gleich in die Grabkammer. Er sah die Leinenbinden daliegen und auch das Schweißtuch, das man dem Toten um den Kopf gebunden hatte. Es lag nicht bei dem Leinenzeug, sondern zusammengewickelt an einer anderen Stelle.* Johannes 20,6-7 (NeÜ)

So sah kein geplündertes Grab aus. Die langen Tücher waren immer noch wie um einen Körper herum gewickelt, aber sie waren zusammengefallen – leer! Der Körper war durch sie hindurch gegangen. Das Schweißtuch für den Kopf war zusammengefaltet, als ob jemand alles vor dem Verlassen aufgeräumt hatte. Die Bibel berichtet, dass Petrus sah, Johannes aber sah und glaubte. Für Johannes bestand kein Zweifel daran, dass Jesus lebte! Aber im Kopf von Petrus drehte sich alles. Er brauchte Zeit, um nachzudenken.

Maria aus Magdala kehrte wohl noch sehr früh am Morgen wieder zum Grab zurück und…

> *…blieb draußen vor dem Grab stehen; sie weinte. Und während sie weinte, beugte sie sich vor, um ins Grab hineinzuschauen. Da sah sie an der Stelle, wo der Leib Jesu gelegen hatte, zwei Engel in weißen Gewändern sitzen, den einen am Kopfende und den anderen am Fußende.*
>
> *„Warum weinst du, liebe Frau?", fragten die Engel.*
>
> *Maria antwortete: „Sie haben meinen Herrn weggenommen, und ich weiß nicht, wohin sie ihn gebracht haben."*
>
> *Johannes 20,11-13 (NGÜ)*

Die Gruft lag in einem Garten, deshalb hielt sie diese Engel vielleicht für Gärtner. Maria war so niedergeschlagen, dass sie

nicht darüber nachdachte, wer diese Männer wohl waren. Wir müssen bedenken, dass Maria von Trauer überwältigt war und während der ganzen Unterhaltung vor sich hin schluchzte.

> *Als sie über die Schulter zurückblickte, sah sie auf einmal Jesus dastehen, erkannte ihn aber nicht.*
>
> *Er sagte: „Frau, warum weinst du? Wen suchst du?"*
>
> *Sie dachte, es sei der Gärtner und sagte: „Herr, wenn du ihn fortgenommen hast, sag mir bitte, wo er jetzt liegt. Dann gehe ich und werde ihn holen."*
>
> *„Maria!", sagte Jesus.* *Johannes 20,14-16 (NeÜ)*

Wenn jemand einen Namen so sagen kann, dass dadurch alle Erinnerungen an die Begegnungen mit einem sehr lieben Menschen zurückgeholt werden, dann war es genau das, was Jesus hier tat. Maria erkannte seine Stimme sofort.

> *Da drehte sie sich um und rief: „Rabbuni!" Das ist hebräisch und heißt: Mein Lehrer!* *Johannes 20,16 (NeÜ)*

Jetzt waren es Freudentränen, die sie vergoss. Sie hat bestimmt ihre Arme um ihn geschlungen, wahrscheinlich um seine Beine, entsprechend der damaligen Sitte.

> *Jesus sagte zu ihr: „Halte mich nicht fest! Ich bin noch nicht zum Vater hinaufgestiegen. Aber geh zu meinen Brüdern und richte ihnen von mir aus: ‚Ich gehe hinauf zu meinem Vater und eurem Vater, zu meinem Gott und eurem Gott.'"*
>
> *Maria aus Magdala ging zu den Jüngern. Sie verkündete ihnen: „Ich habe den Herrn gesehen!"* *Johannes 20,17-18 (BasisBibel)*

**Die Wachen**

Während all dies geschah, beeilten sich die Wachen die obersten Priester zu finden. Unter keinen Umständen konnten sie Pilatus so unter die Augen treten.

> *…Einige von den Wächtern liefen in die Stadt. Sie meldeten den führenden Priestern alles, was geschehen war. Die führenden Priester fassten gemeinsam mit den Ratsältesten einen Beschluss über das weitere Vorgehen: Sie gaben den Soldaten viel Geld und forderten sie auf: „Erzählt allen: ‚Seine Jünger sind in der Nacht gekommen. Als wir schliefen, haben sie den Leichnam gestohlen.' Wenn Pilatus davon hört, werden wir mit ihm sprechen. Wir werden dafür sorgen, dass ihr nichts zu befürchten habt." Die Soldaten nahmen das Geld und erfüllten ihren Auftrag. So ist dieses Gerücht entstanden und hält sich bei den Juden bis heute.* *Matthäus 28,11-15 (BasisBibel)*

Es war sicherlich eine große Geldsumme nötig, um diese stolzen Soldaten dazu zu bringen, die Lüge zu verbreiten, sie hätten geschlafen. Während des Wachdienstes einzuschlafen, war ein Verstoß, der mit dem Tode bestraft wurde. Natürlich war die Geschichte frei erfunden. Erneut können wir hinter all dem die Hand Satans erkennen, wie er sich bemüht, den entstandenen Schaden zu begrenzen. Schließlich ist er der Vater der Lüge. Es war ein verzweifelter Versuch, das Gesicht zu wahren. Zweifellos hatte Satan erkannt, dass er besiegt worden war. Jesus, *der Gesalbte,* hatte Satans Kopf zertreten, genau wie Gott es vor langer Zeit im Garten Eden versprochen hatte.

### Er lebt

Das Grab war zweifellos leer. Selbst die Feinde von Jesus mussten dies eingestehen. Jesus war ins Leben zurückgekehrt. Er war wirklich lebendig – körperlich! Dies war keine Reinkarnation, sondern eine Auferstehung. Drei Tage lang hatte sein Körper leblos im Grab gelegen, getrennt von seinem Geist. Doch dann war Jesus auf dramatische, übernatürliche Weise mit einem neuen Körper wieder auferweckt worden. Genauso hatte es Jesus in seinen Lehren vorausgesagt.

> *„Und weil ich mein Leben hergebe, liebt mich mein Vater. Ich gebe es her, um es wiederzunehmen. Niemand nimmt es mir, sondern ich gebe es freiwillig her. Ich habe die Macht, es zu geben, und die Macht, es wieder an mich zu nehmen."*
>
> *Johannes 10,17-18 (NeÜ)*

### Warum musste Jesus sterben?

Jesus war keinen gewöhnlichen Tod gestorben. Für die Menschheit ist der Tod eine Folge der Sünde. Aber Jesus war sündlos und brauchte deshalb nicht zu sterben. Entsprechend dem Gesetz der Sünde und des Todes hätte Jesus für immer auf dieser Erde leben können. Warum starb er dann? Weder Satan noch die Juden oder die Römer hatten Jesus gegen seinen Willen getötet. Jesus hatte sich freiwillig dafür entschieden zu sterben. Aber warum? Das folgende Kapitel wird diese Frage beantworten.

## 72 Stunden, die die Welt veränderten

| | | |
|---|---|---|
| * Jüdischer Freitag | **DO** | Jünger bereiten das Passah vor |
| | | Passahmahl |
| | | Gang zum Garten Gethsemane |
| | | Jesus wird im Garten gefangen genommen, die Jünger fliehen |
| | **FR** | 1. Verhör — vor Hannas, dem Schwiegervater des Hohepriesters |
| | | 2. Verhör — vor dem Hohepriester und dem Hohen Rat |
| | | 3. Verhör — vor dem Hohen Rat (um das Urteil zu legalisieren) |
| | **6:30** | 4. Verhör — vor Pilatus |
| | | 5. Verhör — vor Herodes (Jesus wird verspottet) |
| | | 6. Verhör — vor Pilatus (Jesus wird ausgepeitscht) |
| | **9:00** | Kreuzigung |
| | **MITTAG** | |
| | **15:00** | Jesus ruft aus: „Es ist vollbracht!", Der Vorhang im Tempel zerreißt |
| | | Die Beine der beiden Verbrecher werden gebrochen, die Seite von Jesus wird durchstochen |
| | | Josef aus Arimathäa bittet darum, den Leib Jesu begraben zu dürfen |
| | | Jesus wird in einer Felsengruft begraben |
| Jüdischer Samstag | **SA** | |
| | | Römische Wache wird angefordert und vor dem Grab aufgestellt |
| | | Das Grab wird versiegelt |
| Jüdischer Sonntag | **SO** | Erdbeben – Der Stein wird von Engeln weggerollt, die Wachen fliehen |
| | | Die Frauen gehen zum Grab |
| | | Jesus erscheint Maria und Salome |
| | | Jesus erscheint Maria aus Magdala |
| | | Jesus erscheint Petrus |

*Der jüdische Tag beginnt mit Sonnenuntergang und endet am Sonnenuntergang des folgenden Tages.

# Kapitel 14

1 **Der Fremde**

2 **Die Botschaft von Emmaus**
– Von der Schöpfung bis Babel –

3 **Die Botschaft von Emmaus**
– Von Abraham bis zum Passah –

4 **Die Botschaft von Emmaus**
– Vom Gesetz bis zur Stiftshütte –

5 **Die Botschaft von Emmaus**
– Von Nikodemus bis zur Auferstehung –

6 **Der Gerichtssaal**

7 **Die Person, die Vorsorge, das Versprechen**

# 1 Der Fremde

*Am selben Tag gingen zwei von den Jüngern nach Emmaus, einem Dorf, das zwei Stunden von Jerusalem entfernt liegt. Unterwegs sprachen sie miteinander über alles, was in den zurückliegenden Tagen geschehen war; und während sie so miteinander redeten und sich Gedanken machten, trat Jesus selbst zu ihnen und schloss sich ihnen an. Doch es war, als würden ihnen die Augen zugehalten: Sie erkannten ihn nicht.*

*„Worüber redet ihr denn miteinander auf eurem Weg?", fragte er sie.*

*Da blieben sie traurig stehen.* Lukas 24,13-17 (NGÜ)

Diese beiden Männer gehörten zwar nicht zum engeren Kreis der Jünger, zählten aber gleichwohl zu den Nachfolgern Jesu.

*Einer von ihnen – er hieß Kleopas – meinte: „Bist du der Einzige, der sich zur Zeit in Jerusalem aufhält und nichts von dem weiß, was dort in diesen Tagen geschehen ist?"*

*„Was ist denn geschehen?", fragte Jesus.*

*Sie erwiderten: „Es geht um Jesus von Nazaret, der sich durch sein Wirken und sein Wort vor Gott und vor dem ganzen Volk als mächtiger Prophet erwiesen hatte. Ihn haben unsere führenden Priester und die anderen führenden Männer zum Tod verurteilen und kreuzigen lassen. Und wir hatten gehofft, er sei es, der Israel erlösen [befreien] werde! Heute ist außerdem schon der dritte Tag, seitdem das alles geschehen ist. Doch nicht genug damit: Einige Frauen aus unserem Kreis haben uns auch noch in Aufregung versetzt. Sie waren heute früh am Grab und fanden seinen Leichnam nicht. Als sie zurückkamen, erzählten sie, Engel seien ihnen erschienen und hätten ihnen gesagt, dass er lebt. Daraufhin gingen einige von uns zum Grab und fanden alles so, wie es die Frauen berichtet hatten. Aber ihn selbst sahen sie nicht."*
Lukas 24,18-14 (NGÜ)

Die beiden Jünger gaben einen kurzen Überblick über das Geschehen an jenem Tag. Natürlich war dies für Jesus nichts Neues. Aber er schwieg und ließ sie zu Ende reden. Auch er hatte Neuigkeiten für sie.

> *Da sagte Jesus zu ihnen: „Ihr unverständigen Leute! Wie schwer fällt es euch, all das zu glauben, was die Propheten gesagt haben! Musste denn der Messias nicht das alles erleiden, um zu seiner Herrlichkeit zu gelangen?" Dann ging er mit ihnen die ganze Schrift durch und erklärte ihnen alles, was sich auf ihn bezog – zuerst bei Mose und dann bei sämtlichen Propheten.*
> *Lukas 24,25-27 (NGÜ)*

Jesus erklärte ihnen, dass der Messias leiden, sterben und wieder ins Leben zurückkehren musste. Etwas, das unumgänglich war und so von den alten Propheten vorausgesagt wurde. Damit löste er bestimmt einiges Erstaunen aus. Aber Jesus war noch nicht fertig. Er zeigte ihnen auf, was die Heilige Schrift über ihn zu sagen hatte. Von Anfang bis Ende ging er mit ihnen Schritt für Schritt durch die gesamte jüdische Bibel. Diese Ausführung muss faszinierend gewesen sein.

> *So erreichten sie das Dorf, zu dem sie unterwegs waren. Jesus tat, als wollte er weitergehen. Aber die beiden Jünger hielten ihn zurück. „Bleib doch bei uns!", baten sie. „Es ist schon fast Abend, der Tag geht zu Ende." Da begleitete er sie hinein und blieb bei ihnen. Als er dann mit ihnen am Tisch saß, nahm er das Brot, dankte Gott dafür, brach es in Stücke und gab es ihnen. Da wurden ihnen die Augen geöffnet, und sie erkannten ihn. Doch im selben Augenblick verschwand er; sie sahen ihn nicht mehr.*
>
> *„War uns nicht zumute, als würde ein Feuer in unserem Herzen brennen, während er unterwegs mit uns sprach und uns das Verständnis für die Schrift öffnete?", sagten sie zueinander.*
> *Lukas 24,28-32 (NGÜ)*

Gott hatte regelrecht ihre Herzen in Brand gesteckt, als er ihnen das richtige Verständnis für die Botschaft Jesu schenkte. Sie waren überwältigt!

> *Unverzüglich brachen sie auf und kehrten nach Jerusalem zurück.* *Lukas 24,33 (NGÜ)*

Man kann sich gut vorstellen, wie diese beiden frisch ermutigten Nachfolger Jesu auf ihrem Rückweg nach Jerusalem besprachen, was sie den elf Jüngern* erzählen würden. Es war kein einfacher Weg, den sie da vor sich hatten, aber sie waren mit Sicherheit angespornt von der guten Nachricht, die sie zu bringen hatten!

*Judas Iskariot hatte Selbstmord begangen.

> *Dort fanden sie alle versammelt, die Elf und die, die sich zu ihnen hielten. Man empfing sie mit den Worten: „Der Herr ist tatsächlich auferstanden! Er ist Simon erschienen!"*

*Da berichteten die beiden, was sie unterwegs erlebt und wie sie den Herrn erkannt hatten, als er das Brot in Stücke brach.*

*Während sie noch am Erzählen waren, stand mit einem Mal Jesus selbst in ihrer Mitte und grüßte sie mit den Worten: „Friede sei mit euch!"*

*Doch sie waren starr vor Schreck, denn sie meinten, einen Geist zu sehen. „Warum seid ihr so erschrocken?", sagte Jesus. „Und wie kommt es, dass solche Zweifel in euren Herzen aufsteigen? Schaut euch meine Hände und meine Füße an: Ich bin es wirklich! Berührt mich und überzeugt euch selbst! Ein Geist hat doch nicht Fleisch und Knochen, wie ihr sie an mir seht."*

*Und er zeigte ihnen seine Hände und seine Füße. Da sie es vor Freude immer noch nicht glauben konnten und vor Staunen kein Wort herausbrachten, fragte er sie: „Habt ihr etwas zu essen hier?" Sie gaben ihm ein Stück gebratenen Fisch, und er nahm es und aß es vor ihren Augen.*

*Dann sagte er zu ihnen: „Nun ist in Erfüllung gegangen, wovon ich sprach, als ich noch bei euch war; ich sagte: ‚Alles, was im Gesetz des Mose, bei den Propheten und in den Psalmen über mich geschrieben ist, muss sich erfüllen.'"*

*Lukas 24,33-44 (NGÜ)*

Die Juden teilen die Heilige Schrift in drei Bereiche ein: Das Gesetz, die Schriften (oder Psalmen) und die Propheten. Jesus zog jeden dieser Bereiche heran und zeigte den Jüngern, wie dieser sich auf ihn bezog.

*Und er öffnete ihnen das Verständnis für die Schrift, sodass sie sie verstehen konnten, und sagte zu ihnen: „So steht es doch in der Schrift: Der Messias muss leiden und sterben, und drei Tage danach wird er von den Toten auferstehen. Und in seinem Namen sollen alle Völker zur Umkehr [Buße] aufgerufen werden, damit sie Vergebung ihrer Sünden empfangen. In Jerusalem soll damit begonnen werden. Ihr seid Zeugen für das alles."* *Lukas 24,45-48 (NGÜ)*

Jesus sagte, sein Tod und seine Auferstehung wären eine so gute Nachricht, dass man sie überall erzählen würde, angefangen in Jerusalem.

Bevor wir mit der Geschichte fortfahren, wollen wir kurz zum Anfang zurückkehren, wie es auch Jesus mit seinen Jüngern getan hat. Wir wollen unser Augenmerk auf das richten, was Jesus im Zusammenhang mit dem Gesetz, den Propheten und den Psalmen über sich selbst zu sagen hatte.

Warum genau kam Jesus auf die Erde? Und da er von Anfang an vorhatte, ins Leben zurückzukehren, wozu musste er dann leiden und sterben?

Warum hat er die Menschen nicht einfach aufgefordert, ihm zu glauben und die ganze Kreuzigung übersprungen?

Wozu waren Tod und Auferstehung notwendig?

Es ist nun an der Zeit, das letzte Puzzleteil einzusetzen. Wenn wir den folgenden Abschnitt verstehen, erschließt sich uns das Gesamtbild, d.h. das Verständnis für die ganze Geschichte.

# 2 Die Botschaft von Emmaus
## – Von der Schöpfung bis Babel –

Um die Frage „Warum musste Jesus sterben?“ zu beantworten, wollen wir noch einmal ganz von vorn beginnen, so wie es Jesus auf dem Weg nach Emmaus tat.

### Ein heiliger Gott

Erinnern wir uns, wie wir unsere Geschichte mit Mose und dem brennenden Dornbusch begonnen haben. Dort enthüllte das höchste Wesen seinen Eigennamen: JAHWE, der Aus-sich-selbst-Existierende.

Am brennenden Dornbusch haben wir auch herausgefunden, dass *heilig* die Bedeutung von „einzigartig, herausragend“ hat. Dies war sehr wichtig, weil die Schrift immer wieder betont, dass JAHWE ein heiliger Gott ist. Im weiteren Verlauf haben wir vieles über diesen einzigartigen, herausragenden Gott gelernt. Es handelt sich um Folgendes:

- ❖ JAHWE ist ein *ewiger Geist.*
- ❖ Der HERR ist eine *Person* oder auch ein *Wesen* mit Persönlichkeit und Charaktereigenschaften und keine allgemeine Macht oder ein abstraktes göttliches Bewusstsein.
- ❖ JAHWE ist ein *König*, der Höchste überhaupt, der uneingeschränkte Herrscher über alle Dinge.
- ❖ JAHWE, der HERR, ist *allwissend, allmächtig* und *immer gleichzeitig an jedem Ort.*
- ❖ Der HERR ist ein Gott der *Ordnung.* Er hat Naturgesetze und geistliche Gesetze festgelegt, die er treu aufrechterhält.
- ❖ JAHWE ist ein *vollkommener* Gott, der moralisch rein und ohne jede Sünde ist.
- ❖ Der HERR ist ein *gerechter* Gott, der in seinem Handeln immer absolut fair ist. Er ist der Richter, vor dem sich einmal jeder verantworten muss.

- ❖ Jahwe, der Herr, ist ein *fürsorgender* Gott, der selbst die liebt, die es nicht verdient haben.
- ❖ Jahwe ist ein *treuer* Gott. Er ist ein Gott mit einer Geschichte, auf die man sich verlassen kann. Die Versprechen, die er gibt, hält er.
- ❖ Der Herr ist unermesslich *groß*, und dennoch *teilt* er *sich* den Menschen *mit*.
- ❖ Der Herr ist *ein einziger Gott* und dennoch *drei Personen:* Vater, Sohn und Heiliger Geist.

Wie wir gesehen haben, ist es diese einmalige Kombination an unvergleichlichen Wesenszügen, die Jahwe zu einem einzigartigen Gott macht. Die Bibel sagt:

> *Jahwe allein ist heilig, ja keiner außer dir…* 1.Samuel 2,2 (NeÜ)

Es ist sehr wichtig, dass wir die Wesenszüge Gottes verstehen. Denn wir müssen wissen, wer die Person war, die ans Kreuz genagelt wurde. Die Bibel sagt, dass es niemand anderes als Jahwe selbst war! Aber warum? Warum entschloss er sich, Mensch zu werden und einen solch furchtbaren Tod zu erleiden?

## Ein von Sünde erfülltes Zeitalter

Wie wir wissen, führte Satan kurz nach der Schöpfung ein Drittel der Engelwesen in ihrer Rebellion gegen Gott an. Diese Revolte war der Beginn eines bösen Zeitalters, in dem Satan und die Sünde die Welt beherrschen. Damit wir das Wesen der Sünde besser verstehen können, zieht die Bibel eine Reihe interessanter Vergleiche:

- ❖ **Moralisch:** Sünde ist das Gegenteil dessen, was moralisch richtig ist. Sie steht für alles, was „unrecht" ist oder für die *Ungerechtigkeit.*
- ❖ **Gesellschaftlich:** Sünde missachtet Autorität, denn man meint, es „besser zu wissen als Gott". Sie ist *Ungehorsam* und *Auflehnung.*
- ❖ **Medizinisch:** Sünde entspricht einer Krankheit. Sie ist ein dem Tod geweihter *Zustand* des Geistes. Sündiges Handeln spiegelt *Symptome* dieses Zustandes wider.
- ❖ **Landwirtschaftlich:** Sünde wird mit etwas verglichen, das „gut" war, jetzt aber *verdorben* (wörtlich „verfault" oder „schlecht geworden") ist.
- ❖ **Militärisch:** Sünde ist wie ein Bogenschütze, der *das Ziel verfehlt.* Jeder Gedanke oder jedes Verhalten, das nicht vollkommen ist („nicht in die Mitte der Zielscheibe trifft"), ist mit Sünde gleichzusetzen.

❖ **Gerichtlich:** Sünde ist Gesetzlosigkeit. Gott bestimmt die Regeln, selbst die kleinsten. Sünde bedeutet nichts anderes als ein *Brechen des Gesetzes.*

Wir haben bereits erfahren, dass dieses böse Zeitalter nicht für immer andauern wird. Der HERR selbst wird es beenden, wenn…

> *…er kommt, um auf der Erde Gericht zu halten. Er wird die Welt gerecht richten und über alle Völker ein Urteil sprechen, durch das sich seine Wahrhaftigkeit zeigt.* Psalm 96,13 (NGÜ)

## Adam und Eva

Im weiteren Verlauf der Geschichte haben wir die einzigartige Freundschaft zwischen JAHWE und dem Menschen kennengelernt, die unmittelbar nach der Schöpfung bestand. Der Mensch wurde vom HERRN nicht als Roboter erschaffen, sondern mit einem eigenen Willen ausgestattet. Dies gab ihm die Möglichkeit, Entscheidungen im Gehorsam gegenüber Gott zu treffen, mit denen er ihn ehrte. Ganz so, wie ein gehorsamer Sohn seinen Vater ehrt.

Wir erinnern uns, dass Adam und Eva von dieser engen Freundschaft sehr profitierten, denn ihr Schöpfer-Eigentümer tat alles, damit es ihnen gut ging. Sie waren als sündlose Menschen nach dem Bild Gottes geschaffen worden und lebten so in der Gegenwart eines vollkommenen Gottes als seine Freunde.

Doch dann sündigten Adam und Eva. Die Ereignisse im Zusammenhang mit diesem Vorfall beinhalten wichtige Puzzleteile für das Gesamtbild. Deshalb beschreibt die Bibel sie mit einer ausdrucksstarken bildlichen Sprache, die uns helfen soll, die Vorgänge besser zu verstehen.

FEIND

Die Bibel berichtet, dass sich der Mensch dafür entschied, Satan anstatt JAHWE zu vertrauen. Das heißt, er schloss sich der Auflehnung Satans an und wurde damit zu einem FEIND Gottes.

FREMDER

Diese Entscheidung zerstörte die einzigartige Freundschaft zwischen Gott und dem Menschen. Der Mensch wurde von Gott VERSTOSSEN und war ihm gegenüber ENTFREMDET. Der HERR schien fern und unnahbar zu sein.

SKLAVE

Satan war kein wohlwollender Freund, wie JAHWE es gewesen war. Der Teufel manipulierte die Menschen durch Lügen, mit denen er sie dazu brachte, seinen Willen zu tun. Der Mensch war ein SKLAVE Satans und der Sünde geworden.

VERLOREN

Der Mensch hatte einen Weg gewählt, der ihn in eine geistliche Wüste führte. Obwohl er viele Religionen ausprobierte, führte ihn doch keine zurück zu Jahwe, dem Herrn. Der Mensch war VERLOREN.

Indem er seinen eigenen Weg wählte, widersetzte sich der Mensch der einen Anweisung, die Gott ihm gegeben hatte. Wir haben bereits gesehen, dass das Brechen eines Gesetzes nie folgenlos bleibt. Das war auch in diesem Fall so.

SCHULDIG

Jahwe hatte seinen Mantel der Freundschaft abgelegt und die Richterrobe angezogen. Als Richter befand der Herr den Menschen für SCHULDIG, sein Gesetz gebrochen zu haben. Er hatte einem gerechten Gott gegenüber gesündigt.

SCHULDNER

Dies führte zu einem von Gott verfassten *Schuldbrief.* Der Mensch wurde darin zum SCHULDNER, der eine Rechnung zu begleichen hatte. *Die Strafe für Sünde war der Tod.*

GETRENNT

Weil der Gestank der Sünde das gesamte Wesen des Menschen verdorben hatte, TRENNTE sich der Herr von der Menschheit. Die enge Beziehung des Menschen zu Gott war vorbei – sie war *tot.*

TOT

Jeder Mensch war nun mit dem körperlichen TOD konfrontiert. Bei diesem wird der Geist vom Körper *getrennt* und das Leben auf Erde, zusammen mit Familien und Freunden, endet.

EWIGE STRAFE

Nach dem Tod des Körpers würde es einen ZWEITEN TOD geben. In diesem wäre der Mensch für immer von Jahwe und seiner fürsorgenden Liebe *getrennt* und stattdessen im Feuersee gefangen, dem Ort, der für Satan und seine Dämonen vorbereitet ist.

Der Tod in seiner kompromisslosen, dreifachen Bedeutung herrschte nun über den Menschen und dieser konnte nichts dagegen tun. So sah die bittere Wahrheit aus, der alle gegenüber standen und der sich niemand entziehen konnte. Jeder, der gründlich darüber nachdachte, fürchtete diese Realität. Die Bibel bringt dies schonungslos auf den Punkt:

> *…jeder soll für seine eigene Sünde sterben.* 2.Chronik 25,4 (ELB)

Diese Bildersprache hat uns geholfen zu verstehen, wie weit sich der Mensch, als Folge der Sünde Adams und Evas, von Gott entfernt hat. Wir haben das Ganze anhand von drei altbekannten Fragen zusammengefasst:

- ❖ Wie können wir den Folgen der Sünden (unserer Sündenstrafe) entkommen?

- ❖ Wie können wir eine Gerechtigkeit erlangen, die der Gerechtigkeit Gottes *gleich* ist, damit wir in seine Gegenwart zurückkommen können?
- ❖ Wie können wir sicher sein, dass unsere Namen im *Lebensbuch des Lammes* geschrieben sind?

**Ein verzweifelter Versuch**

Obwohl der Mensch nach dem Bild Gottes geschaffen worden war, war dieses Bild nun durch die Sünde entstellt. Erinnern wir uns noch daran, wie Adam und Eva versuchten, ihre Sünde mit einer Bekleidung aus Feigenblättern zu bedecken? Wir haben gesehen, dass JAHWE, wenn er auch ihre Bemühungen ablehnte, sie dennoch nicht im Stich ließ. Er schuf einen Weg, auf dem die Menschheit die rechte Beziehung zu ihm wiederherstellen konnte. Das Folgende sollten wir dazu wissen.

**Der Weg zur Annahme**

So wie Adam und Eva nichts dazu beitragen konnten, um von Gott angenommen zu werden – auch eine Veränderung ihrer äußeren Erscheinung half nicht weiter –, genauso wenig können wir mit äußerlichen Veränderungen Gottes Annahme bewirken. Wir mögen andere mit Äußerlichkeiten beeindrucken, aber Gott weiß, wie wir wirklich sind. Er kennt unsere geheimsten Gedanken und Pläne.

Adam und Eva waren sich darüber im Klaren, dass sie eine Bedeckung brauchten, allerdings war ihr Lösungsansatz mit den Feigenblättern falsch. Sie brauchten die „richtige Bekleidung“: Eine Bedeckung, die ihnen der HERR gab. In der Bibel lesen wir:

> *Und Gott, der HERR, machte Adam und seiner Frau Kleidung aus Tierfellen und zog sie ihnen an.* 1.Mose 3,21 (NLB)

Wir haben als Nächstes gesehen, dass diese echten Kleidungsstücke ein Symbol waren für die geistliche Bedeckung. Die Feigenblätter waren wie *schmutzige Lumpen.* Sie waren die selbstgerechten Anstrengungen des Menschen, die mit Sünde beschmutzten Herzen zu bedecken. Die Tierfelle dagegen waren *unbeschmutzte Kleider,* vom HERRN zur Verfügung gestellt. Gekleidet in ihnen stand der Mensch *rein* und annehmbar vor Gott.

Doch was bedeutet dies alles für uns heute? Ganz einfach: So wie ein Tier starb, damit Adam und Eva eine annehmbare Bedeckung bekommen konnten, so starb Jesus, damit der HERR uns annehmen kann.

Als die Jünger damit kämpften zu verstehen, was Jesus gesagt hatte, standen sie wahrscheinlich einem Berg von Fragen gegenüber. Warum forderte JAHWE den Tod eines Tieres für Adam und Eva? Warum bekleidete Gott sie nicht mit Blättern, die er persönlich für sie aussuchte? Und warum musste Jesus für uns sterben? Gab es keinen anderen Weg?

Möglicherweise fuhr Jesus mit der Geschichte von Kain und Abel fort.

Erinnern wir uns wie Kain und Abel ihre Opfer vor Gott brachten? Kain brachte *Gemüse* dar, aber Abel ein *Tier.* Gott lehnte Kains Opfer ab, doch das Opfer von Abel nahm er an. Warum?

**Kain**

Die Bibel berichtet, dass Kain Gott nicht glaubte. Er hatte seine eigenen Vorstellungen, wie man seine Sünde los wird und mit dem HERRN ins Reine kommt. Genauso gibt es auch heute unzählige Menschen mit einer eigenen Vorstellung von Gott und davon, wie man ihn zufriedenstellt. Selbstgestrickte Götter sind heute in Mode.

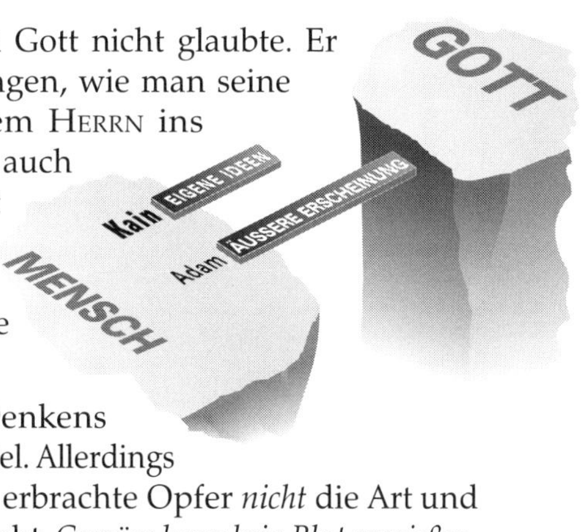


Auf der Grundlage dieses Denkens handelte Kain so, wie es ihm gefiel. Allerdings veranschaulichte das von ihm erbrachte Opfer *nicht* die Art und Weise, wie Gott mit Sünde umgeht. *Gemüse kann kein Blut vergießen.* Kain missachtete die Tatsache, dass…

> *…ohne [Tod durch] Blutvergießen keine Vergebung [der Sündenschuld] geschieht.* Hebräer 9,22 (SCHL)

Sein Opfer war kein Bild für das, was Jesus am Kreuz vollbringen würde. Die Bibel sagt uns:

*Wir sollen nicht wie Kain sein, der dem Bösen angehörte… Weil die Taten Kains böse waren, die seines Bruders aber gerecht.*
1.Johannes 3,12 (NLB)

Die zerbrochene Beziehung konnte *nicht* auf dem Weg wiederhergestellt werden, den sich Kain ausgedacht hatte.

**Abel**

Im Gegensatz dazu vertraute Abel dem HERRN als seinem Retter. Gott nahm sein Opfer an, denn es veranschaulichte das, was Jesus am Kreuz vollbringen würde.

❖ **Es war ein Bild für Sühne:** So wie ein Tier starb, um zu **veranschaulichen**, auf welche Weise Gott die „rechte Bekleidung" für sündige Menschen zur Verfügung stellen würde. Genauso starb auch Jesus, um uns **wirklich** rein zu machen. Jesus bewirkte aber mehr als eine *Bedeckung* der Sünde, sein Tod *beseitigte* unsere schmutzigen Lumpen.

*So weit wie der Osten vom Westen entfernt ist, so weit schafft er unsere Schuld von uns weg.* Psalm 103,12 (NeÜ)

❖ **Es war ein Bild für Stellvertretung:** So wie ein unschuldiges Tier *an Abels Stelle starb*, um zu **veranschaulichen**, wie die Sündenschuld bezahlt werden sollte, *so starb an unserer Stelle* der unschuldige Jesus, um damit **wirklich** für die Sünde **zu bezahlen.**

*Auch Christus hat einmal für die Sünden gelitten, der Gerechte starb für die Ungerechten, um uns zu Gott hinführen zu können….* 1.Petrus 3,18 (NeÜ)

Die durch die Sünde zerbrochene Freundschaft ist nun durch Jesu Tod am Kreuz wiederhergestellt worden.

*…Früher lebtet ihr fern von Gott, und eure feindliche Haltung ihm gegenüber zeigte sich an all dem Bösen, was ihr getan habt.*

*Doch jetzt hat Gott euch mit sich versöhnt durch den Tod, den Christus in seinem irdischen Körper auf sich nahm….*
Kolosser 1,21-22 (NGÜ)

FEIND

Weil wir Kinder von Adam und Eva sind, wurden wir als FEINDE Gottes in diese Welt geboren,

VERSÖHNT

…aber durch den körperlichen Tod von Jesus am Kreuz sind wir VERSÖHNT. Wir können wieder Freunde sein. Die zerbrochene Beziehung ist wiederhergestellt.

| Der Weg von Kain | Der Weg von Abel | Jesus |
|---|---|---|
| Opferte Gemüse | Opferte ein Tier | Opferte sich selbst |
| Kein Blut wurde vergossen | Blut wurde vergossen | Blut wurde vergossen |
| Keine Sündenvergebung | Sündenvergebung[1] | Sündenvergebung |
| Vertraute seinen eigenen Vorstellungen | Abel vertraute Gott | Wir müssen Gott vertrauen |
| Gott wies Kain zurück. Sein Opfer lieferte die falsche Veranschaulichung. | Gott nahm Abel an. Sein Opfer veranschaulichte, was Jesus am Kreuz vollbringen würde. | Gott wird uns annehmen. Der Tod von Jesus vervollständigt das prophetische Bild. |

**Noah**

Zur Zeit von Noah ignorierten die Menschen den HERRN. Doch JAHWE hielt das Gericht nicht zurück, nur weil sie eine falsche Lebensauffassung hatten. Die Bibel berichtet davon, dass sie alle umkamen.

Gott sagt, dass er genau so alle Menschen richten wird, unabhängig dessen, wie sie denken.

> *Törichte Spötter reden sich ein: „Es gibt keinen Gott."* Psalm 14,1; 53,1 (NGÜ)

> *Sich auf sich selbst zu verlassen ist dumm…*
> Sprüche 28,26 (NLB)

JAHWE lässt eine Zeit lang zu, dass wir ihn ignorieren und sogar seinen Ausweg für uns ablehnen. Doch schlussendlich müssen wir uns den unausweichlichen Folgen stellen: Die Bezahlung unserer Sündenstrafe erfolgt mit unserem eigenen ewigen Tod.

Erinnern wir uns, wie Noah und seine Familie in der Arche in Sicherheit gewesen waren? Es gab *nur ein einziges Schiff* mit *nur einem Eingang,* durch den man Zuflucht vor der Sintflut finden konnte. Eine andere Möglichkeit gab es nicht.

Genauso ist auch Jesus der einzige Weg zum ewigen Leben. So wie man nur innerhalb der Arche in Sicherheit war, so können wir nur durch unser Vertrauen auf Jesus vor der ewigen Strafe sicher sein. Jesus sagte:

> *„Ich bin der Weg! Ich bin die Wahrheit und das Leben! Zum Vater kommt man ausschließlich durch mich."*
>
> Johannes 14,6 (NeÜ)

Es gibt nur einen Weg, um dem Gericht zu entgehen. Wer diesen Weg ignoriert, steht dem gleichen Schicksal gegenüber wie diejenigen, die nicht auf Noahs Warnung vor der kommenden Sintflut gehört hatten: Ewiger Tod mit all seinen Konsequenzen. Die Bibel ist darin ganz klar: Jesus ist der einzige Weg zu Gott.

**Babel**

Halten wir uns nochmals die Menschen von Babel vor Augen. Wir haben gesehen, wie sie in ihrer Ichbezogenheit voller Begeisterung einen Weg zum Himmel schaffen wollten und dabei zu folgendem Entschluss kamen:

> *„Los! Bauen wir eine Stadt und einen Turm, der bis an den Himmel reicht! So werden wir uns einen Namen machen…"*
>
> 1.Mose 11,4 (NeÜ)

Im Gegensatz dazu sagt die Bibel, dass Jesus…

> *…Gott in allem gleich war… Er verzichtete auf alle seine Vorrechte und stellte sich auf dieselbe Stufe wie ein Diener. Er wurde einer von uns – ein Mensch wie andere Menschen. Aber er erniedrigte sich noch mehr: Im Gehorsam gegenüber Gott nahm er sogar den Tod auf sich; er starb am Kreuz wie ein Verbrecher.*
>
> *Deshalb hat Gott ihn auch so unvergleichlich hoch erhöht und hat ihm als Ehrentitel den Namen gegeben, der bedeutender ist als jeder andere Name. Und weil Jesus diesen Namen trägt, werden sich einmal alle vor ihm auf die Knie werfen, alle, die im Himmel, auf der Erde und unter der Erde sind. Alle werden anerkennen, dass Jesus Christus der Herr [Jahwe] ist, und werden damit Gott, dem Vater, die Ehre geben.*
>
> Philipper 2,6-11 (NGÜ)

Die Bibel teilt uns mit, dass die Menschheit vor die Wahl gestellt ist:

1. Wir können stolz sein wie die Menschen von Babel, fest entschlossen, uns selbst einen Namen zu machen und unseren eigenen Weg zu Gott zu finden. Oder…
2. Wir können uns selbst erniedrigen und den Namen Jesus als den einzigen Weg anerkennen, um von Jahwe angenommen zu werden.[2]

Es gibt nur diese beiden Möglichkeiten. Alle, die sich für die erste entscheiden, werden ihre Namen *nicht* im *Lebensbuch des Lammes* vorfinden. Die Bibel sagt uns, dass sie nach dem Tod trotzdem ihre Knie beugen werden und bekennen müssen, dass Jesus Jahwe ist.

**Religion**

Erinnern wir uns noch, im Zusammenhang mit Babel berichtet die Bibel zum ersten Mal von organisierter Religion. Wir haben gesagt, der Begriff *Religion* bezeichnet „die Bestrebungen des Menschen, sich nach einer Gottheit auszustrecken, in der Hoffnung, Wohlwollen zu gewinnen oder Unheil abzuwenden".

Die Menschen von Babel plagten sich mit Ziegeln und Asphalt ab, um ein „Tor zu Gott" zu bauen. Auf die gleiche Weise agiert Religion wie ein Antreiber, immer darauf bedacht, dass wir uns abmühen. Sie fordert stetig größere Anstrengungen, um Gott, Göttern, Geistern oder Götzen zu gefallen. Die Bibel jedoch teilt uns mit, dass all dieses Abmühen die durch die Sünde entstandene Kluft nicht überbrücken wird.

Im Gegensatz zur Religion sagt die Bibel, dass das einzig wahre „Tor zu Gott" von JAHWE dem HERRN selbst geöffnet wurde. In seiner gnädigen Liebe beugte er sich in der Person von Jesus Christus zur Menschheit hinab. Alles, was getan werden musste, um die zerbrochene Beziehung wiederherzustellen, wurde am Kreuz von Jesus vollbracht.

Obwohl Religion als solche augenscheinlich viele Tore zu Gott anbietet, sagt uns Jesus, dass es im Leben nur zwei Wege gibt.

> *Geht durch das enge Tor! Denn das weite Tor und der breite Weg führen ins Verderben, und viele sind dorthin unterwegs. Wie eng ist das Tor und wie schmal der Weg, der ins Leben führt, und nur wenige sind es, die ihn finden!*
>
> *Matthäus 7,13-14 (NeÜ)*

Jeder Mensch, der in diese Welt hineingeboren wird, ist bereits auf dem „breiten Weg", der ins Verderben führt, unterwegs. Es ist ein beliebter Weg, auf dem sich viele Menschen bewegen, aber der HERR fordert uns auf, diese überfüllte Straße zu verlassen und uns durch das „enge Tor" auf den Weg zum ewigen Leben zu begeben. Ein Prophet schrieb über seine eigene Entscheidung:

> *Mögen auch alle Völker ihren eigenen Wegen nachfolgen, jeder den Namen seines Gottes anrufen – wir wollen unserem Gott für immer und ewig nachfolgen.* *Micha 4,5 (NLB)*

| Der Weg von Babel | Der Weg der Religion | Der Weg von Noah | Der Weg von Jesus |
|---|---|---|---|
| Der breite Pfad | | Das enge Tor | |
| Sie machten sich selbst einen Namen<br>Sie dachten sich die erste Religion aus | Viele Namen und viele Wege, die zu diesen Göttern führen<br>Viele Menschen gehen durch dieses Tor | Nur ein Zugang und nur ein Schiff zur Rettung<br>Wenige Menschen gingen hinein | Nur ein Retter: Jesus, der Messias<br>Wenige Menschen gehen durch dieses Tor |
| Sie vertrauten auf religiöse Anstrengungen | Sie vertrauten auf religiöse Anstrengungen | Noah vertraute JAHWE | Sie müssen dem Retter vertrauen |
| Die Menschen wurden zerstreut | Sie wurden zurückgewiesen | Noah wurde gerettet | Sicher vor dem Gericht |
| Ge- und Verbote | | Es ist vollbracht! | |

# 3 Die Botschaft von Emmaus

## – Von Abraham bis zum Passah –

Die Augen der Jünger müssen vor Begeisterung geglänzt haben, als Jesus erklärte, wie er die Schriften erfüllte. Alles ergab plötzlich einen Sinn. Jesus fuhr fort.

### Sodom und Gomorra

Erinnern wir uns, wie Abraham und Lot das Land zwischen sich aufteilten, als sie in Kanaan ankamen? In seiner Gier entschied sich Lot für das fruchtbare Gebiet der Talebene. Aber seine Entscheidung führte dazu, dass er sich in der sündigen Stadt Sodom niederließ. Die Bibel berichtet:

> *…die Städte Sodom und Gomorra verurteilte Gott zum Untergang. Er ließ sie in Schutt und Asche sinken. Damit setzte er ein* ***warnendes Beispiel*** *für alle, die sich künftig gottlos verhalten.* 2.Petrus 2,6 (BasisBibel)

Die Bibel bezeichnet als „gottlose Menschen“ solche, die ihr Vertrauen nicht auf Jesus setzen.[3]

> *Ganz ähnlich war es bei Sodom und Gomorra und den umliegenden Städten: Ihre Bewohner gaben sich sexueller Zügellosigkeit hin und praktizierten widernatürliche Dinge. Zur Strafe für ihr Verhalten und als* ***warnendes Beispiel*** *für uns alle sind sie nun dem ewigen Feuer ausgeliefert.* Judas 7 (NGÜ)

Der HERR sagte, das Gericht über diese Städte sollte den „globalen Lehrsaal" daran erinnern, dass er jede Süde bestrafen muss. Dies ist kein gern gesehenes Thema, aber es ist das, was die Bibel sehr klar lehrt.[4] Dem Menschen steht die ewige Trennung von Gott im Feuersee bevor.

## Abraham und Isaak

Erinnern wir uns wieder daran, wie Gott Abraham dazu aufforderte, seinen Sohn zu opfern? Die Bibel sagt, dass Isaak gefesselt auf einen Altar gelegt wurde – er war hilflos.

So wie sich Isaak, hilflos wie er war, nicht selbst retten konnte, so sind auch wir alle der Gebundenheit durch die Sünde hilflos ausgeliefert, unfähig uns selbst vor deren ewigen Folgen zu retten. Gleichermaßen so, wie das Messer über Isaak schwebte und ihm der Tod drohte, so schwebt auch über jedem von uns die Strafe für die Sünde. D.h. wir sind nur einen Augenblick vom zweiten Tod entfernt.

## Ein Stellvertreter, der genügt

Die Bibel sagt, Abraham vertraute auf Gottes Güte, dass dieser ihm einen Ausweg aus diesem Dilemma schaffen würde. Und JAHWE griff ein. Im letzten Augenblick rief der HERR vom Himmel her und stoppte das Szenario.

Genauso griff Gott auch um unseretwillen ein. So wie der HERR einen Schafbock für Isaak gab, wurde für uns der Herr Jesus gegeben. Und wie der Schafbock an Isaaks Stelle starb, so starb Jesus an unserer Stelle. Eigentlich hätten wir sterben und für unsere Sünde bestraft werden sollen. Doch nun starb Jesus und nahm am Kreuz unsere Strafe auf sich. Er ist unser Stellvertreter.

Isaak hätte sein Leben verloren, wenn der Schafbock nicht gestorben wäre. Falls Jesus nicht gestorben wäre, würden wir dem zweiten Tod gegenüberstehen.

SCHULDNER

Über die Jahrtausende hinweg, trug jeder Mensch seinen persönlichen Schuldbrief mit sich herum. Auf jedem lastete eine riesige Sündenschuld, die er zu bezahlen hatte. Der einzige Weg, wie diese Schuld abbezahlt werden konnte, war durch den eigenen ewigen Tod. Der Mensch war ein SCHULDNER.

SCHULD GETILGT

Doch dann kam Jesus. Sein Tod beglich die Sündenschuld des Menschen komplett: die zurückliegende, gegenwärtige und zukünftige Schuld. Deshalb rief Jesus aus: „Es ist vollbracht!" *Tetelestai!* Die Schuld ist BEZAHLT!

*Römer 6, 23 – frei umschrieben

**Das Gebirge Morija**

Gott hatte Abraham angewiesen, Isaak auf dem Gebirge Morija zu opfern. Nachdem Isaak vor dem Tod **gerettet** war, nannte Abraham den Berg: „Der HERR *wird* vorsorgen." Man könnte annehmen, Abraham würde den Berg „Der HERR *hat* vorgesorgt" nennen. Aber nein, er nannte ihn „Der HERR *wird* vorsorgen." Es war, als hätte Abraham seinen Blick in die Zukunft gerichtet, auf den Zeitpunkt hin, an dem ein anderes Opfer dargebracht würde. Ein Opfer, das **Rettung** bringen würde vor dem zweiten Tod. Zweitausend Jahre später erfüllte Jesus, der Messias, in derselben Gegend auf den Bergen Morijas die von Abraham gemachte Prophezeiung, indem er, als der vollkommene Stellvertreter, sein Leben opferte.

Das waren alles sehr gute Nachrichten für die Jünger und es sollten auch für uns gute Nachrichten sein. Die Bibel sagt:

> *Alles, was in früherer Zeit dort aufgeschrieben wurde, wurde festgehalten, damit wir daraus lernen. Denn wir sollen die Hoffnung nicht aufgeben. Dabei helfen uns die Ausdauer und die Ermutigung, wie wir sie aus den Heiligen Schriften gewinnen können.* Römer 15,4 (BasisBibel)

**Das Passah**

Blicken wir nochmals auf die Zeit zurück, in der sich das Volk Israel in der Sklaverei in Ägypten befand. Gott befreite sie mit Hilfe großer Plagen aus der Hand des Pharao. Die letzte Plage war *der Tod jedes erstgeborenen Kindes.* Gott versprach, dass die Israeliten, so sie seinem Wort folgen würden, von dieser Tragödie verschont blieben.

Denken wir daran, wie die Israeliten ein Lamm schlachten mussten. *Nun zeigt uns die Bibel, dass Jesus unser Lamm ist.*

Es war kaum ein Zufall, dass Jesus von Geburt an mit diesen unschuldigen Kreaturen in Verbindung gebracht wurde. Es deutet alles darauf hin. So wurde er in einem Stall geboren, einem Ort, an dem Lämmer Zuflucht finden. Seine ersten Besucher waren Hirten, Männer, die sich um Lämmer kümmerten und sie schützten. Man sagt, dass Bethlehem, der Ort seiner Geburt, von den Hohepriestern als Gegend für die Aufzucht von Opferlämmern für den Tempel bestimmt wurde. Johannes der Täufer sagte über Jesus:

> *„Seht, hier ist das Opferlamm Gottes, das die Sünde der ganzen Welt wegnimmt."* Johannes 1,29 (NGÜ)

Wenn Jesus mit dem Passahlamm in Verbindung gebracht wird, sollte uns das nicht überraschen. Die Parallelen sind verblüffend.

Erinnern wir uns, dass das Passahlamm keinen Fehler haben durfte? *Jesus war sündlos.*

Das Lamm musste männlich sein. *Jesus war ein Mann.*

Das Passahlamm wurde getötet und starb anstelle des Erstgeborenen. *Jesus starb an unserer Stelle als unser Stellvertreter.*

Das Blut des Lammes wurde an den Türrahmen des Hauses gestrichen. *Jesus vergoss sein Blut an einem Kreuz aus Holz.*

Die Israeliten mussten ins Haus gehen und dort bis zum nächsten Morgen bleiben. Nur im Haus war man sicher. *So sind auch wir nur dann vor dem ewigen Tod in Sicherheit, wenn wir auf das vertrauen, was Jesus am Kreuz vollbracht hat.*

Die Bibel sagt, als der HERR kam, um Gericht zu halten, ging er an jedem Haus vorüber, an dem er das Blut fand. Warum? Weil der Tod schon stellvertretend über das Lamm gekommen war.

*Auf dieselbe Weise schuf Gott einen Weg, auf dem sein Gericht an uns vorübergehen kann. Das wurde möglich, weil das ganze Gericht, das wir verdient hatten, stellvertretend auf Jesus, unser Lamm, gelegt wurde.*

Gott hatte die Israeliten besonders angewiesen, beim Essen des Passahlammes keine Knochen zu brechen. Dies geschah, weil das Lamm ein Bild, eine Vorausschau auf Jesus war. Auch die Knochen von Jesus wurden nicht gebrochen. Als die römischen Soldaten…

> *…an Jesus vorbeikamen, merkten sie, dass er schon gestorben war. Deshalb brachen sie ihm die Beine nicht.* Johannes 19,33 (NeÜ)

Während die Jünger an den Lippen von Jesus hingen, als er die wahre Bedeutung des Passahfestes erklärte, dachten sie bestimmt daran, welche Jahreszeit gerade war. Jesus war am selben Tag gekreuzigt worden, an dem das Passahlamm geschlachtet wurde! Sie konnten nicht wissen, dass die Priester gehofft hatten, ihn nach dem Fest zu töten, aber sie wussten nun, dass Gottes Plan erfolgreich gewesen war. Jesus starb nicht nur am gleichen Tag, sondern auch zur neunten Stunde (15$^{00}$Uhr), genau zu der Zeit, in der im Tempel das Lamm geopfert wurde – zur Stunde des Abendopfers. Er starb genau nach Zeitplan, so wie die Bibel es angekündigt hatte.[5]

*Denn unser Passahlamm ist ja für uns geschlachtet worden: Christus.*
1.Korinther 5,7 (SCHL)

---

**Das ungesäuerte Brot**

In Vorbereitung auf das erste Passah teilte Jahwe, der Herr, den Israeliten mit, dass…

*…sie in derselben Nacht ungesäuertes Brot essen sollten.*
2.Mose 12,8 (NLB)

In der Bibel wird Sauerteig als ein Bild für die alles durchdringende Auswirkung der Sünde gebraucht. In der Nacht, bevor Jesus gekreuzigt wurde, feierte er mit seinen Jüngern dieses Fest.

*Anschließend nahm er das Brot und sprach das Dankgebet. Er* ***brach*** *das Brot in Stücke, gab es ihnen und sagte: „Das ist mein Leib. Er wird für euch gegeben. Tut das immer wieder zur Erinnerung an mich."*
Lukas 22,19 (BasisBibel)

Das *ungesäuerte* Brot wies darauf hin, dass Jesus *ohne Sünde* war. So wie das Brot für die Jünger gebrochen wurde, so wurde auch der sündlose Jesus für uns am Kreuz zerbrochen.

*Genauso nahm Jesu nach dem Essen den Becher und sagte: „Dieser Becher steht für den neuen Bund, den Gott mit den Menschen schließt. Er kommt zustande durch mein Blut, das für euch vergossen wird."*
Lukas 22,20 (BasisBibel)

So wie das Blut des Lammes anstelle des Erstgeborenen vergossen wurde, so symbolisiert der Wein in dem Becher, dass Jesus sein Blut an unserer Stelle vergoss. Der Becher war ein Symbol für einen neuen Bund oder ein neues Versprechen: die Zusage von ewigem Leben für die, deren Namen geschrieben stehen…

*…im Lebensbuch des Lammes.* Offenbarung 21,27 (NGÜ)

**Ein Stellvertreter**

Erinnern wir uns an das Eishockey-Spiel? Wir haben gesehen, dass ein Spieler, der gegen eine Regel verstieß, bestraft wurde. Der Übeltäter musste für eine bestimmte Zeit auf der „Strafbank“ Platz nehmen. Allerdings gibt es bei diesem Spiel eine interessante Eigenart. Falls der Torwart eine Regel bricht, kann ein anderer Spieler *seinen Platz* auf der Strafbank *einnehmen* und für ihn die Strafe bezahlen! Dem Torhüter wird ein **Stellvertreter** gegeben.

Im gleichen Stil haben wir Menschen gegen Gottes Regeln verstoßen. Uns steht eine Ewigkeit auf der Strafbank der Hölle bevor. Aber Jesus hat *unseren Platz eingenommen.* Er hat die Strafe für uns bezahlt. Uns wurde ein **Stellvertreter** gegeben.

# 4 Die Botschaft von Emmaus

## – Vom Gesetz bis zur Stiftshütte –

Halten wir uns nochmals die Zehn Gebote vor Augen. Die Israeliten waren der Überzeugung, sie könnten sie ohne weiteres befolgen. Aber wie wir gesehen haben, kann man die zerbrochene Freundschaft mit Gott nicht wiederherstellen, indem man versucht, eine Liste mit Ge- und Verboten zu halten.

> *Kein Mensch gilt vor Gott als gerecht, weil er das Gesetz befolgt. Vielmehr erkennen wir erst durch das Gesetz, was Sünde ist.* Römer 3,20 (BasisBibel)

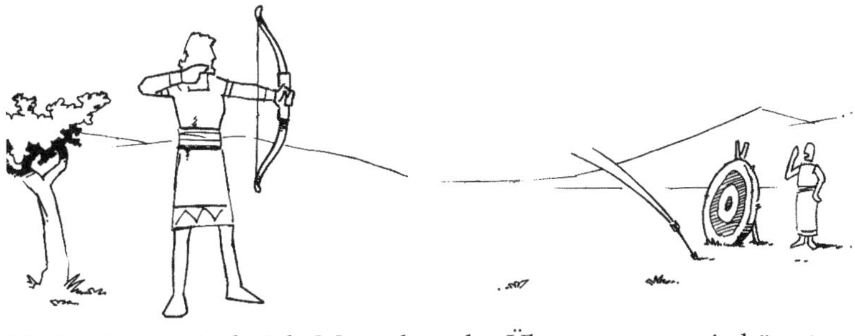

Nach wie vor sind viele Menschen der Überzeugung, sie könnten Gott gefallen, indem sie eine Liste von Ge- und Verboten befolgen. Wie wir jedoch gesehen haben, erwartet Gott nicht weniger als ein fehlerloses Leben. Wenn wir auch nur ein einziges Mal das Ziel von Gottes Maßstab verfehlen, sind wir nicht länger vollkommen.

Kein Mensch auf dieser Erde hat jemals die Gebote Gottes vollkommen gehalten – mit einer Ausnahme: der Herr Jesus

Christus. Er hat das Gesetz nie umgangen und hat keinerlei Ausnahmen für sich beansprucht.

1. Während der über 30 Jahre, die er auf der Erde lebte, hat er das Gesetz anstandslos befolgt. Er war sündlos.
2. Und als er sich die Sünde der ganzen Welt auflud, erfüllte er alle Anforderungen des Gesetzes. Er zahlte die geforderte Strafe: den Tod.

Gott konnte nicht einfach über die Sünde hinwegsehen und so tun, als sei sie nie geschehen. Sünde musste bestraft werden. Dafür brauchte es einen Tod. Bis zur Zeit Jesu opferten die Menschen Tiere zur Bezahlung für den Tod. Doch Tieropfer konnten die Sünde nur vorübergehend bedecken. Im Blick auf die Ewigkeit war…

> *…das Blut von Stieren und Böcken… nicht imstande, Sünden wegzunehmen.* Hebräer 10,4 (NeÜ)

Die Bezahlung der Sündenstrafe des Menschen konnte nur durch einen anderen Menschen geschehen, der ebenfalls nach dem Bild Gottes geschaffen war und dieses in sich trug.

Doch es gab ein Problem. Erinnern wir uns an die Geschichte der beiden Männern, die in eine finstere Grube gefallen waren. Sie konnten einander nicht retten. Sie waren auf einen Retter von außerhalb der Grube angewiesen.

> *Kann doch keiner einen andern auslösen oder für ihn an Gott ein Sühnegeld geben – denn es kostet zu viel, ihr Leben auszulösen; er muss davon abstehen ewiglich –, damit er immer weiterlebe und die Grube nicht sehe.* Psalm 49,8-10 (LUT)

Wir benötigten jemanden von außerhalb der Grube, um uns zu retten. Jemand, der ohne Sünde war und keine schmutzigen Lumpen trug.

Nur Jesus erfüllte diese Voraussetzungen. Er war nicht nur das Ebenbild Gottes: Er war Gott selbst! Zugleich war er aber auch Mensch: ein vollkommener Mensch. Es war nicht nur so, dass er in jeglicher Hinsicht fähig war, uns zu retten, er war auch bereit dazu. In absoluter, selbstloser Liebe hat Gott ihn…

> *…zum Sühneopfer für unsere Schuld gemacht… durch sein Blut…. Damit hat Gott unter Beweis gestellt, dass er gerecht gehandelt hat…* Römer 3,25 (NGÜ)

Gott wusste, dass der Tag kommen würde, an dem Jesus für jede Sünde (Vergangenheit, Gegenwart und Zukunft) sterben und damit jegliche Sündenschuld völlig bezahlen würde.

### Liebe und Gerechtigkeit

Auf dem Weg nach Emmaus erklärte Jesus den Jüngern, dass er „sterben musste“. Warum sagte er das? Sein Tod war aus folgendem Grund notwendig:

- ❖ Wenn JAHWE, der HERR, nur aufgrund seiner **Gerechtigkeit** entschieden hätte, müssten wir für unsere eigene Sünde sterben. Das wäre gerecht gewesen, aber die **Liebe** Gottes ließ das nicht zu.
- ❖ Wäre andererseits Gottes Handeln nur von seiner **Liebe** bestimmt gewesen, hätte er die Sünde für immer ignoriert. Das war aber nicht möglich, weil Gott in seinem ganzen Wesen **gerecht** ist. Die Sünde musste bestraft werden.

Am Kreuz werden beide Wesenszüge Gottes in vollkommener und ausgewogener Weise zum Ausdruck gebracht. Dort zeigt sich seine grenzenlose Liebe und gleichzeitig wird seiner absoluten Gerechtigkeit Genüge getan. Von Gott her gesehen, waren es seine **Liebe** und **Gerechtigkeit,** die das Kreuz unumgänglich machten.

> *Niemand liebt mehr als einer, der sein Leben für seine Freunde einsetzt.* Johannes 15,13 (BasisBibel)
>
> *Aber Gott hat seine Liebe zu uns dadurch bewiesen, dass Christus für uns starb, als wir noch Sünder waren.* Römer 5,8 (NeÜ)

| Das Gesetz | Jesus |
|---|---|
| Konnte unmöglich vom Menschen vollkommen befolgt werden | Hielt das Gesetz vollkommen |
| Verurteilte uns als Sünder | Liebte uns, obwohl wir Sünder waren |
| Zeigte uns den gerechten Maßstab Gottes: Vollkommenheit | Lebte nach Gottes gerechtem Maßstab: war sündlos |
| Konnte uns nicht vor der Sündenstrafe retten | Rettete uns vor der Sündenstrafe |

### Die Stiftshütte

Halten wir uns nochmals vor Augen, wie Gott Mose anwies, die Stiftshütte zu bauen. Dies war eine eindrückliche Veranschaulichung, die uns helfen sollte zu verstehen, wie der HERR unsere zerbrochene Beziehung zu ihm wieder aufrichten wollte. Erinnern wir uns daran, wie Gott seine Gegenwart unter den Israeliten mit einer Wolkensäule am Tag und einer Feuersäule in der Nacht zeigte? Diese Säule schwebte über der Bundeslade im Allerheiligsten.

**Ein Zugang**

Wenn ein Mensch sich der Stiftshütte näherte, sah er als Erstes die Umzäunung, die nur einen Eingang hatte. Wie wir bereits gesehen haben, gibt es nur einen Weg zu Gott. Jesus sagte:

> *„Niemand kommt zum Vater außer durch mich."*
>
> *Johannes 14,6 (NLB)*

**Der Brandopferaltar**

Wer durch diesen einzigen Eingang die Stiftshütte betrat, stieß zuerst auf den Brandopferaltar. Das erinnerte die Menschen daran, dass sie nur durch ein Blutopfer mit Gott in die rechte Beziehung treten konnten. Mit uns ist es genauso: Die rechte Beziehung zu Gott ist nur durch Jesus möglich, der sein Leben an unserer Stelle opferte.

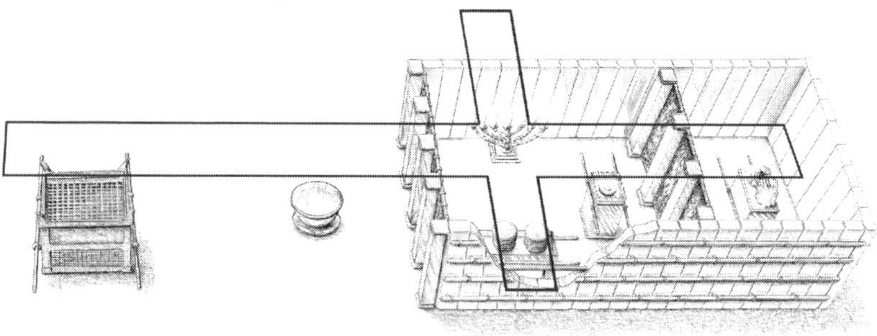

Wenn die Israeliten an den Altar dachten, war dies für sie ein *Ort des Todes.* Und wenn die Menschen zur Zeit von Jesus an ein Kreuz dachten, war dies für sie ein Hinrichtungsinstrument: ein *Ort des Todes.*

Schon ein kurzer Vergleich dieser beiden Orte des Todes (Brandopferaltar und Kreuz) zeigt sehr deutlich, dass Jesus das eindrückliche Bild der Tieropfer in der Stiftshütte vollkommen erfüllte.

| Der Brandopferaltar | Das Kreuz |
|---|---|
| **Das Opfer war…** | **Jesus…** |
| *…von den Rindern oder von den Schafen und Ziegen* | …ist das Lamm Gottes |
| *…ein männliches Tier* | …ist ein Mann |
| *…ohne Fehler* | …ist sündlos |
| *…stellvertretend für den Opfernden angenommen worden…* | …starb an unserer Stelle<br>…schaffte Sündenvergebung für uns |
| *…um Sühne für ihn zu schaffen* | …wurde für uns zum Blutopfer gemacht |
| *…ein Blutopfer* 3.Mose 1,2-5 (NeÜ) | |

So wie der *Altar* den Israeliten zur Veranschaulichung dessen diente, „was nötig war", um die Sündenschuld wegzunehmen. Genauso erinnert uns das *Kreuz* daran, dass Jesus unsere Sündenschuld bezahlt hat.

**Der Leuchter**

Denken wir daran zurück, wie Gott Mose angewiesen hat, einen Leuchter aus purem Gold anzufertigen, der das *Heiligtum* erleuchten sollte. Dies ist ein Bild auf Jesus hin, der gesagt hat:

> *„Ich bin das Licht dieser Welt. Wer mir folgt, tappt nicht mehr im Dunkeln. Er wird das Licht des Lebens haben."*
> *Johannes 8,12 (BasisBibel)*

Jesus ist das Licht des Lebens. Er möchte die Menschen aus der Finsternis der Sünde befreien und ihnen das Licht des ewigen Lebens geben.

**Der Tisch mit den Broten**

Erinnern wir uns, wie Gott Mose sagte, er solle einen Tisch anfertigen und zwölf Brote darauf legen? Jedes Brot stellte einen der zwölf Stämme Israels dar. Auch das ist wieder ein Bild, das auf Jesus hinweist, der sagte:

> *„Ich bin das Brot des Lebens."* *Johannes 6,35 (NeÜ)*

Genauso wie die zwölf Brote ein Bild für ausreichende Versorgung aller Israeliten waren, so versorgt uns auch Jesus, als das Brot des Lebens, mit dem ewigen Leben.

> *„Ich versichere euch: Wer mir vertraut, hat das ewige Leben. Ich bin das Brot des Lebens."* *Johannes 6,47-48 (NeÜ)*

**Der Vorhang**

Denken wir daran, wie Gott Mose angewiesen hat, einen dicken Vorhang zwischen dem Heiligtum und dem Allerheiligsten aufzuhängen. Dem sündigen Menschen war der Zugang zu Gottes heiliger Gegenwart versperrt.

FREMDER

Genauso, sagt uns die Bibel, sind wir von Gott getrennt. Wir sind dem HERRN und seiner Liebe gegenüber ENTFREMDET.

Doch dann kam Jesus. Als er starb, zerriss der Vorhang in zwei Teile. Kein Mensch konnte diesen Vorhang zerreißen. Vielmehr zerriss ihn Gott, um zu verdeutlichen, dass der Körper von Jesus für dich und für mich „zerrissen" wurde. Wenn wir nun unser Vertrauen auf ihn setzen, ist unsere Sünde vergeben und wir dürfen mutig in die Gegenwart Gottes treten. Die Beziehung ist wiederhergestellt.

*Liebe Brüder und Schwestern! Wir haben also freien Zutritt zum Allerheiligsten! Jesus hat sein Blut geopfert und uns den Weg durch den Vorhang hindurch frei gemacht, diesen neuen Weg, der zum Leben führt. Der „Vorhang" aber, das ist er selbst, so wie er in einem irdischen Leib gelebt hat.... Darum wollen wir vor Gott hintreten mit offenem Herzen und in festem Glauben...* *Hebräer 10,19-20+22 (GNB)*

*Jetzt aber, in Christus Jesus, seid ihr, die ihr einst fern wart, nahe gebracht worden durch das Blut des Christus.*
*Epheser 2,13 (SCHL)*

Wir sind aber nicht einfach wieder als Freunde angenommen. Die Bibel sagt uns, dass wir vollwertig in Gottes Familie aufgenommen wurden: Wir wurden *adoptiert.*

In der römischen Welt zur Zeit Jesu war *Adoption* der gesetzesmäßige Weg zur „Verleihung des Sohnesrechts". In unserer heutigen Gesellschaft besitzt ein Kind von Geburt an alle Rechte und Pflichten, die zu der jeweiligen Familie gehören. Es ist automatisch rechtmäßiger Erbe. Aber in einer Welt, in der Männer mehrere Frauen, Nebenfrauen sowie Kinder von ihren Sklavinnen hatten, war ein Kind so lange kein rechtmäßiger Erbe, bis ihm in einer besonderen Zeremonie das Sohnesrecht verliehen wurde.

ANGENOMMEN

So ist es auch mit uns. Wir waren einst ENTFREMDET in Bezug auf die Liebe Gottes, sind jetzt aber Teil der Familie Gottes geworden. Wir wurden ADOPTIERT und haben das Sohnesrecht erhalten. Wir sind Erben des Himmels und gehören ganz und gar zum HERRN.

*Weil ihr nun also seine Söhne und Töchter seid, hat Gott den Geist seines Sohnes in eure Herzen gesandt, den Geist, der in uns betet und „Abba, Vater!" ruft. Daran zeigt sich, dass du kein Sklave mehr bist, sondern ein Sohn. Wenn du aber ein Sohn bist, bist du auch ein Erbe; Gott selbst hat dich dazu bestimmt.*
*Galater 4,6-7 (NGÜ)*

**Die Deckplatte**

Die *Deckplatte* war der besondere Deckel auf der Bundeslade im Allerheiligsten. Dorthin brachte der Hohepriester einmal im Jahr am Versöhnungstag das Blut. Gott schuf damit einen Weg für die Israeliten, auf dem sie dem Gericht über ihre Sünde, durch das vergossene Blut eines unschuldigen Lammes, entkommen konnten.

Genauso ist Jesus jetzt unsere *Deckplatte.* Durch sein Blut hat Gott für uns einen Ausweg geschaffen, auf dem wir dem ewigen Tod entkommen können. Der HERR sagt denen, die ihm vertrauen:

> *„Ich werde nie mehr an ihre Sünden und an ihren Ungehorsam gegenüber meinen Geboten denken." Wo aber die Sünden vergeben sind, ist kein weiteres Opfer mehr dafür nötig.*
> Hebräer 10,17-18 (NGÜ)

Mit dem Tod von Jesus am Kreuz starb das letzte Lamm. Von nun an war es nicht mehr nötig, irgendwelche Blutopfer zu bringen....

> *...weil Jesus Christus... seinen eigenen Leib als Opfer dargebracht hat, sind wir jetzt* ***ein für alle Mal*** *geheiligt.*
>
> *Jeder andere Priester steht Tag für Tag am Altar, um seinen Dienst zu verrichten, und bringt unzählige Male die gleichen Opfer dar, die doch niemals imstande sind, Sünden wegzunehmen. Christus dagegen hat sich, nachdem er ein einziges Opfer für die Sünden dargebracht hat, für immer auf den Ehrenplatz an Gottes rechter Seite gesetzt.* Hebräer 10,10-12 (NGÜ)

Gott nahm die Tieropfer an, weil er vorausschaute auf die Zeit, in der Jesus als das endgültige Opfer sterben würde. Wie wir schon gesehen haben, bewirkte der Tod von Jesus weit mehr als die Bedeckung der Sünde für ein weiteres Jahr. Er löschte sie für immer vor Gottes Angesicht aus. Am Kreuz rief er: „Es ist vollbracht! *Tetelestai!*" – das endgültige Lamm ist gefunden.

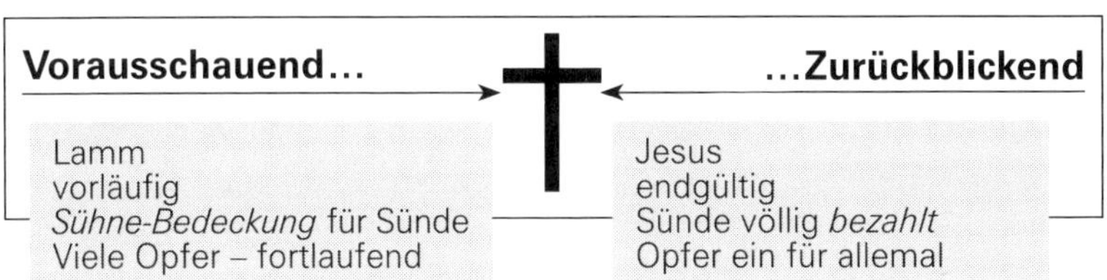


**Prophetie**

Wir haben bereits die bemerkenswerte Genauigkeit von Prophetie in der Bibel gesehen. Jesus selbst sagte:

> *„Denkt nicht, dass ich gekommen bin, um das Gesetz oder die Propheten außer Kraft zu setzen."* Matthäus 5,17 (NeÜ)

Die Redewendung *„das Gesetz oder die Propheten"* ist eine biblische Ausdrucksweise, um den Bezug zum gesamten Alten Testament herzustellen. Im weiteren Verlauf des Verses sagt Jesus:

> *„Ich bin nicht gekommen, ihre Forderungen abzuschaffen, sondern um sie zu erfüllen. Denn ich versichere euch: Solange Himmel und Erde bestehen, wird auch nicht ein Jota oder Strich vom Gesetz vergehen; alles muss sich erfüllen."*
> Matthäus 5,17-18 (NeÜ)

Jota oder Strich waren die kleinsten Bestandteile im Alphabet. Jesus sagte damit, dass er die Heilige Schrift bis ins kleinste Detail erfüllen würde. Dies sollte sich auf den kleinsten Buchstaben bzw. den kleinsten Bestandteil des Alphabets erstrecken.

Ich erinnere mich an ein Gespräch mit einem Chirurgen, der sich gerade einen Überblick über die Bibel verschafft hatte, ganz ähnlich wie in diesem Buch. Er erzählte mir, dass er anfänglich die Geschichten über die Schöpfung, Adam und Eva, Noah usw. nur als Mythen angesehen hatte. Im weiteren Verlauf aber sah er, wie diese biblischen Geschichten durch Jesus erfüllt worden waren. Er sagte, dass er an einen Punkt kam, an dem ihm klar wurde, *dass „all dies nicht einfach nur zufällig* passiert sein *konnte"*. Innerlich ging er nochmals zurück, und erkannte all die Begebenheiten als wahr an, die er vorher in Frage gestellt hatte.

Wir haben schon gesagt, dass Gott uns mit Hilfe von erfüllten Prophetien in Erstaunen versetzt, damit wir der ganzen Botschaft der Bibel Beachtung schenken. Dies gilt besonders dem Teil, der mit der Rettung vor dem Tod zu tun hat.

## 5 Die Botschaft von Emmaus
### – Von Nikodemus bis zur Auferstehung –

Während seiner Zeit hier auf der Erde machte Jesus deutlich, dass die Menschheit in Problemen steckt und einen Retter braucht. Die Bibel sagt:

> *Wie Schafe hatten wir uns alle verirrt; jeder ging seinen eigenen Weg....* Jesaja 53,6 (NeÜ)

VERLOREN

Wir haben gesehen, dass sich der Mensch am Anfang der Zeit dafür entschied, seinen eigenen Weg zu gehen. Dieser Pfad führte ihn in eine geistliche Wüste. Die Bibel stellt fest, dass der Mensch VERLOREN ist.

GEFUNDEN

Doch dann kam Jesus, der HERR, um uns zu suchen. Während seiner Zeit auf Erden erzählte er ein Gleichnis, das Gottes Fürsorge zum Ausdruck bringt.

> *„Angenommen, einer von euch hat hundert Schafe, und eins davon geht ihm verloren. Lässt er da nicht die neunundneunzig in der Steppe zurück und geht dem verlorenen nach, bis er es findet?*
>
> *Und wenn er es gefunden hat, nimmt er es voller Freude auf seine Schultern und trägt es nach Hause. Dann ruft er seine*

*Freunde und Nachbarn zusammen und sagt zu ihnen: ‚Freut euch mit mir! Ich habe das Schaf wiedergefunden, das mir verloren gegangen war.‘*

*Ich sage euch: Genauso wird im Himmel mehr Freude sein über einen einzigen Sünder, der **umkehrt**, als über neunundneunzig Gerechte, die es nicht nötig haben **umzukehren**.“*

*Lukas 15,4-7 (NGÜ)*

Wir haben gesehen, dass das Wort Buße für eine „Veränderung der Einstellung“ steht. Der Begriff ist sehr breit gefasst und wird oft mit „büßen“ oder „betrübt sein“ in Verbindung gebracht. Doch darum geht es hier nicht. Im Fokus steht vielmehr eine „Veränderung im Denken“.

❖ Gesteht man sich ein, ein *hilfloser Sünder* zu sein?

❖ Setzt man sein Vertrauen nicht länger in sich selbst, seine eigenen Vorstellungen und Weisheit, sondern vertraut stattdessen auf Jesus?

❖ Wendet man sich von seiner eigenen Religion und seinen Götzen ab, und richtet dafür den Glauben allein auf JAHWE aus?

Die positive Beantwortung dieser Fragen setzt eine Veränderung der Einstellung voraus. Buße und Glaube gehen Hand in Hand. Wenn ein Mensch glaubt, tut er damit Buße. Er ist vom Unglauben zum Glauben gelangt, vom Vertrauen auf sich selbst zum Vertrauen auf den Herrn Jesus, vom Glauben an die Religion zum Glauben an Christus. Sein *Denken* hat sich *geändert*. Die Bibel sagt, dass…

*…Freude bei den Engeln Gottes herrscht, wenn auch nur ein einziger Sünder bereut und auf seinem Weg umkehrt.*

*Lukas 15,10 (NLB)*

### Buße und Freude

Der Grund für diese Freude liegt auf der Hand. Denken wir an den Preis, der bezahlt wurde. Jesus sagte:

*„Ich bin der gute Hirte. Ein guter Hirte ist bereit, sein Leben für die Schafe herzugeben.“* *Johannes 10,11 (NGÜ)*

Sein Tod für uns beinhaltete ein unermessliches Opfer. Als Jesus am Kreuz hing, rief er:

*„Mein Gott, mein Gott, warum hast du mich verlassen?“*

*Markus 15,34 (NeÜ)*

Jesu Tod war nicht nur eine körperliche Angelegenheit, sondern hatte auch eine geistliche Dimension. *Sünde erfordert Trennung.* In diesen verzweifelten Stunden am Kreuz wandte sich Gott der Vater von seinem Sohn ab. Es muss sein liebendes Herz zerrissen haben, doch im Einklang mit seinem heiligen Wesen musste er sein Angesicht von Jesus abwenden, als dieser sich unsere Sünde auflud. Die Bibel berichtet, dass sich der Himmel verfinsterte, obwohl es mitten am Tag war. Es scheint so, als wollte der Vater nicht, dass die Welt mit ansah, welche Qualen der Sohn durchlitt, als Jesus freiwillig unsere Sünde trug, stellvertretend zu unserem Lamm wurde und starb. Gott ließ dies zu, ja er hatte es geplant. Der Antrieb hierzu war Liebe.

Wenn ein Sünder Buße tut (umkehrt), lässt er sich auf diese Liebe ein. Wenn wir daran denken, was Jesus durchstehen musste, um für unsere Rettung zu sorgen, ist es nicht schwer zu verstehen, warum so eine Umkehr im Himmel Freude auslöst!

## Nikodemus

Von dieser großen Liebe sprach Jesus in seiner Unterhaltung mit Nikodemus. Auch Nikodemus brauchte eine *Veränderung seiner Einstellung*. Er war davon überzeugt, gerecht zu sein. Aber Jesus machte ihm deutlich, dass er ein Sünder war. Er musste damit aufhören, auf seine eigene Gerechtigkeit zu vertrauen und stattdessen sein Vertrauen auf Christus setzen. Jesus sagte Nikodemus:

> *„Denn Gott hat der Welt seine Liebe dadurch gezeigt, dass er seinen einzigen Sohn für sie hergab, damit jeder, der an ihn glaubt, das ewige Leben hat und nicht verloren geht. Gott hat seinen Sohn nicht in die Welt gesandt, um sie zu verurteilen, sondern um sie durch ihn zu retten."* Johannes 3,16-17 (NGÜ)

Gott versprach nicht nur Nikodemus, sondern jedem, der an ihn glaubt, ewiges Leben. Wie wir bereits gesehen haben, können wir beim HERRN auf eine lange Geschichte von ausnahmslos gehaltenen Zusagen zurückblicken. Diesen Ruf setzte er weder bei Nikodemus aufs Spiel noch bei irgendeinem von uns. Jesus fuhr fort:

> *„Wer an ihn glaubt, wird nicht verurteilt. Wer aber nicht glaubt, ist damit schon verurteilt; denn der, an dessen Namen er nicht geglaubt hat, ist Gottes eigener Sohn."* Johannes 3,18 (NGÜ)

EWIGE STRAFE

Jesus sagte, dass der Mensch „schon verurteilt" in diese Welt hineingeboren wird, ohne Beziehung zu Gott. Irgendwann stirbt unser Körper und nach dem körperlichen Tod sind wir dem zweiten Tod ausgesetzt, einem EWIGEN GERICHT im Feuersee.

EWIGES LEBEN

Doch dann bezahlte Jesus mit seinem Tod die Sündenstrafe. Allerdings blieb Jesus nicht im Tod. Er kam ins Leben zurück. Wenn wir ihm vertrauen, werden auch wir geistlich lebendig und haben EWIGES LEBEN. Die Bibel bezeichnet dies als *„von neuem geboren"* werden. Wenn das geschieht, können wir als gläubig Gewordene sicher sein, dass unsere Namen im *Lebensbuch des Lammes* geschrieben stehen.

*Denn vorher wart ihr tot aufgrund eurer Schuld und weil euer altes Ich euch bestimmt hat. Doch Gott hat euch mit Christus* ***lebendig gemacht****. Er hat uns alle unsere Schuld vergeben.*
*Kolosser 2,13 (NLB)*

*Aber Gott ist reich an Barmherzigkeit. Er hat uns seine ganze Liebe geschenkt und uns zusammen mit Christus* ***lebendig gemacht****. Das tat er, obwohl wir doch tot waren aufgrund unserer Übertretungen [oder Sünden].... Epheser 2,4-5 (BasisBibel)*

## Erlöst

SKLAVE

Jahrhunderte lang war der Mensch ein SKLAVE Satans gewesen. Durch offenkundige Lügen, Nachahmung der Wahrheit und sogar die Verleugnung seiner eigenen Existenz manipulierte Satan die Menschheit, um seine Ziele zu erreichen. Doch selbst wenn es Satans Einfluss nicht gäbe, könnte der Mensch, als ein SKLAVE der Sünde, kein vollkommenes Leben führen.

FREIGEMACHT ERLÖST

Doch dann kam Jesus und ERLÖSTE uns. Um den ganzen Bedeutungsreichtum dieses Begriffes zu verstehen, müssen wir seinen Bezug zur Sklaverei in der Antike kennen. Ich möchte das erklären:

Ein wohlhabender Mann konnte auf den Sklavenmarkt gehen, um sich einen Sklaven zu kaufen. Dort traf er auf die in Ketten gelegten, erniedrigten und zerbrochenen Gefangenen. Jeder von ihnen wurde für eine bestimme Summe verkauft. Wenn der Mann den festgelegten Betrag bezahlte, gehörte der Sklave ihm. Dies ist soweit nichts Ungewöhnliches, aber nun nimmt die Geschichte eine interessante Wendung. In seltenen Fällen holte der neue Besitzer den Sklaven aus dem Sklavenmarkt heraus, befreite ihn von seinen Ketten und ließ ihn frei. Wenn dies geschah, sagte man, dass dieser Sklave ERLÖST worden war.

Dasselbe tat Jesus für uns. Im Sklavenmarkt des Lebens waren wir an die Sünde und Satan gekettet. Wir waren hilflos, unfähig uns selbst zu retten. Doch dann kam Jesus und erkaufte uns, indem er den Preis mit seinem eigenen Blut bezahlte. Er holte uns aus dem Markt heraus, brach die Ketten auf und ließ uns frei.

*Denn ihr wisst, dass Gott euch nicht mit vergänglichen Werten wie Silber oder Gold* ***losgekauft [erlöst]*** *hat von eurem früheren*

*Leben, das ihr so gelebt habt wie schon Generationen vor euch. Er bezahlte für euch mit dem kostbaren Blut von Jesus Christus, der rein und ohne Sünde zum Opferlamm Gottes wurde.*
1.Petrus 1,18-19 (NLB)

*Vom Fluch des Gesetzes hat Christus uns* ***freigekauft [erlöst]****, indem er an unserer Stelle den Fluch auf sich genommen hat, denn es steht geschrieben: „Wer am Kreuz hängt, ist verflucht."*
Galater 3,13 (NeÜ)

*Durch ihn, der sein Blut für uns vergossen hat, sind wir* ***erlöst****; durch ihn sind uns unsere Verfehlungen vergeben. Daran wird sichtbar, wie groß Gottes Gnade ist.* Epheser 1,7 (NGÜ)

**Freiwillig**

Oft wurden die Römer für den Tod von Jesus verantwortlich gemacht ebenso wie die jüdischen religiösen Führer, die sie dazu gedrängt hatten. Über die Jahrhunderte hinweg erlitten die Juden unglaubliche Verfolgungen unter dem Vorwand, sie seien an all dem schuld. Solche Behauptungen sind völlig falsch. In Wahrheit waren es die Sünden der ganzen Welt, die Jesus ans Kreuz brachten. Außerdem sagt die Bibel eindeutig, dass Jesus sein Leben freiwillig für uns gab.

**Die Auferstehung**

Jesus starb zwar, aber er blieb nicht tot. Er wurde nach drei Tagen wieder lebendig.

*„Deshalb liebt mich der Vater: Denn ich bin bereit, mein Leben herzugeben, um es wieder neu zu erhalten. Niemand kann mir das Leben nehmen. Ich gebe es freiwillig her. Es steht in meiner Macht, es herzugeben – und genauso steht es in meiner Macht, es wieder neu zu erhalten.*
Johannes 10,17-18 (BasisBibel)

Die Auferstehung war die machtvolle Bestätigung, dass mit dem Tod Jesu an unserer Stelle Gottes Gerechtigkeit erfüllt war. Die Zahlung war erfolgt und als ausreichend anerkannt worden! Das Grab konnte ihn nicht festhalten. Er hatte den Tod besiegt! Jesus hatte die Umklammerung der Sünde zerschlagen, Satans Macht besiegt und die furchtbare Endgültigkeit des Todes beseitigt.

*Weil nun aber alle diese Kinder Geschöpfe aus Fleisch und Blut sind, ist auch er ein Mensch von Fleisch und Blut geworden. So konnte er durch den Tod den entmachten, der mit Hilfe des Todes seine Macht ausübt, nämlich den Teufel, und konnte die, deren ganzes Leben von der Angst vor dem Tod beherrscht war, aus ihrer Sklaverei befreien.* Hebräer 2,14-15 (NGÜ)

Bei der Auferstehung von Jesus muss Satan von einem erdrückenden Gefühl der Niederlage erfasst worden sein. Als er Judas dazu gebracht hatte, Jesus zu verraten, war er noch von seinem Sieg überzeugt. Nun war er mit seinen eigenen Mitteln geschlagen worden. Seine mächtigste Waffe – der Tod – hatte ihren Stachel verloren.

## Das letzte Gericht

Obwohl im jetzigen bösen Zeitalter die Macht Satans immer noch eine Rolle spielt, wird der Tag kommen, an dem JAHWE, der HERR, ihn ergreifen und in die „Müllkippe des Universums" *(Gehenna)* werfen wird.

> *Und der Teufel, der sie verführt hatte, wurde in den Feuer- und Schwefelsee geworfen,… Dort [wird er] Tag und Nacht Qualen erleiden – für immer und ewig.* Offenbarung 20,10 (NGÜ)

Satan und seine Dämonen werden gefangen sein im…

> *…ewigen Feuer, das für den Teufel und seine Engel vorbereitet ist!* Matthäus 25,41 (NeÜ)

Dann werden alle, die Jesus als Retter abgelehnt haben, in Gottes Gerichtssaal erscheinen müssen.

> *Und ich sah einen **grossen, weißen Thron** und den, der darauf saß; vor dessen Angesicht flohen Erde und Himmel, und es fand sich kein Ort für sie.*
>
> *Und ich sah die Toten, die Großen und die Kleinen, vor dem Thron stehen. Da wurden Bücher aufgeschlagen, und noch ein Buch wurde aufgetan: das **Buch des Lebens**. Und die Toten wurden gerichtet aufgrund dessen, was in den Büchern geschrieben stand, nach ihren Taten.… Das ist der zweite Tod: der Feuersee. **Und wer sich nicht aufgeschrieben fand im Buch des Lebens, der wurde in den Feuersee geworfen.***
>
> Offenbarung 20,11-15 (ZB)

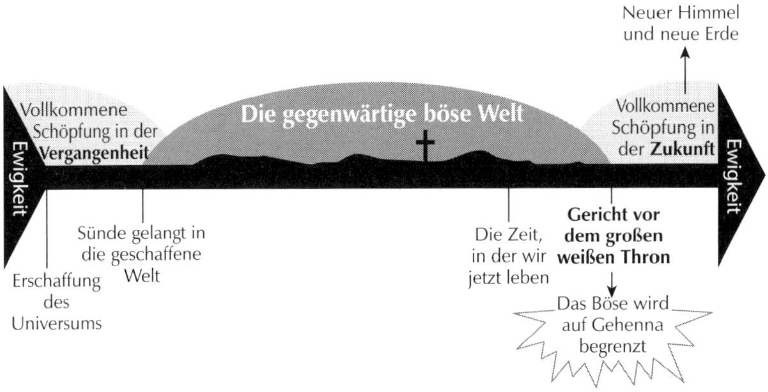

Wenn das Gericht vor dem großen weißen Thron abgeschlossen ist, wird ein neues Zeitalter anbrechen, in dem alle Erlösten des HERRN für immer mit JAHWE leben werden.

> *Doch wir warten auf den neuen Himmel und die neue Erde, die Gott versprochen hat – die neue Welt, in der Gerechtigkeit regiert.* 2.Petrus 3,13 (NGÜ)

**Ein neues Zeitalter**

Einer der 40 Propheten, dem ein Vorgeschmack auf das kommende Zeitalter gegeben wurde, schrieb:

> *Danach sah ich einen neuen Himmel und eine neue Erde. Der frühere Himmel und die frühere Erde waren vergangen…*
>
> *Und vom Thron her hörte ich eine mächtige Stimme rufen: „Seht, die Wohnung Gottes ist jetzt bei den Menschen! Gott wird in ihrer Mitte wohnen; sie werden sein Volk sein – ein Volk aus vielen Völkern, und er selbst, ihr Gott, wird immer bei ihnen sein. Er wird alle ihre Tränen abwischen. Es wird keinen Tod mehr geben, kein Leid und keine Schmerzen, und es werden keine Angstschreie mehr zu hören sein. Denn was früher war, ist vergangen."*
>
> *Daraufhin sagte der, der auf dem Thron saß: „Seht, ich mache alles neu."* Offenbarung 21,1+3-5 (NGÜ)

Er schrieb, dass er eine riesige Stadt sah:

> *Einen Tempel sah ich nicht in der Stadt. Der Herr selbst, der allmächtige Gott, ist ihr Tempel, er und das Lamm. Auch sind weder Sonne noch Mond nötig, um der Stadt Licht zu geben. Sie wird von der Herrlichkeit Gottes erhellt; das Licht, das ihr leuchtet, ist das Lamm.*
>
> *Aber etwas Unreines wird dort niemals Einlass finden. Wer Dinge tut, die Gott verabscheut, und sich in seinem Handeln von der Lüge leiten lässt, darf nicht hineingehen. Zutritt haben nur die, die im Lebensbuch des Lammes eingetragen sind.*
> Offenbarung 21,22-23+27 (NGÜ)

Bis zu diesem Tag sagt Jesus, das Lamm Gottes:

> *„Ich bin das Tor. Wer durch mich hineingeht, wird gerettet."*
> Johannes 10,9 (BasisBibel)

Jesus ist die einzige Tür zum Himmel. Es gibt keinen anderen Weg. So wie es auch nur einen Weg gab, auf dem Kain und Abel zu Gott kommen konnten, so wie es nur eine Tür gab, die ins sichere Innere von Noahs Schiff führte, so wie es nur einen Eingang zur Stiftshütte gab und wie es nur ein Tor zum Pferch der Schafe gab, so ist Jesus der einzige Weg zu Gott.

Einige Menschen sind der Überzeugung, dass man durch andere Religionen zu Gott kommen kann, möglicherweise durch eine Mischung aus vielen Religionen. Die Bibel allerdings gibt anderen Wegen zu Gott keinen Raum. Dies mag in unserer heutigen Gesellschaft als diskriminierend angesehen werden, aber die Bibel behandelt immer wieder das eine Thema: Jesus ist der einzige Weg.

> *Bei niemand anderem ist Rettung zu finden; unter dem ganzen Himmel ist uns Menschen kein anderer Name gegeben, durch den wir gerettet werden können.* Apostelgeschichte 4,12 (NGÜ)

Manche mögen das als engstirnig bezeichnen, aber wenn wir uns an die Aussagen der Bibel halten, ist dies eindeutig ihre Botschaft. Die Bibel sagt aber auch, dass Gott uns die Freiheit gibt, den von ihm angebotenen Weg abzulehnen. Doch dann müssen wir unsere Sündenschuld selbst mit dem ewigen Tod bezahlen. Natürlich kann man auch die Existenz Gottes komplett verleugnen und die Botschaft der Bibel beiseite tun. Doch das ist eine gefährliche Wahl.

**Toleranz**

Auch wenn Jesus sehr deutlich sagte, dass es keinen anderen Weg zu Gott gibt, befürwortete er jedoch nicht die gewaltsame Unterdrückung anderer Glaubensvorstellungen. Er lehrte einfach die Wahrheit. Wahrheit stellt die Lüge bloß und gibt damit den Menschen die Freiheit, selbst zu entscheiden.

Als Jesus über das Gesetz und die Propheten sprach, müssen die Jünger geahnt haben, welche Folgen diese Botschaft haben würde. Sie lebten im römischen Weltreich. In einem gewissen Maß waren die Römer anderen Religionen gegenüber tolerant, sie glaubten jedoch auch, dass der Kaiser ein Gott war. Die Römer hatten sicher keine Probleme, Jesus als einen *weiteren* Weg zu Gott zu akzeptieren. Aber wenn sie die Lehre Jesu vertraten, dass er der *einzige* Weg war, brachten sie damit ihr Leben in Gefahr. Außerbiblischen Berichten zufolge wurden alle bis auf einen der ursprünglichen elf Jünger aufgrund dieser Botschaft hingerichtet. Sie starben für etwas, von dem sie wussten, dass es wahr ist. Der elfte Jünger wurde ins Exil geschickt. Dr. Lukas berichtet, dass einer der Jünger sagte:

> *„Er hat uns beauftragt, dem Volk Israel zu predigen und eindringlich zu bezeugen, dass er der von Gott bestimmte Richter über Lebende und Tote ist. Schon die Propheten haben von ihm geredet. Sie bezeugen übereinstimmend, dass jeder, der an ihn glaubt, die Vergebung für seine Sünden erhält."*
>
> Apostelgeschichte 10,42-43 (NeÜ)

Die Bibel steckt voller Illustrationen darüber, wer Jesus ist und was er getan hat. Wir können nur vermuten, welche dieser Illustrationen Jesus bei der Unterredung mit den Jüngern gebrauchte. Es ist gut möglich, dass er viele oder sogar alle benutzte, die wir hier erwähnt haben. Am Ende seiner Ausführungen wird es in dem Raum wohl ganz still gewesen sein. Die Frage, die sich den Jüngern stellte, gilt auch für uns heute. Auf wen setzen wir unser Vertrauen? Auf uns selbst, unsere Religion, unsere eigenen Ideen, unsere guten Werke oder auf die Tatsache, dass Jesus an unserer Stelle starb, um unsere Sündenschuld zu bezahlen?

# 6 Der Gerichtssaal

Wir haben nun zwei der drei altbekannten Fragen beantwortet:

1. **Frage:** Wie können wir den Folgen der Sünden (unserer Sündenstrafe) entkommen?

   **Antwort:** Indem wir an Jesus glauben, der die Strafe für uns bezahlt hat. Er starb an unserer Stelle.

2. **Frage:** Wie können wir sicher sein, dass unser Name im *Lebensbuch des Lammes* geschrieben ist?

   **Antwort:** Von dem Moment an, wo wir unser Vertrauen auf Jesus setzen, können wir sicher sein, dass unser Name im *Buch des Lebens* steht.

Beschäftigen wir uns nun mit der dritten Frage.

3. **Frage:** Wie bekommen wir als Sünder eine Gerechtigkeit, die der Gerechtigkeit Gottes *gleich* ist, damit wir im Himmel leben können? Wie bekommen wir „reine Kleider"?

Trotz bezahlter Sündenschuld sind wir immer noch nicht vollkommen. Wir sind darauf angewiesen zu erfahren, wie ein gerechter Gott mit einem Sünder umgeht, damit dieser in seiner Gegenwart leben kann. Um diese Frage zu beantworten, müssen wir uns mit einer Lehre beschäftigen, die man als *Rechtfertigung* bezeichnet.

**Gerechtfertigt**

Wie wir gesehen haben, hat Gott sein eigenes Gesetz nicht gebrochen. Er hielt sich an die Regeln. Durch den Tod von Jesus hat Gott…

> *…seine Gerechtigkeit unter Beweis gestellt; er hat gezeigt, dass er gerecht ist, wenn er den* ***für gerecht erklärt,*** *der sein ganzes Vertrauen auf Jesus setzt.* Römer 3,26 (NGÜ)

Das Wort *gerechtfertigt („für gerecht erklären")* war zur Zeit Jesu ein juristischer Begriff aus der Gerichtswelt. Auch wenn er heute nicht mehr so geläufig ist, kann man ihn mit einer kurzen Erklärung gut verstehen. Dafür müssen wir zunächst den entsprechenden Rahmen setzen.

Als der HERR Adam und Eva schuf, kannte die Menschheit keine Schuld, sie war völlig sündlos. Weil Adam und Eva sündlos waren, konnte sich JAHWE mit ihnen als Freund treffen und unterhalten. Doch der Mensch warf seine Unschuld weg und folgte Satan. Das führte dazu, dass sich das Wesen des Menschen veränderte: Er hatte nun eine sündige Natur. Aufgrund der von der Sünde verursachten Trennung legte Gott seinen Mantel der Freundschaft zur Seite und zog eine Richterrobe an. Der Mensch wurde im Gerichtssaal auf die Anklagebank gesetzt. Nun stand ihm Gott nicht länger als Freund gegenüber, sondern als Richter.

Dies bildet den Rahmen für einen Abschnitt in der Bibel, den der Prophet Sacharja 500 Jahre vor der Geburt Jesu aufschrieb. Die Begebenheit veranschaulicht, was Rechtfertigung bedeutet. Sacharja schrieb:

> *Und er ließ mich den Hohenpriester Jeschua sehen,…*
>
> *…wie er vor dem HERRN[6] stand; der Satan aber stand zu seiner Rechten, um ihn anzuklagen.* Sacharja 3,1 (SCHL)

Stellen wir uns einen Augenblick vor, wie Jeschua niedergeschlagen und mit schamrotem Gesicht im Gerichtssaal Gottes steht. Als religiöser Mensch hatte er ein aufrechtes Leben geführt. Dennoch steht Satan[7] auf und beschuldigt ihn aller möglichen Sünden, darunter auch geheime Sünden, die sich nur in der Gedankenwelt von Jeschua abgespielt hatten. Im Gerichtssaal wird es immer stiller, als ein Anklagepunkt nach dem anderen vorgetragen wird. Dass kein Anwalt aufsteht, um Jeschua zu verteidigen, verschärft die Situation zusätzlich. Niemand ist in der Lage dazu. Jeschua weiß, dass vieles von dem, was Satan vorbringt, zutrifft, auch wenn es bewusst verdreht dargestellt wird.

Aber dann, mit dem gleichen Mitgefühl, das ihn dazu bewegt hatte, den Aussätzigen zu berühren, steht der HERR Jeschua zur Seite und erwidert Satan:

> *„Ich, der HERR, weise deine Klagen zurück, Satan.... Dieser Mann ist wie ein Holzscheit, das aus dem Feuer gerissen wurde."*
> Sacharja 3,2 (NLB)

Der HERR sieht Jeschua mitfühlend an. Doch diese Liebe sieht sich einem Hindernis gegenüber, denn die Bibel sagt:

> *Jeschua trug schmutzige Kleider...* Sacharja 3,3 (NLB)

Seine schmutzigen Kleider („Lumpen") weisen Jeschua als einen Sünder aus. Er ist SCHULDIG, Gottes vollkommenes Gesetz gebrochen zu haben.

- ❖ Der HERR kann Jeschua nicht einfach entschuldigen, als ob er nie eine Sünde begangen hätte. Das wäre nicht recht.
- ❖ Den Anforderungen des Gesetzes muss Genüge getan werden. Das ist nur fair und gerecht.

Jeschua steckt in einem furchtbaren Dilemma. Doch Gott ist nicht ratlos, sondern hat einen Plan.

Der HERR steht von seinem Richterstuhl auf und zieht, ohne seine richterliche Robe abzulegen, den Mantel der Freundschaft an. Er verlässt die Herrlichkeit des Himmels und steigt als der gerechte Jesus herab, um mit Jeschua auf der Anklagebank zu sitzen. Er verfolgt dabei nur eine Absicht: Das Urteil über Jeschua auf sich zu nehmen und es für ihn zu bezahlen. Dann spricht der HERR...

> *...zu den anderen, die vor ihm standen: „Zieht ihm die schmutzigen Kleider aus."* Sacharja 3,4 (NLB)

Da Jesus keine eigene Sünde hat, für die er sterben müsste, übernimmt er die Verantwortung für die schmutzigen Lumpen der Sünde von Jeschua und stirbt an seiner Stelle. Er zahlt die Todesstrafe für Jeschua.

> *Und zu Jeschua sagte er: „Hiermit habe ich deine Sünde von dir genommen..."*
> Sacharja 3,4 (NLB)

Die Sündenschuld von Jeschua ist weggenommen!

## Inständig bitten

Bevor wir mit der Geschichte von Jeschua fortfahren, möchte ich die Bedeutung dessen, was wir gerade gelesen haben, noch einmal hervorheben.

Nehmen wir für einen Augenblick an, wir wären bei einer kriminellen Tat ertappt worden. Der Richter verurteilt uns zu der gesetzlichen Höchststrafe, in diesem Fall einer gewaltigen Geldsumme. Es wird unser ganzes Leben in Anspruch nehmen, diesen Betrag abzuzahlen! Doch dann erhebt sich der Richter von seinem Stuhl und stellt unter großem persönlichen Opfer einen Scheck über die gesamte Summe aus. Er bezahlt die Strafe für uns! Natürlich sind alle, die die Verhandlung beobachten, sprachlos. Aber sie sind auch zufriedengestellt. Die Strafe wurde bezahlt! Den Forderungen des Gesetzes wurde Genüge getan und der Fall ist abgeschlossen.

Doch eine Frage bleibt offen: *Werden wir das in Anspruch nehmen, was der Richter uns anbietet?* Wenn wir die Zahlung akzeptieren, können wir den Gerichtssaal verlassen. Aber wenn wir sein großzügiges Angebot ablehnen, müssen wir die Strafe selbst bezahlen. *Sind wir bereit, uns selbst zu erniedrigen und die Zahlung anzunehmen?* Übrigens, wir sollten wissen, dass der Richter persönlich um uns besorgt ist. Er ist nicht nur unser Richter, sondern auch unser Vater! In seiner Liebe möchte er, dass wir die Zahlung akzeptieren, doch er wird sie uns nicht aufzwingen. Wir müssen sie aus freien Stücken annehmen.

Genauso spricht die Bibel davon, dass der HERR die Menschen *inständig bittet,* seine Zahlung für sie anzunehmen. Aber weil er freundlich ist, wird er sie nicht gegen ihren Willen zu etwas zwingen.

Kommen wir nun zurück zu der Geschichte von Jeschua.

## Gerechtigkeit

Obwohl Jeschuas Sündenschuld bezahlt war, konnte er immer noch nicht in der Gegenwart Gottes leben. Jeschua war nicht makellos und rein. Er brauchte gerechte Kleidung. Um ihm diese Reinheit verleihen zu können, musste in Gottes Gerichtssaal noch etwas anderes geschehen und zwar Folgendes:

Jesus übernahm nicht nur die Verantwortung für Jeschuas grässliche Lumpen der Sünde. Weil Jeschua ihm vertraute, nahm der HERR seinen eigenen Mantel der Gerechtigkeit und zog ihn Jeschua an. Er war nun mit der Vollkommenheit Gottes bekleidet!

> *Und zu Jeschua sagte er: „Hiermit habe ich deine Sünde von dir genommen und lasse dir jetzt festliche Kleider anziehen."*

> *Da bat ich: „Sie sollen ihm auch einen reinen Turban aufsetzen." Da setzten sie ihm einen reinen Turban auf und zogen ihm prächtige Kleider an, während… der HERR daneben stand.*
> *Sacharja 3,4-5 (NLB)*

Jeschua konnte nun mit dem Propheten Jesaja sagen:

> *„Überaus freue ich mich über Jahwe! Meine Seele jubelt über meinen Gott! Er kleidet mich in Gewänder des Heils und legt mir den Mantel der Gerechtigkeit um."* *Jesaja 61,10 (NeÜ)*

Der HERR nimmt nun wieder, gekleidet in seiner richterlichen Robe, auf seinem Stuhl Platz. Als er herabschaut und Jeschua sieht, bekleidet mit Gottes Gerechtigkeit, kann der HERR aufrichtig und rechtmäßig verkünden: „Jeschua, du stehst makellos und rein in meinem himmlischen Gerichtssaal vor mir." Der allmächtige Richter des Himmels hebt seinen Hammer und erklärt Jeschua mit einem Urteilsschlag für „gerecht!". Von diesem Augenblick an kann Jeschua sicher sein, dass sein Name im *Lebensbuch des Lammes* geschrieben steht.

Jeschua kann nun mit dem vollkommenen Gott im vollkommenen Himmel leben. Er wird sich nie wieder in Gottes Gerichtssaal verantworten müssen. Ihm droht nicht das *Gericht vor dem großen weißen Thron* am Ende dieses bösen Zeitalters.

FÜR GERECHT ERKLÄRT

Damit schließen wir die Geschichte von Jeschua ab. Wir wissen jetzt, dass das Wort GERECHTFERTIGT – „für gerecht erklärt" bedeutet, und zwar aus der Sicht Gottes.[8] Die Bibel sagt:

> *…ein Mensch wird durch Glauben für gerecht erklärt.*
> *Römer 3,28 (NeÜ)*

Alle, die auf Jesus vertrauen, können sich gewiss sein, dass der HERR nicht mehr ihre Sünde vor Augen hat, wenn er sie anschaut. Vielmehr sieht er sie in den Kleidern seiner vollkommenen Gerechtigkeit.

## Die Priorität im Leben

Einer der 40 Schreiber der Bibel bezeugte, dass es die höchste Priorität im Leben ist,…

> *…mit ihm verbunden [bekleidet] zu sein. Darum will ich nichts mehr wissen von jener Gerechtigkeit, die sich auf das Gesetz gründet und die ich mir durch eigene Leistungen erwerbe. Vielmehr geht es mir um die Gerechtigkeit, die uns **durch***

> ***den Glauben*** *an Christus geschenkt wird – die Gerechtigkeit, die* ***von Gott*** *kommt und deren Grundlage der Glaube ist.*
> Philipper 3,9 (NGÜ)

Nicht unsere Gerechtigkeit zählt, sondern seine. All unsere guten Werke, Gebete, besondere Versprechen, das Befolgen religiöser Rituale oder das Einhalten der Zehn Gebote, kann uns nicht gerecht machen, denn:

> *...Kein Mensch gilt vor Gott als gerecht, weil er das Gesetz befolgt....* Galater 2,16 (BasisBibel)

Im Gerichtssaal Jahwes kann niemand von uns sich selbst für „Rein, rein, rein!" erklären. Ungeachtet dessen, wie gut wir unser Leben führen und uns darum bemühen, mit unserem Leben in die Mitte der Zielscheibe zu treffen, verfehlen wir doch das Ziel der Vollkommenheit,...

> *...denn alle haben gesündigt [das Ziel verfehlt] und die Herrlichkeit Gottes verloren.* Römer 3,23 (NeÜ)

Aber in Jesus haben wir das, was der Prophet Jeremia 600 Jahre vor Christus vorausgesagt hat. Er schrieb, dem Messias wird man den Namen geben:

> *„Der Herr ist unsere Gerechtigkeit."* Jeremia 23,6 (NLB)

**Zusammenfassend**

Die Geschichte von Jeschua kann unter dem Titel „Ein großer Tausch" zusammengefasst werden. Sie beinhaltet sowohl das leere Kreuz als auch das leere Grab.

**Das leere Kreuz** – die Bibel sagt:

> *Den, der ohne jede Sünde war, hat Gott für uns zur Sünde gemacht...* 2.Korinther 5,21 (NGÜ)

Dieser Vers sagt nicht, dass Jesus ein Sünder wurde. Das Wort *Sünde* bezieht sich hier auf ein Sündopfer. „Gott machte Jesus, der ohne Sünde war, für uns zum *Sündopfer...*" Als Jesus unsere Sündenstrafe auf sich nahm, traf ihn Gottes ganzer Zorn, den er gerechterweise in Bezug auf die Sünde hatte. Doch Jesus war dann in der Lage, etwas zu tun, was wir nicht können. Er rief aus: *„Es ist vollbracht!"* Wenn wir unsere Sündenschuld selbst bezahlen müssten, würden wir sie bis in alle Ewigkeit abbezahlen. Wir könnten niemals sagen: *„Es ist vollbracht."* Aber Jesus hat alles vollständig bezahlt.

**Das leere Grab** – der Rest des Verses lautet:

> *...damit wir durch die Verbindung mit ihm die Gerechtigkeit bekommen, mit der wir vor Gott bestehen können.*
> 2.Korinther 5,21 (NGÜ)

Nur in Jesus finden wir Gerechtigkeit, nicht in uns selbst! Wenn wir ihm vertrauen, werden wir mit seiner Gerechtigkeit bekleidet! Damit haben wir alles, was nötig ist, um in der Gegenwart Gottes in seinem vollkommenen Himmel leben zu können.

Das ist der größte Tausch, den es überhaupt gibt. Jesus nimmt unsere Lumpen der Sünde und bietet uns seinen Mantel der Gerechtigkeit an. Die Antwort auf das altbekannte Dilemma der „beiden Seiten einer Medaille" findet sich in diesem Vers. Lesen wir ihn noch einmal.

> *Den, der ohne jede Sünde war, hat Gott für uns zur Sünde gemacht, damit wir durch die Verbindung mit ihm die Gerechtigkeit bekommen, mit der wir vor Gott bestehen können.*
> 2.Korinther 5,21 (NGÜ)

Der Tod Jesu an unserer Stelle sowie unsere Einkleidung mit seiner Gerechtigkeit bilden den Kern der Botschaft vom *leeren Kreuz* und *leeren Grab.*

> *Wegen unserer Sünden musste Jesus sterben **[das leere Kreuz]**, und er wurde auferweckt, um uns vor Gott gerecht zu sprechen **[das leere Grab]**.* Römer 4,25 (NLB)

Das bezeichnet die Bibel als *Evangelium*, wörtlich *„die gute Nachricht"*.

## 7 Die Person, die Vorsorge, das Versprechen

Bevor wir dieses Kapitel abschließen, müssen wir noch einen weiteren Punkt unter die Lupe nehmen. Dieser hat mit dem Thema Glaube zu tun. Rufen wir uns nochmals folgende Aussage in Erinnerung:

> *„Abraham glaubte Gott, und das wurde ihm als Gerechtigkeit angerechnet."* Römer 4,3 (NGÜ)

Gott verlieh Abraham im Voraus Gerechtigkeit, denn der HERR sah bereits auf das, was Jesus am Kreuz vollbringen würde. Das gleiche Prinzip gilt auch für uns, allerdings schauen wir nicht voraus auf das Kreuz, sondern blicken darauf zurück.

> *Doch diese wunderbare Zusage – dass Gott ihn für gerecht erklärte – galt nicht nur für Abraham. Sie wurde auch für uns in der Schrift festgehalten, denn Gott wird auch uns für gerecht erklären, wenn wir an ihn glauben, der Jesus, unseren Herrn, von den Toten auferweckt hat.* Römer 4,23-24 (NLB)

Auch wir können diesen Mantel der Gerechtigkeit besitzen, *wenn* wir an Jesus glauben.

### Glaube Vertrauen

Wir erinnern uns, dass der Begriff *Glaube* in der Bibel eine umfassendere Bedeutung hat, als wir ihm manchmal zuschreiben.

- ❖ Wir haben gesagt, dass die Begriffe *Glaube* und *Vertrauen* im Wesentlichen das Gleiche bedeuten. Glauben heißt, darauf zu vertrauen, dass etwas wahr oder vertrauenswürdig ist. **Es bedeutet Gott beim Wort zu nehmen.**
- ❖ Wir haben gesehen, dass die Warnung, *„niemals einem Fremden zu trauen"* auch auf den Glauben zutrifft. Bevor wir jemandem vertrauen, sollten wir Folgendes über ihn herausfinden:
  1. **Identität:** Wie heißt er? Woher kommt er? Für wen gibt er sich aus?
  2. **Seine Geschichte:** Welchen Ruf hat er? Ist er glaubwürdig?

Wir haben gesagt, dass die Bibel geschrieben wurde, damit die Menschheit sich mit JAHWE vertraut machen konnte. In mancherlei Hinsicht wissen Sie jetzt unter Umständen mehr über den HERRN als über viele Ihrer Freunde. Genau aus diesem Grund wurde uns die Bibel gegeben.

### Was muss ich glauben?

Das führt uns zu der Frage: „Was genau muss man denn glauben, wenn man die Gewissheit der Sündenvergebung und die von Gott angebotene Gerechtigkeit haben möchte?" Die Antwort hierauf bringt uns zu den beiden oben genannten Fragen zurück:

1. **Welche Identität besitzt der, dem wir vertrauen sollen?** Wie wir gesehen haben, zeigt uns die Bibel deutlich einen einzigartigen Gott auf: JAHWE, den HERRN, der das höchste Wesen, der Schöpfer und Eigentümer aller Dinge ist. Genau dieser Gott kam in der Person des Herrn Jesus Christus auf die Erde. Ihm allein gilt es zu vertrauen, unvermischt mit anderen Gottheiten, Geistern, Vorfahren oder Götzen. Nur er ist vertrauenswürdig, niemand sonst.

   Es ist wichtig, sich darüber im Klaren zu sein, dass es hier nicht nur um ein für wahr Halten von historischen Fakten geht. Vielmehr geht es darum, einem lebendigen Wesen sein Vertrauen zu schenken, der *Person* von JAHWE. In ihm findet man Liebe, Schutz und Führung. Die Beziehung zu ihm nimmt an einem bestimmten Punkt ihren Anfang und kann dann hier auf der Erde mit jedem neuen Tag wachsen und später für immer im Himmel.

2. **Hat JAHWE eine Geschichte, auf die man sich verlassen kann?** Um diese Frage zu beantworten, wollen wir uns zwei Gebiete anschauen:

   a. **Die Fürsorge von JAHWE:** Beim Sterben Jesu am Kreuz für unsere Sünde wie auch bei seiner Auferstehung drei Tage später handelt es sich um reale Ereignisse zu einem bestimmten Zeitpunkt in der Menschheitsgeschichte. Beides müssen wir glauben.

   b. **Das Versprechen von JAHWE:** Der HERR hat eine lange Geschichte mit ausnahmslos gehaltenen Zusagen. Nun verspricht er uns, dass er uns vor der Todesstrafe für die Sünde rettet und uns mit Gerechtigkeit bekleidet. Glauben wir ihm? Vertrauen wir ihm? Die Bibel sagt, dass wir **ihn einfach nur bei seinem Wort nehmen** müssen.

Es geht darum, das, was im Garten Eden geschah, umzukehren. Anstatt uns selbst oder Satan zu vertrauen, muss man Folgendes tun:

> *…Glaube an* ***Jesus, den Herrn,*** *dann wirst du gerettet…*
> *Apostelgeschichte 16,31 (NLB)*

Wer an den Herrn Jesus Christus glaubt, der ist von seiner Identität überzeugt *(wer er ist)* und glaubt seiner Geschichte *(was er getan hat).*

1. Wir können wie Kain unseren eigenen Vorstellungen vertrauen; wir können Gott ignorieren wie die Menschen zur Zeit von Noah; wir können unsere eigenen, von Menschen geschaffenen Gottheiten verehren wie die Leute von Babel oder…

2. Wir können wie Abraham dem HERRN vertrauen und das glauben, was er versprochen hat.

Wir müssen uns für eine der beiden Möglichkeiten entscheiden. Wer sich nicht entscheidet, trifft damit eine Entscheidung gegen ihn. Doch wenn wir uns dazu entschließen, dem HERRN zu vertrauen, hat er uns versprochen, dass…

> *…Gott auch uns für gerecht erklären wird, wenn wir an ihn glauben, der Jesus, unseren Herrn, von den Toten auferweckt hat.*
> *Römer 4,24 (NLB)*

Wir sind aufgefordert zu glauben, mehr können wir nicht tun.

**Gute Werke**

Über die Jahrhunderte hinweg haben viele versucht, die durch die Sünde entstandene Kluft zu überwinden. Jeder Versuch beinhaltete irgendeine *Anstrengung* oder *Leistung* seitens des Menschen.

**Doch jetzt**

> *Doch jetzt ist die Gerechtigkeit Gottes sichtbar geworden, und zwar unabhängig vom Gesetz, aber in Übereinstimmung mit dem Gesetz und den Worten der Propheten. Es ist die Gerechtigkeit Gottes, die durch den Glauben an Jesus Christus geschenkt wird und allen zugute kommt, die glauben.*
> Römer 3,21-22 (NeÜ)

Die Bibel teilt uns mit, dass wir zu unserer Errettung nichts beitragen können, sie ist ein Geschenk Gottes, das nur jene erhalten, die glauben.

> *Denn aus Gnade seid ihr gerettet – durch den Glauben. Das verdankt ihr nicht eurer eigenen Kraft, sondern es ist Gottes Geschenk. Er gibt es unabhängig von irgendwelchen Taten, damit niemand darauf stolz sein kann.* Epheser 2,8-9 (BasisBibel)

„Gottes Geschenk" ist das ewige Leben.

> *Der Lohn, den die Sünde zahlt, ist der Tod. Gott aber schenkt uns unverdient, aus reiner Gnade, ewiges Leben durch Jesus Christus, unseren Herrn.* Römer 6,23 (GNB)

Wir dürfen nicht vergessen, dass es sich hierbei um ein unverdientes Geschenk handelt. Wenn wir für ein Geschenk arbeiten, ist es kein Geschenk mehr. Wenn wir meinen, es verdient zu haben, handelt es sich nicht länger um ein Geschenk, sondern wird zur Belohnung.

Die Bibel spricht davon, dass das Geschenk des ewigen Lebens umsonst ist. Es gilt denen, die bestimmte Wahrheiten anerkennen.

*Wir glauben,* dass Jesus Christus JAHWE selbst ist.

*Wir glauben,* dass Jesus an unserer Stelle starb und unsere Sündenschuld bezahlt hat.

*Wir glauben,* dass die Gerechtigkeit Gottes durch diesen Tod **zufriedengestellt** wurde. Wenn Gott nun auf uns schaut, sieht er nicht mehr unsere Sünde, sondern er sieht uns mit der Gerechtigkeit von Jesus bekleidet.

*Wir glauben,* dass der Tod Jesus nicht besiegt hat. Vielmehr hat er den Tod überwunden und wurde von den Toten auferweckt.

*Wir glauben,* dass Gott uns das Geschenk des ewigen Lebens gibt.

*Wir glauben,* dass Gott seine Versprechen einhält.

*Wir glauben,* dass Gott unsere Namen in das *Lebensbuch des Lammes* geschrieben hat.

Alles basiert auf Glauben, aber es ist kein blinder Glaube. Es ist ein Glaube, der sich darauf gründet, dass wir JAHWES lange und zuverlässige Geschichte kennen.

Einige verknüpfen mit dem Glauben eine spirituelle Aura, die ihn auszeichnet. Man hat dann entweder sehr viel Glauben oder nur ein wenig. Aber diese Sichtweise führt am Wesentlichen vorbei. Sein Vertrauen auf Jesus zu setzen, ist wie das zustimmende Nicken eines Ertrinkenden, der vom Rettungsschwimmer gefragt wird: „Vertrauen Sie mir, Sie zu retten?" Weder die Heftigkeit des Nickens ist von Bedeutung noch das Nicken als solches. Vielmehr geht es darum, dass der Ertrinkende sich seine Lage eingesteht und dem Helfer vertraut, ihn zu retten. Es wäre lächerlich, wenn der Gerettete später behaupten würde, sein heftiges Nicken hätte ihn gerettet.

So ist es auch mit uns. Wir müssen uns eingestehen, dass wir hilflose Sünder sind und dann auf Jesus vertrauen, dass er uns von unserer Sünde rettet. Es ist nicht die Größe unseres Vertrauens, die uns rettet. Es ist Jesus, der rettet. Es hängt alles von ihm ab und nicht von uns.

> *Denn im Evangelium zeigt uns Gott* ***seine Gerechtigkeit****, eine Gerechtigkeit, zu der man* ***durch den Glauben*** *Zugang hat; sie kommt dem zugute, der ihm vertraut.* Römer 1,17 (NGÜ)

Während ich an diesem Kapitel schreibe, ist gerade ein elfjähriger Junge in der Wildnis gefunden worden, nachdem er vier Tage vermisst worden war. Er berichtet, dass er in dieser Zeit öfters Menschen gesehen hat, die nach ihm suchten. Doch weil seine Eltern ihm beigebracht hatten, Fremden nicht zu trauen, versteckte er sich vor seinen Rettern.

Die Bibel sagt uns:

> *Der Menschensohn ist gekommen, um die Verlorenen zu suchen und zu retten.* Lukas 19,10 (BasisBibel)

Wir haben uns zu unserem eigenen Schaden vor dem HERRN versteckt. Doch nun ist er für uns kein Fremder mehr. Wir kennen seine Geschichte: Sie dauert schon lange an und ist glaubwürdig. Wir können ihm vertrauen.

# Kapitel 15

## 1 Was soll ich nun tun?

## 2 Die passende Zeit

# 1 Was soll ich nun tun?

In den Tagen unmittelbar nach der Auferstehung verbrachte Jesus Zeit mit seinen Jüngern.

> *…Sie waren es auch, denen er sich nach seinem Leiden und Sterben zeigte und denen er viele überzeugende Beweise dafür gab, dass er wieder lebendig geworden war: Während vierzig Tagen erschien er ihnen immer wieder und sprach mit ihnen über das Reich Gottes und alles, was damit zusammenhängt.*
> Apostelgeschichte 1,3 (NGÜ)

Schließlich führte er sie zurück an einen Ort, den sie gut kannten, etwa 3 Kilometer von Jerusalem entfernt.

> *Jesus führte seine Jünger noch aus der Stadt hinaus bis in die Nähe von Betanien. Dort erhob er die Hände, um sie zu segnen. Und während er sie segnete, wurde er von ihnen weggenommen und zum Himmel emporgehoben.*
> Lukas 24,50-51 (NeÜ)

> *Während sie noch wie gebannt zum Himmel hinaufblickten – dorthin, wo Jesus verschwunden war –, standen mit einem Mal zwei Männer in leuchtend weißen Gewändern bei ihnen. „Ihr Männer von Galiläa", sagten sie, „warum steht ihr hier und starrt zum Himmel hinauf? Dieser Jesus, der aus eurer Mitte in den Himmel genommen worden ist, wird wiederkommen, und zwar auf dieselbe Weise, wie ihr ihn habt gehen sehen."*
> Apostelgeschichte 1,10-11 (NGÜ)

Die Engel sprachen davon, dass Jesus wiederkommen wird. Eine tiefergehende Beschäftigung mit der Bibel würde uns zeigen, dass sie über dieses zukünftige Ereignis viel zu sagen hat.[1] Die von Gott in den Prophetien gegebenen Versprechen in Bezug auf sein erstes Kommen hat er alle eingehalten. Das gibt uns die Gewissheit, dass wir uns genauso auf sein Wort verlassen können, was seine Wiederkunft betrifft. Er hält sein Wort immer.

Der Rest der Bibel beschreibt die Ereignisse im Leben und Umfeld der Jünger, die als *Apostel* bekannt wurden. Diese Nachfolger von Jesus erzählten unzähligen Menschen von ihm.

> *Die Botschaft Gottes breitete sich immer weiter aus, und die Zahl der Jünger in Jerusalem stieg sprunghaft an. Auch zahlreiche Priester nahmen das Evangelium an und glaubten an Jesus.* Apostelgeschichte 6,7 (NGÜ)

Für die Jünger war es wohl kaum überraschend, dass sie dabei auf Widerstand stießen. Längst nicht jeder ließ sich überzeugen. Einer, der sich als Jesus-Hasser besonders hervortat, war ein junger Pharisäer namens Saulus. Er ermordete Anhänger von Jesus oder ließ sie ins Gefängnis werfen.

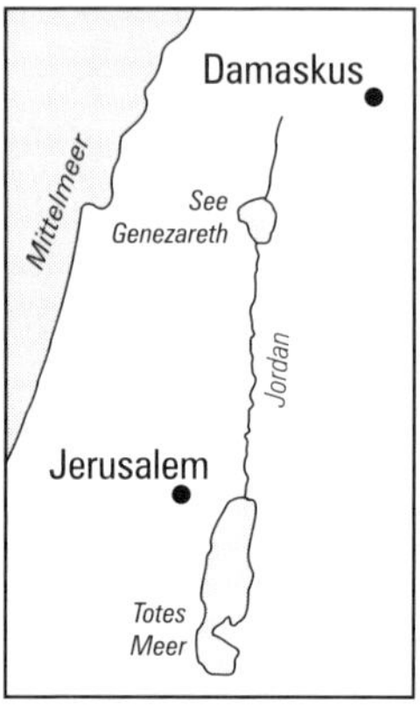


*Saulus, der die Jünger des Herrn immer noch mit großer Wut verfolgte und sie mit dem Tod bedrohte, ging zum Hohen Priester und erbat sich Schreiben an die Synagogen von Damaskus. Diese Briefe würden ihn bevollmächtigen, Männer und Frauen aufzuspüren, die Anhänger des neuen Weges waren, um sie als Gefangene nach Jerusalem zu bringen.*

*Auf dem Weg nach Damaskus, kurz vor der Stadt, strahlte plötzlich ein Licht aus dem Himmel. Es blendete ihn von allen Seiten, sodass er zu Boden stürzte. Gleichzeitig hörte er, wie eine Stimme zu ihm sagte: „Saul, Saul, warum verfolgst du mich?“*

*„Wer bist du, Herr?“, antwortete er.*

*„Ich bin Jesus, den du verfolgst“, erwiderte die Stimme.*

*Apostelgeschichte 9,1-5 (NeÜ)*

Dies war der Anfang eines erstaunlichen Lebens. Saulus veränderte sich radikal. Anstatt weiterhin die Gläubigen zu töten, wurde er selber gläubig. Das Blatt wendete sich, und der Verfolger wurde nun zum Verfolgten. Bei einer Begebenheit wurde er gesteinigt und von den Leuten zurückgelassen, weil sie ihn für tot hielten. Dreimal wurde er mit Stöcken geschlagen und fünfmal ausgepeitscht. Dazu erlitt er dreimal Schiffbruch (wobei er einmal vierundzwanzig Stunden auf dem offenen Meer trieb). All dies geschah, als Saulus anderen von seinem persönlichen Glauben an Jesus, den *versprochenen Retter,* erzählte. Dieser Saulus war niemand anderes als der Mann, den wir als den Apostel Paulus kennen. Er schrieb einen wesentlichen Teil der Bibel.

Durch die ganze Bibel hindurch haben wir immer wieder gesehen, dass Gott herausfordernde Fragen stellt. Diese Fragen dienen dazu, die innersten Gedanken eines Menschen offenzulegen und sie ihm ins Bewusstsein zu rücken, wodurch er sich mit der Realität auseinandersetzen muss. Auch Saulus wurde von Gott mit einer Frage konfrontiert:

*„Saul, Saul, warum verfolgst du mich?“* *Apostelgeschichte 9,4 (NeÜ)*

Gott sagte damit: „Saulus, warum bist du mein Feind, wenn du doch mein Freund sein könntest?“ Saulus Antwort zeigt, dass er direkt erkannte, von wem die Frage kam. Er sagte: „Herr“.

Wenn wir das Glück hätten, Jahwe einmal in Person zu begegnen, würde er das Gespräch wahrscheinlich mit einer Frage beginnen. Allerdings ist die Chance gering, dass dies auf die gleiche Weise geschehen würde wie bei Saulus. In der Bibel passierte das in dieser Form nur wenigen Menschen. Auch wenn wir Gott nicht in Person gegenüberstehen, stehen wir doch dem gegenüber, was er in der Bibel aufzeichnen ließ. Durch sein Wort stellt er uns die Frage: *„Willst du Jesus als deinem persönlichen Retter vertrauen, ihm, dem einzigartigen Gott-Mensch, der deine Sündenschuld bezahlt hat?"*

Die Antwort darauf sollte gut überlegt werden. Vielleicht haben Sie das bereits getan. Oder aber Sie brauchen noch Zeit, um diese Frage zu überdenken.

Wenn Ihre Antwort lautet: *„Nein, ich vertraue Jesus nicht"*, dann wird für Sie der restliche Inhalt des Kapitels nur von geringer Bedeutung sein. Sie sind herzlich eingeladen, es zu lesen, allerdings würde ich vorschlagen, dass Sie direkt mit dem darauffolgenden Abschnitt „Die passende Zeit" fortfahren (Seite 392) und so das Kapitel abschließen. Die Bibel sagt, wenn wir die Botschaft vom Kreuz ablehnen, werden wir nicht fähig sein, den Rest der Bibel richtig zu verstehen, weil…

> *…das Evangelium… wie mit einer Decke verhüllt ist,… bei denen…, die verloren gehen, weil sie der Wahrheit keinen Glauben schenken.*
>
> *Der Gott dieser Welt hat sie mit Blindheit geschlagen, sodass ihr Verständnis verfinstert ist und sie den strahlenden Glanz des Evangeliums nicht sehen, den Glanz der Botschaft von der Herrlichkeit dessen, der Gottes Ebenbild ist – Christus.*
>
> *2.Korinther 4,3-4 (NGÜ)*

Wenn Sie aber antworten: *„Ja, ich möchte Jesus vertrauen"* oder *„Ja, ich glaube, dass er meine Sündenschuld bezahlt hat"*, dann lesen Sie weiter. Der Rest der Bibel wurde für Menschen wie Sie geschrieben.

Wenn Sie Gott bei seinem Wort nehmen, dem Herrn Jesus vertrauen und glauben, dass er Jahwe ist, der für Ihre Sünde starb und wieder auferstand, dann können Sie auf dieser Grundlage, so sagt es die Bibel, sicher sein, dass Ihre Sünden vergeben sind und Ihre Freundschaft mit Gott wiederhergestellt wurde. Sie können vollstes Vertrauen darin haben, dass Ihr ganzer Schuldbrief komplett bezahlt wurde.

> *Ja, Gott hat euch zusammen mit Christus lebendig gemacht. Ihr wart nämlich tot – tot aufgrund eurer Verfehlungen[2]… Doch Gott hat uns alle unsere Verfehlungen vergeben.* ***Den Schuldschein,*** *der auf unseren Namen ausgestellt war und dessen Inhalt uns*

*anklagte, weil wir die Forderungen des Gesetzes nicht erfüllt hatten, hat er **für nicht mehr gültig erklärt.** Er hat ihn ans Kreuz genagelt und damit für immer beseitigt.*

*Kolosser 2,13-14 (NGÜ)*

*Römer 6, 23 – frei umschrieben

Ihre Sündenschuld wurde vor über 2000 Jahren ans Kreuz genagelt. Weil Sie auf ihn (Jesus) vertrauen, gilt auch Ihnen die Zusage Gottes:

*„Ich werde nie mehr an… [deine] Sünden und an… [deinen] Ungehorsam gegenüber meinen Geboten denken."*

*Hebräer 10,17 (NGÜ)*

Jahwes Vergebung ist vollständig. Die schmutzigen Lumpen der Sünde sind nicht mehr da.

*Denn so hoch, wie der Himmel über der Erde ist, so überragend groß ist seine Gnade gegenüber denen, die ihm in Ehrfurcht begegnen. So fern, wie der Osten vom Westen ist, so weit schafft er unsere Vergehen[2] von uns fort.* *Psalm 103,11-12 (NGÜ)*

*Vielmehr wissen wir: Wenn jemand zu Christus gehört, ist er eine neue Schöpfung. Das Alte ist vergangen; etwas ganz Neues hat begonnen!* *2.Korinther 5,17 (NGÜ)*

Statt einer Zukunft des ewigen Todes im Feuersee sagt uns Jesus zu:

*„Lasst euch im Herzen keine Angst machen. Glaubt an Gott und glaubt auch an mich. Im Haus meines Vaters gibt es*

> *viele Wohnungen. Sonst hätte ich euch nicht versprochen: ‚Ich gehe dorthin, um einen Platz für euch bereit zu machen.'*
>
> *Und wenn ich dorthin gegangen bin und einen Platz für euch bereit gemacht habe, werde ich wiederkommen. Dann werde ich euch zu mir holen. Denn dort, wo ich bin, sollt auch ihr sein. Ihr kennt ja den Weg zu dem Ort, wo ich hingehe."*
>
> *Johannes 14,1-4 (BasisBibel)*

**Beziehung**

Das irdische Leben geht für Gläubige weiter, aber jetzt mit der Gewissheit auf eine Zukunft im Himmel. Jesus sagt, dass er einen Wohnort für Sie vorbereitet. Sie können nun voller Zuversicht davon sprechen, Bürger des Himmels zu sein. Ihre *Beziehung* zu Gott ist jetzt wiederhergestellt.

So wie wir einmal in eine irdische Familie hineingeboren wurden, sagt uns die Bibel, sind wir jetzt in Gottes Familie hineingeboren worden. So wie unsere irdischen Eltern immer unsere Eltern bleiben werden, unabhängig davon, was geschieht. Genauso bleiben wir immer ein Mitglied von Gottes Familie, in die wir hineingeboren wurden. Diese Geburt kann nicht rückgängig gemacht werden. Es ist wichtig, dass wir in Bezug auf unsere *Beziehung* zu Gott verstehen: Unsere Zukunft in der Ewigkeit ist ein für alle Mal geregelt. Wir gehören für immer zu Gottes Familie.[3]

> *Ich habe euch das alles geschrieben,* ***damit ihr wisst, dass ihr das ewige Leben habt[4],*** *denn ihr glaubt ja an Jesus als den Sohn Gottes.* *1.Johannes 5,13 (NeÜ)*
>
> *Ja, ich bin überzeugt, dass weder Tod noch Leben, weder Engel noch unsichtbare Mächte, weder Gegenwärtiges noch Zukünftiges, noch gottfeindliche Kräfte, weder Hohes noch Tiefes, noch sonst irgendetwas in der ganzen Schöpfung uns je von der Liebe Gottes trennen kann, die uns geschenkt ist in Jesus Christus, unserem Herrn.* *Römer 8,38-39 (NGÜ)*

Obwohl wir nun zur Familie Gottes gehören (Beziehung), spricht die Bibel davon, dass wir immer noch weiter sündigen werden. Wenn dies geschieht, wird die Familien*gemeinschaft* gestört.

# Die Fakten ohne Jesus Christus

**„In Adam"**

SCHULDIG

Ich bin angeklagt und für schuldig befunden, Gottes vollkommenes Gesetz gebrochen zu haben.

SCHULDNER

Gottes Gesetz zu brechen ist Sünde, und meine Sünde führt zu einer Sündenschuld, eine Konsequenz, die ich bezahlen muss.

EWIGE STRAFE

Die Schuld kann nur durch meinen Tod bezahlt werden, eine Bezahlung, die ewig im Feuersee stattfindet.

SKLAVE

Es ist unmöglich, Gottes Gesetz vollkommen zu befolgen. Auch wenn ich es ernsthaft versuche, werde ich versagen. Zusätzlich manipuliert mich Satan, seinen Willen zu tun. Ich bin ein Sklave.

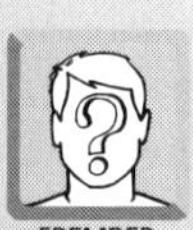
FREMDER

Meine Sünde hat mich von Gott und seiner Liebe entfremdet. Gott erscheint unnahbar und weit entfernt.

FEIND

Als ich in diese Welt geboren wurde, befand ich mich auf der Seite Satans, der auch gegen Gott sündigte.

VERLOREN

Indem ich meinen eigenen Weg gewählt habe, bin ich geistlich gesehen in einer Wüste gelandet, in der ich blindlings nach der Wahrheit suche. Ich bin wie ein verlorenes Schaf.

## Als Ungläubiger geboren …

**Ich glaube nicht …**
Ich glaube, dass viele Wege zu Gott führen (wenn es einen Gott gibt). Jesus mag einer dieser Wege sein. Wenn ich ein gutes Leben lebe und mein Bestes gebe, wird Gott mich nicht ablehnen.

# Die Fakten aufgrund von Jesus Christus

**„In Christus"**

Gott, als der vollkommene Richter, erklärt mich ihm gegenüber für gerecht (gerechtfertigt). Er sieht mich nun als gerecht an.

FÜR GERECHT ERKLÄRT

Meine Sündenschuld wurde am Kreuz getilgt. Die Schuld ist beglichen – komplett abbezahlt – gestrichen.

SCHULD GETILGT

Gott schenkt mir ein neues Leben sowohl jetzt auf der Erde als auch für die Ewigkeit im Himmel.

EWIGES LEBEN

Obwohl ich versklavt war, bin ich jetzt durch Jesu Blut erkauft und freigemacht. Ich bin nicht länger ein Sklave, der dem Willen Satans dient.

FREIGEMACHT ERLÖST

Ich wurde nicht nur in die Familie Gottes hineingeboren, sondern Gott hat mir das volle Sohnesrecht verliehen.

ANGENOMMEN

Der Tod und die Auferstehung von Jesus haben Satan besiegt. Ich stehe nicht länger auf der Seite des Teufels. Ich habe Frieden mit Gott.

VERSÖHNT

Jesus, als der gute Hirte, hat mich gefunden und mir neues, ewiges Leben, Vergebung, ein Ziel, Freiheit von Schuld und noch vieles mehr gegeben.

GEFUNDEN

## ...Glaube ist eine Entscheidung

**...ICH GLAUBE**

Ich glaube, dass Jesus JAHWE selbst ist und dass er am Kreuz an meiner Stelle starb, indem er meine Sündenschuld bezahlte. Auf ihn allein, als dem auferstandenen Retter, setze ich mein Vertrauen, dass er mich vor den Folgen der Sünde rettet.

### Gemeinschaft

Es besteht ein Unterschied zwischen *Beziehung* und *Gemeinschaft.* Wenn ein Sohn zum Beispiel von seinem Vater gebeten wird, den Rasen zu mähen, er aber stattdessen einfach zum Schwimmen fährt, wird bei seiner Rückkehr nicht einfach alles in Ordnung sein. Es wird etwas zwischen Vater und Sohn stehen. Wären wir zu Besuch, würden wir das wahrscheinlich auch spüren. Es stimmt, dass Vater und Sohn immer noch verwandt sind (ihre *Beziehung* hat sich nicht geändert), aber die Familien*gemeinschaft* wurde getrübt.

**Beziehung**

**unzerbrechlich**

Sie wurden in Gottes Familie hineingeboren. Sie sind sein Kind auf ewig.

**Gemeinschaft**

**zerbrechlich**

Ihre Sünde zerbricht die Harmonie, die zwischen Ihnen und Ihrem himmlischen Vater besteht.

Doch die Bibel hat eine Lösung für zerbrochene Gemeinschaft. Uns wird gesagt, wenn wir sündigen, sollen wir diese Tatsache vor Gott eingestehen und wenn wir einem anderen Unrecht getan haben, sollen wir auch versuchen, uns wieder zu versöhnen. Gott verspricht uns:

> *Wenn wir aber unsere Sünden bekennen, so ist er treu und gerecht, dass er uns die Sünden vergibt und uns reinigt von aller Ungerechtigkeit.* *1.Johannes 1,9 (SCHL)*

Wenn wir unsere Sünde eingestehen, wird unsere Gemeinschaft mit Gott augenblicklich wiederhergestellt.

### Seinem Bild gleich gemacht

Vielleicht wurden Sie beim Lesen dieses Buches von Jahwe ergriffen und fingen an, fast ohne es zu bemerken, ihm wie einem wahren Freund zu vertrauen.

Oder vielleicht hat Sie die Wahrheit der Bibel voll getroffen und Sie haben die bewusste Entscheidung getroffen, Ihr Vertrauen auf den Herrn zu setzen.

Die Folge davon mag das Erleben eines großen Friedens und einer tiefen Freude gewesen sein angesichts der Befreiung von

Schuld und Scham. Es kann aber auch sein, dass Sie überhaupt nichts empfunden haben. Was auch immer auf Sie zutrifft, es ist wichtig zu wissen, dass Gefühle nicht das Entscheidende sind. Entscheidend ist vielmehr, zu wissen, was in dem Augenblick, als Sie ihr Vertrauen auf Jesus gesetzt haben, passiert ist. In diesem Moment hat er Sie nicht nur von der Strafe für die Sünde befreit, sondern er hat ebenfalls einen Prozess in Ihrem Innersten begonnen. Diesen Prozess nennt man *Heiligung*. Dies bedeutet „abgesondert zu werden".

Erinnern wir uns, wie JAHWE, der HERR, den Menschen nach seinem Bild schuf? Wir haben gesehen, dass dieses „Bild" entstellt wurde, als Adam und Eva gegen Gott rebellierten. Die Menschheit spiegelt immer noch einen Teil dessen wieder, was der HERR beabsichtigt hatte, aber nur sehr fehlerhaft. Doch von dem Augenblick an, wo Sie Ihr Vertrauen auf Jesus setzen, formt Gott Sie zurück in sein Bild. Und er wird diesen Prozess fortsetzen, bis Sie in seiner Gegenwart im Himmel angekommen sind. Diese Tatsache ist so sicher, dass Gott sagt, er hat alle Gläubigen…

> *…schon im Voraus… dazu bestimmt, neu gestaltet zu werden – und zwar so, dass sie dem Bild seines Sohnes gleichen.*
>
> *Römer 8,29 (BasisBibel)*

In dem Moment, in dem Sie Ihr Vertrauen auf Jesus gesetzt haben, wurden Sie vor der *Strafe* für die Sünde gerettet. Dennoch sind Sie immer noch Sünder. Allerdings ist jetzt der HERR in Ihnen am Werk, mit dem Ziel, Sie von der allgegenwärtigen *Macht* der Sünde in Ihrem Leben zu retten.

Wie aber rettet er uns von der ständigen Umklammerung der Sünde?

So wie wir erkennen mussten, dass wir hilflose Sünder sind, so müssen wir auch erkennen, dass wir geistliche Säuglinge sind, die erst wachsen müssen, um in sein Bild umgestaltet zu werden. Seine Gerechtigkeit muss in unserem täglichen Leben sichtbar werden.

Dies schließt aus, dass Gläubige passive Stubenhocker sind, die einfach nur darauf warten, dass das Leben ihnen gut mitspielt. Vielmehr nimmt es uns in die Pflicht, in unserem Leben weise Entscheidungen zu treffen. Doch bevor wir uns mit diesem Thema beschäftigen, möchte ich sicherstellen, dass diese Dinge klar unterschieden werden.

| Rechtfertigung | Heiligung |
|---|---|
| Geschieht nur einmal, und zwar in dem Augenblick, in dem man sein Vertrauen auf Christus setzt. | Beginnt, wenn man gläubig wird und dauert das ganze Leben an. |
| Der Zeitpunkt, in dem man vor der **Strafe** für die Sünde gerettet und in den Augen Gottes „für gerecht erklärt" wird. | Der Prozess, in dem man von der allgegenwärtigen **Macht** der Sünde gerettet wird. Eine Ausrichtung, die Schritt für Schritt von einem selbstzentrierten Leben wegführt, hin zu einem Leben, das Gott ehrt. |
| Ein **richterliches Handeln** Gottes, das in seinem himmlischen Gerichtssaal stattfindet. | Ein **tägliches Wirken** Gottes im Leben des Gläubigen hier auf der Erde. |
| Man kann nicht „noch mehr" gerettet oder „noch mehr" gerechtfertigt werden. | Man wird zunehmend *geheiligt* oder *abgesondert,* um von Gott gebraucht zu werden. |
| Der Zeitpunkt, in dem man ein Kind Gottes wird und das **Sohnesrecht** erhält. | Der Lernprozess, ein Leben als Gläubiger zu führen: **Jüngerschaft.** |
| Immerwährend: Eine offizielle Stellung vor Gott, die sich niemals ändert. | Veränderlich: Wachstum geschieht manchmal in kleinen Schritten und manchmal in großen. Man sollte Rückschläge, Höhen und Tiefen erwarten. |
| Eine neue **Identität:** Gott sieht die Gläubigen als seine vollständig angenommenen Kinder an. Dies wird als unsere **Stellung** „in Christus" bezeichnet, das, was wir „in ihm" sind. (Siehe Seite 379.) Die Bibel spricht hierbei von dem einmaligen Anziehen seiner Gerechtigkeit. | Eine neue **Autorität:** Wer oder was beherrscht mein Leben? Lebe ich, um mich der Sünde hinzugeben oder möchte ich für Christus leben? Mein **Zustand:** Wie ich mein Leben als Nachfolger Christi gestalte. Die Bibel bezeichnet es als ein tägliches „Abwaschen" des sündigen Lebens. |
| **Gratis:** Die Rettung gründet sich allein auf den Glauben an Christus. Man kann sie sich nicht durch ein gutes Leben verdienen. | **Kann einen Preis erfordern:** Ich werde vielleicht verspottet, zu Hause rausgeworfen oder dafür getötet, dass ich Jesus nachfolge. |
| *Johannesevangelium, Römer 1 bis 4, Galater* | *Römer 5 bis 8, 12 bis 16, Epheser, 1.Johannes, Jakobus* |

**Verantwortung**

Nachdem ich dieses Buch einmal mit einem Ehepaar durchgearbeitet hatte, sagte der Mann zu mir: „John, ich weiß, ich bin ein hilfloser Sünder." Dann gab er mir einen kurzen Überblick über die Bibel, um mir zu versichern, dass er verstanden hatte, dass sein gutes Leben ihm keinerlei Anerkennung vor Gott verschaffen konnte. Zum Abschluss gab er ein deutliches Bekenntnis seines Glaubens an Jesus ab. Danach sagte er: „John, du hast einen Sohn. Genau wie ich nichts zu tun brauchte, um ein Teil der Familie Gottes zu werden, musste auch dein Sohn nichts tun, um zu deiner Familie zu gehören. Aber jetzt, da er dazu gehört, muss auch er Verantwortung übernehmen. *Wie sieht meine Verantwortung als Mitglied der Familie Gottes aus?"*

Seine Frage war einleuchtend und sie wird in der Bibel beantwortet. In der Bibel erfahren wir, dass das Leben eines Menschen vom jeweiligen *Lebensmittelpunkt* bestimmt wird, den er wählt, d.h. *wem* er seine Aufmerksamkeit widmet. Wenn wir uns selbst in den Mittelpunkt stellen, wird sich alles nur um uns selbst drehen. Wenn wir den HERRN in den Mittelpunkt stellen, dann wird unser Leben ihn ehren. Deshalb ist ein verantwortlicher Gläubiger aufgefordert:

1. Sich mit dem zu *beschäftigen,* was er *jetzt* durch Jesus *hat.* Das beinhaltet all die Dinge, die auf Seite 379 genannt sind. Entsprechend dem Willen Gottes sollen wir uns über die Tatsache freuen, dass unsere Sünden vergeben sind, wir ein neues Leben haben und uns der Himmel versprochen ist.
2. Sich damit zu *beschäftigen,* Jesus *besser kennenzulernen.* Der Apostel Paulus schrieb über die Zielsetzung seines Lebens Folgendes:

   > *…alles andere erscheint mir wertlos, wenn ich es mit dem unschätzbaren Gewinn vergleiche, Jesus Christus als meinen Herrn kennen zu dürfen. Durch ihn habe ich alles andere verloren und betrachte es als Dreck. Nur er besitzt Wert für mich. Und zu ihm möchte ich um jeden Preis gehören. Deshalb vertraue ich nicht mehr auf meine Gerechtigkeit, die aus dem Befolgen des Gesetzes kam, sondern auf die Gerechtigkeit, die ich durch den Glauben an Christus habe, auf die Gerechtigkeit, die von Gott kommt und dem Glaubenden zugesprochen wird.* ***Ich möchte nichts anderes mehr kennen als Christus…***
   >
   > *Philipper 3,8-10 (NeÜ)*

Wenn wir unsere Aufmerksamkeit auf den HERRN richten, schauen wir von uns selbst weg. Dann werden wir damit beschäftigt sein, ihm zu gefallen und anderen zu dienen.

3. Sich damit zu *beschäftigen,* in allen Lebenslagen *ihm zu vertrauen.* Wir können uns sicher sein, dass er jederzeit in der Lage ist, alle unsere Sorgen und Nöte zu bewältigen. Jesus hat gesagt:

   *Kommt zu mir, ihr alle, die ihr euch plagt und von eurer Last fast erdrückt werdet; ich werde sie euch abnehmen.*
   *Matthäus 11,28 (NGÜ)*

Während wir diese Wahrheiten anwenden, entwickeln wir uns von einem geistlichen Säugling hin zu einem geistlich reifen Erwachsenen. Gott wird uns in sein Bild umgestalten. Sollten wir dabei auf die Idee kommen, all dies geschieht, weil wir uns selber so gut im Griff haben, ist es wichtig zu verstehen,…

> *…dass Gott, der sein gutes Werk in euch angefangen hat, damit weitermachen und es vollenden wird bis zu dem Tag, an dem Christus Jesus wiederkommt.* *Philipper 1,6 (NLB)*

Für ein Kind wäre es weder normal noch gesund, im Stadium eines Säuglings zu verharren. Dasselbe trifft auf jedes neugeborene Kind Gottes zu, so es ein geistlicher Säugling bleiben würde. Leider ist dieses viel zu oft der Fall, was nicht sein muss. Wenn wir den HERRN ins Zentrum unseres Lebens stellen, wird er sich selbst um den Rest kümmern.

**Hilfen**

Die Bibel nennt uns eine Vielzahl von Hilfen, um unseren Mittelpunkt beizubehalten.

**1. Gott selbst:** In dem Augenblick, wo wir unser Vertrauen auf Jesus setzen, kommt der Heilige Geist, um in uns zu wohnen. Das sagt uns die Bibel zu. Die Tür zu ihm steht uns jetzt immer offen. Somit kann er uns jederzeit ermutigen, wenn wir niedergeschlagen sind oder uns drängen, ernsthaft für Gott zu leben und uns ermahnen, wenn wir in Sünde abdriften. Der Heilige Geist ist ein so treuer Begleiter, dass die Bibel ihn den *Tröster, Helfer* und *Beistand* nennt. All dies sind Namen für Gott selbst.

> *„Aber der Beistand, den der Vater in meinem Namen senden wird, der Heilige Geist, wird euch alles Weitere lehren und euch an alles erinnern, was ich euch gesagt habe."*
> *Johannes 14,26 (NeÜ)*

Als Eltern freut man sich, wenn die Kinder mit gutem Benehmen auf sich aufmerksam machen. Für uns als Kinder Gottes ist es genauso wichtig, dass wir mit der Art und Weise, wie wir unser Leben führen, den Namen unseres himmlischen Vaters ehren und ihm keine Schande bereiten.

Unser Gehorsam sollte durch unsere Liebe zu ihm motiviert sein nach dem Prinzip: „Wem viel vergeben wurde, der erweist viel Liebe." Uns ist viel vergeben worden. Deshalb sollten wir ihn umso mehr lieben.

(Siehe Lukas 7,36-50; Johannes 14+15; 2.Johannes 6)

**2. Glaube:** Geistliches Wachstum geschieht schrittweise. Es bedeutet, jeden Tag „mit Gott zu leben". Genau wie wir *durch Glauben* Mitglieder der Familie Gottes wurden, so sollen wir auch *durch Glauben* mit Gott leben.

> *Ihr habt der Botschaft, die euch verkündet wurde, Glauben geschenkt und habt euch Jesus Christus als dem Herrn unterstellt. Darum richtet nun euer ganzes Verhalten an ihm aus! Seid in ihm verwurzelt, baut euer Leben auf ihm auf. Bleibt im Glauben fest und lasst euch nicht von dem abbringen, was euch gelehrt worden ist. Für das, was Gott euch geschenkt hat, könnt ihr ihm nicht genug danken!* Kolosser 2,6-7 (NGÜ)

Denken wir daran, dass sich der *Glaube* immer auf *Fakten* gründet, die wir in der Bibel finden. Es ist wichtig, dass wir unser Leben mit Gott nicht davon bestimmen lassen, wie wir uns gerade *fühlen.* Es kann sein, dass wir morgens aufstehen und uns schlapp und krank fühlen. Das bedeutet aber nicht, dass wir deswegen nicht mehr zu der Familie gehören, in die wir hineingeboren wurden. Dasselbe gilt auch in Bezug auf unsere Zugehörigkeit zu Gottes Familie.

Es mag vorkommen, dass man sich an manchen Tagen nicht sehr geistlich *fühlt.* Doch das ist kein Gradmesser dafür, wie gut unser Leben mit Gott verläuft. Unser Leben tagein tagaus wird von den Entscheidungen bestimmt, die wir treffen. Wenn wir weise Entscheidungen treffen, wird der HERR uns dadurch in sein Ebenbild umformen. Treffen wir aber dumme Entscheidungen, bleiben wir auf dem Stand eines geistlichen Säuglings.

**3. Die Bibel:** Sie ist eine tägliche Kraftquelle, unser Leitfaden. Ich habe einen Freund, der sie als seine „Gebrauchsanweisung fürs Leben" bezeichnet. Unsere Entscheidungen, die wir im Leben treffen, werden von JAHWE geführt werden, wenn wir in der Bibel lesen und sie zu Rate ziehen.

> *Denn alles, was in der Schrift steht, ist von Gottes Geist eingegeben, und dementsprechend groß ist auch der Nutzen der Schrift: Sie unterrichtet in der Wahrheit, deckt Schuld auf, bringt auf den richtigen Weg und erzieht zu einem Leben nach Gottes Willen. So ist also der, der Gott gehört und ihm dient,*

> *mit Hilfe der Schrift allen Anforderungen gewachsen; er ist durch sie dafür ausgerüstet, alles zu tun, was gut und richtig ist.*
> *2.Timotheus 3,16-17 (NGÜ)*

Die Bibel vergleicht sich selbst mit geistlicher Nahrung. Je mehr wir sie studieren, umso mehr werden wir geistlich wachsen. Gott wird durch die Bibel zu Ihnen reden – nicht hörbar, sondern in Ihren Gedanken. Indem Sie die Heilige Schrift lesen, werden Sie ihn immer besser kennen lernen. Ohne diese ständige Nahrung bleiben wir, geistlich gesehen, Kleinkinder.

Sollten Sie keine eigene Bibel besitzen, kaufen Sie sich eine. (Siehe Vorschläge im Anhang.) Lesen Sie zunächst das ganze Johannesevangelium. Es liest sich wie eine zusammenhängende Geschichte. Lesen Sie bitte danach das vorliegende Buch noch einmal durch und schlagen Sie jede Stelle in Ihrer Bibel nach. Das wird anfänglich etwas länger dauern, aber Sie werden erstaunt sein, wie schnell Sie sich besser zurechtfinden. Unterstreichen Sie die Verse mit einem farbigen Stift. Wenn Sie dieses Buch zum zweiten Mal gelesen haben, sind Sie gut auf die Apostelgeschichte und den Römerbrief vorbereitet. Wenn Sie etwas nicht verstehen, notieren Sie es und lesen Sie weiter. Es wird sich alles langsam zusammenfügen.

**4. Gebet:** Beten ist nichts anderes, als mit JAHWE zu reden. Sie brauchen dabei nicht ihre Augen zu schließen und den Kopf zu beugen. Doch wenn dies hilft, Ablenkung zu vermeiden, ist es völlig in Ordnung. Weil Gott unsere Gedanken kennt, können wir jederzeit still zu ihm beten und er hört uns. Es ist nicht notwendig, laut zu beten.

> *Macht euch um nichts Sorgen! Wendet euch vielmehr in jeder Lage mit Bitten und Flehen und voll Dankbarkeit an Gott und bringt eure Anliegen vor ihn. Dann wird der Frieden Gottes, der weit über alles Verstehen hinausreicht, über euren Gedanken wachen und euch in eurem Innersten bewahren – euch, die ihr mit Jesus Christus verbunden seid.* *Philipper 4,6-7 (NGÜ)*

**5. Andere Gläubige:** Wenn wir unser Vertrauen auf Jesus setzen, werden wir von einigen als Christen bezeichnet werden. Der Begriff *Christ* weißt darauf hin, dass man „zu Christus“ und „zur Gemeinschaft der Christen“ gehört.

> *In Antiochia nannte man die Gläubigen zum ersten Mal Christen.* *Apostelgeschichte 11,26 (NLB)*

Die biblische Bedeutung des Wortes ist unglaublich verdreht worden. Wer behauptet, als Christ geboren zu sein, liegt damit völlig falsch. In ein „christliches Elternhaus“ hineingeboren zu sein, macht einen Menschen genauso wenig zum Christen, wie die Geburt in einem Krankenhaus jemanden zu einem Arzt macht. Die körperliche Geburt hat mit unserer Beziehung zu Gott nichts zu tun.

Obwohl der Begriff *christlich* manchmal auf ganze Völker bezogen wird, haben einige sogenannte christliche Nationen furchtbare Verbrechen im Namen von Christus begangen. Andere sind moralisch völlig verdorben. Richtig verstanden kann der Begriff nur auf einzelne Menschen angewandt werden, die eine bewusste Entscheidung getroffen haben, dem Herrn Jesus Christus zu vertrauen.

Die Bibel sagt uns, dass wir geistlich wachsen können, wenn wir Freundschaften zu Christen pflegen, die wirklich an Gottes Wort glauben. Dies ist ein ganz entscheidender Punkt.

> *Und lasst uns aufeinander achten und uns gegenseitig zur Liebe und zu guten Taten anspornen.*
>
> *Deshalb ist es wichtig, unsere Zusammenkünfte nicht zu versäumen, wie es sich leider einige schon angewöhnt haben. Wir müssen uns doch gegenseitig ermutigen, und das umso mehr, je näher ihr den Tag heranrücken seht, an dem der Herr kommt.* Hebräer 10,24-25 (NeÜ)

Die meisten Freundschaften mit anderen Gläubigen entstehen im Rahmen einer christlichen Gemeinde. Doch einige Ratschläge sind hier durchaus angebracht.

Denken wir daran, dass Satan sich als ein „Engel des Lichts“ verstellt. Er liebt Religion. Nur weil Menschen über Gott sprechen, heißt das noch lange nicht, dass sie wirklich Christen sind. Bei Kirchen und Gemeinden gibt es ein breites Spektrum, das von gut bis schlecht reicht, wenn es um ihr Verständnis der Wahrheit und deren Anwendung geht. Die Bibel sagt, dass wir es bis zur Wiederkunft Jesu sowohl mit aufrichtigen wie auch falschen Lehrern zu tun haben werden. Sie werden einmal von Jesus aussortiert werden. Stellen Sie sich die folgenden Fragen:

- Ist diese Gemeinde davon überzeugt, dass die Bibel das wahre, inspirierte Wort Gottes ist, das in seinen Originalmanuskripten fehlerlos ist? Seien Sie vorsichtig bei Leuten, die behaupten, die Bibel *enthalte* lediglich das Wort Gottes.
- Nimmt diese Gemeinde die Bibel wörtlich, oder hält sie einige Berichte nur für Fabeln? Zum Beispiel sagt uns die Bibel, dass es wortwörtlich eine Hölle, wie auch den Teufel, den Himmel usw. gibt.

- Glaubt diese Gemeinde an Ereignisse wie die Geburt Jesu durch eine *Jungfrau?* Vorsicht, wenn behauptet wird, Maria sei nur eine *junge Frau* gewesen, aber keine Jungfrau.
- Glaubt diese Gemeinde, dass Jesus sowohl wahrer Gott ist als auch wahrer Mensch? Seien Sie auf der Hut vor denen, die sagen, Jesus sei nur irgendein Gott gewesen und auch wir seien Götter.
- Hat die Gemeinde einen guten Ruf? Hat sie hohe moralische Maßstäbe? Oder laufen ihre Zusammenkünfte bizarr und ungeordnet ab? Ist sie in irgendwelche dubiosen Geschäfte verwickelt?
- Lehrt die Gemeinde, dass Jesus an unserer Stelle für unsere Sündenschuld gestorben ist? Wenn die Gemeinde in diesem Punkt nicht eindeutig ist, dann Vorsicht. Manche glauben, man müsse sich noch taufen lassen, gute Werke tun oder an speziellen Ritualen teilnehmen, um wirklich gerettet zu sein. Meiden sie diese Gruppierungen.
- Glaubt diese Gemeinde an die Dreieinigkeit?

Wenn die Gemeinde in nur *einem* dieser Punkte zweifelhaft ist, ist es sehr wahrscheinlich, dass sie auch bei anderen Lehrinhalten auf einem falschen Fundament ruht. Diese Fragen zielen darauf ab, Symptome von tiefer liegenden Problemen aufzudecken. Lassen Sie sich nicht davon beeinflussen, wie nett der Prediger ist oder wie gewinnend er spricht. Denken Sie daran, dass viele sogenannte „Christen" und Kirchen *nicht* der Bibel folgen. Eine perfekte Gemeinde gibt es nicht, aber die obigen Fragen werden ihnen helfen, eine Gruppe gleichgesinnter Gläubiger zu finden.

Schon die Vorstellung, eine Kirche zu besuchen, mag vielleicht eine schwierige, demütigende Erfahrung sein. Denken Sie einfach daran: Die Idee, dass man zusammenkommt, um sich gegenseitig zu ermutigen und zu stärken, stammt von Gott selbst. Es trägt entscheidend zu Ihrem Wachstum bei. Andere Gläubige können Ihnen auf Ihrer geistlichen Reise eine enorme Hilfe und Ermutigung sein.

**6. Musik:** König David schrieb einige der ersten Lieder oder *Psalmen* mit der Absicht, unser Herz zu ermutigen. Seitdem sind von Gläubigen viele ausgezeichnete Lieder über Gott geschrieben worden. Doch auch hier gilt es, vorsichtig zu sein – es gibt gute und schlechte Musik. Wenden Sie die gleichen Kriterien an, die Sie auch bei der Auswahl einer Gemeinde zugrunde legen. Prüfen Sie auf der Grundlage des bereits Gelernten, ob das Gesungene *wahr* oder *falsch* ist. Gott wird Ihnen dabei helfen.

**7. Erzähl es anderen:** Die Jünger gingen überall hin und erzählten von dieser „guten Nachricht". Auch Sie können das. Es ist ermutigend zu sehen, wie Freunde zum gleichen Verständnis kommen. Aber vergessen Sie nicht, Gott hat dem Menschen die Freiheit der Entscheidung gelassen. Diese gilt es zu respektieren. Seien Sie geduldig und überlegen Sie, was Sie sagen. Stülpen Sie anderen die Botschaft nicht einfach über. Die Bibel fordert uns auf, *Zeugen* zu sein, keine *Rechtsanwälte*. Ein Zeuge erklärt eine Sache, ein Rechtsanwalt dagegen streitet und argumentiert. Vielleicht hilft es Ihren Freunden, wenn Sie ihnen einfach dieses Buch weitergeben.

**8. Hoffnung auf die Zukunft:** Die Bibel sagt, dass Jesus eines Tages auf die Erde zurückkehren wird. Dies wird an vielen Stellen vorausgesagt.

> *Kommen wir nun zur Frage nach den Gläubigen, die schon gestorben sind. Es liegt uns sehr daran, Geschwister, dass ihr wisst, was mit ihnen geschehen wird, damit ihr nicht um sie trauert wie die Menschen, die keine Hoffnung haben. Nun, wir glauben doch, dass Jesus für uns gestorben und dass er auferstanden ist. Dann wird Gott aber auch dafür sorgen, dass die, die im Vertrauen auf Jesus gestorben sind, mit dabei sein werden, wenn Jesus in seiner Herrlichkeit kommt. Außerdem können wir euch unter Berufung auf ein Wort des Herrn versichern, dass sie uns gegenüber, soweit wir bei der Wiederkunft des Herrn noch am Leben sind, in keiner Weise benachteiligt sein werden.*
>
> *Der Herr selbst wird vom Himmel herabkommen, ein lauter Befehl wird ertönen, und auch die Stimme eines Engelfürsten und der Schall der Posaune Gottes werden zu hören sein. Daraufhin werden zuerst die Menschen auferstehen, die im Glauben an Christus gestorben sind. Danach werden wir – die Gläubigen, die zu diesem Zeitpunkt noch am Leben sind – mit ihnen zusammen in den Wolken emporgehoben, dem Herrn entgegen, und dann werden wir alle für immer bei ihm sein. Tröstet euch gegenseitig mit dieser Gewissheit!*
>
> *1.Thessalonicher 4,13-18 (NGÜ)*

## Hindernisse

Es gibt Hindernisse, die unsere Lebensausrichtung verschieben und unser geistliches Wachstum behindern.

**1. Unsere menschliche Natur:**[5] Wenn es jemals zutraf, dass man selbst sein schlimmster Feind ist, dann gilt das hier. Die Bibel sagt, dass unsere sündige menschliche Natur niemals zufriedengestellt werden kann. Sie wünscht sich immer noch mehr Geld, mehr Aufmerksamkeit, ein besseres Aussehen, schöneres Dies, größeres Das, und so geht es immer weiter. Für den Moment mag sie zufrieden sein, doch schon im nächsten will sie wieder mehr. Unsere menschliche Natur kennt nur einen Mittelpunkt: uns *selbst*. Die Bibel sagt:

> *Lasst euer Leben vom Geist Gottes bestimmt sein und richtet es danach aus. Dann werdet ihr nicht euren* ***selbstsüchtigen irdischen Wünschen*** *nachgeben.* Galater 5,16 (BasisBibel)

Wie sieht das aus, wenn wir „im Heiligen Geist leben"? Das hat damit zu tun, was im Mittelpunkt unseres Lebens steht. Wenn wir uns mit den Dingen Gottes beschäftigen, wird das *Verlangen unserer sündigen Natur* durch das stärkere Verlangen ersetzt, unserem HERRN zu gefallen. Uns wird gesagt:

> *Darum tötet alles, was zu eurer irdischen [oder sündigen] Natur gehört…* Kolosser 3,5 (NeÜ)

Bevor ich verheiratet war, hatte ich einige Freundinnen. Es waren aufrichtige Beziehungen. Doch als ich heiratete, waren diese früheren Beziehungen vorbei. Tot. Ich beschäftige mich jetzt mit einer neuen Beziehung. Ich möchte meiner Frau gefallen. Sie ist zu meinem Mittelpunkt geworden. Es wäre falsch, meinen Gedanken zu erlauben, weiterhin meinen früheren Freundinnen nachzuhängen. Genauso waren wir, bevor wir gläubig wurden, damit beschäftigt, unserer sündigen Natur mit all ihren Forderungen und Wünschen zu folgen. Aber Gott möchte, dass wir dies nun hinter uns lassen und uns mit dem beschäftigen, was ihm gefällt und anderen dient.

> *Darum lasst uns alle Last abwerfen, besonders die der Sünde, in die wir uns so leicht verstricken. Dann können wir mit Ausdauer in dem Wettkampf laufen, der vor uns liegt. Dabei wollen wir* ***den Blick auf Jesus richten****…* Hebräer 12,1-2 (BasisBibel)

Heutzutage wird gesagt, man sollte in seiner Vergangenheit nach den Antworten für persönliche Probleme suchen. Alles Falsche muss wieder zurechtgerückt werden und wenn wir verletzt worden sind, müssen wir als Opfer bemitleidet werden. Diese Ratschläge führen dazu, dass wir uns nur noch um uns selbst drehen und ganz besessen von uns selbst sind. Im Gegensatz dazu lehrt uns die Bibel, dass wir von uns wegschauen sollen, einschließlich unserer Vergangenheit. Wenn man uns Unrecht getan hat, sollen wir vergeben, so schwer dies auch fallen mag.

> *Geht vielmehr freundlich miteinander um, seid mitfühlend und vergebt einander, so wie auch Gott euch durch Christus vergeben hat.* Epheser 4,3 (NGÜ)

Es mag seltsam scheinen, aber im Prozess der Vergebung anderen gegenüber erfahren wir Heilung für unser eigenes Leben.

**2. Das System dieser Welt:** In der Bibel erfahren wir, dass die Versuchungen, denen wir in dieser Welt mit ihren Maßstäben ausgesetzt sind, unsere Ausrichtung auf Jesus verschieben. Stattdessen rücken vergängliche Dinge in den Mittelpunkt. Es liegt in unserer Verantwortung, dass wir uns darüber im Klaren sind, welche Dinge uns in alte, sündige Verhaltensmuster zurückfallen lassen. Diese Dinge, die unseren Mittelpunkt verschieben, sollten wir meiden.

> *Denn die Gnade Gottes… bringt uns dazu, dem Leben ohne Gott und allen sündigen Leidenschaften den Rücken zu kehren. Jetzt, in dieser Welt sollen wir besonnen, gerecht und voller Hingabe an Gott leben. Denn wir warten auf das wunderbare Ereignis, wenn die Herrlichkeit des großen Gottes und unseres Erlösers, Jesus Christus, erscheinen wird.* Titus 2,11-13 (NLB)

**3. Der Teufel:** Satan wurde zwar besiegt, doch er ist immer noch aktiv dabei, uns zu beeinflussen. Von Anfang an hat er versucht, uns zu zerstören, um das Bild Gottes zu „beschmutzen". Satan will, dass wir ihm ähnlich werden anstatt dem Bild JAHWES.

Gott hat den Teufel nicht entfernt, als wir gläubig wurden. Stattdessen ist es unsere Verantwortung, seinen Versuchungen zu widerstehen und unsere Stärke allein bei Gott zu suchen.

> *Ordnet euch also Gott unter. Dem Teufel aber leistet Widerstand, dann flieht er vor euch.* Jakobus 4,7 (BasisBibel)

Auf clevere Arte und Weise benutzt Satan den Einfluss der Welt, kombiniert mit unserer selbstsüchtigen menschlichen Natur, um uns zu versuchen und den Mittelpunkt unseres Lebens zu verschieben. Wir müssen damit rechnen, dass er Zweifel in unser Herz sät, selbst was unsere Entscheidung anbetrifft, Jesus zu vertrauen. Er wird Ihnen einreden wollen, Ihr Glaube war nicht stark genug oder in Frage stellen, ob Sie wirklich alles verstanden haben. Denken wir daran, dass er dies schon bei Adam und Eva tat. Widerstehen Sie ihm und tun Sie, was Jesus tat. Greifen Sie zur Bibel.

## Zusammenfassung

Wenn wir gegen diese drei Feinde unseres geistlichen Wachstums kämpfen und die zentrale Ausrichtung unseres Lebens behalten, werden wir immer stärker im Glauben verwurzelt und vom HERRN entsprechend seinem Bild umgestaltet werden.

Es gäbe noch so viel mehr, das man schreiben könnte. Wenn Sie aber zu denen gehören, die ihr Vertrauen auf Christus gesetzt haben, dürfen Sie wissen, dass Gott Ihnen in seinem Wort zusagt, Sie Schritt für Schritt zu führen. Ihre geistliche Reise hat soeben begonnen. Halten Sie ihren Blick auf ihn gerichtet, stellen Sie ihn in den Mittelpunkt Ihres Lebens. Studieren Sie regelmäßig Ihre Landkarte, die Bibel. Der Weg wird nicht immer leicht sein, aber Gott wird mit Ihnen sein. Er hat Ihnen sein Versprechen gegeben. Ich wünsche Ihnen eine sehr gute Reise.

> *Der Gott des Friedens, der den großen Hirten seiner Schafe, unseren Herrn Jesus, von den Toten auferweckt hat, nachdem er mit dessen Blut den neuen, ewig gültigen Bund besiegelt hatte – dieser Gott möge euch die Kraft geben, all das Gute zu tun, das nach seinem Willen durch euch geschehen soll. Durch Jesus Christus möge er in unserem Leben das bewirken, woran er Freude hat. Ihm gebührt die Ehre für immer und ewig. Amen.* Hebräer 13,20-21 (NGÜ)

## 2 Die passende Zeit

Es gibt Menschen, die die Bibel gelesen und verstanden haben, was sie zu sagen hat. Nichtsdestotrotz gehen sie das Risiko ein und entschließen sich, ihr nicht zu glauben und stattdessen:

- Die Botschaft zu ignorieren.
- Sie völlig abzulehnen.
- Sich wieder ins Leben zu stürzen und sie zu vergessen.
- Ihre Botschaft abzuändern.

…in der Hoffnung, dass die Bibel Unrecht hat.

Herodes Agrippa ging ein solches Risiko ein. Als Enkel von Herodes dem Großen und Neffe von Herodes Antipas hat er am königlichen Hof sicher mitbekommen, was über Jesus geredet wurde. Zweifellos hatten Informanten über jedes Wort des Propheten aus Nazareth Bericht erstattet. Aber Herodes genoss Ansehen, er war ein wichtiger Mann. Anstatt sich vor dem König der Könige zu beugen, lebte er weiterhin sein eigenes Leben. Er konnte bei manchen seine Beliebtheit sogar noch steigern, als er einen der Jünger Jesu köpfen ließ. Aber dann:

*An dem Tag… erschien Herodes in königlichem Prunk vor dem versammelten Volk, nahm auf der Tribüne Platz und hielt eine feierliche Rede… Begeistert jubelte das Volk ihm zu: „So spricht ein Gott und nicht ein Mensch!"*

*Und Herodes ließ sich das gefallen, anstatt Gott die Ehre zu geben. Da vollstreckte ein Engel des Herrn das göttliche Urteil an ihm: Herodes brach noch auf der Tribüne zusammen, von einer schweren Krankheit befallen. Würmer zerfraßen seinen Leib, und er starb einen qualvollen Tod.*

Apostelgeschichte 12,21-23 (NGÜ)

In seiner Gnade erträgt Gott unsere Sünde eine Zeit lang, aber dann wird er sie in seiner Gerechtigkeit richten. Das Gericht mag entweder schon in diesem Leben eintreffen oder aber mit Sicherheit nach dem Tod. Herodes starb und stand einer Ewigkeit im Feuersee gegenüber.[6] Der nächste Vers ist bemerkenswert:

*Immer mehr Menschen hörten das Wort Gottes und kamen zum Glauben.* Apostelgeschichte 12,24 (NeÜ)

Seien Sie nicht leichtfertig in Bezug auf die Botschaft der Bibel oder zu beschäftigt, um sich einmal richtig mit ihr auseinanderzusetzen. Was für eine Tragik, sich nicht die Zeit genommen zu haben, alles Notwendige über Leben und Tod zu entdecken.

Ein anderer Zeitgenosse Jesu war Herodes Agrippa II. Als Urenkel von Herodes dem Großen und Sohn von Herodes Agrippa war ihm Jesus bekannt. Die Bibel sagt, dass König Agrippa *sehr gut* über Jesus Bescheid wusste. Der Apostel Paulus[7] wurde gefangen genommen und musste vor ihm aussagen. In seiner Verteidigungsrede vor Agrippa erzählte Paulus ihm von Jesus. Er sagte:

*„Der König, zu dem ich so freimütig spreche, weiß, wovon ich rede. Ich bin überzeugt, dass ihm nichts von diesen Dingen entgangen ist. Das alles hat sich ja nicht in irgendeinem Winkel abgespielt. König Agrippa, glaubst du den Propheten? Ich weiß, dass du ihnen glaubst."*

*Agrippa erwiderte: „Gleich überredest du mich noch, Christ zu werden."* Apostelgeschichte 26,26-28 (NeÜ)

König Agrippa schien Paulus sehr gut zu verstehen, so sehr, dass er zugab, Paulus habe ihn fast dazu überredet, zu glauben. Aber Agrippa entschied sich für das Risiko. Er glaubte nicht und wich der Frage aus, um keine Entscheidung treffen zu müssen. Soweit wir wissen, hat Agrippa niemals geglaubt. Als er starb, hatte er das Evangelium *verstanden,* aber nicht geglaubt. Dies war seine Entscheidung.

Paulus verteidigte sich auch vor einem römischen Statthalter namens Felix. Er nutzte solche Gelegenheiten immer, um ausführlich zu erklären, wer Jesus war und was er getan hat.

> *Einige Tage später erschien Felix mit seiner Frau Drusilla, einer Jüdin, in seinem Amtssitz und ließ Paulus zu sich kommen, weil er noch mehr über den Glauben an Jesus, den Messias, erfahren wollte. Doch als Paulus dann von Gerechtigkeit und Enthaltsamkeit sprach und von dem künftigen Gericht, bekam Felix es mit der Angst zu tun. Er sagte zu Paulus: „Für diesmal ist es genug, du kannst gehen. Wenn ich später Gelegenheit habe, werde ich dich wieder rufen lassen."*
>
> Apostelgeschichte 24,24-25 (NeÜ)

Felix schob die Entscheidung auf. Er wollte auf eine passendere Zeit warten. Dies ist sehr einfach, aber die Bibel erinnert uns daran:

> *...Jetzt ist die richtige Zeit, jetzt ist der Tag der Rettung!*
>
> 2. Korinther 6,2 (NeÜ)

Wir wissen nicht, was die Zukunft bringt, oder wie schnell unser Leben zu Ende sein kann. Wir müssen uns *jetzt* entscheiden. Natürlich hatte Felix Angst und auch wir fürchten uns manchmal. Es ist uns wichtig, was andere denken. Doch was andere denken, spielt keine Rolle. Entscheidend ist, was Gott denkt. Weder die biblische noch die säkulare Geschichtsschreibung berichtet uns, was mit Felix geschah. Deshalb müssen wir davon ausgehen, dass er niemals eine für ihn passende Zeit fand, um zu glauben.

Felix ging es aber noch um etwas anderes:

> *Gleichzeitig hoffte er auch, von Paulus Bestechungsgelder zu bekommen. Deshalb ließ er ihn öfter kommen und unterhielt sich mit ihm.* Apostelgeschichte 24,26 (NeÜ)

Felix hatte Hintergedanken. Sein offensichtliches Interesse an Jesus wurde von seiner Gewinnsucht getrübt. Dennoch sprach er oft mit Paulus über Jesus. Man hätte aus diesen Unterhaltungen den Eindruck gewinnen können, Felix sei „religiös geworden". Manche Menschen sind wie Felix. Sie reden viel über die Bibel, aber dann missbrauchen sie die biblische Botschaft zu ihrem eigenen Profit. Die meisten durchschauen das, doch einige lassen sich hinters Licht führen. Wegen solchen Heuchlern wollen manche Menschen nichts mit der Bibel zu tun haben. Aber Moment mal! Hat sich dadurch die Botschaft der Bibel geändert? Nein, kein Stück. Ihre Aussagen bleiben die gleichen, ganz egal wie sehr Menschen sie zu ihren eigenen Zwecken verdrehen. Wenn sie zu denen gehören, die versucht sind, die Bibel wegen solcher Typen wie Felix abzulehnen, denken Sie noch einmal darüber nach.

Wenn Sie unentschlossen sind, etwas nicht verstehen, oder das Gelesene geradewegs ablehnen, möchte ich Ihnen vorschlagen, die Bibel noch etwas genauer zu untersuchen, bevor Sie ein endgültiges Urteil fällen. Wie schon zu Anfang gesagt, die Bibel hat viel über das Leben zu sagen… und über den Tod.

Hören Sie jetzt nicht auf nachzuforschen.

Ihr Leben – und Ihr Leben nach dem Tod – stehen auf dem Spiel.

# Anhang

## Glossar
## Wahl einer Bibel
## Ausgewählte Literatur
## Anmerkungen

# Glossar

**Abba:** (aramäisch) entspricht dem deutschen Begriff Papa oder Vater

**Adoption:** eine Zeremonie, in der die juristische Sohnschaft mit allen Vorrechten und Pflichten verliehen wurde

**Altar:** eine aus Erde oder Steinen errichtete Plattform, auf der Gott oder den Göttern Opfer dargebracht wurden

**Amen:** (hebräisch/griechisch) ein Wort der Zustimmung, „Das ist richtig!" oder „Ich stimme zu!"

**Anbetung:** Gott die Ehre geben

**Apostel:** (griechisch) ein „Gesandter", meist in Bezug auf die 12 Jünger und Paulus verwendet

**Barmherzigkeit:** die Liebe Gottes, die er gegenüber unwürdigen Sündern zeigt; Erbarmen

**Bekennen:** etwas zustimmen oder anerkennen

**Bund:** ein Versprechen, eine Übereinkunft

**Bundeslade:** eine besondere goldene Truhe, die im Allerheiligsten aufbewahrt wurde

**Buße:** seine Gesinnung ändern (siehe Seite 206)

**Christus:** (griechisch) „der Gesalbte", im Alten Testament mit *Messias* (hebräisch) wiedergegeben

**Dämon:** ein geschaffenes, böses Geistwesen, das sich der Rebellion Satans angeschlossen hat

**Engel:** (griechisch) Bote; ein geschaffenes, himmlisches Geistwesen

**Erlösen:** erkaufen, im Sinne vom Freikaufen eines Sklaven auf einem Markt

**Erretter:** jemand, der einen anderen errettet oder befreit

**Evangelium:** gute Nachricht

**Fluch:** das Erleiden oder Verteilen von Missfallen

**Genesis:** (griechisch) Anfänge oder Ursprünge

**gerecht sprechen/rechtfertigen:** eine juristische Handlung, in der Gott einen Menschen aus seiner Sicht für gerecht erklärt

**gerecht:** als mit Gott im Rechten angesehen zu werden. Dies bedeutet nicht, dass ein Mensch sündlos ist. Der Begriff kann sich auch auf den Lebensstil beziehen, also auf einen guten bzw. richtigen Lebensstil aus der Sicht Gottes.

**Glaube:** auf etwas/jemanden vertrauen (siehe Seiten 128 - 130)

**Gleichnis:** eine kurze Geschichte, aus der man eine Lehre zieht

**Gnade:** Gottes unverdiente Freundlichkeit gegenüber unwürdigen Sündern

**Heiliger Geist:** weder ein Engel noch ein Mensch, sondern der Geist Gottes selbst

**Herrlichkeit:** wörtlich „Gewicht besitzen", im Sinne von Geltung oder Wert haben

**Hohepriester:** der oberste und höchste aller Priester im jüdischen Tempel/in der Stiftshütte. Einzig und allein der Hohepriester durfte das Allerheiligste betreten – allerdings nur am Versöhnungstag unter Einhaltung bestimmter Bedingungen.

**ICH BIN:** ein Name Gottes, welcher „der Selbstexistierende" oder „der durch seine eigene Macht Existierende" bedeutet

**Immanuel:** (hebräisch/griechisch) Gott mit uns

**Jesus:** (griechisch, abgeleitet aus dem Hebräischen) Retter, Befreier

**Jünger:** ein Nachfolger, Anhänger

**Menschensohn:** eine Bezeichnung, die Jesus für sich selbst benutzte, um sein Menschsein zu betonen; wurde von den Gelehrten der damaligen Zeit auch als Bezeichnung für den Messias verstanden (siehe Seite 238)

**Messias:** (hebräisch) der Gesalbte, im Neuen Testament mit *Christus* (griechisch) übersetzt

**Noahs Arche:** Bezeichnung für einen Kasten oder Container im Zusammenhang mit dem Boot, das Noah im Auftrag Gottes baute

**Pharisäer:** ein Jude, der das Gesetz Gottes so peinlich genau befolgte, dass er zusätzliche Gesetze schuf, um Gottes Gesetz nicht zu brechen

**Priester:** ein Mensch, der vorgeschriebene Aufgaben in der Stiftshütte oder im Tempel erfüllte

**Prophet:** Bote, der für Gott spricht

**Psalm:** (griechisch) ein Lied

**Rabbi:** (griechisch) Lehrer, Meister

**Sabbat:** der siebte Tag der Woche, Samstag

**Salben:** das Ausgießen von Öl über dem Kopf eines Menschen oder über einem Gegenstand zum Zweck der Absonderung für Gott; das Wort kann sich auf alles beziehen, was für den Dienst des Herrn auserwählt wurde

**Sanhedrin:** (griechisch) ein aus 71 Männern bestehender jüdischer Rat

**Satan:** (hebräisch/griechisch) Widersacher, der Erzfeind Gottes

**Schriftgelehrter:** jemand, der in der Antike Abschriften der Bibel erstellte

**Segen:** das Geben oder Empfangen von Gottes Wohlwollen

**Sohn Gottes:** ein sinnbildlicher Ausdruck ohne jede körperliche Anspielung, weist auf die gleichen Wesenszüge wie Gott hin (siehe Seiten 237-238)

**Sühne:** wörtlich eine „Bedeckung"; Sühne beinhaltet den Gedanken, dass die Sünde des Menschen symbolisch vor Gottes Augen „bedeckt" wird

**Sünde:** spiegelt die Vorstellung des Zielverfehlens beim Bogenschießen wider, wobei in diesem Fall die Heiligkeit Gottes das Ziel ist, welches verfehlt wird; das Verachten von Gott und seinem Wort; die Weigerung, so zu leben, wie Gott es beabsichtigt

**sündige Natur:** wird manchmal in Bezug auf die menschliche Natur oder Natur Adams benutzt; ein Zustand

**Synagoge:** (griechisch) Versammlung, üblicherweise in Bezug auf ein Gebäude gebraucht

**Teufel:** (abgeleitet aus dem Griechischen) falscher Ankläger, Verleumder; anderer Name für Satan, dem mächtigsten aller bösen Geistwesen

**Übertretung:** siehe „Sünde"

# Wahl einer Bibel

Die Bibel wurde in der Umgangssprache der jeweiligen Generation geschrieben – Hebräisch, Aramäisch oder Griechisch. Gott wollte, dass sie jedem Menschen zugänglich ist, unabhängig von seinem jeweiligen gesellschaftlichen Hintergrund. Seit dem Zeitalter der griechischen Zivilisation wurden Übersetzungen in viele Sprachen angefertigt.

Während des Mittelalters war die Bibel normalerweise nur in Latein erhältlich, wobei nur der organisierte Klerus zu den begrenzt erhältlichen, handgefertigten Abschriften Zugang hatte. Es wurde als Sünde angesehen, wenn der normale Mensch diese Abschriften lesen wollte oder zu verstehen versuchte. So wie es aussieht, hatte es Satan geschafft, das Wort Gottes erfolgreich hinter der Klerusrobe zu verstecken.

Im sechzehnten Jahrhundert trat im deutschsprachigen Raum ein Mensch namens Martin Luther an die Öffentlichkeit. Dieser Mann machte es sich zum Ziel, die Bibel in die damalige deutsche Umgangssprache der Menschen zu übersetzen. Zitat Luther:

*„Das Evangelium ist so klar, dass es nicht viel Auslegens bedarf, sondern es will nur wohl betrachtet, angesehen und tief zu Herzen genommen sein."*

Luther verfasste 1517 in Wittenberg (Ostdeutschland) verschieden Schriften, in denen er sich gegen viele religiöse Führer und Würdenträger der damaligen Zeit wandte. Diese hatten unter anderem die gute Nachricht, das Evangelium von Jesus, verwässert und verändert. Sie vertraten die Ansicht, der Mensch könne sich mit Geld, das er der Kirche spendete, sein Heil erkaufen. Luthers Schreiben und seine Reden sorgten für großes Aufsehen in der Öffentlichkeit und waren Mitauslöser der sogenannten Reformation, einer kirchlichen Erneuerungsbewegung, die sich allein auf die Bibel gründete. Im Zuge dieser Reformation übersetzte Luther die Bibel von den hebräischen und griechischen Urtexten her in die deutsche Sprache. Er verwendete dafür jenes Deutsch, wie es auch die Menschen auf der Straße sprachen und machte damit die biblischen Inhalte dem einfachen Volk zugänglich.

Heute gibt es eine ganze Reihe deutscher Bibelübersetzungen. Viele von ihnen sind mit ergänzenden Hilfsmitteln zur Bibel ausgestattet. Bei der Auswahl einer Bibel sollte man zwei Dinge beachten:

1. Welche deutsche Bibel man sich auch zulegt, es ist nur eine Übersetzung der ursprünglichen Sprachen. Immer wenn man eine Botschaft von der einen Sprache in eine andere übersetzt, wird die Genauigkeit, die Verständlichkeit und der Lesefluss Stärken wie auch Schwächen aufweisen. Glücklicherweise sind die deutschen Bibelübersetzungen in der Regel äußerst gewissenhaft angefertigt worden, so dass wir heute sehr genaue deutsche Texte vorliegen haben. Dennoch gibt es gute und weniger gute Bibelübersetzungen. Ich schlage vor, sich eine möglichst genaue Übersetzung zuzulegen. Aber man sollte daran denken, dass es nur eine Übersetzung ist. Ich sage dies, ohne im Geringsten an der Kraft der biblischen Botschaft zu zweifeln, auch wenn sie übersetzt wurde.

2. Legen sie sich eine gut lesbare Bibelübersetzung zu. Denken wir daran, Luther wollte die Bibel für den einfachen Menschen lesbar machen. Er wollte, dass die Menschen sie verstehen konnten und nicht das Gefühl haben, sie würden eine Fremdsprache lesen.

Hier eine Auswahl an Übersetzungen, die im Licht der oben genannten Punkte versuchen, Genauigkeit und Lesbarkeit miteinander zu verbinden, wobei mal die Genauigkeit und mal die Lesbarkeit überwiegt.

**Übersetzung**

Luther 1984 (gehobener Leseanspruch)
NeÜ bibel.heute
Neue Genfer Übersetzung
Rev. Elberfelder (gehobener Leseanspruch)
Schlachter 2000

Um die Bibel verständlicher zu machen, wurden manchen Bibelausgaben Querverweisungen, Fußnoten, Landkarten usw. zugefügt. Auch wenn diese sehr hilfreich sein mögen, sollte man nicht vergessen, dass es sich dabei nur um menschliche Anmerkungen zum biblischen Text handelt und diese kein Bestandteil der eigentlichen Heiligen Schrift sind.

Bei der Anschaffung einer Bibel kann es hilfreich sein, sich eine kleine Bibel für unterwegs und eine größere für das intensivere Studium zu Hause zuzulegen.

# Ausgewählte Literatur

Es gibt nur sehr wenige Bücher, welche die Bibel in ihrer zeitlichen Abfolge behandeln. Das folgende Buch wurde als Lehrmaterial verfasst. Ich habe es beim Schreiben dieses Buches oft als Quelle benutzt.

Trevor McIllwain und Nancy Everson - *Auf festen Grund gebaut.*

Die folgenden Materialien bilden nur eine kleine Auswahl über die Themenbereiche Schöpfung oder Evolution. Es gibt zahlreiche weitere Bücher, Zeitschriften und DVDs.

### BÜCHER:

Die Studiengemeinschaft *WORT UND WISSEN* verbreitet eine große Auswahl an Literatur zum Thema *„Schöpfung oder Evolution".*
Studiengemeinschaft WORT UND WISSEN e.V.,
Rosenbergweg 29, D-72270 Baiersbronn, Tel.: (07442) 81006, Fax: (07442) 81008,
E-Mail: sg@wort-und-wissen.de Internet: www.wort-und-wissen.de

Don Batten (Hrsg.) - *Fragen an den Anfang: Die Logik der Schöpfung*

Michael J. Behe - *Darwins Black Box*

Werner Gitt - *Information - Der Schlüssel zum Leben*

### INTERNETSEITEN:

answersingenesis.org/de
creation.com/german
wort-und-wissen.de

### DVDS:

*Gott der Wunder* (ca. 85 Min.) - CMV
*Dem Geheimnis des Lebens nahe* (58 Min.) - Illustra Media

# Anmerkungen

### KAPITEL EINS

1. Josh McDowell, compiled by Bill Wilson. *A Ready Defense: The Best of Josh McDowell.* Thomas Nelson Publishers, 1993, S. 27, 28. Verwendet mit der Erlaubnis von Thomas Nelson, Inc.
2. Barbara Watterson. *Gods of Ancient Egypt.* Sutton Publishing, 1984, 1996, S. 5. *„Zwei angesehene französische Ägyptologen, Jean-Francois Champollion (1790-1832) und Emmanuel de Rouge (1811-72) ... studierten ägyptische Texte und kamen zu dem Schluss, dass die ägyptische Religion ein reiner Monotheismus war, der sich ‚äußerlich als ein symbolischer Polytheismus darstellte'."*
3. Ebd., S. 19. *„Es gab zum Beispiel verschiedene Variationen des Themas über die Erschaffung der Welt, da alle großen Schöpfergottheiten wie etwa Atu, Re, Ptah und Neit ihre jeweils eigene Version besaßen."*

4. Wir werden den Inhalt dieses Glaubens im weiteren Verlauf der Geschichte noch kennenlernen.
5. Dieser Teil der Bibel wurde in Althebräisch verfasst, einer Sprache, in der keine Vokale geschrieben werden. Deshalb konnte das Wort *Jahwe* (geschrieben JHWH) niemals von jemandem richtig ausgesprochen werden, der es nicht zuvor gehört hatte. Vor einigen Jahrhunderten wurden dem Wort Vokale hinzugefügt, um die Aussprache zu ermöglichen. Man las dann *Jahwe* oder *Jehova*. Ich habe mich dafür entschieden, die Form *Jahwe* zu gebrauchen, da sie der ursprünglichen Betonung wahrscheinlich am nächsten kommt.
6. Diese Ausnahme war gebürtiger Grieche. Wir werden ihn im späteren Verlauf noch kennenlernen.
7. Die meisten deutschen Bibelausgaben übersetzen hier *„…von Gott eingegeben“*, doch *„von Gott eingehaucht“* ist eine wörtlichere Wiedergabe des ursprünglichen griechischen Textes.
8. *Illustrated Bible Dictionary*. Pt 3, IVP The Universities and Colleges Christian Fellowship, 1980, S. 1538.
9. Philip W. Comfort. *„The Origin of the Bible.“* Norton, Texts & Manuscripts of the Old Testament. Mark R. Tyndale House Pub. Inc., 1992, S. 151 ff.
10. „Contra Apionem.“ (Apologie für das Alter des Judentums.), (c) Institutum Judaicum Delitzschianum, Münster 2003. Web. 1 Mai 2016. http://www.uni-muenster.de/EvTheol/ijd/forschen/contra-apionem.html

**KAPITEL ZWEI**

1. Barbara Watterson. *Gods of Ancient Egypt*. Place: Sutton Publishing, 1984, 1996, S. 40. *„Re war der selbsterzeugte ewige Geist, der zuerst in der Gestalt eines wunderschönen Kindes in einer blauen Lotusblüte schwimmend auf den Wassern des Nun erschien.“* Re als ewig zu bezeichnen und dann zu behaupten, dass er sich selbst erschuf, scheint jeglicher Logik zu widersprechen. Wahrscheinlich wurde beides für wahr gehalten.
2. Die hier dargestellte Galaxie ist nicht die Milchstraße, da es unmöglich ist, sie zu fotografieren. Sie wurde durch eine ähnliche Galaxie, den Andromedanebel, ersetzt.
3. http://starchild.gsfc.nasa.gov/docs/StarChild/questions/question7.html http://www.astro.wisc.edu/~dolan/constellations/StarNaming.html
4. Judasbrief, Vers 6
5. Lukas 20,36. Sterben im physischen Sinn. Engel hören niemals auf zu existieren.
6. Markus 12,25

**KAPITEL DREI**

1. Das Wort *Gewölbe* ist gleichbedeutend mit „Raum“ oder „Ausdehnung“ und kann sich sowohl auf die Erdatmosphäre wie auch auf den Weltraum beziehen. In der Bibel erfahren wir, dass der Schöpfer einen Teil des Wassers hoch am Himmel platzierte. Einige Bibelausleger sehen in diesem Wasser den Hinweis auf eine lichtdurchlässige Schicht aus Wasserdampf, die die Erde umgab. Für andere wiederum handelt es sich hier lediglich um die Beschreibung von Wolken. Eindeutiger ist die Beweislage im Zusammenhang mit dem Klima, das damals auf der Erde herrschte. Es unterschied sich grundlegend von unseren heutigen klimatischen Verhältnissen. Man geht davon aus, dass es gleichmäßig tropisch war mit einer Art Treibhauseffekt aufgrund des vermehrten Wasserdampfes in der Atmosphäre.
2. Es mag uns verwundern, dass Gott das Licht erschuf, bevor er die Sonne machte. Aber wir sollten nicht vergessen, dass es für Gott ein Leichtes ist, das Licht als solches noch vor den Lichtspendern zu schaffen.
3. Nehmen wir einmal an, es wäre möglich, ein Geschoss abzufeuern, während man sich gleichzeitig auf einem anderen fortbewegt. Mit dem abgefeuerten Geschoss trifft man dann ein drittes Geschoss und schaut dem Ganzen vom

ersten aus zu. Genau dies geschah am 4.Juli 2005, als sich die NASA Mission „Deep Impact" mit einer Sonde erfolgreich dem Kometen „Tempel 1" näherte und diesen mit einem 370 kg schweren „Impaktor" traf. Der Zeitpunkt der Kollision wurde bis auf ein paar Minuten genau vorausberechnet. All dies war nur möglich, weil das gesamte Universum mit der Präzision einer kosmischen Uhr funktioniert.

4. Wörtlich: eine „Rinne" oder ein „Kanal".
5. Vielleicht stellt sich die Frage, mit wem Gott redete, als er sagte: *„Lasst uns Menschen machen…"* Wir werden uns zu einem späteren Zeitpunkt damit beschäftigen.
6. Gott schuf den Menschen nicht, weil er Freundschaft brauchte. Gott ist völlig unabhängig von irgendwelchen Bedürfnissen. Er ist der „Aus-sich-selbst-Existierende".
7. Hier wird die moralische Vollkommenheit angesprochen und nicht vollkommene Fähigkeiten (z.B. Wissen, Macht usw.). Siehe Matthäus 5,48.
8. Per Definition trägt das Universum die gesamte vorhandene Masse/Energie in sich. Damit ist es ein geschlossenes System.
9. In seinem Buch *Evolution aus dem All* (mit Co-Autor N.C. Wickramasinghe) 1981, *kalkuliert er die Wahrscheinlichkeit, dass die erforderliche Menge an Enzymen selbst für die kleinste Zelle zusammenkommt, auf 1 zu 1040,000. Da die Zahl der im bekannten Universum vorhandenen Atome im Vergleich dazu verschwindend klein ist (1080), kommt er zum Schluss, dass dieser Vorgang selbst dann undenkbar wäre, wenn das ganze Universum nur aus organischer Ursuppe bestünde.* Er stellt außerdem folgenden Vergleich an in Bezug auf die Wahrscheinlichkeit, dass sich auch nur eines jener Proteine entwickelt, von denen wir in unserem Leben jede Menge benötigen. Es wäre so, als würde man unser Sonnensystem mit blinden Menschen füllen, die alle wahllos und zufällig an Rubiks Würfel („Zauberwürfel") drehen und doch sind alle zum selben Zeitpunkt mit dem Würfel fertig. Hoyle, F. „The Big Bang in Astronomy." New Scientist. 92(1280):527, November 19, 1981.
10. http://pages.britishlibrary.net/charles.darwin/texts/variation/variation01.html; http://www.answersingenesis.org/creation/v18/i2/dogs.asp
11. *Evolution: A Theory in Crisis* (1986) von Michael Denton, *Darwins Black Box* (2007) von Micheal Behe, *Dem Geheimnis des Lebens nahe* (DVD, 2006)
12. Geochronologie ist ein sehr breites Studiengebiet. Eine Suche im Internet liefert zahlreiche Ausarbeitungen mit unterschiedlichen Zeitmodellen.

**KAPITEL VIER**

1. Gehorsam und Anbetung sind in der Schrift untrennbar miteinander verbunden. Die Bibel weist uns darauf hin, dass Gott „wahre Anbeter" sucht. Johannes 4,23-24
2. Die Bibel deutet nirgends an, dass Engelwesen ihren endgültigen Bestimmungsort ändern können.
3. Offenbarung 12,3-9. Es wird allgemein angenommen, dass sich die Verse 3-4 auf den Fall Satans beziehen. Viele Experten sind der Auffassung, dass die Verse 7-9 über ein noch ausstehendes Ereignis sprechen. Ich habe den gesamten Abschnitt zitiert, weil die späteren Verse den Abschnitt erklären, um den es eigentlich geht (Verse 3-4).
4. Dieser Abschnitt spiegelt die Entscheidung wider, die Adam und Eva trafen.
5. Römer 5,12-14. Siehe auch Kapitel 10, Fußnote 6. Adam war der Vater – das Haupt – der gesamten menschlichen Rasse. Wir waren *in ihm,* als wir sündigten.
6. Jay Gould. „Die Suche nach Adam und Eva." *Newsweek.* 11 Januar 1988, S. 46-52.
7. *Time Magazine.* 4.Dezember 1995, Ausgabe USA, S.29.

**KAPITEL FÜNF**

1. Der Greenfield Papyrus hat eine Länge von 41 Metern und gehört zu den

längsten, die gefunden wurden.
2. Lukas 17,27; Matthäus 24,38
3. Römer 1,21-32. Obwohl dieser Abschnitt nicht ausdrücklich die Menschen zur Zeit Noahs erwähnt, spiegelt er doch ihre Entscheidungen und die sich daraus ergebenden Folgen wider.
4. Der Asphalt wurde wahrscheinlich aus gekochtem und mit Holzkohle vermischtem Pinienharz hergestellt. Bitumenartiger Teer entstand erst nach der Sintflut.
5. 2.Petrus 2,5
6. Mehrere Gelehrte haben den in der Arche benötigten Platz berechnet. Siehe: John Woodmorappe. *Noah's Ark: A Feasibility Study.* El Cajon, CA: ICR.
7. Dr. John Baumgardner, Geophysiker an den Los Alamos National Laboratories in New Mexico, legt ein Modell vor, das als katastrophische Plattentektonik bekannt ist. Er ist einer von mehreren Wissenschaftlern, die Theorien über den genauen Ablauf der Sintflut aufgestellt haben.
8. Hiob 40,15-24+41,1-34
9. Akkadisch *Bab-ili*: „Tor Gottes"
10. Akkadisch *Ziqqurratu*: „Tempelturm"
11. *„Jahwe kam herab…"* Wenn Gott immer überall gleichzeitig ist, warum musste er dann „herabkommen"? Die Bibel gebraucht oft Begriffe im Zusammenhang mit Gott, die uns beim Verständnis eines Abschnitts helfen sollen. So heißt es zum Beispiel, dass Gott „sieht", obwohl er als Geistwesen keine körperlichen Augen besitzt.
12. G. L. Archer. *A Survey of Old Testament Introduction.* 3rd. ed. Chicago: Moody Press, 1994, 1998, S. 226 erklärt: *„Jastrow's Dictionary of Talmudic Hebrew,* S. 173 führt den Begriff *balbel* als Pi'el Intesivstamm auf mit folgenden Bedeutungen: *Vewirrung, ‚durcheinanderbringen, verwirren'.* Es ist unnötig zu erwähnen, dass eine signifikante Ähnlichkeit zwischen den Wörter *Babel* und *balbel* besteht." *Babylon* ist die griechische Form des Namens.

**KAPITEL SECHS**

1. Apostelgeschichte 7,2-4 (NGÜ) *„Der Gott, dem alle Macht und Herrlichkeit gehört, erschien unserem Vater Abraham, als dieser noch in Mesopotamien lebte und noch nicht in die Stadt Haran gezogen war, und sagte zu ihm: Verlass deine Heimat und deine Verwandtschaft und zieh in das Land, das ich dir zeigen werde. Da verließ Abraham das Land der Chaldäer und zog nach Haran. Und nachdem sein Vater gestorben war, zog er weiter und ließ sich auf Gottes Weisung hin in dem Land nieder, in dem ihr jetzt lebt."* Josua 24,2-3 (NeÜ) *…und Josua sagte zum Volk: „So spricht Jahwe, der Gott Israels: ‚Vor langer Zeit wohnten eure Vorfahren auf der anderen Seite des Stromes und dienten fremden Göttern. Dazu gehörte auch Terach, der Vater von Abraham und Nahor. Aber dann holte ich euren Stammvater Abraham aus dem Land jenseits des Stromes…'"*
2. Gott lobte Abram für seinen Glauben. Ein solches Vorgehen würde keinen Sinn machen, wenn Gott diesen Glauben vorab gegeben hätte.
3. Abram wurde zu einem großen Volk: der Stammvater sowohl des jüdischen als auch des arabischen Volkes.
4. Abrams Name wurde groß. Juden und Araber achten ihn gleichermaßen. Es ist wichtig, sich zu merken, dass es Gott war, der Abrams Namen groß machte. In Babel dagegen strebten Menschen selbst dahin.
5. Wenn Gott segnet, schenkt er Gunst und Wohlergehen. Wenn er verflucht, bringt er Unheil.
6. Johannes 8,56
7. Matthäus 17,20
8. *„Denn der Lohn der Sünde ist der Tod…"* Römer 6,23. Siehe Kapitel 4, Tod, S.81.

**KAPITEL SIEBEN**

1. Die 12 Stämme von Israel sind die 12 Söhne von Jakob. Levi wurde nicht zu

den 12 Stämmen gezählt, weil sie die religiösen Führer des Volkes wurden. Außerdem gab es keinen Stamm Josef. Stattdessen wurden seine beiden Söhne Efraim und Manasse als einzelne Stämme gezählt.

2. *„In dem Bericht des Zuges nach Ägypten ist eine Aufzählung der Nachkommen Jakobs eingeschlossen. In Vers 26 wird die Zahl der Nachkommen mit 66 benannt, wohingegen in Vers 27 die Zahl bei 70 liegt. Die erste Zahl steht für diejenigen, die mit Jakob nach Ägypten zogen, und die zweite Zahl schließt die Kinder und Enkel ein, die bereits in Ägypten waren."* J. F. Walvoord und R. B. Zuck. *Das Alte Testament: Erklärt und ausgelegt,* Band 1, S.107, Neunhausen-Stuttgart, Hänssler 1985. Wenn man Frauen und Kinder hinzuzählt, wäre die Zahl etwas größer. Ich habe die biblische Angabe zugrunde gelegt, die in 1.Mose 46,26 genannt wird.
3. Bezügl. der tatsächlichen Anzahl an Israeliten zu diesem Zeitpunkt existieren sehr unterschiedliche Ansichten. Es waren auf jeden Fall sehr viele, aber die genaue Zahl variiert ziemlich. Dies hängt damit zusammen, dass die Berechnungen vor allem auf der Bedeutung eines hebräischen Wortes beruhen. Die hier angegebene Zahl wird von sehr vielen Gelehrten als wahrscheinlich angesehen.
4. Mathematiker sehen im Allgemeinen jedes Ereignis mit einer Wahrscheinlichkeit von 1 zu 1050 als schlicht unmöglich an. Der französische Wahrscheinlichkeitsmathematiker Emile Borel definierte in seinem „Einzelgesetz des Zufalls" eine Wahrscheinlichkeit von 1 zu 1050 als außerhalb des zufällig Möglichen. Sie stelle *„…eine Wahrscheinlichkeit dar, die ganz anderer Natur ist als die mathematische Wahrscheinlichkeit… sie ist vergleichbar mit der Wahrscheinlichkeit, mit der wir die Möglichkeit der Existenz einer außerirdischen Welt bewerten."*
5. Das Wort kann auch mit „Mücken" übersetzt werden.

## KAPITEL ACHT

1. Die Zehn Gebote bildeten nur einen Teil von insgesamt 613 Geboten, die Gott Mose gab. Diese Gebote werden manchmal in drei Kategorien eingeteilt:
   - Das moralische Gesetz, das die Zehn Gebote und andere Anweisungen umfasst.
   - Das Zivilgesetz, das in den Bereichen Wirtschaft, Besitz und Kriminalität für Gerechtigkeit sorgen sollte.
   - Das Ritualgesetz, das die Rolle von Opfern und Priestern festlegte.

   Im diesem Buch beschränken wir uns auf die bekanntesten Anweisungen: Die Zehn Gebote.
2. Der niederländische Ägyptologe Adriaan A. deBuck
3. R.O. Faulkner. *Book of the Dead.* Austin: University of Texas Press, Spell 125, S. 31.
4. Sowohl im Griechischen wie auch Hebräischen wird „Zielverfehlung" als Begriff für *Sünde* benutzt. Viele Quellen besagen, dass sich dies bis ins Mittelalter fortgesetzt hat. Mir ist aber nicht gelungen, dies unabhängig zu bestätigen. Dieses Buch widmet sich nicht der mittelalterlichen Geschichte. Da die Veranschaulichung aber die griechischen und hebräischen Begriffe gut erklärt, habe ich sie hier benutzt.

## KAPITEL NEUN

1. **1.** Der Brandopferaltar: *2.Mose 27,1-2*
   **2.** Das Wasserbecken: *2.Mose 30,18*
   **3.** Der Leuchter: *2.Mose 25,31*
   **4.** Der Räucheralter oder goldene Altar: *2.Mose 30,1+3*
   **5.** Der Tisch mit den Schaubroten: *2.Mose 25,23+30*
   **6.** Die Bundeslade: *2.Mose 25,10-11*
   **7.** Der Sühnedeckel oder Gnadenstuhl: *2.Mose 25,17-21*
2. Das Gewicht wird mit *einem Talent* angegeben, was etwa 30-40 kg entspricht.
3. Die Priester durften das Heiligtum nicht betreten, solange die Wolkensäule

über dem Allerheiligsten schwebte. Sie zeigte die Gegenwart Gottes an. Sobald die Wolke sich in Bewegung setzte, um ihnen den Weg zu weisen, durften sie die Stiftshütte zusammenpacken und der Wolke folgen.

4. Gott sieht nur eine Zeitlang nachsichtig über die Sünde hinweg. Er richtet jede Sünde. Vgl. Apostelgeschichte 17,30.
5. *„Die Gestalt von Dagon ist umstritten. Die Auffassung, dass Dagon eine Gottheit war, dessen Oberkörper dem eines Menschen glich und der Unterkörper dem eines Fisches, ist seit Jahrzehnten vorherrschend.... Unabhängig von dieser Darstellung entwickelten sich im Mittelmeerraum verschiedene Vorstellungen über Dagon."* http://ancienthistory.about.com/od/godsmyth/a/Dagon.htm
6. 2.Samuel 7,12-17
7. *Da brachten Leute einen Gelähmten zu Jesus. Er wurde von vier Männern getragen. (BasisBibel)*
8. Einige schreiben diese Frage dem Preußenkönig Friedrich dem Großen zu. Vielleicht trifft beides zu. Ich habe Pascal zitiert, weil er keinen Zweifel daran ließ, was er über diese Prophezeiungen dachte. (Siehe *Pensees* von Blaise Pascal, S. 620.)
9. Siehe 5.Mose 28,45-68 im Vergleich mit *Josephus Flavius*, Buch 5 und 6. Josephus war ein Historiker, der über die Zerstörung Jerusalems berichtete. F. Josephus und Heinrich Clementz (21. Januar 2005). *Geschichte des jüdischen Krieges.* Marix Verlag.
10. Die Geschichte der jüdischen Verfolgung würde Bände von Büchern füllen.
11. Das Wunder von dem Überleben der Juden wurde von vielen „Großen" der Geschichte kommentiert. Mark Twain schrieb: *„Der Ägypter, der Babylonier und der Perser stiegen auf, erfüllten den Planeten mit Lärm und Glanz, verblassten dann zu Traumgestalten und sind dahingegangen; es folgten der Grieche und der Römer, sie erregten ungeheures Aufsehen, und nun sind sie fort; andere Völker sind emporgekommen und haben ihre Fackel eine Zeitlang hochgehalten, doch sie ist ausgebrannt, und jetzt sitzen sie in der Dämmerung oder sind verschwunden. Der Jude sah sie alle, übertraf sie alle, ist heute noch, was er immer war... Alle Dinge sind sterblich, nur der Jude nicht; alle anderen Kräfte vergehen, doch er bleibt. Was ist das Geheimnis seiner Unsterblichkeit?"* (Essay „Über die Juden", 1899)
12. Die Rückkehr der Juden in ihre alte Heimat wird von vielen Propheten vorausgesagt (Hesekiel 37,1-14; Jesaja 11,11-12). Es scheint so, als fände die Rückkehr in zwei Etappen statt: In der ersten Etappe eine Rückkehr im Unglauben (was wir aktuell beobachten können) und zu einem späteren Zeitpunkt eine Rückkehr, die von aufrichtiger Verehrung *Jahwes* begleitet wird.
13. Die Gelehrten weichen in ihrer Meinung voneinander ab, was die Datierung der Schöpfung, Sintflut und des Turmbaus von Babel angeht. Wenn man die Bibel wörtlich nimmt, kann man Perioden von Millionen oder Milliarden Jahren definitiv ausschließen. Alle drei Ereignisse mussten innerhalb weniger tausend Jahre stattgefunden haben.

**KAPITEL ZEHN**

1. Peter W. Stoner. *Science Speaks.* Chicago: Moody Press, 1963.
2. Siehe Kapitel 7, Endanmerkung 3.
3. Oder 1 zu $10^{17}$
4. 2.Korinther 11,14
5. Dies sollte nicht als genetische Verbindung verstanden werden, so als ob man die sündige Natur in einem DNS-Strang identifizieren könnte. Die Verbindung ist rein geistlich. Der Mensch wurde von Gott für seine Rebellion im Garten Eden verantwortlich gemacht. Deshalb gilt: *„Durch einen einzigen Menschen – ‚Adam' – hielt die Sünde in der Welt Einzug und durch die Sünde der Tod, und auf diese Weise ist der Tod zu allen Menschen gekommen, denn alle haben gesündigt."* (Römer 5,12 NGÜ) Wir alle besitzen einen menschlichen Vater

und sind deshalb alle sündig. Der Vater von Jesus war Gott, der Heilige Geist. Deshalb besaß er Gottes Wesen.

6. Maria bekam danach noch weitere Kinder, von denen jeweils Josef der Vater war. Jesus hatte vier Halbbrüder und mindestens 2 Halbschwestern. Matthäus 12,46-47; 13,55-56; Markus 6,2-3; Johannes 7,5; Apostelgeschichte 1,14
7. Ein wohlriechendes Parfüm.
8. Arnold G. Fruchtenbaum. *Messianische Christologie.* CMD, 1998, S. 108.
9. Der Begriff *Person* ist vielleicht nicht der passendste, aber unsere Sprache stößt hier an ihre Grenzen. Trotz dieses Mangels ist *Person* der am häufigsten verwendete Begriff in Bezug auf die Dreieinigkeit.
10. Für weitere Informationen über die Dreieinigkeit siehe: https://bible.org/topics/390/Trinity

### KAPITEL ELF

1. Johannes war von Herodes Antipas, dem Sohn Herodes des Großen, gefangen genommen worden. Er hatte sich gegen die Sünde von Herodes ausgesprochen, der mit der Frau seines Halbbruders zusammenlebte.
2. C. S. Lewis. *Pardon, ich bin Christ.* Basel: Brunnen-Verlag, 1977, Seite 57.

### KAPITEL DREIZEHN

1. Auf das betonende Personalpronomen „Ich" in der 1. Person, folgt das Verb „bin" im Präsens Indikativ Aktiv *(…in diesem Moment, während ich rede, bin ich* oder *„Ich bin")*
2. Ich habe nicht alle Einzelheiten des Gerichtsverfahrens und der Kreuzigung erwähnt. Allerdings ist das folgende Ereignis an dieser Stelle von einiger Bedeutung: *„Als sie ihn dann abführten, kam gerade ein gewisser Simon, der aus Zyrene stammte, vom Feld zurück. Den packten sie und luden ihm das Kreuz auf. Er musste es hinter Jesus hertragen."* Lukas 23,26 (NeÜ)
3. Josephus. Paul L. Maier (Herausgeber).
4. J. W. Shepard. *The Christ of the Gospels.* Grand Rapids: Eerdmans, 1964, S. 604 zitiert in Pentecost, *The Words and Works of Jesus Christ,* S. 487.
5. John F. Walvoord und Roy B. Zuck. *The Bible Knowledge Commentary.* SP Publications, Inc., 1983, S. 340.
   Pentecost. *The Words and Works of Jesus Christ.* S. 487.
   Warren W. Wiersbe. *The Bible Exposition Commentary.* Vol. 1. SP Publications, Inc., 1989, S. 384.
6. Ein Bataillon ist eine Armeeeinheit, die aus 300-1000 Soldaten besteht.
7. Die genaue Reihenfolge der Ereignisse am Auferstehungsmorgen ist nicht festgehalten. Von mir ist hier ein wahrscheinlicher Verlauf wiedergegeben.

### KAPITEL VIERZEHN

1. Vergebung aufgrund von Sühne ist komplexer als eine einfache *Bedeckung* für die Sünde. Sühne schließt auch Gottes Zorn über die Sünde sowie die Versöhnung mit ein. Diese Themen werden in anderen Abschnitten genauer behandelt.
2. Vergleiche Römer 10,9-13.
3. *Christus ist ja schon zu einer Zeit gestorben, als wir noch ohnmächtig der Sünde ausgeliefert waren. Und er starb für gottlose Menschen.* Römer 5,6 (NeÜ)
4. Wir stimmen dem bereitwillig zu, dass sehr schlechte Menschen wie Hitler, Stalin oder Mao die Hölle verdient haben. Doch bei denen, die nur ein „bisschen schlecht" sind, haben wir so unsere Zweifel. Einige Bibellehrer sind der Auffassung, die Bibel lehre, dass große Sünder eine größere Strafe erhalten und kleinere Sünder weniger hart bestraft werden (vgl. Offenbarung 20,12). Dies mag unterschiedlich gesehen werden, aber die Bibel lehrt deutlich, dass alle bestraft werden. Nur einige Sünder zu strafen, wäre nicht gerecht. Bei der Hölle geht es um Gottes Gerechtigkeit. Nicht die Liebe ist hier der

springende Punkt.
Einige haben ein Problem mit der Länge der Strafe, da diese ewig ist. Man kann das aus verschiedenen Perspektiven betrachten.
Die Hölle ist eine Konsequenz der Sünde, aber sie ist nicht ihr Heilmittel. Gehenna ist keine Umerziehungsanstalt. Kein noch so langer Zeitraum, den ein Mensch in der Hölle zubringt, kann ihn für den Himmel tauglich machen. Da jede Sünde ein ewiger Verstoß gegen den unendlichen Gott ist, muss die angemessene Konsequenz auch ewig sein.
Da die Vorstellung von Zeit nur schwer fassbar ist, wollen wir sie mit Geld vergleichen. Nehmen wir einmal an, dass der verurteilte Sünder **Zugang zu unbegrenztem Reichtum** hat. Wenn Gottes Strafe finanziell wäre, wieviel müsste er dann von ihm fordern, damit die Strafe gerecht ist? Wäre die Strafe 10.000 €, besäße der Sünder immer noch unzählbare Summen für sich selbst. Damit wären 10.000 € überhaupt keine Strafe. Das Gleiche gilt für jeden beliebigen anderen Betrag. Wäre die Strafe 1 Milliarde Euro, hätte er immer noch Milliarden für sich. Nur wenn alles gefordert wird, was der Sünder besitzt, hat es für ihn eine wirkliche Konsequenz. Weil Gott gerecht ist, muss der Sünder bestraft werden. Und nur wenn der Sünder alles verliert, hat er überhaupt etwas verloren. Wenn wir also Reichtum durch Zeit ersetzen, erkennen wir, warum die Strafe ewig ist.

5. Entsprechend der Bräuche im Tempel war die Zeit des Morgenopfers um 9$^{00}$ Uhr. (Um diese Zeit wurde Jesus laut Markus 15,25 ans Kreuz genagelt.) Er starb zur Zeit des Abendopfers um 15$^{00}$ Uhr. Siehe Lukas 23,44-45.
6. Um das Verständnis zu vereinfachen, habe ich den Begriff *„der Engel des Herrn"* in *„den HERRN"* geändert, da es sich hierbei um ein Synonym für *JAHWE* selbst handelt.
7. Satan ist ein anderer Name für den Teufel. Das Wort *Teufel* bedeutet *„Ankläger"*.
8. Im Römerbrief bedeutet *Rechtfertigung,* dass Gott den Sünder für gerecht erklärt. Im Jakobusbrief wird der gleiche Begriff verwendet, wenn ein Mensch die Taten eines Gläubigen als gut oder gerecht einstuft. Der Textzusammenhang zeigt auf, wie der Begriff jeweils verstanden werden muss.

## KAPITEL FÜNFZEHN

1. Etwa 27% der Bibel ist Prophetie, die sich entweder schon erfüllt hat oder deren Erfüllung noch aussteht.
2. Ein anderes Wort für „Sünde".
3. Dies wird oft als unsere *Stellung in Christus* bezeichnet.
4. Das Wort „habt" ist in der gegenwärtigen Zeitform und zeigt an, dass man das ewige Leben schon jetzt besitzt.
5. Einige Bibelübersetzungen verwenden den Begriff *„Fleisch"*, wenn es um unsere menschliche Natur geht.
6. Auch Josephus, ein jüdischer Historiker des ersten Jahrhunderts, berichtet über seinen Tod.
7. Saulus hieß jetzt Paulus.

**GoodSeed® International**
P. O. Box 3704
Olds, AB T4H 1P5
CANADA

**Business:** 403 556-9955
**Facsimile:** 403 556-9950
**E-mail:** info@goodseed.com
www.goodseed.com

**GoodSeed Europe**
Hermannstr. 31
32756 Detmold
Deutschland
05231-94 35 144
www.goodseedeurope.com
info.eu@goodseed.com

**GoodSeed Australia**
1800 897-333
info.au@goodseed.com

**GoodSeed Canada**
800 442-7333
info.ca@goodseed.com

**BonneSemence Canada**
Service en français
888 314-3623
info.qc@goodseed.com

**GoodSeed Europe**
Service in Deutsch und Englisch
+49 (0) 5231 - 94 35 144
info.eu@goodseed.com

**GoodSeed UK**
0800 073-6340
info.uk@goodseed.com

**GoodSeed USA**
888 654-7333
info.us@goodseed.com


goodseed
see·hear·understand
www.goodseed.com

GoodSeed® International ist eine gemeinnützige Organisation, die sich zum Ziel gesetzt hat, die Inhalte des vorliegenden Buches in dieser und anderen Sprachen klar und verständlich zu vermitteln. Sollten sie Interesse an derzeitigen Projekten und Übersetzungen haben, können sie uns gerne kontaktieren.